中国国家领土主权与海洋权益协同创新中心
中国学术期刊综合评价数据库（CNKI）来源集刊

Journal of China's
Neighboring Diplomacy

中国周边外交学刊

2016年第一辑　（总第三辑）

复旦大学中国与周边国家关系研究中心　编

社会科学文献出版社
SOCIAL SCIENCES ACADEMIC PRESS (CHINA)

为顺应我国信息化建设，扩大本学刊及作者知识信息交流渠道，本学刊已被《中国学术期刊网络出版总库》及 CNKI 系列数据库收录，其作者的文章及著作使用费与本学刊稿酬同一次性给付。免费提供作者文章及著作引用统计分析资料。如作者不同意文章被收录，请在来稿时向本学刊声明，本学刊将做适当处理。

《中国周边外交学刊》编辑部

主　编　石源华

副主编　包霞琴　祁怀高

目录
CONTENTS

附 录

Contents

China's Relations with Specific Neighboring Countries

Domestic Conditions of China's Neighboring Countries

Hot Spots of the Disputes in South China Seas

"New Strategic Frontiers" Research

Reviews on Symposiums

Appendix

卷首语

石源华

  2015 年，中国周边外交取得了重大进展，"一带一路"进入全面实施的新阶段，前期已经有所收获，亚洲命运共同体建设也从理念向实践迈进，为越来越多的国家所认可，"亚投行"等中国主导的新型国际机制建设进入实质性运作阶段，前景看好，尽管中美战略性博弈凸显、南海问题升温、朝鲜半岛局势趋紧，一些挑战性问题突出，但对中国总体安全大局的影响有限，热点问题没有引发大的冲突和动荡，中国周边地区和平发展的大环境基本上得到了维护。本辑学刊收入 19 篇论文及会议综述，将展现我们对于 2015 年周边外交方方面面问题的观察、评估和展望，希望能够引起大家的关注和评点。

  感谢中国社会科学院学部委员、国际研究学部主任张蕴岭研究员将他和任晶晶副研究员共同撰写的研究报告《中国周边安全形势评估报告（2015～2016）》惠赐本辑刊。该报告的权威性、科学性、前沿性、现实性已经为中国国际关系学界所公认。该报告指出，2015 年以来，中国周边安全形势和周边外交呈现新动向。一是大国关系稳中有进，对话、协商与合作的基本态势得以保持和延续，战略性理解为相关国家在复杂形势下维护协商合作的关系大局奠定了基础。二是中国坚持通过对话化解分歧和矛盾的大方针，避免了热点问题过度升级，在一定程度上争取了战略上的主动。三是中国采取积极有为的政策措施，力求扮演负责任和有作为的大国角色，在全球安全治理中发挥更加积极的作用。四是中国外交继续高举和平、发展、合作、共赢的旗帜，把塑造和构建稳定的周边安全环境作为重点，把"一带一路"作为推进大国外交的主场，彰显大国外交的风范。该报告认为，2016 年将是一个多事之年，一些矛盾冲突点将会继续发热，大国博弈的联发效应会继续扩散。从中国周边安全环境塑造的角度来说，最重要的是妥善管控分歧，维护周边局势的基本稳定，避免局部冲击整体，让和平发展的大环境得以维持和延续。

"周边外交综述"栏目刊载的另一篇论文是石源华的《中共十八大以来中国周边外交的历史性新进展》，该文指出，中共十八大以来，中国周边外交逐步上升为中国外交全局的"重中之重"，取得了历史性新进展，主要体现在推行了中国周边外交新战略，包括倡议建设"命运共同体"、绘制"一带一路"新宏图、构建"亚洲新安全观"、主导创设"亚投行"四大战略性新措施；创新了中国周边外交路径，包括提出"合作共赢"的核心理念、实行中美两安全体系的"兼容共存"、构建与俄、印、日地区大国新型关系、创建周边"友邻外交"新特色、运用"底线思维"保障中国和平发展、统筹"六大板块"和"印太两洋"等新路径；提出了未来中国周边外交新课题，包括建设中国特色的周边大国外交、谋划"大周边外交"顶层设计、明确中国周边争端国家和争端问题的战略定位、注重陆海统筹、海海统筹的布局和方略、大力推进周边外交人才工程建设等新课题。强调研究中共十八大以来中国周边外交的新战略、新路径和新课题，对于理解中国外交的发展全局和周边外交的未来走向，具有重要意义。

在"'一带一路'研究"栏目中刊载了孟加位学者穆希伯·拉赫曼的《南亚国家对中国"一带一路"倡议的看法》和新加坡学者林庆瑞、李明江的《对海上丝绸之路倡议的地区回应——出于经济需要、国内问题和地缘政治考量》，这是本学刊首次刊载外国学者的论文，今后我们将增加此类论文，以便于中外学者间的交流。前者重点关注印度、孟加拉国和斯里兰卡三国对中国"21 世纪海上丝绸之路"倡议（MSR，以下简称"海上丝路"）做出的回应。作者认为，尽管将"海上丝路"视为海上往来沟通的桥梁已经是一个普遍的共识，但南亚国家在落实具体决策时仍旧面临着外交和政策困境。虽然经济的相互依存、基础建设发展的需求以及国家经济向海洋定位为中国与南亚国家创造了大量合作互补的可能性，但小国所要承担的地缘和外交压力以及国内政治共识的缺乏，使它们很难对中国的倡议做出有效回应。作者坦率指出，孟加拉和斯里兰卡一直努力寻求以一种务实平衡的方式加入丝绸之路倡议。然而，印度仍然对中国"海上丝路"倡议的长远动机存疑，并采取模糊立场。尽管认识到"海上丝路"倡议有符合印度重要经济利益的潜力，但印度对中国崛起的地缘政治担忧以及对中国在印度洋日益增强的影响力的不安，使"海上丝路"在印度发展充满坎坷。本文对于观察南亚国家与"一带一路"实施的关系具有重要参考价值。后者主要分析南亚与东南亚国家对"海上丝路"倡议的回应。首先分析了影响这些国家态度的主要因素，包括经济利益、国内政治环境以及地区地缘政治考量。"海上丝路"沿线国家在决定如何回应"海上丝路"倡议时，会综合性地考虑上述三个因素，并据此可划分为三个阵营：第一阵营取高度热情态度，全力支持中国倡议，包括东南亚的文莱、柬埔寨、老挝和泰国，以及南亚的孟加拉国、马尔代夫和巴基斯坦。第二阵营取谨慎的热情态度，对"海上丝路"倡议表现出热情，但有所保留。包括东南亚的印度尼西亚、马来西亚、新加坡与越南。第三阵营取审慎的中立态度，没有热情地接受"海上丝路"倡议，包括东南亚的缅甸、菲律宾和南亚的印度和斯里兰卡。其结论是：中国"海上丝路"倡议的成功与否取决于中国了解当地情况的水平，以及在行为上是否灵活变通。

本栏目还刊载了江天骄的《"一带一路"上的政治风波——缅甸密松水电站项目和斯里兰卡科伦坡港口城项目的比较研究》，是作者对于企业在"一带一路"建设中如何运作的实例研究，本文指出，随着"一带一路"战略的不断推进，越来越多的中国企业正走向经济欠发达、政治和社会动荡的国家和地区。"一带一路"战略背后的大国博弈、小国平衡外交以及民主化转型等因素使得中国企业所面临的商业环境日益复杂，作者通过缅甸密松水电站项目和斯里兰卡科伦坡港口城项目的比较研究，认为中资企业在东道国投资项目时的利益分配不均是导致企业承担政治风险的主要原因。作者强调走出去的企业应当落实互利共赢的发展理念，推行分散风险、利益均沾的投资模式，尽快建立自主风险评估和预警机制。

"周边区域研究"栏目刊载了贺平、钱亚平的《TPP 和 RCEP 背景下的中国 FTA 战略》，印尼学者安琪尔·达玛延蒂的《东盟—中国海洋合作：维护海洋安全和地区稳定》，以及郭锐、樊丛维的《西亚地区乱局与中国的西亚外交政策调整》。贺平和钱亚平的论文基于近年来亚太区域一体化呈现新的发展趋势和 TPP、RCEP 的大背景，分析中国 FTA 建设的步伐，指出中国应着力提升 FTA 层级，实现 FTA 网络的查漏补缺和市场开放水平的高低兼容。着眼长远，使 FTA 建设与全球价值链和生产网络的拓展和深化相适应；未雨绸缪，提早研判 TPP 的潜在扩容，努力实现与之相向而行；夯实基础，着力强化与周边国家和南南伙伴间的 FTA 建设等。安琪尔·达玛延蒂的论文主要探讨亚太各国在海洋合作问题上的共同关切以及东盟在促进海洋合作中扮演的角色。指出各国所拥有的共同关切主要源于缺乏海洋安全和治理所导致的来自海洋及海上的挑战和威胁，如南海及马六甲海域存在的问题。作者提出，为了维护良好的海洋秩序，东盟成员国应与中国建立海洋伙伴关系，东盟与中国以及亚太其他主要大国间的包容性和全面性合作，对于保障经济发展与繁荣以及维持地区的和平与稳定具有重要意义。郭锐和樊丛维的论文分析了当前西亚地区乱局呈现全方位、多层次、新常态、无序化的特点与趋向，指出美国在西亚地区的主导权逐步丧失，其影响力和控制力的下降势头均比较明显。因应西亚地区局势的新变化与新特点，中国对西亚外交政策做出了一系列的新调整，包括介入地区热点问题解决，合作打击国际恐怖主义，加快推动"一带一路"建设等。强调中国要主动参与西亚地区新秩序构建，统筹好中国、美国、西亚三边关系，把西亚地区打造为中国构筑新型周边关系的新基轴和新支点。

"中国与周边国家关系研究"栏目刊载了张家栋的《中印关系中的问题和超越》，作者曾赴印度工作两年，所刊载论文是他在当地观察和研究的结晶。文章分析了影响中印关系的结构性和非结构性因素。结构性因素包括边境冲突、中巴关系、水资源争端和国际地位竞争等；非结构性因素包括贸易不平衡、签证问题、历史认知问题和战略差异等。指出这两类问题都呈分化、泛化趋势，对中印关系的影响和重要性也在变动之中。进而提议中印两国要稳定结构性因素，推动两国在非结构性因素领域的合作，拓展新的合作领域与空间，以软化、弱化、淡化传统问题给中印关系造成的障碍，在中印间塑造出一种新型大国关系。

"周边国情研究"栏目刊载了张慧智的《朝鲜经济增长的内生动力与外生变量研究》和孙雪岩的《浅析韩国对太平洋岛国外交》。前文作者每年访问朝鲜，长期关注朝鲜经济发展和变化，在此基础上，专意研究朝鲜在国际制裁日益严厉的背景下，依然连年实现经济正增长的原因。该文认为，朝鲜经济增长动力的内生动力主要体现为"朝鲜式经济管理方法"提高了劳动生产率，生产资料市场和消费品市场扩大，推动了商业发展和内需增加，对科技的重视与投入，促进了技术进步。但是，由于朝鲜贸易投资环境恶劣，国际贸易与引进外资对朝鲜来说依然只是经济增长的外生变量。其研究结论是，鉴于朝鲜产业结构的脆弱性和长期技术投入不足等问题，朝鲜只有将贸易引资等外生变量内生化，提高贸易开放度，扩大招商引资力度，才能充分发挥其技术外溢效应，真正实现经济长期可持续发展。此文对于观察朝鲜的内外政策具有重要参考价值。后者对近年来韩国与太平洋岛国关系的历史与现状进行了考察和研究。指出，目前韩国对太平洋岛国的外交多管齐下，通过多边外交、援助外交、环境外交、文化外交等多种途径，韩国与太平洋岛国在政治、经济、安全、文化等领域合作关系稳步发展，韩国日渐成为南太平洋区域的一支域外新兴力量。但双方合作的水平与模式仍亟待改善，合作的内容和层次有待扩大和提高。

"南海争端热点"栏目刊载了韦宗友的《南海局势新发展与应对新思路》。该文指出，2015年南海局势出现了两个于我不利的重要新变化。一是南海仲裁案仲裁庭做出受理菲律宾南海仲裁案的决定并择期于2016年对南海仲裁案做出最终裁决；二是美国国会和行政当局对南海问题的关注骤然上升，并首次派遣军舰驶入我南海在建岛礁12海里内。认为，对于南海问题的处理，不能仅从南海本身或海洋战略本身来看待，而是要从全局和国家大战略角度进行审视和谋划，使之最终服务于中华民族伟大复兴的大战略目标。为此，提出中国应对南海争端的新思维，内容包括谨防南海战略陷阱、审慎处理南海"维权"与"维稳"关系、继续"搁置争议、共同开发"方针、加强对南海问题的国际法研究、启动中美海洋问题对话等。

"'战略新边疆'研究"栏目刊载了韩常顺的《美国全球公域安全战略的"塑造者"——评新美国安全中心战略报告〈决战公域〉》，蒋建忠的《试论中国外层空间防务战略的框架设计》以及包霞琴、杨玉清的《浅析安倍内阁的宇宙战略和宇宙外交——基于安倍内阁两部〈宇宙基本计划〉的解读》。"全球公域秩序与中国应对战略"是我们设立的研究新课题，2015年先后举办了以"全球公域秩序和中国战略应对"和"外空秩序与中国应对战略"为主题的两次内部研讨会，收入栏目的论文是其中部分成果。韩常顺论文是对"新美国安全中心"战略报告《决战公域》的书评，该文指出，新美国安全中心战略研究报告对美国在全球公域面临的各种挑战进行了全面、细致的分析，并为美国继续保持全球公域控制权设计了一个内容具体、极具操作性的"三维战略"，即在多边层面上主导建立全球性机制；在双边层面上接触负责任的关键行为体；在单边层面上重塑美国硬实力。该报告是后冷战时期有关美国大战略辩论的产物，并因"新美国安全中心"、报告撰写人及评审人浓厚的政府背景和美国特色的"旋转门"制度而在宏观上影响到美国国家安全战略的制定，在微观上影响到美国"亚太再平衡战略"的实施。该文值得国内学界和政界高度关注。蒋建忠的论文着重阐述中国外空安全防务的战略目标，客观评估了影响外空战略目标实现的正向和负向约束因素，进而提出了一个既符合中国外空安全与发展需求，又具有一定可操作性和创新性的太空防务战略框架。作者认为，从理念上看，中国外层空间防务战略需要从哲学上进行思考；从能力上看，要增强中国外空的防务技术的提升；从软实力上看，要提升掌握外空的制度性话语权；从形象上看，中国要进一步担负起外空的责任。包霞琴、杨玉清的论文基于日本宇宙战略的历史进程，针对安倍两部《宇宙基本计划》的出台背景、动因和战略目标进行了分析，剖析了日本宇宙战略及其宇宙外交政策的发展趋势。对于读者了解日本外空战略的动向和进程具有参考价值。

"会议综述"栏目刊载了"中国—东盟关系与海上丝绸之路建设"国际研讨会、"2015 年中国周边外交的评估与展望"研讨会、"全球公域秩序与中国应对战略研究"研讨会、"文化往与身份认同：东北亚地区民族关系走向"研讨会的会议综述，这些会议是国家领土主权与海洋权益协同创新中心和复旦大学中国与周边国家关系研究中心在 2015 年举办的部分国内外会议，读者可以从中了解我们的学术活动动向和达到的水平，敬请大家批评指正。

《中国周边外交学刊》第三辑如期出版，是各位作者共同努力的结果。他们在严寒之中辛勤修改文稿，有的还根据外审意见和编辑部的要求多次往返修改，确保了学刊的质量。上海外国语大学忻华副教授协助了本辑的英文翻译校勘工作。复旦大学中国与周边国家关系研究中心秘书陈妙玲老师协助了部分工作。中国国家领土主权与海洋权益协同创新中心资助了本刊的编辑和出版，在此一并致以诚挚的谢意！

石源华

2016 年 5 月 16 日

周边外交综述

中国周边安全形势评估报告（2015～2016）

张蕴岭　任晶晶

【内容提要】2015 年中国的周边安全形势可以概括为：大国博弈烈度增强，但总体关系格局基本稳定；热点问题突出，但仍具有可控性。在中国周边安全环境的塑造中，新型大国关系的构建居于十分重要的地位，是中国在周边地区实施创造性维稳、开拓性进取战略的关键环节。在中国周边安全环境的演变中，南海问题热度上升，朝鲜半岛冲突风险增大，钓鱼岛及东海风险犹存。不同地缘板块的交织搅动，给中国周边安全环境的构建平添了新的不确定因素。2016 年将是一个多事之年。一些矛盾冲突点将会继续发热，大国博弈的联发效应会继续扩散。从中国周边安全环境塑造的角度来说，最重要的是妥善管控分歧，维护周边局势的基本稳定，避免局部冲击整体，让和平发展的大环境得以维持和延续。

【关键词】中国　周边安全　环境　形势　评估

【作者简介】张蕴岭，研究员，中国社会科学院学部委员、国际研究学部主任、地区安全研究中心主任；任晶晶，博士，中国社会科学院当代中国研究所副研究员，中国社会科学院地区安全研究中心副秘书长。

周边安全环境对于中国外部安全的影响最为直接。2015 年以来，中国周边安全形势呈现出新动向，其中，最为突出的是中美战略性博弈凸显、南海问题升温、朝鲜半岛局势趋紧。总体来看，2015 年中，尽管一些挑战性问题突出，但对中国总体安全大局的影响有限，热点问题没有引发大的冲突和动荡，中国周边地区和平发展的大环境基本上得到了维护。但是，

2016 年，由于朝鲜半岛局势发生了新的变化，发生冲突的风险增大，对中国的安全利益和周边安全大局有可能产生直接的威胁。因此，降低冲突风险，保持大局可控，是 2016 年中国周边安全外交的当务之急。

一

2015 年中国的周边安全形势可以概括为：大国博弈烈度增强，但总体关系格局基本稳定；热点问题突出，但仍具有可控性。具体来说，中国的周边安全形势呈现出以下四个特征。

第一，在中国与周边大国关系中，对话、协商与合作的基本态势得以保持和延续。中美关系出现新的矛盾冲突点，双方围绕南海、网络安全等问题的博弈加剧，但中美关系并未破局，新型大国关系的构建继续推进。2015 年 9 月，习近平主席访美增进了中美两国的战略性理解，为两国在复杂形势下维护协商合作的双边关系大局巩固了基础。在新形势下，中俄全面战略协作伙伴关系不断深化，两国领导人保持密切交往，在双边和诸多地区与全球性问题上保持了良好的沟通与合作。中日关系止住了下滑的势头，中日韩领导人峰会恢复，中日民间交流取得新进展。中印关系稳中有进，2014 年 9 月习近平主席访印和 2015 年 5 月莫迪总理访华增进了两国的战略互信，推进了经济发展领域的务实合作，有助于边界地区的和平与稳定。总之，这样的大国关系为中国营造良好周边安全环境创造了比较有利的条件。

第二，在中国周边地区的局部安全热点问题中，南海问题升温，战略对抗性增强；朝鲜半岛危局突现，风险性增大。中国填造与建设南沙岛礁的行动，引起了美国的强烈反应。美国派遣舰机巡航示威，日本、澳大利亚等国也高调反对，加上海牙仲裁法院宣布受理菲律宾就南海问题对中国提出的诉讼，使南海局势充满敏感性、复杂性和不确定性。对此，中国坚持通过对话化解分歧的大方针，避免了热点问题过度升级，在一定程度上争取了战略上的主动。在东海区域，中国继续坚持对钓鱼岛的常态化巡航，同时积极推动中日间对话的开展，力求为东海的紧张气氛降温。在东南亚地区，习近平主席 2015 年 11 月对越南进行了国事访问，中越两国就维护南海局势稳定、推进全面合作达成重要共识，对稳定与改善东南亚地区的安全形势起到了积极作用。朝鲜半岛的对抗性局势没有改观，呈现反复和不确定的特征，朝鲜于 2016 年 1 月、2 月进行的核试验与卫星发射让形势再次陷入危局，将中国置于复杂的安全变局之中。

第三，以恐怖主义、网络安全、气候变化等为代表的非传统安全问题在 2015 年继续引发高度关注。恐怖主义已经成为全球安全领域的一个焦点，中国颁布了《反恐怖主义法》，为打击恐怖主义提供了法律保证，进一步加强了对暴恐犯罪的打击力度和境外势力渗透的防堵。在网络安全问题越来越突出、全球气候变化影响和威胁加剧的形势下，中国采取积极的政策措施，力求扮演负责任和有作为的大国角色。习近平主席访美期间，中美就网络安全议题，尤其是在共同打击网络犯罪方面达成了新的重要共识，由中国牵头召开的世界互联网大会提出了构建网络空间命运共同体的主张。在 2015 年 11 月底召开的巴黎气候变化大会上，中国方案对最终协议的达成发挥了至关重要的作用。中国在全球非传统安全治理中正在采取更为主动的行动和措施，发挥更加积极的作用。

第四，中国周边外交彰显大国外交的风范和特征。大国外交就是要有大视野、大战略和大手笔，发挥大国作用，不为局部问题所纠缠，不被个别矛盾所羁绊。在复杂的周边安全形势下，中国外交继续坚持和平、发展、合作、共赢的主旋律，把塑造和构建稳定的周边安全环境作为重点，把"一带一路"作为推进大国外交的主场。中国发布了《推动共建丝绸之路经济带和 21 世纪海上丝绸之路的愿景与行动》文件，大力推动亚洲基础设施投资银行和新发展银行（金砖国家）的建立，设立了"丝路基金"，既着眼于推进新型发展合作，又旨在推动构建新型国家关系，有助于周边和平发展环境的塑造和命运共同体的建设。与此同时，中国还继续积极参与和推动区域合作机制建设，推动恢复中日韩领导人峰会，提升上海合作组织的合作化水平，并且积极推进军事外交，推动建立军事信任措施，与周边国家举行联合军事演习和训练等。总体来看，2015 年的中国周边外交呈现积极、活跃、有作为的新特点。

二

中国与多个大国为邻。对于中国周边安全环境来说，大国关系的影响至关重要。为此，在中国周边安全环境的塑造中，新型大国关系的构建居于十分重要的地位。"不冲突、不对抗，相互尊重，合作共赢"，适用于与所有大国的新型关系建设。可以说，新型大国关系建设是中国在周边地区实施创造性维稳、开拓性进取战略的关键环节。

（一）中美关系

2015 年，中美新型大国关系在复杂的形势下艰难推进。由于中国综合实力继续加强，提升了在周边地区的安全构建能力，美国抓住南海问题不放，加紧做盟友的工作，加大对中国施压的力度，中美之间的战略竞争升级，正面碰撞凸显。在此情况下，坚持稳定关系、管控分歧、推进合作的双边关系大方向至关重要。

2013 年 6 月，中美两国领导人在"庄园会晤"时，习近平主席提出"不冲突、不对抗，相互尊重，合作共赢"的十四字方针，阐明了中美新型大国关系的核心内涵。此后，在奥巴马总统于 2014 年 11 月对中国进行国事访问期间，习近平又从增进战略互信、相互尊重、深化合作、管控分歧和敏感问题、相互包容以及共同应对全球性挑战等六个方面，提出了在双边、地区和全球等多层面推进构建中美新型大国关系的具体主张。

2015 年 9 月，在习近平主席访美期间，中美双方在推动双边安全合作方面达成了新的共识。双方在网络安全问题上承诺共同探讨网络空间的国家行为准则，确保互不攻击；双方同意在地区安全特别是南海等问题上积极探索危机管控的途径，降低误判和冲突的风险。12 月 1 日，中美首次就打击网络犯罪及相关事项进行了高级别联合对话，并正式决定建立网络安全热线机制。此外，双方还就网络安全个案、网络反恐合作及执法培训等达成了广泛共识。同时，两军交流取得新的进展，中央军委副主席范长龙 6 月对美国的成功访问推动两军在增进互信、管控风险方面迈出了新的步伐。

然而，作为超级大国，美国的对华战略向来是在接触的同时保持遏制的手段。2015 年以来，美国加大了在南海问题上对中国发难的力度。12 月 10 日，美军一架 B - 52 战略轰炸机在执行例行飞行任务时突然"无意间"飞入中国领土南海华阳礁上空 2 海里范围内。此举引发了中方的严重抗议和交涉。美国的行为表明，美国已将南海问题作为推进亚太再平衡战略、牵制中国崛起的"抓手"。再有，在台湾地区面临领导人更替的敏感时期，奥巴马政府于 12 月 16 日决定对台出售价值约 18.3 亿美元的武器，引发了中方的高度关注和强烈抗议，使中美关系因台湾问题再次出现波折，从而使近十年来中美两国在台湾问题上形成的战略默契面临考验。

在美国的冲力面前，中国保持了战略定力，对美国的挑衅采取了谨慎、适度的反应，使紧张的气氛得以缓和。中国清楚，美国不会停止对中国的战略围堵，一定会继续使出各种办法，压制中国拓展战略空间的各种努力。美国认为自己还是老大，因此不会原封不动地接受中国关于"相互尊重"的主张，因为美国认为中国是要与美国"平起平坐"，让美国接受中国为"与其实力和作用相当的大国"。尽管中国一再表示要继续参与并维护现行国际体系，但美国从现实主义的认知出发，对中国的真实战略意图抱有深度的怀疑和不信任，因此要竭力打破中国对自身"核心利益"的圈定，保持对中国崛起态势的压制力并构筑制约中国发挥影响力的同盟体系。

总之，2015 年的中美关系依然呈现竞争与合作并存的双重特征，但竞争性的一面有所上升和强化。虽然两国关系在 2015 年下半年出现了明显改善，但双方围绕一系列新老问题的分歧和矛盾并未得到根本解决。因此，有效管控分歧，稳定双边关系的大局，让中美构建新型大国关系的大方向不发生逆转，符合双方共同的利益认知。

（二）中日关系

2015 年，中国继续保持与日本在各领域的对话，不断采取积极措施，力求阻止两国关系继续下滑的势头。日本继 2014 年以内阁决议方式解禁集体自卫权后，日美两国于 2015 年 4 月公布了新版《日美防卫合作指针》，将解禁集体自卫权的内容纳入其中，使日美同盟关系踏上了历史转折点。首先，此次调整标志着日美之间的安全合作已由离岛防卫等"传统安全合作"发展为包括太空和网络等新兴领域在内的"全方位安全合作"；其次，此次调整使日美安全关系从"区域性安全合作"拓展为"全球性安全合作"，从而使日本获得了更加广阔的军事活动空间。尤为重要的是，此次调整促使日美同盟开始由过去的"从属型同盟"向"互助型同盟"转变，从而加强了日本行动的灵活性及其与美军之间的平等性。调整后的日美同盟将由"防御性为主"转变为"极具进攻性"，特别是规定日本武装力量的职能将不再局限于"自卫"，而是可以进行"他卫"，从而赋予日本对别国发起武装攻击，甚至是先发制人进行打击的权利。

在《日美防卫合作指针》公布后，安倍政府立即于 5 月向日本国会提出《武力攻击事态法》、《国际和平支援法》以及《重要影响事态安全确保法》等十余个具有"战争立法"性质的安保相关法案。此后，安倍又于 9 月 19 日在国会参众两院强行推动通过了新安保法案，单方面扩大了日本行使武力的空间和权限，从而达到了使日本相关国内法能够与行使集体自卫权以及新版《日美防卫合作指针》相匹配的目的。这样一来，二战后日本一直奉行的"专守防卫"理念及政策被彻底颠覆，其武装力量在世界范围内扮演一种更具进攻性角色的可能性随之骤然增加。此后，日本以所谓"积极的和平主义"为幌子，不断扩大对地区安全事务的参与。日本抓住南海问题，寻求直接参与的机会，加大针对中国军事部署的力度，加强与菲律宾、越南的军事合作，表示将在南海进行巡航等。总体来看，日本的对华政策依然遵循着原有的路径，在外交和安全问题上，日本继续积极与美国及周边个别国家密切配合以制衡中国的政策短期内不会改变。

2014 年底，中日两国领导人就发展两国关系达成"四点原则共识"。2015 年 4 月，习近平在雅加达出席亚非领导人会议期间会见了安倍，双方一致同意积极落实"四点原则共识"。5 月，日本派 3000 人来华参加在北京举行的中日友好交流大会。习近平在讲话中强调，中日双方应该本着"以史为鉴、面向未来"的精神，共促和平发展，共谋世代友好，共创两国发展的美好未来，为亚洲和世界和平做出贡献。由此，中日关系持续下滑的势头得到抑制。11 月 1 日，中断三年之久的中日韩三国领导人会晤机制重新启动，三国领导人就加快中日韩自由贸易协定谈判进程达成重要共识。

当前，中日两国都有管控分歧、力避双边关系下滑的需求。当然，中日关系处在力量对比变化的转折期，双方的政策受到国内外多种因素的影响，尤其是安全领域的彼此认知与机制对接还存在巨大裂隙，双方围绕钓鱼岛、东海、南海问题的正面竞争与博弈还将继续，仍然存在"擦枪走火"的风险。

（三）中俄关系

2015 年，中俄关系无论是在战略高度、合作内容，还是在合作广度、合作深度上，都实现了进一步的拓展和延伸，俄罗斯成为中国周边安全环境构建中一个重要乃至关键的稳定因素。在 2015 年的中俄外交互动中，最为引人注目的无疑是习近平主席于 5 月出席俄罗斯纪念卫国战争胜利 70 周年庆典和普京总统9月来华参加中国人民抗日战争暨世界反法西斯战争胜利70周年阅兵庆典，突显了双方作为大国对于彼此的相互支持。

习近平主席和普京总统在2015年的5次会晤中，达成了中俄关系"三个不变"的重要共识，即无论国际和地区形势怎么变，双方坚持巩固和深化中俄全面战略协作伙伴关系的方针不变，致力于实现两国共同发展振兴的目标不变，携手捍卫国际公平正义及世界和平稳定的决心不变。一年中，中俄两国元首就双边关系发展做出了一系列重要部署，并就国际和地区安全形势深入交换了意见，使得中俄关系朝着互信更深、合作更实、成果更丰的方向发展，夯实了中俄新型大国关系合作的基础。

两国军事合作水平进一步提升，中国航空工业集团公司与俄直升机公司签署了共同研制先进重型直升机的合作框架协议；中俄联合研制飞机发动机、俄对华出口S-400防空导弹系统等也列入了合作日程。同时，两国就深化两军关系达成了更多共识，两军分别在地中海和日本海举行了"海上联合—2015"（Ⅰ）、"海上联合—2015"（Ⅱ）两场大规模军事演习；中国军队在莫斯科举办了"中国军事文化周"活动，增进了两军之间的交流与了解。

"一带一路"是中国提出的重要战略倡议，为中俄在欧亚地区提供了深化合作的新契机。2015年5月，中俄双方签署《关于丝绸之路经济带建设和欧亚经济联盟建设对接合作的联合声明》。同时，两国还在重大国际问题上彼此呼应，切实加强在上海合作组织、金砖国家、二十国集团等多边框架内的协调与合作。在当前复杂的国际形势下，中俄两国能够保持战略协调，并不断拓展和深化合作领域，实属难得。

（四）中印关系

2015年，中印两国开展了一系列高层互访，其中包括印度总理莫迪于5月访华，中国国家副主席李源潮于11月访印。莫迪总理访华取得了引人瞩目的成果，包括签署价值220亿美元的贸易协议，在两军总部间建立热线联系，以及开放更多边境站点用于加强地方军事指挥官交流等。在印度内政部部长辛格11月访华期间，中印首次同意加强在南亚地区的反恐合作，这对于双方安全合作水平的提升及中国周边安全局势的稳定具有非常重要的积极作用。

2015年，中印边界未发生较大规模的对峙事件，边界局势始终处于可控状态。两国举行了第 18 轮边界问题磋商和谈判，尽管双方仍未就边界争端的核心问题达成共识，但一致同意维持边界地区和平稳定的现状，并为此细化了加强相互沟通的安排。10 月，两国军队在昆明举行了联合反恐军演和训练。尽管印度加强了与美国的军事安全合作，但总体来看，印度力图避免加入美国遏制中国的阵营，尽可能在中美之间维持适度的平衡。特别值得指出的是，印度积极支持和参与由中国倡议成立的亚洲基础设施投资银行和新开发银行，在气候变化等领域同中国保持积极协调与合作，突显了两国在推动新型发展合作方面的共同利益与合作空间。

当然，中印关系中的一些新老问题在新形势下也会不时浮现出来。印度继续提升军力，有着很强的针对中国的意图。印度不断提升与美国、日本的军事安全合作水平，邀请日本参加印美海上联合军演，积极推进同越南、菲律宾的安全合作，积极参与南海事务等，都同抵消中国不断扩展的地区影响力密切相关。由于印巴之间的矛盾根深蒂固，中巴经济走廊建设令印度不快。中国提出 21 世纪海上丝绸之路建设，印度本应是重要参与者，但印度担心该计划的实施将会扩大中国在印度洋地区的影响力，因而态度消极。此外，印度对于中国倡议和推动的孟中印缅经济走廊计划也不积极，致使该计划进展不尽如人意。

中印之间的新安全关系建设需要耐心和信心，需要"避轻就重"，要求双方不因一时一事的分歧甚至摩擦影响双边关系的大局，一些误解需要通过沟通加以化解，一些问题，特别是边界争端，需要有足够的耐心和智慧加以处理和解决。像中印这样两个同处上升期、存在领土争端的发展中大国，双边关系中必然会有"竞争性矛盾"和"不信任情结"存在。但是，出于对各自发展利益的考虑，上述不利因素的存在不应成为双方对于共同利益认知的障碍。中国应从构建周边命运共同体和发展新型发展中大国合作关系的大局出发，坚持把经济合作作为中印关系的主渠道，扩大共同利益基础，有效管控彼此分歧。

三

2015 年以来，在中国周边安全环境的演变中，南海问题热度上升，朝鲜半岛冲突风险增大，钓鱼岛及东海风险犹存。不同地缘板块的交织搅动，给中国周边安全环境的构建平添了新的不确定因素。

（一）南海问题

2015年以来，南海问题的一个最大变化是美国从幕后走向了前台，中美在南海问题上的战略博弈明显升温，南海地区的紧张局势有所加剧。2015年5月8日，美国国防部发布《中国军力和安全发展报告（2015）》，批评中国在南海推进"可用作作战基地"的大规模填海造地工程"违背了实现和平与稳定的地区愿望"。随后，美国国务院负责亚太事务的助理国务卿拉塞尔表示"无论中国在南海的岛礁上堆积多少沙子，都无法制造出主权"。5月20日，美国国防部允许CNN记者登上美军反潜巡逻机随同采访，飞越了南沙永暑礁周边海域。7月，美国太平洋舰队司令斯科特·斯威夫特亲自登上美军P-8A"海神"侦察机，参与了在南海上空持续7小时的飞行侦察任务。10月27日，美国海军"拉森号"导弹驱逐舰以所谓"维护地区航行自由"为名，驶入中国南海渚碧礁和美济礁12海里范围内巡航，遭到两艘中国海军舰艇的监视、跟踪与警告。11月5日，美国国防部部长阿什顿·卡特登上正在南海巡弋的美国海军"罗斯福号"航空母舰，并再次指责中国"试图破坏地区稳定和力量均衡"。11月8日，美军派遣两架B-52战略轰炸机在南海执行巡航任务，并飞进中国在南海施工的岛礁周围空域。12月10日，美军两架B-52战略轰炸机"误闯"中国南海华阳礁上空2海里范围之内。美军的上述挑衅行动构成了对中国南海主权主张最为严重的挑战，恶化了地区安全局势。对此，中国外交部部长王毅于12月20日同美国国务卿克里通电话，要求美方立即停止到中国南沙岛礁附近海域炫耀武力，同时中国军方也要求美方"立即采取必要措施杜绝此类危险行动再次发生"。然而，美国的挑衅却不断升级。2016年1月30日，美海军"威尔伯号"导弹驱逐舰在事先未向中方通报的情况下，驶入属于中国西沙群岛的中建岛海域12海里，并声称"无害通过"。不难看出，随着美国军舰公开巡航南海岛礁行动的常态化，美国政府改变了此前在南海问题上居于幕后进行挑动、干预的做法，开始走上了与中国直面相对的前台，从而使中美两国在南海地区的战略博弈进入了一个新的阶段。

与美国的高调干预相呼应，菲律宾也加大了对南海问题的炒作，妄图推波助澜，制造紧张局势，从中渔利。2015年7月7~13日，由菲律宾单方面提起的所谓"南海仲裁案"在常设于荷兰海牙的国际仲裁法院仲裁庭举行听证会。菲方派出了由60人组成的超大规模代表团，大肆造势。为了获得国际支持，菲律宾不仅在东盟内部加紧做工作，还在香格里拉对话会、东盟外长会议、东亚合作系列外长会议、东亚峰会，甚至联合国大会等多边场合不遗余力地炒作南海问题。

与菲律宾相比，越南 2015 年在南海问题上没有采取过激的行动。目前，越南的主要策略是在大幅度提升海军力量、抓紧时间进行自占岛礁扩建的同时，进一步深化同美国、日本、印度、澳大利亚，以及俄罗斯的军事合作，以形成对中国的巨大压力。值得注意的是，2015 年中越政治关系稳中有进。4 月越共中央总书记阮富仲访问中国，11 月习近平主席访问越南，为两国关系的稳定发展定下了基调。双方同意就海上安全问题加强磋商和谈判，找到双方都能接受的办法，共同维护南海的和平与稳定。

2015 年 12 月底，东盟共同体如期建成。中国坚持解决南海问题的"双轨"思路，继续与东盟就"南海行为准则"（COC）进行磋商。双方建立了"中国—东盟海上搜救热线平台"、"中国—东盟应对紧急事态外交高官热线平台"等。不过，在南海问题上，东盟内部的协调正在加强，南海问题正在被提上东盟的集体议事日程。例如，2015 年东盟外长会议发表的《联合公报》罕见地就中国在南海的陆域吹填行动表示关切，认为"有关行为在南中国海地区削弱了信任，增加了紧张，破坏了和平、安全与稳定"，声称将采取"预防性措施"。可见，东盟共同体建成后，将会在捍卫东盟利益、制约中国方面表现得更为明确，这无疑会为中国—东盟关系的发展增添新的变数。

（二）朝鲜半岛

在 2015 年的大部分时间里，朝鲜半岛处于不稳定状态，尽管大的冲突没有发生，但是风波迭起，险象环生。在军事上，朝鲜延续了过去几年来的强硬示威与"悬崖战术"相结合的政策套路，继续保持核威慑，并开始试图将更为强硬的核恫吓付诸行动。为了回应美韩的联合军演，朝鲜在 2015 年内进行了多次远程导弹试射，用以向外界展示其战斗力量。5 月，朝鲜在东海地区以潜射方式试射了弹道导弹；10 月，在劳动党建党 70 周年阅兵时展示了号称"能够打到美国本土"的远程导弹。

在韩国方面，朴槿惠执政后把实现南北统一作为重要执政目标，先后提出了"信任进程"和"德累斯顿构想"。但是，韩国的半岛和平倡议没有得到朝鲜的积极回应。面对朝鲜的核武威胁，韩国进一步加强了与美国的军事安全合作，放弃了从美军手中收回作战指挥权的计划。此外，美、日、韩三国还在三边军事合作上实现了突破，形成了三边军事协调机制的雏形。尽管日韩军事合作背后有美国的压力，但基础还是日韩有共同应对来自朝鲜威胁的现实需要。事实上，2015年以来，韩国对朝鲜表现出一种更为强硬的姿态。例如，韩国坚持要求在朝鲜具备"弃核诚意"后才进行有效对话，还在军事上将"5027"等对朝作战计划更新为"5016"作战计划，提出了一套基于先发制人考虑的、用以打击朝鲜"挑衅性行动"的作战方针和指导原则。与此同时，为了对朝鲜施加政治压力，韩国政府在首尔设立了"朝鲜人权事务所"，积极支持将朝鲜人权问题提交联合国审议。

2015年12月，金正恩表示，朝鲜已经具备了制造氢弹的能力，并暗示将进行氢弹试验，导致半岛局势骤然紧张。2016年1月6日，朝鲜宣布成功进行了氢弹试验，并不顾国际社会的普遍反对，执意于2月7日以弹道导弹技术发射了"光明星4号"卫星，把南北关系推向了新的对抗局面，并引起了一系列综合性的危险反应。韩国大幅度提升军事对抗级别，加大了与美国的军事合作力度，决定部署"萨德"导弹防御系统，并中断了开城工业园区项目。朝鲜也不甘示弱，宣布开城工业园为军事管制区，并声称将接收韩方在园区内的一切资产。

毫无疑问，朝鲜半岛问题的根源在于美国的对朝政策和朝美关系，但朝鲜试图通过大幅度提升核武水平向美国施压、把美国逼到谈判桌上来的做法是一步险棋。朝鲜靠核武立国，发展远程战略导弹，不仅美国不接受，而且遭到所有东北亚国家的普遍反对。它搅乱了东北亚地区的安全秩序，危及了其他国家的利益，包括中国在内的有关各方都不会接受一个拥核的朝鲜。同时，朝鲜试图抛开中国摆脱其困难处境的做法，是一厢情愿的徒劳努力，只会使其变得更加孤立。

（三）钓鱼岛及东海

钓鱼岛问题涉及中国的领土主权，中国对该地区进行常态化巡航是必然之举，而日本坚持钓鱼岛主权无争议的立场，必然会让中日双方处于尖锐的对立状态。如果双方不能坐下来谈判，对立似乎无解；而如果对立升级，局势则有可能失控。也许是出于对风险的共同认知，中日两国在围绕钓鱼岛问题而展开的博弈中保持了一种"微妙的平衡"，双方都在尽可能避免局势的失控。中国海警和日本海上保安厅的执法船都在钓鱼岛海域执行各自的巡航任务，但双方都未派遣军事力量进入这一海域，两国也都无官方和民间人士上岛开展主权宣示活动。

但是，值得注意的是，日本在钓鱼岛问题上正在实质性加强对中国的反制，不断提高对中国的拒阻能力。2015 年 4 月底，日美两国签订新的《防卫合作指针》，日美同盟在合作的深度及广度方面都得到了质的提升，美国方面一再公开表示，钓鱼岛在美日共同防卫范围之内，美国会对钓鱼岛承担相应的责任。在此背景下，日本不断增加预算，大幅度提升执法力量，购进新型喷气式飞机和巡逻船，加强对钓鱼岛的主权宣示；海上保安厅计划将原本设在宫古岛的海上保安署升格为海上保安部，规模从 50 人增加到 100 人，同时在其附近的伊良部岛配备 50 人的执法队伍和 3 艘小型巡逻船。此外，安倍内阁强行通过新安保法案，利用"重要影响事态"、"存立危机事态"和"灰色地带事态"三个核心概念颠覆了原有的安保体制，在制度上彻底摆脱了和平宪法和国会在对外动武问题上的牵制和掣肘。

当前，中日两国正处在力量转折期，中国综合实力的继续提升是大势所趋，钓鱼岛和东海地区已经成为日本的"战略前沿"。显然，日本安全战略和防务政策的变化在很大程度上是针对中国的，"中国威胁"已成为日本制定各类安保政策的重要背景。从这个角度来看，当前的钓鱼岛和东海问题具有两个潜在风险：一是可能的实力对抗升级，进而加剧紧张局势；二是可能的擦枪走火，进而引发更大的冲突。一个积极的进展是，中日两国政府已经就在钓鱼岛和东海地区避免军事摩擦举行了多轮磋商，预计还会做出更多的努力以达成相关协议。

四

2016 年会是一个多事之年。一些矛盾冲突点将会继续发热，大国博弈的联发效应会继续扩散。从中国周边安全的角度来说，最重要的还是要妥善管控分歧，维护周边局势的基本稳定，避免局部冲击整体，让和平发展的大环境得以维持和延续。

（一）朝鲜半岛局势

2016 年，中国周边安全环境中最具挑战性的隐患便是朝鲜半岛局势。朝鲜不顾国际社会的反对和劝阻，悍然进行新一轮核、导试验，联合国安理会通过第 2270 号决议，对朝鲜采取了比以前更为严厉的制裁措施；美国借机大幅度增加在日本、韩国的军事部署，日韩也都与美国加强军事合作，韩国启动在韩部署美国"萨德"反导系统的程序，美、日、韩拉开对朝进行军事打击的架势，双方剑拔弩张，发生不测事件的风险大大增加。

朝鲜半岛局势事关中国的安全，中国已多次表示绝不允许在家门口生战生乱。无论是朝鲜发展核武器，还是美国借机把核武器部署到韩国，都会危及中国的安全；若美国对朝鲜使用武力，则朝鲜半岛有可能爆发大规模战争，甚至会把中国拖入其中。因此，尽管中国支持联合国对朝鲜实施新一轮制裁，让其为继续发展核武器付出代价，但是，中国仍会避免让局势朝极端的方向发展，不会放弃通过谈判解决问题的基本立场。

不过，从六方会谈的经验来看，如果美朝双方不做大的政策调整，中国的斡旋作用是有限的，而这正是局势发展的真正危险之处。从现实情况来看，美国已经进入选举周期，大选期间的对朝政策往往是向更加强硬的方向"一边倒"。事实上，奥巴马正在改变其上任以来对朝采取的"战略忍耐"，对朝政策正在日益强硬。在朝鲜方面，拥核已成为其基本国策和金正恩执政的强力支撑，因此朝鲜绝不会自行改弦易辙，主动弃核。在韩国方面，朴槿惠政府已被逼到墙角，只有全面采取包括强化韩美同盟关系在内的强硬措施，才能迫使朝鲜做出改变。在此情况下，中国必须为可能发生的不测做好应急准备。从中国的选择来看，半岛不生战生乱符合中国的最大利益。中国政府已经清楚地表明了立场：朝鲜半岛不能有核（包括朝鲜发展与美国部署），半岛问题不能用武力解决，中国的国家安全利益必须得到有效维护和保障。

朝鲜半岛问题的根源在美朝关系。当前，引发新一轮冲突和动荡的原因是朝鲜违反联合国决议，进行新的核、导试验。如果朝鲜当局继续一意孤行，激化矛盾，进而挑起战事，中国不会为其承担安全责任。当然，出于对自身和地区和平利益的考虑，一旦乱局发生，中国会根据自己的判断，采取积极有为的行动，制止战争，推进有利于朝鲜半岛长久和平的安全机制建设。

（二）中美战略博弈

2016 年是美国的大选年。鉴于现任总统任期已近，一般会采取较为保守的稳健政策，不会寻求做出大的调整和改变。奥巴马会继续推行其亚太再平衡战略，美国会继续在南海示强，拉拢盟国和其他国家制约中国的行为等都会继续下去。同时，也会继续保持同中国的接触与协商，推进多个领域的功能性合作。

然而，中美在安全领域的博弈也存在一些不可轻视的风险点。其一，管控朝鲜半岛局势。中美在管控半岛局势、加大对朝制裁力度以制止其冒险行为上有着共同利益，可以进行合作，但在对朝制裁的目的和方式上存在重大分歧。中国反对美国借制裁之机扩大美韩同盟的作用，在可控与稳妥的基础上解决半岛问题仍然是中国的上策。其二，管控南海局势。中国会进一步加强在南海的岛礁建设，提升在南海地区的军事力量，而美国会继续在海上和空中进行挑衅，如果缺乏约束，无视中方警告，行动出格，还是有可能发生突发性事件的。同时，国际仲裁法院会对菲律宾的"南海诉讼"发布裁决结果，如果菲方采取莽撞行动，中国必定会采取反制措施，这无疑会增加发生冲突的风险。其三，管控台海局势。台湾地区领导人选举完成，实现政党轮替，蔡英文的施政定会较马英九有很大变化，台湾当局将如何处理与大陆的关系和与美国的关系引人注目。过去若干年来（包括民进党执政时期），中美在维护台海局势稳定方面进行了有效的战略沟通与协调。民进党在传统上具有亲美、近日和疏远大陆的情结，美国方面如果把民进党作为制约中国大陆的工具，为其"重返亚洲"的战略服务，鉴于台湾问题涉及中国的核心利益，这势必会对中美关系造成严重影响。

（三）中日安全困境

安倍政权将"强国战略"作为其长期执政的施政理念与核心政策。其中，构建强大且能行使更大自主权的国防力量是这一战略的重要内容，包括自卫队走出去、扩大武器出口等。当前，日本在日美同盟强化的背景下，将会获得更大的活动空间，行动将会更具进攻性和对抗性。中国面对的将是一个更加活跃，甚至有些咄咄逼人的日本。日本希望在南海问题上"更有作为"，除配合美国的行动外，还将进行单独巡航。此外，日本还会加强与菲律宾、越南的军事合作，向其提供武器，举行联合军事演习等。日本这样做，一是要借机拓展日本的安全空间，增大战略回旋余地；二是要提升日本的地区影响力，压制中国。可以说，中日双方除了对可能发生的"擦枪走火"有着共同的担心，都有意向通过协商制定规则外，两国在安全领域的合作空间非常小，目前还很难找到走出安全困境的有效对策。

（四）恐怖主义威胁

恐怖主义蔓延是当今世界安全形势中最令人关注的事态，因为恐怖主义具有隐蔽性高、突发性强、危害性大的特点，特别是恐怖势力的暴恐活动多以平民为目标，一旦发生，会引起极大的社会震动与不安。在中国周边，阿富汗、巴基斯坦、印度尼西亚，以及中亚国家都是恐怖势力活跃的地区。境外恐怖势力同中国境内的极端势力和分裂势力存在多种联系，共同制造过多起事端。2015 年，中国着力加强了国内反恐力度，制定通过了《反恐怖主义法》，使国内安全形势有了较大改善。但是，在国际上，特别是中国周边地区的恐怖主义势力仍然很活跃。鉴于中国与周边国家有着密切的经贸、投资、旅游联系，中国公民的人身安全面临很大威胁。在新形势下，海外中国公民的人身安全、投资项目安全、资金投入安全等已经成为国家安全越来越重要的组成部分。由中国倡议并积极推动和参与的"一带一路"建设已经进入实施阶段，中国的项目、投资和参与人员很多，维护项目、资金和人员安全的任务很重。为此，中国会把"一带一路"建设中的安全合作纳入国际合作议程，会进一步加强国际反恐合作，充分利用上海合作组织、中国—东盟合作机制等现有合作机制，以及各种双边合作安排等，建立有效的反恐合作机制和渠道，特别是在信息交换、情报共享、联合行动等领域采取务实有效的合作举措。

近年来，伴随着国际国内形势的巨大变化，中国的安全战略和安全政策也相应发生了很大变化。在国内安全方面，成立了中央国家安全委员会，提出了以总体国家安全观为统领的一系列新安全理念。在对外安全方面，提出了合作安全、共同安全的新构想。在安全环境与安全机制构建方面，中国彰显了做新型大国的决心和担当。当前，尽管中国的周边安全环境面临诸多新挑战，但总体来看，挑战和机遇并存。安全环境构建必须服务于中国的总体发展战略，符合做新型大国的战略定位。中国不会在涉及国家安全的重大问题上做任何让步，必然对那些危及国家重大利益的挑战或挑衅进行反制，但同时又会从构建和平发展周边环境的大局出发，审慎与理智地处理争端，竭力降低发生冲突的风险，努力寻求对话、协商与合作的机会，增强对于大局的掌控能力。应对复杂多变的周边安全形势，最需要的是战略定力与战略韧性。

An Evaluation Report on the Security Situation in China's Periphery（2015 −2016）

Zhang Yunling, *Ren Jingjing*

Abstract　The security situation in China's periphery during the year 2015 can be summarized into one sentence：The gaming between big powers became more intensive，but the overall power structure was stable，with the issues of hot spots were more outstanding but still controllable. In the shaping of China's peripheral security environment，the construction for a new type of major power relationship was placed on a very important position and regarded as a key link for China to implement a strategy of creating an innovative stability and taking pioneering initiatives. Of all the changes of security situation around China，the issues related to South China Sea became even more tense，the probability of conflicts in the Korean Peninsula was increased，and the risks in the Diaoyu Islands and East China Sea were still existing. The year 2016 will be an eventful year because the tensions of some confrontational hot spots will continue and the chain effects of big powers' gaming will be spread. The most important missions for China to safeguard its peripheral security are to manage and control disagreements properly，maintain an overall stability in its neighboring countries，and avoid an impact to the whole situation brought by some local or partial disruptions，so that a macro environment for peaceful development can be preserved and sustained.

Key Words　China；Peripheral Security；Environment；Situation；Evaluation

Authors　Zhang Yunling, Research Professor, Member of the Academic Board of the Chinese Academy of Social Sciences（CASS）, Dean of the Section of International Studies of the board, and Director of the Center for Regional Security Studies of CASS；Ren Jingjing, Ph. D, Associate Research Professor with the Institute of Contemporary China Studies, and deputy secretary-general of the Center for Regional Security Studies of CASS.

中共十八大以来中国周边外交的
历史性新进展[*]

石源华

【内容提要】 中共十八大以来，中国周边外交逐步上升为中国外交全局的
"重中之重"地位。中国周边外交的历史性新进展体现在推行了中国
周边外交新战略，主要包括倡议建设"命运共同体"、绘制"一带一
路"新宏图、构建"亚洲新安全观"、主导创设"亚投行"四大战略
性新措施；走出了中国周边外交新路径，主要包括提出"合作共赢"
的核心理念、实行中美两安全体系的"兼容共存"、构建与俄印日地
区大国新型关系、推行"友邻外交"新特色、运用"底线思维"保障
中国和平发展和统筹"六大板块"和"印太两洋"新路径；提出了未
来中国周边外交的新课题，主要包括建设中国特色的周边大国外交、
谋划"大周边外交"顶层设计、明确中国周边争端国家和争端问题的
战略定位、注重陆海统筹、海海统筹的布局和方略、大力推进周边外
交人才工程建设等新课题。研究中共十八大以来中国周边外交的新战
略、新路径和新课题，对于理解中国外交的发展全局和周边外交未来
走向，具有重要意义。

【关键词】 中国周边外交　新战略　新路径　新课题

---

* 本文是作者撰写的《中共十八以来中国周边外交研究报告》的节选本，收入本学刊时，
做了校订和补充。原书将由社会科学文献出版社年内出版。本文参考、吸纳了作者和祁
怀高合撰的《未来十年中国周边环境的新挑战和周边外交新战略》（《中国社会科学内部
文稿》2013 年第 3 期）、《中国的周边安全挑战与大周边外交战略》（《世界经济与政治》
2013 年第 6 期）两文的若干观点，感谢祁怀高对本文做出的贡献。

【作者简介】 石源华，中国国家领土主权与海洋权益协同创新中心副主任兼复旦大学分中心主任、复旦大学中国与周边国家关系研究中心主任、教授。

中共十八大以来，中国周边外交逐步上升为中国外交全局的"重中之重"，取得了前所未有的巨大成就。中国领导人主动出招，好戏连台。中国周边外交一系列政策、措施、行动与倡议的出台，"有时让人产生一种前一个行动还没有被完全消化，后一个行动就接踵而至的感觉，从而形成一种心理上的冲击，也让人更清晰地感受到中国周边外交的新气象"。①研究十八大中国周边外交的历史性新进展，对于理解中国外交的发展全局和未来走向，具有重要意义。

一　中国周边外交的新战略

"命运共同体"、"一带一路"、"亚洲新安全观"、"亚投行"四大战略性新措施，构建了近年来中国周边外交的新战略和主攻方向。

1. 倡议建设"亚洲命运共同体"

"命运共同体"最早出现于 2011 年国务院新闻办公室发布的《中国的和平发展》白皮书。2012 年，中共十八大报告正式写入"人类命运共同体"新概念。习近平执政后，进而强调建设"命运共同体"、"亚太命运共同体"、"中国—东盟共同体"等，将其提升为具有战略意义的新举措，既有重要的现实意义，更有长远的历史意义。

亚洲的复杂性超过任何一个大洲，亚洲同时存在几大宗教，不同地区人们的价值观念有很大差异，各国之间领土纠纷多而复杂，经济发展水平差距很大，政治制度各不相同；对于中国来说，来自周边地区的牵制和阻扰呈现增多之势，既有周边国家"内乱"或次地区紧张波及中国，也有中外间发生领土、领海争端，成为美国推行"亚太再平衡"战略的借口和抓手，给实现中华民族复兴之梦造成重大障碍。中国崛起能够走多远，在很大程度上取决于我国是否善于与亚洲国家分享发展机会，拓展合作共赢的

① 周方银：《中国外交走向主动将重塑周边关系》，〔英〕《金融时报》中文网，2013 年 12月 27 日。

空间。习近平本人对于"命运共同体"内涵做了深刻而完整的理论阐述和政策概括。①

第一,"迈向命运共同体,必须坚持各国相互尊重、平等相待"。主张"涉及大家的事情要由各国共同商量来办,作为大国,意味着对地区和世界和平与发展的更大责任,而不是对地区和国际事务的更大垄断。"强调"要尊重各国自主选择的社会制度和发展道路,尊重彼此核心利益和重大关切,客观理性看待别国发展壮大和政策理念,努力求同存异、聚同化异。要共同维护亚洲来之不易的和平稳定局面和良好发展势头,反对干涉别国内政,反对为一己之私搞乱地区形势"。

第二,"迈向命运共同体,必须坚持合作共赢,共同发展"。认为"只有合作共赢才能办大事、办好事、办长久之事"。强调"要摒弃零和游戏、你输我赢的旧思维,树立双赢、共赢的新理念,在追求自身利益时兼顾他方利益,在寻求自身发展时促进共同发展"。

第三,"迈向命运共同体,必须坚持实现共同、综合、合作、可持续的安全"。认为"当今世界,没有一个国家能实现脱离世界安全的自身安全,也没有建立在其他国家不安全基础上的安全"。强调"要摒弃冷战思维,创新安全理念,努力走出一条共建、共享、共赢的亚洲安全之路"。

第四,"迈向命运共同体,必须坚持不同文明兼容并蓄,交流互鉴"。认为"在漫长的历史长河中,如亚洲的黄河和长江流域、印度河和恒河流域、幼发拉底河和底格里斯河流域以及东南亚等地区孕育了众多古老文明,彼此交相辉映、相得益彰,为人类文明进步作出了重要贡献。今天的亚洲,多样性的特点仍十分突出,不同文明、不同民族、不同宗教汇聚交融,共同组成多彩多姿的亚洲大家庭"。强调"要促进不同文明不同发展模式交流对话,在竞争比较中取长补短,在交流互鉴中共同发展,让文明交流互鉴成为增进各国人民友谊的桥梁、推动人类社会进步的动力、维护世界和平的纽带"。

中国积极推动使"亚洲命运共同体"成为区域内大多数国家的共识,搭建越来越多的合作共赢平台,为各国汇聚共同利益提供更多的支点,已经取得了良好的效果。泰国前副总理素拉杰评价说:"亚洲命运共同体不仅仅是逐步形成的概念,宏观世界更是一种哲学。它提醒我们亚洲人,我

---

① 习近平:《迈向命运共同体　开创亚洲新未来》,《人民日报》2015 年 3 月 29 日。

们曾经是多么分裂，被各种战争、各种制度、各种分歧所分裂；而今天，命运共同体这个具有哲学高度的概念唤起亚洲人的共鸣"，"亚洲应该迈向一个新未来，忘却历史恩怨、追求和平发展的未来"。①

2. 绘制"一带一路"新宏图

"一带一路"是中国周边外交的又一重大战略大动作。习近平指出："'一带一路'建设不是要替代现有地区合作机制和倡议，而是要在已有基础上，推动沿线国家实现发展战略相互对接、优势互补。"②

外交部部长王毅评价"一带一路"的战略意义时说："一带一路"比马歇尔计划古老得多，又年轻得多，两者不可同日而语。说古老，是因为"一带一路"传承着具有 2000 多年历史的古丝绸之路精神。要把这条友好交往、互通有无的路走下去，并让它焕发新时代光芒。说年轻，是因为"一带一路"诞生于全球化时代，它是开放合作的产物，而不是地缘政治的工具，更不能用过时的冷战思维去看待。③

中国不会通过"一带一路"谋求霸权和对外扩张，没有谋求势力范围的地缘战略意图，不做侵犯别国主权或强人所难的事，中国强调和平发展和互利共赢，实现共商、共建、共享原则，而非"一家独大，赢者统吃"。中国也无意在沿线国家间搞政治结盟，"不结盟"是中国外交的基本原则之一，强调自愿参与、协商落实、积极沟通、相互尊重的特征，以"政策沟通、道路沟通、贸易沟通、货币沟通、民心沟通"为五大任务。中国也不将"一带一路"单纯视为多余资本和产品输出的机会，而是以经济合作与经贸交流为沿线国家的"最大公约数"。强调顺应世界潮流、符合沿线国家经济发展的共同愿望，不仅拉动国内经济增长，实现中国经济可持续发展的目标，而且让沿途国家搭乘中国经济发展的便车，加强基础设施建设，促进产业升级换代，共同推动中国和各国经济的发展步伐。④

"一带一路"战略还是应对和化解美国"亚太再平衡"战略的重要举

---

① 《泰国前副总理素拉杰：让"一带一路"沿线国跟上中国节奏》，《参考消息》2015 年 4 月 1 日。
② 习近平：《迈向命运共同体　开创亚洲新未来》，《人民日报》2015 年 3 月 29 日。
③ 王毅就中国外交政策和对外关系回答中外记者问（2015 年 3 月 8 日），《文汇报》2015 年 3 月 9 日。
④ 参见李少惠、李世勇《"一带一路"重心是经济合作与经贸交流》，《参考消息》2015 年 6 月 9 日。

措。中国不正面对抗美国"亚太再平衡"战略对中国的遏制，不走新兴大国与守成大国通过对抗实现更替的传统老路，不重犯苏联与美国在冷战期间正面争霸招致失败的错误，积极倡导建立中美新型大国关系。①对于美国的"亚太再平衡"战略，是你做你的"霸权稳定"、"日美联盟"、"颜色革命"、"TPP"，我做我的"一带一路"、"合作共赢"、"命运共同体"、"亚投行"等。你在中国近海频频搅局，我则冲破第一岛链，巡航南太平洋，进入印度洋，甚而与俄罗斯联合在西太平洋和北约门户、美国后院的地中海进行军演，展示中国的存在和海军的进步。你在中国东部海上挑起各种事端，制造紧张气氛，围堵压迫中国，我另辟新路径，向西部积极发展，在广袤的、长期不稳定的欧亚大陆，倡议建设"丝绸之路经济带"，实现互联互通，合作共赢，开辟新的战略方向，进而着意在中国周边实现全方位合作和互利共赢。在"一带一路"战略方针下，中国周边合作已经基本形成合围：北方，以中俄全面战略合作关系为核心和重点，以"上海合作组织"和"中俄蒙经济走廊"为两翼，奠定北方阵线的稳定大局；西方，建设"中巴经济走廊"，作为推行"一带一路"建设的典范和样板；西南方，倡议建设"孟中印缅经济走廊"，推动"一带一路"往印度洋方向发展；东南方，以中国与东盟"10＋1"升级版为核心，开展各种形式的区域合作，构筑通往南太平洋的海上网络。2015 年 5 月 27 日，国务院副总理张高丽在重庆亚欧互联互通产业国际论坛上对来自 36 个国家的客人表示：中国正与"一带一路"沿线国家一道，积极规划中蒙俄、新亚欧大陆桥、中国—中亚—西亚、中国—中南半岛、中巴、孟中印缅六大经济走廊建设。② 这六大经济走廊将成为推动"一带一路"建设的战略布点和主要骨架，对于应对美国的"亚太再平衡"和实施与周边国家的全方位合作具有重要战略意义和经济意义。

"一带一路"推行进程很快，2013 年是提出年，2014 年是布局年，2015 年是实施年。在不长的时间里，从俄罗斯到蒙古，从印度到斯里兰卡、马尔代夫，从上海合作组织峰会到 APEC 北京会议、菲律宾会议，习近平主席多次就"一带一路"建设与各国领导人深入交换意见，有力推动

① 〔英〕菲利普·蒂芬斯认为：中美"双方都不想冷战，更不用说军事对抗了。不过，形势会变得严峻，最好的局面可能就是一种十分冰冷的和平。"参见英媒文章《中美维持"冷和平"是最佳选择》，《参考消息》2015 年 5 月 6 日。
② 《一带一路"六大走廊"启动规划》，《东方早报》2015 年 5 月 28 日。

了"一带一路"理念在国际上的理解和认同，得到了国际社会的高度关注和有关国家的积极响应，沿线国家中，已经有近 60 个国家（截止到 2015 年 2 月）明确表示支持和积极参与建设，贸易投资项目迅猛发展，金融合作已经起步，人文合作陆续展开，生态环保合作已经启动，一系列合作已结出早期果实。① 据商务部公布的数据，2015 年，我国企业共对与"一带一路"相关的 49 个国家进行了直接投资，投资额合计 148.2 亿美元，同比增长 18.2%。我国企业在"一带一路"相关的 60 个国家新签订对外承包合同 3987 份，新签合同额达 926.4 亿美元，占同期我国对外承包新签合同额的 44.1%，完成营业额达 692.6 亿美元，占同期总额的 45%。②"一带一路"倡议"成为改革开放以来最引发各国长期关注、跟踪与研究的中国版国际发展设想，为沿线各国对外战略提供了新的重大选项"。该倡议的实现，"将进一步加速欧亚大陆的复兴尤其是沿线国家的共同崛起，巩固亚洲崛起势头，开创更具包容性、开放性、平等化的全球化"。③

3. 构建"亚洲新安全观"

"亚洲新安全观"是 2014 年 5 月习近平在上海举行的亚洲相互协作与信任措施会议第四次峰会（亚信峰会）上提出的中国周边外交的重大战略性举措。

"新亚洲安全观"是中国特色对外战略新理念的重要组成部分，是与冷战思维决裂的产物，并在与冷战思维和强权政治的碰撞中发展起来。有些美国学者鼓吹：将通过支持中国周边地区的一些较小国家（和地区）（从韩国到中国台湾，甚至到越南）的办法来抵消中国在力量上所占的优势。④这显然是残存的冷战思维。习近平在第四次亚信峰会的主旨发言中，针对此种过时的冷战思维，引用哈萨克斯坦谚语"吹灭别人的灯，会烧掉自己的胡子"，坦言："反对为一己之私挑起事端、激化矛盾，反对以邻为壑、损人利己"。⑤为此，习主席提出了"创新安全理念"的重要命题，倡

---

① 参见新华社《"一带一路"已获近 60 国响应》，《解放日报》2015 年 2 月 4 日。

② 《打造中国经济新增长极——党的十八以来推进三大战略述评》，《解放日报》2016 年 2 月 21 日。

③ 王文：《"一带一路"：追求国际最大公约数》，《文汇报》2015 年 2 月 27 日。

④ 夏立平：《论亚洲新安全观与中国》，复旦大学中国与周边国家研究中心编《中国周边外交学刊》2015 年第 1 辑。

⑤ 习近平：《积极树立亚洲安全观共创安全合作新局面》，《新华每日电讯》2014 年 5 月 22 日。

导共同、综合、合作、可持续的"亚洲新安全观"。强调"亚洲和平发展同人类前途命运息息相关。亚洲稳定是世界和平之幸,亚洲振兴是世界发展之福。和平、发展、合作、共赢始终是亚洲地区形势主流。亚洲良好局面来之不易,值得倍加珍惜。"习近平主席亲自对亚洲新安全观逐条做了精辟而细致的理论阐述和政策概括。①

共同安全,就是要尊重和保障每一个国家的安全。安全应该是普遍的、平等的、包容的。不能一个国家安全而其他国家不安全,一部分国家安全而另一部分国家不安全,更不能牺牲别国安全谋求自身的所谓绝对安全。要恪守尊重主权、独立和领土完整、互不干涉内政等国际关系准则,尊重自主选择的社会制度和发展道路,尊重并照顾各方合理安全关切。

综合安全,就是要统筹维护传统领域和非传统领域安全,通盘考虑亚洲安全问题的历史经纬和现实状况,多管齐下,综合施策,协调推进地区安全治理,对"三股势力",必须采取零容忍态度,加强国际和地区合作,加大打击力度。

合作安全,就是要通过对话合作促进各国和本地区安全,增进战略互信,以合作谋和平,以合作促安全,以和平方式解决争端。亚洲人民有能力、有智慧通过加强合作实现亚洲和平稳定。欢迎各方为亚洲和平合作发挥积极和建设性作用。

可持续安全,就是要发展和安全并重以实现持久安全。要聚集发展主题,积极改善民生,缩小贫富差距,不断夯实安全根基。要推动共同发展和区域一体化进程,以可持续发展促进可持续安全。

随着中国日益强大,中国领导人开始重新审视长期以来的安全政策。2015 年 5 月,中国颁布《中国军事战略》白皮书,提出"总体国家安全观"的新概念,从中国国家安全战略顶层设计层面对"亚洲新安全观"做了进一步具体的阐述,强调要统筹内部安全与外部安全、传统安全与非传统安全、生存安全与发展安全、国土安全与国民安全、自身安全和共同安全。美国智库学者蒂莫西·希思评论道,中国领导人关于"总体国家安全观"的说法和五个"统筹"原则,"体现了中国领导层决策集权化的趋势、对战略和政策自下而上的设计以及将所有领域都视为密不可分部分的政策

---

① 习近平:《积极树立亚洲安全观 开创安全合作新局面》,《新华每日电讯》2014 年 5 月 22 日。

观点"。①

4. 主导创设"亚投行"

"亚投行"是中国周边外交的又一战略性大举措，是中国经济从产品输出走向资本输出的标志性大事件，也是中国改善现有国际体系不合理性的一次重大"战略试水"。

"从产品输出到资本输出，这是一个国家在世界经济版图中'晋级'的经典路线图。当今中国，似乎也走到了这个节点。1966 年，日本经济总量超越英国，其主导的亚洲开发银行（'亚行'）于当时成立。如今 GDP 和外汇储备双双位居亚洲第一的中国也正推动着另一家巨型开发性金融机构——亚洲基础设施投资银行（'亚投行'）的成立。"②布雷顿森林体系已创建 70 余年，亚洲开发银行也已成立 50 年，在过去的半个多世纪的岁月里，各国竞争力的巨大变化未能在其中得到如实反映，造成战后快速成长的许多新兴国家的不满。③中国发起并主导的"亚投行"将从布雷顿森林体系以及其他既有国际金融体系的运作中吸取教训，成为一个更完善的国际开发金融组织，"相对于竞争性，更应该成为具有补充性的国际开发金融机构"。④

"亚投行"将更多显现"中国特色"和"中国意愿"的开放式和"合作共赢"新思维。尽管美国反对中国的提议，并阻挠其他西方国家和美国的盟国加入，然而，经过中国的努力，有 57 个意向创始成员国加入"亚投行"，其中包括美国传统盟友"七国集团"中的 4 个，美国的重要盟友韩国、澳大利亚也不顾美国的反对和施压，加入"亚投行"。中国学者屠海鸣指出："亚投行"的出现，无论对中国，还是对亚洲、对世界都是一件大事，它是为"一带一路"建设"输血供氧"的"营养库"，是发达国家参与亚洲基础建设的"逐利场"，是国际金融体系中的"新一极"，也是

---

① 《美智库文章：中国国安战略更重"顶层设计"》，《参考消息》2015 年 6 月 22 日。

② 张鲲：《亚投行启动中国资本输出》，《南方窗》2014 年第 24 期。

③ 以"亚行"为例，"亚行"是亚洲最大开发性金融机构，拥有 1650 亿美元资本金，美、日是最早成员国和最大股东，两国出资各占约 16%。并各自拥有 12.82% 的投票权，居绝对主导地位。中国为"亚行"第三大出资国，资本份额占 6.46%，投票权重为 5.47%，均不及美、日两国的一半。这种地位与中国 GDP 总量全球第二、外汇储备全球第一的地位极不相称。

④ 〔韩〕韩升洙：《21 世纪的东北亚与韩中关系》，复旦大学韩国研究中心编《韩国研究论丛》第二十九辑，第 8 页。

中国和平崛起进程中的一个"标志性工程"。①

中国提议建设"亚投行"是中国对现行世界金融体系进行补充性变革的一次成功尝试。中国对于"亚投行"的战略定位一方面是"新的一极"，会引发与西方金融霸权体系的一定程度的相互竞争，发生有利于新兴国家利益的变化；另一方面是对既有美国主导的世界金融体系的补充和完善，并非取而代之。②这将为中国在走向世界强国的过程中对待既有世界体系提供一个样本。实际上，在"亚投行"启动前后，中国已经主导提议成立"金砖五国开发银行"，筹备建立"上海合作组织银行"，设立"丝路基金"等类似的金融机构和基金，具有同样的意义。

2015年6月29日，《亚洲基础设施投资银行协定》在北京签署。习近平主席在会见出席签字仪式的各国代表团团长时说：协定的签署"标志着亚洲基础设施投资银行筹建迈出具有历史意义的步伐，展示了各方对成立亚洲基础设施投资银行的庄严承诺，体现了各方团结合作、开放包容、共谋发展的务实行动"。相关成员国都表示将共同努力，"逢山开路，遇水架桥"，确保亚洲基础设施投资银行成为国际金融机构中务实、高效的一员。相信在亚洲发展过程中，亚洲基础设施投资银行将发挥重要的引领作用。③

二　中国周边外交新路径

中共十八大以来，中国周边外交的主动性大大增加，比以往展现更多的独立性，形成实施中国周边外交的新路径。如周方银所指出的：新时期"中国周边外交的目标和手段不能轻易为他国的行动所动，由他国决定中国的行为节奏，而是更多地坚持自己的战略筹划，有时候，即使是在不利

---

① 屠海鸣：《亚投行是国际金融体系中的"新一极"》，《新闻晨报》2015年4月29日。

② 前世界银行行长和美国贸易代表罗伯特·佐利克在英国《金融时报》网撰文指出："美回避亚投行是个战略错误。"指出："亚投行提供了一个机会来加强美国创造和维护的国际经济体系"，"亚投行可以帮助世界银行和各个地区银行分析它们的管理和控制如何增加了成本、程序和延误。竞争可以是健康和有启迪作用的。美国需要从这种令人尴尬的经验中吸取教训。"中国正在提供机会来支持全球经济，并提供大量资金来支持它自己的计划。美国可能犯下的最大错误是在塑造一个不断变化的国际体系时错过这个机会，美国应该善于将新的愿景同现有秩序相联系，从而满足新的需求"等。参见《美回避亚投行是个战略错误》，《参考消息》2015年6月9日。

③ 《习近平会见出席〈亚洲基础设施投资银行协定〉签署仪式各国代表团团长》。新华网，2015年6月29日，http://news.xinhuanet.com/2015-06/29/c_1115756477.htm。

的环境下，坚定地按照自己的想法出牌，可以在一定程度上改变以往被动应付为主的局面。让那些挑衅中国的国家更清晰地感到来自中国的战略压力"。以这样的新路径，"更好地实现进取与克制之间的平衡，形成一种在本地区有作为但很亲切、令人安心的中国外交形象"，"有助于从长期营造一个良好的周边环境，使周边地区成为中国崛起的积极推动因素"。①

1. 推行"合作共赢"的核心理念

中共十八大以来，无论是中国提出的"亚洲命运共同体"、"亚洲新安全观"等新概念、新理念，还是"一带一路"、"亚投行"等新战略、新举措，其核心理念都是"合作共赢"，如习近平主席所强调的"中国发展壮大，带给世界的是更多机遇而不是什么威胁。我们要实现的中国梦，不仅造福中国人民，而且造福各国人民"，②这是中国实施周边外交的主要理论依据和政策指导思想，取得了巨大的成功。

2015 年 3 月 23 日，外交部部长王毅发表题为"构建以合作共赢为核心的新型国际关系"的演讲，集中论述习近平主席提出的"合作共赢"的核心理念。他指出："每一段国际关系的形成，每一个国际体系的建立，都带有鲜明的时代印记，也必须随着时代发展不断创新完善。""中国主张构建以合作共赢为核心的新型国际关系，以合作取代对抗，以共赢取代独占，不再搞零和博弈和赢者通吃那一套。这是习近平主席总揽世界大势提出的一个重要理念，是中华民族传统文化和新中国外交实践的厚积薄发，是对联合国宪章宗旨原则的继承和弘扬，也是对传统国际关系理论的超越和创新，必将对未来国际关系的发展产生重要和深远的影响。"

王毅论述"合作共赢"理念的基本内涵是："政治上，要树立建设伙伴关系的新思路，对话而不对抗，结伴而不结盟。着眼时代发展潮流，探索构建不设假想敌、不针对第三方、更富包容性和建设性的伙伴关系。经济上，要开创共同发展的新前景，真正树立起利益共同体意识，在共同发展中寻求各方利益的最大公约数。安全上，要营造各国共享安全的新局面，更有效发挥好联合国及安理会的作用，提升预防冲突能力，走出一条各国共建、共享、共赢的安全之路。文化上，要形成不同文明包容互鉴的

---

① 周方银：《中国外交走向主动将重塑周边关系》，〔英〕《金融时报》中文网，2013 年 12 月 27 日。

② 习近平：《顺应时代前进潮流　促进世界和平发展》，《新华每日电讯》2013 年 3 月 24 日。

新气象，不同文化、不同宗教平等相待而不是居高临下，相互欣赏而不是相互贬损，彼此包容而不是相互排斥。"

王毅特别强调，中国不仅是合作共赢的积极倡导者，更是合作共赢的切实践行者。中国推动建立以合作共赢为核心的新型国际关系，是为了各国和各国人民共同享受尊严，共同享受发展成果，共同享受安全保障。中国外交将继续立足国情与世情，从中国与世界各国人民根本利益出发，使和平发展道路越走越通畅，让合作共赢理念越来越深入人心。①

十八大以来，中国领导人奉行"合作共赢"的新理念，努力经略周边，成为中国塑造全球外交战略格局的重要内容。"做守望相好邻居，做互利共赢的好伙伴，做来常往的好朋友，是和平发展的中国对发展同所有周边国家关系的期许。实施'合作共赢'，履行大格局细落子，导致中国对邻国经济发展的拉动作用，超过历史上任何时候，邻国对中国和平发展的地缘重要性，也超过历史上任何时候。"②

2. 实现中美两大安全体系"兼容共存"

在中国周边实际上存在两种不同的安全合作体系，中国、俄罗斯等国主张多边安全合作，认为参与合作的每一方都应该是平等友好的，不赞成并认美韩同盟、美日同盟等双边同盟体系为冷战残留的产物，但鉴于国际政治经济现实，也"兼容"美国的双边同盟合作体系的存在，不挑战美国制定的国际规则。美国则坚持双边同盟合作体系，主张以美日同盟、美韩同盟、美菲同盟、美新同盟、美泰同盟等双边同盟体系为基础，但同样鉴于国际政治经济现实，"兼容"中国、俄罗斯等大国主张的多边安全合作体系，容忍中国的发展和在地区发挥重要影响力和作用。两种安全合作体系的基础和侧重点是不同的。在目前和今后一个较长的历史时期内，中美两种安全合作体系的"兼容共存"将是中国周边国际关系和地区安全的主要特征和基本格局，也是亚洲区域合作的重要前提。

美国依靠美日同盟、美韩同盟等，实施与以北约为核心的多边同盟体系不同的双边同盟体系，在亚洲一直占有包括驻军在内的重要的政治、经济、安全的战略地位；美国在日、韩、菲、新、泰都有军事基地，美国的航空母舰在西太平洋到处游弋，美国不会轻易退出这个地区；由于美国的

---

① 王毅：《构建以合作共赢为核心的新型国际关系》，新华网，2015 年 3 月 13 日。
② 《中国周边外交展新篇》，《新华每日电讯》2014 年 8 月 24 日。

超级大国地位，日、韩、新、菲、泰等美国的盟国在经济贸易上与美国有着密不可分的关系。此外，美国又在亚洲一些与美非结盟国家积极开展活动，利用越南、印尼、印度、缅甸等国对于中国崛起的不适应与恐惧心理，或他们与中国之间的争端问题，离间中国与这些国家的关系，给亚洲区域安全造成新的不确定因素。这是美国与中国周边国家关系的基本现实。

对于中国来说，美国是世界超级大国，与中国的经济发展有着至关重要的紧密关系，中美贸易在中国对外贸易中占有重要地位，中国的外汇储备绝大部分购买了美国的国债，中美之间已经形成你中有我、我中有你的紧密关系，中国虽然不可能成为美国的盟国，但是美国也不能不视中国为重要合作国家。因此，要从根本上改变现状，让美国退出东北亚不仅是不可能、不现实的，也是不利于中国经济发展和亚洲政治安定的。

中国的周边区域合作战略成功实现"兼容"美国在该地区的双边同盟体系，不挑战美国在亚洲的既得利益，尊重美国在亚太地区的正当利益，希望美国在地区事务中更多发挥建设性作用，与美国和平共存，避免中美对抗。习近平主席率先提出"太平洋之宽完全可以容纳中美两个国家的共同发展"，较为成功地实现了中美在亚洲"兼容共存"的局面。① 如在朝核问题上，中美两国进行了富有成效的合作，双方在朝鲜半岛无核化问题上达成了共识，避免了朝核问题产生以来朝鲜半岛局势的失控，基本确保了该地区的和平局面。然而，美国以武力威慑、经济制裁和期盼朝鲜"突变"为特点的压制朝鲜屈服的路线始终不为中国所赞成，中国倡导六方会议，主张和平对话、平衡朝鲜安全需求的立场，也不能为美国所接受，导致半岛局势不能从根本上得到解决。又如在台湾问题上，中美两国也进行了一定程度的合作，双方对于稳定台海局势达成了共识，在某种程度上遏制了台独势力的进一步膨胀，对于两岸关系的改善起了积极作用。然而，美国坚持对台军售，反对台湾与大陆走得过近，导致台湾局势不能从根本上得到改善。

中美之间的和平相处、互利共赢及其可能达到的合作水平和深度，将对亚洲区域安全的发展形态和实际进度，产生至关重要的影响，也是中国在 21 世纪的第二个十年甚至更长的时间内能否取得和平建设的安定环境的

---

① 《中国欢迎美国"重回"亚太区》，《东方早报》2014 年 1 月 10 日。

重要因素。中国目前的基本情况还是将强未强，中国在与美国共建亚洲安全的进程中，基本上处于弱势，或是在逐步增强中的弱势，因而在中美共建亚洲安全上能起的作用还是有限的，但随着中国进一步崛起，强盛程度逐步赶上或接近美国，中国所能起的作用将会发生有利于中国的变化。中国需要控制好自己行为的节奏，维持战略进取与战略克制之间的平衡，不激化美国对中国的担忧。从长远看，中美共建亚洲安全是一种必然的趋势，是有可能实现的，而且中国将会在其中发挥越来越大的作用。

3. 构建与俄、日、印地区大国新型关系

影响中国周边外交的地区大国除美国外，主要是俄罗斯、日本和印度。中共十八大以来，中国在构建与美国新型大国关系的同时，重视和加大了构建与俄罗斯、日本、印度地区大国新型关系的力度。中国与地区大国建设新型大国关系有三个层次目标，最低层次目标是"不对抗，不冲突"，中级层次目标是"互相尊重"，最高层次目标是"合作共赢"。就目前中国与三国的合作水平来说，中俄关系已经进入最高层次目标阶段，中日关系目前处于最低层次目标和中级层次目标阶段之间；中印关系则处于中级层次目标与最高层次目标阶段之间。

俄罗斯是中国周边最重要的邻国，中国经济高速发展以后，一些俄罗斯人士曾对中国发展表示种种疑忌：一是中国"人口扩张论"。由于俄远东地区人口稀少，截至2010年1月仅650万，而相邻的中国东北地区人口达到1亿。部分俄罗斯人认为，中国移民大量涌入西伯利亚和远东，目的是实现中国对俄罗斯领土"事实上的占领"。[①]二是中国"军事威胁论"。中国武器装备的更新和中国军队的现代化建设本是中国国家现代化进程中的正常现象，但俄罗斯国内有一小部分人苟同某些西方大国的所谓中国"军事威胁论"，宣扬中国军力强大后会对俄罗斯提出领土要求，或是进行军事威慑。[②]三是"掠夺原材料论"。俄罗斯国内少数人对发展同中国的经济合作有所疑虑，担心俄罗斯会变成中国的"资源附庸"，大量的中国商品涌入俄罗斯，将挤垮俄罗斯的民族工业。[③]

然而，中俄共同的政治、安全、经济利益，奠定了双边关系的厚实基

---

① 李静杰：《跨入新世纪的中俄关系》，《俄罗斯中亚东欧研究》2007年第2期。
② 钱洪良主编《中国和平崛起与周边国家的认知和反应》，军事谊文出版社，2010，第116页。
③ 李静杰：《跨入新世纪的中俄关系》，《俄罗斯中亚东欧研究》2007年第2期。

础。前外交部部长李肇星指出："中俄关系是中国与其他大国关系中发展迅速、机制完备、覆盖面广、合作水平高的一对大国关系。双方有元首、总理和议会等高层定期会晤机制。江泽民主席、胡锦涛主席和习近平主席作为国家元首第一次出访都是去俄罗斯，这一事实具有重要的象征意义和实质意义，显示了中俄友好的特殊性。两国互为最重要的战略协作伙伴，彼此成为维护核心利益、促进发展振兴的可靠战略支撑和主要外部积极因素，这是双方基于自身战略利益的选择。"[1]由乌克兰事件引起的美俄之间的"新冷战"，给中俄全面战略合作伙伴关系进一步发展带来历史机遇，俄罗斯将成为"一带一路"建设的优先地区之一。乌克兰事件发生后，美欧不断升级对俄制裁，已扩大至金融、能源和军事合作领域，不仅影响欧亚政治格局，而且牵动全球秩序重构。面对美国的"亚太再平衡"威胁，中国将中俄全面战略合作伙伴关系提至中美关系之前，是很自然的事情。

中共十八大以来，中俄关系取得了高水平、跨越式的重大发展，习近平就任国家主席后首访俄罗斯，以后多次与普京会面，达成了中俄在一系列重大事务上的共识和协调。签署或实现了 4000 亿美元天然气合作项目、1500 亿中俄货币互换协定、2015 年两国 1000 亿美元的贸易额，双方在和平利用核能、大飞机制造、卫星导航、载人飞行等高科技领域开展合作，并在高水准军事演习、尖端武器买卖等方面实行全方位合作。

中国提出"一带一路"的战略性倡议后，两国元首商定："将中方丝绸之路经济带建设同俄方欧亚经济联盟建设对接，从战略高度，以更广视野全面扩大和深化双方务实合作，扩大相互开放，深化利益交融，更好促进两国发展振兴，拓展欧亚共同经济空间，带动整个欧亚大陆发展和稳定。"[2]同时，中俄联合举行黑海和地中海军演，此次军演尽管规模很小，却是中国海军参与距离本土最远的演习，展示中俄关系的进一步提升，表明中国打造一支走出近海、穿行世界的远洋海军得到了俄罗斯的支持和帮助。[3]两国领导

---

① 李肇星：《说不尽的外交——我的快乐记忆》，中信出版社，2014，第 66 页。
② 《习主席今出席红场阅兵，丝绸之路对接欧亚经济》，《解放日报》2015 年 5 月 9 日。
③ 《香港经济日报》评论，中俄海军黑海和地中海联合军演，显示中国的军事力量正借"一带一路"延伸出去，而中俄加强合作，战略上抗衡美日同盟的意味也十分明显。中国国防大学乔良教授指出："一带一路"就是中国的初始全球化，中国必须有能够跨出国门远征的陆军、海军和空军，才能使"一带一路"在安全上获得可靠保障。参见《中国军舰驶入黑海引各方解读》，《参考消息》2015 年 5 月 8 日。

人经常在各种场合使用"高水平和特殊性"表述中俄两国全面战略合作伙伴关系的进一步提升。

十八大以来，中日关系面临重大困境和难题，日本对于中国周边安全环境所起的负面作用主要表现为三：其一是把中国作为战略和现实对手，获取先发制人的权利；其二是拉拢美国，挑动美国对中国采取更强硬的战略举措；其三是拉拢周边国家"近日疏华"，渲染"中国威胁"，构建所谓"制约中国的弧圈"。日本对中国的上述战略基于中日之间综合实力翻转的大背景，日本企图通过这些措施压制中国的崛起，遏止中国影响力提升的势头，借此推动国内相关领域的改革，扭转日本在中日战略竞争中的颓势。张蕴岭指出："日本已经不具备主动犯华的实力，但日本对华采取的'组合拳'战略会增加中国维护国家安全的成本，特别是钓鱼岛争端，如果危机管控失败，引发军事风险极高。"①

对于中国而言，日本是中国最重要的周边大国，是中国能否实现战略机遇期延长的关键国家之一。推动中日关系实现从功能互利到政治互信和战略互惠的突破，是中国周边外交的重大目标。由于日本政府的"购岛"违反中日两国政府达成的默契，推行单方面改变现状的错误政策，我方在东海被迫反击，已经取得了阶段性的胜利。第一，我国公布了钓鱼岛领海基点，并向联合国报告、备案，正式向世界宣告中国对于钓鱼岛拥有主权的法律文件；第二，打破了日本对钓鱼岛的实际单边控制，实现了对钓鱼岛海域的常态化巡航，向世界宣示了我国在钓鱼岛的主权存在；第三，宣布设立东海防空识别区，迫使美日在事实上默认其存在，扩大了我国的安全预警范围，打击了日本的嚣张气焰。目前，中日钓鱼岛及东海争端仍未见底，依然时有起伏，发生局部冲突的可能性随时存在，但双方均感疲劳，冲突一线已趋和缓，有实现阶段性休战的可能。应在继续严密监视日本动向、积极应对的前提下，采取缓和策略，争取实现中日钓鱼岛争端的转圜，在新的现状基础上实现"搁置"，推动中日关系走上健康发展的道路。

由于一系列复杂和具体的国内国际因素的影响，中日钓鱼岛争端存在长期性、反复性的特点，美日强化同盟关系制衡中国也将成为长期趋势，

① 张蕴岭、任晶晶：《中国周边安全形势评估报告（2014～2015）》，复旦大学中国与周边国家关系研究中心编《中国周边外交学刊》2015年第1辑，社会科学文献出版社，2015。

但并不排除中日关系出现局部缓和，甚至出现逆转的可能。在 APEC 北京峰会前夕，中日达成"四点共识"，①随后实现了两国领导人的两次会晤，表明中日关系存在适度转暖的可能性。

印度是亚洲和世界人口排名第二的国家，也是中国重要的周边大国。两国有很多共点，其一，综合实力都处于快速提升的过程中，对于对方崛起具有一定的包容性，印度视中国为其发展的合作对象国，中国视印度为"一带一路"沿线重要大国，发展互相关系具有一定的战略基础；其二，两国都希望成为多极世界的一极，对于建立国际秩序的基本看法相似，印度希望中国支持印度成为联合国安理会常任理事国，中国希望印度不参加美日制衡、遏制中国的行动；其三，两国都反对武力干涉解决国际争端，对于国际行为准则的认识具有共同性，中印在国际多边舞台的共同话语较多，两国同为发展中国家，在气候变化谈判、国际金融体制改革、G20、金砖国际机制等重大问题上态度接近，步调比较一致；其四，两国边界虽有严重分歧，但没有外部势力介入，通过双边解决争端的外部干扰较小，双方经过共同努力，逐渐形成以协商解决分歧的默契和共识，形成分歧管控的"制度性保障"。

然而，两国关系也面临许多挑战：其一，"印度是一个综合实力上升较快的大国，与中国有着战略竞争的情结，与中国抗衡和竞争是印度国家发展的一个重要战略设计"；其二，领土争端问题和西藏问题是涉及中国核心利益的重要分歧，印度对中国"有着挥之不去的战争失败记忆，加上中国与巴基斯坦保持特殊战略关系，印度的军力提升和军事部署有着很强的针对中国的因素，印巴的任何对抗特别是战争都会对中国的安全环境造成直接威胁"，印度对华防范和猜疑并未消除，视中国为对手的心态未变；其三，印度对中国与巴基斯坦的特殊关系，中国对美印、日印联手制衡中国利益，均有重大疑忌，双方战略互信缺失；其四，中印经贸关系也存在重大分歧，2014 年中印贸易额接近 700 亿美元，增长潜力巨大，印度贸易逆差 400 亿美元，成为两国经济交流进一步发展的障碍。总之，"虽然中印之间再次因领土争端发生战争的可能性极小，但

---

① 四点原则共识包括：双方确认将遵守中日四个政治文件的各项原则和精神，继续发展共识；双方认识到围绕钓鱼岛等东海海域近年来出现的紧张局势存在不同主张，同意通过对话磋商防止局势恶化，建立危机管控机制，避免发生不测事态；双方同意利用各种多双边渠道逐步重启政治、外交和安全对话，努力构建政治互信。

印度针对中国的战略性设计对中国周边安全环境将产生不可轻视的负面影响"。①

中共十八大以后，中印关系取得了长足的进步。在中印共同崛起的背景下，中国充分认识到中印战略关系具备的区域和全球意义，尊重印度的新兴大国地位，充分尊重印度对于印度以东阵营的主导地位以及其他南亚国家"跟随印度"的现实。两国在重大国际事务中进行了很好的合作，尤其是在推动建立与发展"金砖五国"以及"上海合作组织"扩容的过程中，两国互相支持，使中印关系转化为对中国周边外交有利的因素。

2014 年 9 月和 2015 年 5 月，习近平主席和莫迪总理实现高调互访，将两国关系提升到一个新的阶段。莫迪在访华前开设中文微博为其访问热身，中国网民好评如潮。习近平在他的家乡西安盛情迎接莫迪访华，也获得世界舆论高度重视。两国再次确认共同管控边界分歧，将解决两国边界问题视为两国关系进一步发展的重要目标，也有印度学者称，印中两国的两位首脑都是强势领导人，目前可能是解决历史遗留问题的最佳时期。②中国外交部积极回应："双方对于早日解决边界问题都有积极意愿，也都付出了积极努力。早日解决边界问题是两国政府和人民的共同期待，也符合双方的共同利益。""我们愿与印方继续坚持不懈推进边界谈判进程，争取早日找到一个双方都能够接受的、公平、合理的解决方案。在最终方案达成之前，双方将继续共同努力，保持边境地区的和平与安宁，这符合两国的共同利益。"③中印在处理争议边界问题方面实际上是创造了一个范例，即可以用"两轨思路"处理两国争端问题与全面发展的关系。在此基础上，两国领导人的互访，推动两国在经贸合作和战略互信方面迈上了一个新的台阶。印度不再成为中国周边外交的负能量。2015 年 7 月，中国支持上海合作组织启动印巴加入的进程，世界媒体称，随即中国也有可能从南亚联盟观察员国家转变为正式成员国。

中共十八大以来，中国妥善应对美、日、俄、印四个大国对中国周边安全和周边外交的影响，并努力与美、日、俄、印共同探索构建一条以尊重为前提、以合作为途经、以共赢为目标的新型大国关系之路，取得了相

---

① 张蕴岭、任晶晶：《中国周边安全形势评估报告》，复旦大学中国与周边国家关系研究中心编《中国周边外交学刊》2015 年第 1 辑，社会科学文献出版社，2005。
② 《印高官：印渴望解决中印边界问题》，《环球时报》2015 年 2 月 1 日。
③ 《外交部：早日解决中印边界问题是两国的共同期待》，中国网 2015 年 5 月 13 日。

当的成效。

4. 创建周边"友邻外交"新特色①

中共十八大以来，习近平等中国领导人重视周边外交，加大了与周边友好国家开展"友邻外交"的力度。短短两年多的时间里，中国领导人遍访周边友好国家，"大气从容，待人以诚"，"在国际舞台上展现的自信坦诚的风采、灵活务实的姿态、朴实亲民的气质，熔铸为中国魅力，折射出一个底气深厚、朝气蓬勃、锐气昂扬的中国"。受到周边国家和世界的欢迎。

"好邻居，金不换"，中国大力推行元首外交，"走亲戚"、"交朋友"，与周边国家领导人建立私人友谊，为中国周边外交增添了浓浓的"人情味"。习近平秉持和平发展理念，身体力行，以更加开放从容的姿态同各国开展友好往来，展现出睿智、坦诚、务实、亲和的国际形象，增强了中国周边外交的亲和力和感染力，赢得各方普遍尊重。

"意气相投"、"很谈得来"，习近平与普京频频见面，建立了深厚的友谊和信任。当俄罗斯契索冬奥会遭遇西方国家抵制之时，习近平开创了中国国家元首出席境外体育盛事的先河，并对普京说"按照中国习俗，邻居办喜事，我当然要专程来当面向你贺喜，同俄罗斯人民分享喜庆"。中俄关系由此进一步得到大幅提升。

习近平访问中国的全天候"铁哥们"巴基斯坦，在议会演讲中称呼巴基斯坦人民为"好朋友、好邻居、好伙伴、好兄弟"，表示"不论国际风云如何变幻，中国将始终从战略高度和长远角度看待中巴关系，将巴基斯坦置于中国外交优先位置"。30 多分钟的演讲，议员们不时用他们传统的手掌击桌方式表示赞同，达 50 多次。②

2014 年盛夏之际，习近平对韩国进行"点穴"式国事访问，以示对两国关系的高度重视，倡导两国互作"实现共同发展的伙伴、致力地区和平的伙伴、携手振兴亚洲的伙伴、促进世界繁荣的伙伴"，期许"双方应该像走亲戚一样加强高层和各领域交往，重视相互核心利益和关切，及时就共同关心的问题交换意见"，取得了极大成功。

---

① 参见《让我们共同的世界更加美好——以习近平同志为首的党中央开创外交新局述评》，《文汇报》2014 年 1 月 26 日；《中国周边外交展新篇》，《新华每日电讯》2014 年 8 月 24 日。

② 《习近平座谈会演讲会 巴议员拍案点赞》，《新民晚报》2015 年 4 月 22 日。

习近平在访问中亚国家期间，分别与 4 个国家的领导人进行了长时间"一对一"的坦诚、深入交流。习近平与中亚各国领导人敞开心扉，就双边关系、治国理政经验等深入交流看法。中哈元首同乘一架专机共进早餐，促膝长谈。吉尔吉斯斯坦总统阿坦巴耶夫举行家宴招待客人，习近平穿上当地的传统服饰以示尊重。

蒙古国是习近平担任国家主席后访问的第七个邻国，亦是一次走亲戚式的"点穴"访问，习近平热情表示："中国愿意为包括蒙古国在内的周边国家提供共同发展的机遇和空间，欢迎大家搭乘中国发展的列车，搭快车也好，搭便车也好，我们都欢迎"，不仅推动中蒙关系提升至全面战略伙伴关系的新高度，也在周边国家引发热烈反响。

2014 年以来，习近平每到一国访问，必发表署名文章，如在俄罗斯发表《铭记历史，开创未来》，在巴基斯坦发表《中巴人民友谊万岁》，在韩国发表《风好正扬帆》，在蒙古发表《策马奔向中蒙关系更好的明天》，在塔吉克斯坦发表《让中塔友好像雄鹰展翅》，在马尔代夫发表《真诚的朋友，发展的伙伴》，在斯里兰卡发表《做同舟共济的逐梦伙伴》，在印度发表《携手共创繁荣振兴的亚洲世纪》，在澳大利亚发表《开创中澳关系更加精彩新篇章》，在新西兰发表《共同描绘中新关系更加美好的未来》，在斐济发表《永远做太平洋岛国人民的真诚朋友》等，[①] "既讲'中国故事'，又播'中国智慧'；既凝聚共识，又解惑释疑；既讲故事讲理，又用数字说话；既搞'配套顶层设计'，又兼'具体施工'；既主题突出，又各具特色；既为出访定调，又展个人魅力"，[②] 热情、坦诚地展现中国人民对周边国家人民"亲望亲好，邻望邻好"的友好想法，并在各种场合就地取材，引用当地谚语，如"朋友要老，好酒要陈"、"通往和平的方式只有和平"、"金钱易得，朋友难求"、"河有源泉水才深"、"诚信比财富更有用"等，拉近了与各国人民之间的距离。中国的"友邻外交"创建了中国周边外交的新局面和新特点。

5. 运用"底线思维"保障中国和平发展

中共十八大以来，习近平总书记多次强调，要善于运用底线思维的方法，凡事从坏处准备，努力争取最好的结果。中国周边外交在重视顶层设

---

① 《习近平的大外交》，《新华每日电讯》2014 年 12 月 19 日。

② 文秀：《习近平海外署名文章的风格及特点》，中国新闻网，2014 年 12 月 29 日。

计的同时，十分强调"底线思维"。中国逐步改变了中国周边外交的"反应"模式，哪里出问题，就将精力投哪里；不是被动应对，而是强调主动出牌，设置议题，不断提出新倡议和新理念，引导国际政治按照中国的章法起舞，确保中国和平发展的千秋大业得到保障和实现。

中国的"底线思维"首先用于国家领土和海洋维权。中国官方亮出的底线是"主权在我"，中国在领土主权范围内的行动容不得别人说三道四。2014 年 3 月 8 日，外交部部长王毅在第十二届全国人大二次会议举行的记者招待会上，声明"中国秉持以和为贵，以诚待人，人敬一尺，我还一丈"的基本立场，明确表示："对于我们同一些周边国家存在的领土和海洋权益争议，我们愿意在尊重历史事实和国际法的基础上，坚持通过平等协商谈判，以和平方式妥善处理，这一点今后也不会改变。我们绝不会以大压小，但也绝不接受以小闹大。在涉及领土和主权的问题上，中国的立场坚定而明确：不是我们的，一分不要；该是我们的，寸土必保"，清楚地表明了中国的"底线思维"立场。①

针对菲律宾不顾中国的反对，单方面就中菲有关南海争端问题提交国际仲裁的行径，中国外交部发布文件，从法律上反驳菲律宾的无理主张，申明中国"不接受、不参与仲裁的严正立场"。强调菲律宾单方面提起仲裁的做法，"不会改变中国对南海诸岛及其附近海域拥有主权的历史和事实，不会动摇中国维护主权和海洋权益的决心和意志，不会影响中国通过直接谈判解决有关争议以及与本地区国家共同维护和平稳定的政策和立场"。敦促菲律宾尽快回到通过谈判解决争议的轨道上来。中国愿与有关各国一道，在尊重历史事实和国际法的基础上，通过谈判妥处分歧，加强合作，追求共赢，共同维护南海的和平稳定。②

"底线思维"兼具"主权在我"、"后发制人"、"适时还击"、"弹性回防"等多重含义，具有"维稳不损害权益，维权不引发冲突"的特点。"主权在我"，为中方原则立场，始终不动摇。"后发制人"，即中国不主动挑衅，而是在相关声索国挑起事端后，"后发制人"做出还击。如钓鱼岛问题，是日本政府推行"国有化购岛"挑起事端，中国再做出连锁反应。

---

① 《王毅在十二届人大二次会议举行的记者会上就中国外交政策和对外关系答中外记者问》，《人民日报》2014 年 3 月 9 日。

② 《中方发布立场文件，从法律上反驳菲律宾无理主张，不接受不参与"南海仲裁"》，《文汇报》2014 年 12 月 8 日。

"适时还击"，即对于声索国的挑衅行动，断然做出反应。对于钓鱼岛冲突，中国在坚持和平的前提下，宣布钓鱼岛中国海基线，实现中国维权巡航常态化，公布东海防空识别区，实施军地联合海上维权军演等，保护中国的主权和权益，赢得东海战略方向的战略主动权。出于同样的理由，2014 年，中国企业所属"981"钻井平台在中国西沙群岛毗连区内开展钻探活动，以应对越南颁布"海洋立法"，将中国南沙和西沙均列为其管辖海域的举措，"981"钻井平台遭遇到越南船只的围攻和干扰，中国派遣公务船到现场保护作业安全，有效维护了海上作业秩序和航行安全，也宣示了中国维护主权、权益和管辖权的决心。同年，中国出于菲律宾、越南等国早已在南海扩建岛礁、侵犯中国主权的行径，决定进行南海岛礁建设工程，其规模之宏大，速度之迅捷，态度之坚决，前所未有。一方面是中国南海主权显示的具体表现，另一方面也显现了中国领导人的维权气魄，不动则已，动起来一气扩建七个岛礁，势不可当，引起域外大国美国以及声索国的强烈反响。"弹性回防"，表明中国对于争端的应对有了新的特点，张弛有道，进退自如，掌握反击的适当节奏。如"981"钻井平台在完成钻探任务后，借台风来临之机，主动宣布撤离，使世界性的围攻舆论不攻自破。对于南沙岛礁建设，则着重解释中国进行岛礁建设目的，强调除提供军事防卫功能外，更具民用和履行国际责任的功能，并公布填海造岛礁的进度，以较透明的方式回应外界的质疑。近期也适时宣布造岛工程结束，转入基础设施建设，应对以美国为首国家的抗议风潮，向国际社会释放善意。然而，"弹性回防"具有阶段性和间歇性，一旦条件成熟，或维权事业需要，中国将继续推进必要的维权行为。2015 年 6 月 24 日，中国"981"钻井平台重返南海，在海南三亚东南方向海域进行油气勘探，说明中国在自己领海进行的能源开发工程仍将继续稳步推进。

中国的"底线思维"还用于维护周边区域的安全建设。外交部部长王毅在上述同一场记者招待会上，针对朝鲜半岛的紧张局势，表示："朝鲜半岛就在中国的家门口。在半岛问题上，我们始终有一条'红线'，就是绝不允许生乱生战。"并确信"这也完全符合半岛南北双方，以及本地区各国的共同利益"。[①] 中国决不容许任何国家在中国的家门口"闹事"、撬

---

① 《王毅在十二届人大二次会议举行的记者会上就中国外交政策和对外关系答中外记者问》，《人民日报》2014 年 3 月 9 日。

动中国的核心利益，这是中国周边外交政策的重要底线。这话既是说给朝鲜听的，也是说给美韩听的。①如果朝鲜坚持核武政策，进行新的远程导弹和核试验，或者韩美坚持美韩军演大规模升级，或采取其他可能激怒朝鲜的举措，半岛局势恶化的可能性依然存在。中国在朝鲜半岛有重大的利益关切，中方绝不允许半岛生乱生战，希望有关各方着眼大局，谨言慎行，显示灵活，多做有利于局势缓和的事，采取实际步骤为推动六方会谈创造有利条件，应"将朝核问题重新纳入可持续、不可逆、有实效的对话解决轨道"。中国态度坚定而明确，指明了解决朝鲜半岛问题的唯一正确方向。没有国家可以取代中国所能发挥的作用。对于中日钓鱼岛问题，中国希望通过谈判和协商来解决问题，在解决问题之前，搁置争议，表现出富有弹性的立场。但是日本一意拒绝，并对中国在钓鱼岛展开的维权屡屡加以阻挠干扰。如果日本想动武的话，中国就一定会坚持捍卫，用武力还击。②

中国形成和实施中国周边外交的"底线思维"表明在涉及国家领土主权、海洋权益以及中国国家安全等核心利益的重大问题上，中国将给对手划出底线，实施威慑，并且在内部做好应对最坏情况的准备，绝不允许个别国家勾结域外大国蚕食中国的主权利益。③

6. 统筹"六大板块"和"太印两洋"

随着中国国际影响力的向外延伸和海外利益的扩大，中国逐步树立了"大周边"的外交理念。本文所指的"大周边"概念是相对于"小周边"概念而言的。"小周边"通常是指与中国领土领海直接相邻的国家和地区，如俄罗斯、蒙古、东北亚、东南亚、南亚、中亚诸国。而"大周边"概念则超越传统的地理范围界限，涉及同中国海上、陆上有相同战略利益需求的国家和地区。④

东北亚、东南亚、南亚、中亚、西亚和南太平洋地区"六大板块"应该作为中国的"大周边"地理范畴。与传统的观点相比较，在中国"大周边"范畴中增加了西亚和南太平洋地区。西亚地区是中国西部周边的战略

---

① 笔者曾发表《中国对朝政策须实现八个平衡》，系统阐述中国对于朝鲜半岛安全政策的基本看法，参见《世界知识》2014 年第 15 期。

② 曲星：《中国外交的顶层设计与底线思维》，《国际先驱导报》2013 年 9 月 16 日。

③ 祁怀高：《关于周边外交顶层设计的思考》，《国际关系研究》2014 年第 4 期。

④ 祁怀高、石源华：《中国的周边安全挑战与大周边外交战略》，《世界经济与政治》2013 年第 6 期。

延伸地区，该地区的局势与中国的能源安全、边疆稳定和西部发展息息相关。南太平洋地区是中国东南部周边的战略延伸地区，确保澳大利亚和新西兰这两个地区领军国家的对华友好是中国海上安全的关键所在。

东北亚、东南亚、南亚、中亚、西亚、南太平洋已经成为中国周边安全环境不可或缺的"六大板块"。中国应根据不同"板块"的特点，有针对性地制定中国的周边政策，如中国的东北亚外交，以六方会谈机制化为基础推动东北亚安全机制的构建，以地缘经济合作为切入点推动地缘政治正向发展，推动中国倡导的多边制度与美国主导的双边同盟在东北亚的兼容共存。中国对东南亚的外交重心应由近20年来所奉行的以经济外交为主，以战略保证和谨慎被动的"搁置外交"为辅，逐步调整为经济外交与积极主动的安全战略并重。中国的南亚外交应高度重视印度崛起的战略意义，坚持中巴传统友谊，加强与美国的南亚政策协调。中国在制定中亚政策时需综合考虑相关国家或国际组织的利益诉求，在促进中亚国家稳定和发展的前提下实现自己的利益。中国的西亚外交，应采取"积极参与、有所作为"的"西进战略"，将以中亚、西亚、北非为核心的大中东地区塑造为中国的战略纵深区域和经济战略地带。中国的南太平洋外交既要重视发展与澳大利亚、新西兰这两个地区领军国家的关系，也要努力化解美、日、欧等大国或大国集团对中国南太平洋外交政策的干扰。①

中国将"六大板块"看作一个利益高度相关、互动极为频繁的整体，统筹东北亚、东南亚、南亚、中亚、西亚与南太平洋"六大板块"，打破不同"板块"之间、陆地与海洋之间的分割，形成陆地与海洋事务、中国边疆与周边区域的联动机制。中国需要统筹"东线板块"（东北亚、东南亚、南太平洋）与"西线板块"（西亚、中亚、南亚），实现较大的战略回旋余地。比如，当"东线板块"出现岛屿和海洋领土划界争端和矛盾时，中国的"西线板块"地区形势实现了某种程度的缓转，这启示我们可以通过统筹周边"六大板块"，实现战略回旋，摆脱危机，化被动为主动。②

同时，中国周边外交开始兼顾"印太两洋"，加速从传统的太平洋"一洋战略"向太平洋和印度洋"两洋战略"转变，逐步建立一个包括政

---

① 祁怀高、石源华：《中国的周边安全挑战与大周边外交战略》，《世界经济与政治》2013年第6期。

② 祁怀高、石源华：《中国的周边安全挑战与大周边外交战略》，《世界经济与政治》2013年第6期。

治战略、经济战略、文化战略在内的"印太两洋战略"，特别是印度洋战略和南太平洋战略。

由于中国在西太平洋遭遇美日设置的"第一岛链"封锁，并存在威胁中国能源通道的"马六甲海峡困局"，印度洋和南太平洋在中国海洋战略中的地位骤然上升。印度洋是世界第三大洋，连接太平洋和大西洋，贯通亚非欧与大洋洲，紧靠中国南海，并通过马六甲海峡和龙目海峡通向广阔的太平洋，北靠南亚次大陆并深入"世界心脏地带"中亚，西北角有波斯湾和中东，通过亚丁湾、红海、苏伊士运河通往西欧，西临非洲大陆，直至好望角，与大西洋相通，地缘战略位置非常重要。为此，美、俄、法、英纷纷进入印度洋，印度更是将印度洋视作印度的"印度洋"。加速经略印度洋的进程成为中国周边外交的重要使命之一。

南太平洋也是美国实施"亚太再平衡"战略的重要地区，是美澳同盟、美新同盟为主导的围堵中国的太平洋第二岛链的重要地区。因此，突破美国对中国的地缘政治围城，南太平洋地区是突破口，澳大利亚是关键。"中澳关系不同于美国对华的瑜亮情结，也迥异于中日关系的历史纠葛和现实冲突。澳大利亚在地缘政治上配合美日制华，但也有着符合本国核心利益的弃保底线"，"在中美日'三国演义'中澳大利亚起着战略缓冲期的作用"。中澳、中新关系的升级，在提升中国南太平洋影响力方面具有纲举目张的意义。中国强化对于南太平洋岛国的影响力，则能"向全世界诠释中国'大块头'和南太'小不点'亲诚惠容的和谐关系——国家分大小，平等无障碍。在中国战略力量提升引发一些小国特别是邻国对中国充满猜忌的现实下，中国和南太岛国的融洽关系具有新示范效应"。[①]加大经略南太平洋的力度也成为中国周边外交的重要使命之一。

中共十八大以来，中国的印度洋外交战略和南太平洋外交战略都取得了不俗的成就。中国设计的"一带一路"战略蓝图包括了印度洋和南太平洋地区在内。2015 年国家发展改革委员会、外交部、商务部联合发布的《"一带一路"愿景与行动》文件设计的五条发展路径中有两条以印度洋为终点，一条是丝绸之路经济带从中国至东南亚、南亚、印度洋，一条是 21 世纪海上丝绸之路从中国沿海港口达南海到印度洋。此外还有一条是从中

---

① 《中国在南太平洋纵横捭阖打破美国战略围困》，中国网，2014 年 11 月 26 日，http://opinion. china. com. cn/opinion_4_115604. html

国沿海港口经过南海到南太平洋。中国正积极推动的中巴经济走廊和孟中印缅经济走廊，共同建设通向印度洋的海陆安全高效运输大通道，这是实现中国印度洋战略的关键性举措。

在中澳、中新的共同努力下，澳大利亚和新西兰加入了"亚投行"，又分别在西方国家中首先与中国签署 FTA 协定，对于中国进入南太平洋，具有重要战略意义。2014 年 11 月，习近平在赴斐济出席 G20 国领导人会议时，访问澳大利亚和新西兰，提升了与两国的战略合作伙伴关系，又首次对南太平洋岛国进行国事访问，在当地引起轰动。习近平与 8 个南太平洋建交国的领导人举行集体会晤，共同决定建立互相尊重、共同发展的战略伙伴关系。习近平宣布支持岛国经济社会发展的一揽子计划，包括为最不发达国家 97% 税目的输华商品提供零关税待遇，今后 5 年为岛国提供 2000 笔奖学金和 5000 个各类研修培训名额，在南南合作框架下为岛国应对气候变化提供支持等，还就加强农林渔业、矿产、基础设施建设、旅游等领域达成广泛共识，签署了一系列合作文件。习近平主席的访问，拉近了中国与南太平洋国家的距离，使中国大周边外交的布局日臻完善。①

三 未来中国周边外交的新课题

中国周边外交的大戏刚刚拉开大幕，更为波澜壮阔、震世惊天的大场面将在未来徐徐展开，至少有以下六大课题值得关注。

1. 建设中国特色的周边大国外交

2014 年 11 月，中共中央外事工作会议明确提出了"中国须有自己特色的大国外交"的历史性任务。习近平强调我国的外交工作应有鲜明的中国特色、中国风格、中国气派，"必须坚持从我国社会主义初级阶段和发展中大国的国情出发，努力维护和用好我国发展的战略机遇期，使对外工作更好服从于全面建成小康社会、实现中华民族伟大复兴中国梦的战略大局"；"必须坚持努力建设中国特色社会主义，以经济建设为中心，把中国自己的事办好，不断增强国家的经济竞争力、文化影响力和综合实力，为实现对外工作的战略目标提供强有力支撑"；"必须坚持独立自主的和平外交方针，走和平发展道路，维护国际正义，推动国际关系民主化，倡导互

---

① 《习近平南太之行：诠释共同发展繁荣的亚太梦、世界梦》，新华网，2014 年 11 月 24 日。

利共赢，推进经济外交，共同应对全球面临的诸多挑战，促进人类文明进步事业的发展，不断开创我国对外工作新局面"。①三个"坚持"为新时期中国周边大国外交工作指明了方向和准则。

未来中国周边外交首先需要构建健康的大国心态。一方面，中国历史上不缺大国情怀，数千年的朝贡体系曾使中国一直以为自己是天下的中心，而视周边国家和民族为"蛮夷戎狄"，万邦来朝是中国人心中期盼的"盛世"；另一方面，由于中国近百年来不断遭受帝国主义列强入侵，经历了太多的冤屈和欺辱，又存在浓烈的受压迫心理阴影。这两种心态都不符合新时期大国心态的要求，中国不可能再次掉入封建式的帝国自大，重返朝贡体系的旧思想范式，也必须从受辱阴影中走出来，以健全的心态应对新时代和新世界的挑战和使命。走向时代前列和世界舞台中央的中国必须不断在精神上走向强大，"这种强大绝非仅仅来自领导层的意志，民间的心理成熟构成了它决定性的底蕴"。中国人的胸中应装下一盘中国与外部世界共赢的大局，勇于承担越来越多的国际义务和责任。"让公众的主流思想方式和集体视野与大国使命相匹配，这是中国社会必须打赢的一场硬仗"，也是中国周边外交首先需要解决好的问题。②

在周边外交工作中体现大国外交特色，更多表现在中国积极参与周边治理和国际规则的重新制定。中国虽然已在成立上海合作组织，主持六方会谈，推动"10＋1"、"10＋3"、东亚峰会，建设"一带一路"和"亚投行"等方面发挥了积极和主导的作用，并开始倡议"亚洲命运共同体"、"亚洲新安全观"、"核安全观"、"中国版新文明观"等创造性国际新议程，在中国周边国际治理中发挥了开拓性的积极作用，但这远远不够，在很多情况下，中国往往是美国和西方设置规则的"被治理者"，缺少议题设置、规则制定的话语权。中国的周边外交应在现有基础上，不断提出中国的思想、中国的方案、中国的建议，在所有重大问题上发出中国的声音，提出和阐述中国"合作共赢"的新主张和国际关系新理论，彰显中国的大国外交的新风范。

2. 谋划中国"大周边外交"的顶层设计

随着中国综合国力的日益强盛和国际社会各种力量对比的变化，需要

---

① 《中央外事工作会议在京举行》，《人民日报》2014 年 11 月 30 日。
② 参见《构建大国心态是中国的一场硬仗》（社评），《环球时报》2015 年 4 月 1 日。

不断从整体谋划中国"大周边外交"的顶层设计。

一是在远洋和深海底层、外空、极地、网络等全球公域①拓展中国的"战略新边疆"。在"全球公域新战略"的旗帜下，美国充分利用一切可用的军事资源，审慎却有选择地将巨大的人力与物力部署在海洋、外层空间、极地、网络世界等不为任何主权国家所有，却维系着全人类安全与繁荣的区域之地。在美国的影响下，欧盟、日本、俄罗斯、印度等大国和大国集团也把对全球公域的治理与控制视为自身安全的命脉。面对世界大国对全球公域的争夺，中国如何树立防范意识，加快自身能力建设？如何构建中国的公域战略，以谋求在未来新一轮的竞争中抢占先机？中国又应如何与美、欧、俄、日、印等大国和大国集团密切合作，携手为全球、首先是周边公域安全治理贡献力量？这些已成为中国安全战略的重要组成部分。2015 年 7 月 1 日，全国人大通过的新国家安全法已经明确将海洋、太空、极地和网络列为中国国家安全的重要内容，这是对中国公域防卫战略和安全战略的重大突破，提出了新的历史性任务。② 中国应在东海、南海海洋领土争端中突破域外大国和某些海上邻国对中国的联合"封锁"，在确保加强和发展中国在西太平洋"自由航行"和开展经济活动的基础上，推动中国与南太平洋、东印度洋国家关系不断发展，建立前进基础，逐步在"太印"两洋公域建立中国的"战略新边疆"。

二是实现中国周边合作全覆盖。在继续大力发展中国与东亚地区国家合作、建设"利益命运共同体"的基础上，积极"西进"亚欧大陆，实现与南亚、中亚、西亚等地区国家的"合作共赢"，将该地区塑造成为中国的战略纵深区域和经济战略地带，成为"亚洲命运共同体"的重要组成部分，为中国的和平发展开辟广阔的战略空间。王缉思认为，"西进"是中国内部经济再平衡所驱动的，有利于建立更为平衡的中美关系；此外，中国在西部各国的经济利益日益扩大，展现了参与大国多边协调、提高国际

---

① "全球公域"是美国为未来安全量身定做的新概念，是为顺应国际安全形势变化所推出的重要举措，也是美国促进自身安全转型、维护其霸权地位所采取的关键步骤。2010 年，美国国防部发布《四年防务评估报告》，把"全球公域"范围明确化，指出"全球公域"是指不受单个国家控制，同时又为各国所依赖的领域或区域，它们构成了国际体系的网状结构，主要包括海洋、空域、太空和网络空间四大领域。另一说法是海洋、太空、极地和网络。

② 《全局性视野构建国家安全法体系——全国人大决议通过国家安全法，习近平签署主席令予以公布》，《解放日报》2015 年 7 月 2 日。

地位的良好机遇。①

三是构建国家安全新理念、新机制和新规则。中国已在中央层设立了国家安全委员会以取代先前的中央外事领导小组（中央国家安全领导小组），国家安全委员会在党和国家最高领导人亲自主持下处理外交与安全事务并制定相关政策，将有效整合内部外交（安全）资源，解决跨部门协调的难题和外交决策面临的复杂问题，从而确保在面对外部紧急事态时反应迅速，决策有力。2015 年 7 月 1 日，全国人大通过新国家安全法，以国家立法的形式构建了集政治安全、国土安全、军事安全、经济安全、文化安全、社会安全、科技安全、信息安全、生态安全、资源安全、核安全等于一体的国家安全体系，将传统安全与非传统安全、内部安全与外部安全、自身安全与共同安全整合为一体，将中国安全建设推到一个新阶段。② 今后，中国将全面落实这些新理念、新机制和新规则，进一步提升中国周边外交的应对能力和管理水平。

四是在更为广阔的拉丁美洲、欧洲、非洲等地区拓展中国的海外利益，将"中国梦"与"世界梦"相联系。中国周边外交与全球外交紧密相连，相互促进，体现全方位的特点。中国周边外交是中国全球外交的基础和拓展资本，而中国在拉丁美洲、欧洲、非洲等地区的活跃外交也将推动中国周边外交的深入开展并取得成效。

中国"大周边外交战略"顶层设计需要在整合上述各种思路的基础上，进行整体谋划，形成未来中国周边外交的战略架构。

3. 明确对中国周边争端国和争端问题的战略定位

在中国崛起的过程中，中国与邻国之间发生分歧和争端，是一种"新常态"，在今后相当长的一个历史时期内将难以避免。近年来，中国与周边国家的海洋划界分歧和岛屿争端有所升级，加上域外大国的积极挑动和教唆，使我国周边海域安全出现某种紧张的态势。"中日必有一战"和"南海必有一战"的说法，广见于舆论界，然而是不符合实况和违背中国现行战略方针的。

未来的周边外交首先需要明确中国对这些与中国有争议的周边国家的

---

① 王缉思：《"西进"，中国地缘战略的再平衡》，《环球时报》2012 年 10 月 17 日。

② 《全局性视野构建国家安全法体系——全国人大决议通过国家安全法，习近平签署主席令予以公布》，《解放日报》2015 年 7 月 2 日。

战略定位。日本是中国的重要周边大国，菲律宾、越南也是中国周边的合作伙伴国，需要明确它们不是中国的敌国，而是"21世纪海上丝绸之路"的重要伙伴国、合作国，有的国家还占有非常重要的地位。强调中日关系、中越关系、中菲关系等都要世世代代友好下去，是双方化解争端、共建海上丝绸之路的关键所在和基本出发点。

同时，需要界定中日钓鱼岛争端及东海划界争端、中越、中菲南海争端等争端问题在国家战略中的定位，明确这些争端只是双边关系中的一个重要问题、一个历史时段的问题，而不是双边关系的全部。2014年8月27日，习近平在会见越南总书记特使黎鸿英时说："近几年，两国关系发展总体良好，但近期受到很大冲击，引起两国人民和国际社会高度关注"，又说"邻居之间磕磕碰碰在所难免，关键是以什么样的态度和方式来对待和处理"，这表明中央领导是将中越友好关系与中越海上冲突分开观察和处理的。中越冲突并非中越关系的全部，双方应该并且可以通过和平对话的方式处理解决。一时解决不了，可以"搁置争议"，留待历史条件成熟时再去解决。越南共产党总书记和习近平主席实现了互访，中国认真说清说透利害关系，将有助于中越冲突的缓解。鉴于越南执行在对美、对华间平衡的政策，其高层存在分歧，我国通过各种方式积极开展工作，广交朋友，有助于越南的"近华派"在越共十二大后继续执政，这将有助于两国关系的发展，也有益于我国的长远利益。

中国提出建设"21世纪海上丝绸之路"，可以成为解决南海争端的重要推手。中国应大力宣传"海上丝绸之路"，这将是一条和平、安全、合作、共赢之路，以经济合作带动沿线国家走向全面合作。应着意宣传日本、菲律宾、越南在"海上丝绸之路"中的定位，以实际行动使他们相信可以从共同经营和建设"海上丝绸之路"的过程中，而不是从与中国的争执中获取更大的政治、经济、安全利益，东海、南海、黄海都是建设"海上丝绸之路"的重要地区。习近平主席曾就中美关系，提出"太平洋之广阔足够中美两国发展"的观点，起到了良好的作用。是否也可提出"东海、南海是我们共同的家园，各国可以找到和谐共处的良策"？使我国处于舆论高地，推动争端走向稳定，和平共处，共同建设"21世纪海上丝绸之路"。

4. 注重陆海统筹、海海统筹的合理布局和运作方略

中国地大海广，中国周边陆海维权，需要注重陆海统筹和海海统筹，才能确保中国周边的安全和稳定。

首先，是陆海统筹。中国近代历史上曾发生过塞防与海防之争，说明像中国这样的大国需要陆海防兼顾。目前，中国除与印度、不丹未划定陆地边界外，同其他国家的陆地边界相对稳定，有利于更注重海防建设，"一带一路"倡议"西进"的战略，无疑将减轻东部海疆的压力。

其次，是海海统筹，除渤海为中国内海外，在黄海、东海、南海问题上中国均与他国存在分歧和争端，此外还有台海的特殊领域。同时，还应该打通图们江入日本海的通道，建设珲春深水港，从而加大中国在日本海的存在和发展，形成"五海联动"。一处紧张，可在他处动作，减轻矛盾点的压力，平衡各方势力，形成有利于我国的战略布局。

目前，黄海局势稳定，中韩海域划界谈判已经开始，双方基本保持积极友好合作状态，应争取中韩黄海海域划界谈判取得历史性进展，为东海、南海的海域划界做出榜样。日本海基本风平浪静。台海之间由于台湾实行"总统"换届，存在一定的不确定性，但目前尚无大的动静。中国与周边国家海域和岛屿的冲突矛盾主要集中在东海与南海。南海是现阶段中国与周边国家海域冲突的关键地区。乌克兰危机之后，美国为巩固其在同盟国中的地位，挽回其在乌克兰问题上失分，同时为了牵制中国，在南海问题上对菲、越等国进行鼓动、为之打气。日本为转移在东海的压力和围困中国，也大肆鼓动和以实力支持菲律宾和越南加紧向中国挑衅，使得南海局势不断紧张。菲律宾抓捕我国渔民迄今未释放，越南曾发生严重骚扰我西沙"981"钻井平台事件，目前又在中国填海扩岛问题上兴风作浪，人为制造紧张氛围。

应把南沙问题和西沙问题分开处理。在西沙问题上，应坚持西沙不属于争议领土的主张不动摇（西沙"981"钻井平台已经取得阶段性胜利）。严防西沙问题南沙化，充分利用海洋执法力量优势，在西沙海域构筑军警民船共同防御的体系，将越南入侵的船只拦截在传统海域之外。

在南沙问题上，首先要牢牢把握《联合国海洋法公约》和《南海各国行为准则》的诠释权，充分利用这些法律和文件为中国国家利益服务；其次要加强外交公关，营造有利于我国的国际环境，积极争取各国政府理解和支持；最后要深刻认识到争取舆论和各国民意的重要性，充分利用国际广播和网络争取各国民众的理解和支持。

中国还宜在日本海有所动作，加大批判日本侵略军 1938 年破坏图们江出海口罪行的力度，将此作为日本侵华战争的遗留问题对待。努力尽早打通图们江入海通道，在那里对日本形成一定的威慑和压力，将大大减轻东海和南海的压力。尽管中国在日本海并无领海，但可以利用目前难得的国际机遇，尽快启动并实施打通图们江出海通道，不仅可以解开阻碍长吉图战略实施和大图们江开发建设的"地理死穴"，推动东北亚区域合作，同时可以在渤海、黄海、东海、南海四海域之外增加我在日本海的存在与活动，就像美国在南海没有领海，却可以要求自由航行权，干预南海事务一样。中国启动打通图们江通道的活动，将大大便于中国海军进入日本海，起到牵制美国和日本的作用。一可增强通过日本海进入西太平洋的强度和力度；二可使日本首尾难顾，不能顺利实现其东北战略向西南战略的转移；三可干扰美国的"亚太再平衡"战略，减轻南海和东海对我之压力。

5. 推行"双轨思路"，和平解决中国与周边国家的争端

2014年8月9日，外交部部长王毅在出席中国—东盟（10＋1）外长会议时表示，中方赞成并倡导以"双轨思路"处理南海问题，即有关争议由直接当事国通过友好协商谈判寻找和平解决，南海的稳定和和平则由中国与东盟国家共同维护，这实际上是主张以"双边＋多边"的模式来处理南海问题。

除此以外，"双轨思路"还有更深层的含义，可以广泛使用于应对中国与周边国家之间发生的分歧和争端。20世纪60年代初，毛泽东在谈到中印边界冲突时曾经讲过，对于中印友好关系与中印边界争端来说，是九个指头和一个指头的关系，[①] 高屋建瓴，显现了大国领袖的气度和智慧，不仅为今天处理中印边界问题留下重要而必要的空间，而且也为处理周边海洋争端及重建"海上丝绸之路"提供了重要的思想武器。这个基本分析依然适用于处理今天中国与周边国家的分歧和争端。中国有那么多周边国家，相互间发生分歧与争端在所难免。除中外海域和岛屿争端外，中国与印度有陆地边界分歧，与日本有历史问题分歧、与韩国有萨德导弹在韩部署的分歧、与朝鲜有朝核问题分歧，与缅甸有建设水电站和铜矿的分歧，与斯里兰卡有港口建设的分歧，等等，而且旧的分歧和争端得以解决或缓解后，新的矛盾和分歧还会不断发生，这是邻居相处的常态，难以避免。从战略上说，这些分歧和争端一般由国家利益争端而起，但比起中国与这

---

① 《毛泽东年谱（1949～1976）》第4卷，中央文献出版社，2013，第29页、201页。

些国家的长远利益和双边友好关系来说，应该都只是"一个指头"的关系。中国完全可以实施"双轨思路"，将化解这些分歧争端与建设全面双边友好关系适当分开处理，超越争端，绕道争端，务实推进双边合作，并在务实合作中淡化、化解这些争端，共同建设"亚洲命运共同体"。如果双方在这些分歧和争端问题上死扣不放，必将导致双边关系走入迷途，甚至是死胡同。

6. 大力建设周边外交人脉工程①

2015年，新加坡卓越的政治领导人李光耀仙逝，引起世界的关注和悼念。习近平主席致电悼念李光耀，称他是"中国人民的老朋友"，这是中国领导人对于国际政界故友的最高评价。②李光耀的逝世标志着一个时代的结束。在中国与周边国家关系长期的发展过程中形成的知华派、亲华派已经实现了世代替换。中国老一辈领导人和周边国家老一辈领导人都陆续谢世，或退出政治舞台。新一代领导人大部分为战后出生的新人，他们没有参加世界反法西斯战争的亲身经历，对于当今国际形势和国际问题的观察也与前人有所不同，中国与周边国家领导人之间历史上形成的交谊和联络渠道出现了断层，这会为中国与周边争端问题的解决和周边外交的开展造成一定的难度和负面影响，也会为周边海洋争端的解决造成极大困难。

积极开展民间外交，建设周边外交人脉工程，尤其是加强各国知识阶层和青少年的交流，建立民间友好的深厚基础，将是中国周边外交的一项长期的任务。中国与周边国家需要在第一渠道和第二渠道的不断交往中，着意培养新的知华派和亲华派，这将是未来处理好各种可能发生的周边海洋争端及其他争端的重要缓冲力量。

2013年10月，中共中央周边外交工作会议提出了"亲、诚、惠、容"

---

① 参见石源华《中国周边外交须更多"老朋友"》，《世界知识》2015年第13期。
② 曾有人统计，经《人民日报》称呼"中国人民的老朋友"称号的国际友人多达600余人，大部分都是各国政要，其中相当大部分是周边国家的政治领导人。中国老一辈领导人毛泽东、周恩来、邓小平以及后继者江泽民、胡锦涛等曾经与周边国家领导人胡志明、金日成、西哈努克、田中角荣、大平正芳、伊东正义、布托父女、叶利钦、金大中、李光耀等建立了良好的个人友谊，对于双边关系发展、区域合作和世界和平做出了卓越的贡献，成为中国推行周边外交的传统和特色之一。如李光耀曾与中国几代领导人亲密交往，不仅是中新建交的创始人和中国与东盟国家关系的开拓者，而且对于改善两岸关系和发展中美关系，也做出了独特贡献，成为中国人民永远怀念的"老朋友"。

的周边外交新理念和"合作共赢"的国际关系新原则,要实现这些新理念和新原则首先需要建设中国周边人脉工程。不管是"一带一路"的推行,"亚洲新安全观"的实施,还是"亚投行"、"上合行"、"金砖行"以及"丝绸之路基金"的建设,关键都在于人。中国亟须与周边国家建立良好的人脉关系,如此才有希望将中国的宏大计划付诸实施。中国已经与巴基斯坦建立了"全天候"的良好关系,不论该国哪个党派上台,都能持续发展中巴友好关系。习近平主席重视周边国家人脉工程的建设,已经与普京总统、纳扎尔巴耶夫总统、朴槿惠总统等人建立了良好的个人关系,这些私谊对于中国与这些国家的双边关系发展以及国际事务的合作将起到非常积极的作用。

然而,中国周边外交也面临一些新问题,周边有些国家的国内政局一经变动,就会影响两边关系的正常发展,一些已经签约的协议便会遭遇挑战,出现反复,使中国无端蒙受重大经济损失。中国领导人与周边国家政治领导人要建立起类似老一辈领导人之间那样的"老朋友"关系,还有待努力。交结和培育更多的"中国人民的老朋友",建设中国周边外交人脉工程,将成为当今中国周边外交的历史性任务之一,需要予以高度的关注和有意的努力。

在政府层面,中国政治领导人应与周边国家政治领导人,包括执政党、在野党等在内的各界著名人士建立起基于各自国家利益基础上的广泛而密切的关系,形成一大批能够与中国实现"合作共赢"的"老朋友"。真心实意地与周边国家建立起"命运共同体",应是中国"交友"的战略目标。实行"亲诚惠容"的重要理念,着力进行感情投资,应是中国"交友"的主要方法。

应积极开展民间外交,尤其是加强知识阶层和青少年的交流,建立民间友好的深厚感情基础,越是与中国有分歧和争端的国家,越是有政府层面冲突和纠葛的国家,越要积极深入开展民间外交,以民间外交来推动和助力政府外交的实施。中国需要在与周边国家第一渠道和第二渠道的不断交往中,着意培养民间的"老朋友",这将是未来处理好各种可能发生的争端和提升双边关系发展水平的重要缓冲力量和推进动力。

习近平总书记曾精彩描述中国应有的周边交友之道,强调"要坚持睦邻友好,守望相助;讲平等,重感情;常见面,多走动;多做得人心、暖人心的事,使周边国家对我们更友善、更亲近、更认同、更支持,增强亲和力、感召力、影响力。"只要坚定地遵循此道而行，"本着互惠互利的原则同周边国家开展合作，编织更加紧密的共同利益网络，把双方利益融合提升到更高水平，让周边国家得益于我国发展，使我国也从周边国家获得裨益和助力"，① 诚心诚意对待周边国家，必定能赢得更多的老朋友、新朋友、好朋友，使中国的朋友和伙伴遍周边、遍世界！

New Historical Developments of China's Neighboring Diplomacy since CCP's 18th National Congress

Shi Yuanhua

Abstract Since the 18th National Congress of Chinese Communist Party, the diplomacy towards China neighboring countries has been gradually uplifted to the status of "the Priority of All Priorities". The historical new developments of China's neighboring diplomacy are embodied in the four major strategic measures: an initiative for constructing a community of common destiny, a new grand plan outlining "the Belt and Road", an effort to establish a "New Asian Security Concept", and a leadership in building the "Asia Infrastructure Investment Bank". Also, a new path for China's neighboring diplomacy has been pioneered, which includes the proposal of a core idea of "cooperative win-win pattern", the practice to try a "compatible coexistence" of the parallel security systems led by China and U. S. respectively, a work to construct a new type of big power relations with Russia, India, and Japan, an effort to promote a fresh "good neighbor diplomacy" with new characteristics, a "bottom-line mentality" to guarantee China's peaceful development, and an overall coordination of six major new diplomatic paths that include "six big tectonics" and "the binary of Indian Ocean and Pacific Ocean". At the same time, new themes for China's

---

① 《习近平在周边外交工作座谈会上发表重要讲话强调：为我国发展争取良好周边环境》，《人民日报》2013 年 10 月 26 日。

neighboring diplomacy in the future have been clarified, including the following six major new themes: a construction for peripheral big power diplomacy with Chinese characteristics, a top-level design for "Grand Neighboring Diplomacy", an effort to clarify the strategic positioning of disputed issues and disputing neighboring countries, a macro arrangement and strategy emphasizing the land-sea coordination and sea-sea coordination, and an endeavor to carry forward the project of training talents for China's neighboring diplomacy. A research on the new strategies, new paths, and new themes for China's neighboring diplomacy since CCP's 18th National Congress is very important for people to understand the overall arrangement of China's diplomacy and the future trends of its neighboring diplomacy.

Key Words China's Neighboring Diplomacy; New Strategies; New Paths; New Themes

Author Shi Yuanhua, Professor, Director of the Center for China's Relations with Neighboring Countries at Fudan University, Deputy Director of the China's Collaborative Innovation Center for Territorial Sovereignty and Maritime Rights (CICTSMR).

“一带一路”研究

南亚国家对中国"一带一路"倡议的看法[*]

〔孟〕穆希伯·拉赫曼

【内容提要】 本文重点关注印度、孟加拉和斯里兰卡对中国"21 世纪海上丝绸之路"倡议（MSR，简称"海丝路"）做出的回应。对于从古至今与中国有着密切往来的南亚地区而言，这一倡议已产生重大的影响。尽管将"海丝路"视为海上往来沟通的桥梁已经是一个普遍的共识，但南亚国家在落实具体决策时仍旧面临外交和政策困境。虽然经济的相互依存、基础建设发展的需求以及国家经济向海洋定位的方向为中国与南亚国家创造了大量合作互补的可能性，但小国所要承担的地缘和外交压力以及国内政治共识的缺乏，使它们很难对中国的倡议做出有效的回应。尤其是孟加拉和斯里兰卡一直在努力寻求以一种务实平衡的方式加入丝绸之路倡议。与此相比，印度仍然对中国"海丝路"倡议的长远动机存疑，并采取模糊立场。尽管认识到"海丝路"倡议有符合印度重要经济利益的潜力，但印度对中国崛起的地缘政治担忧以及对中国在印度洋日益增强的影响力的不安，使"海丝路"在印度的发展充满坎坷。

【关键词】 南亚 印度 斯里兰卡 孟加拉国 "一带一路"

【作者简介】 穆希伯·拉赫曼（Muhibbur Raham），孟加拉共和国国家战略

---

* 本文在《复旦国际问题研究系列工作论文》2015 年第 2 期（2015 年 6 月 4 日）基础上修改而成。原文为英文，由复旦大学中国与周边国家关系研究中心专职学术秘书陈妙玲翻译成中文，并做了部分数据的更新，章节根校。作者要感谢复旦大学国际问题研究院南亚研究中心主任杜幼康教授、中国与周边国家关系研究中心副主任祁怀高副教授提出的修改建议。作者电子邮箱：mmrahman@ biss. org 。

研究所研究员，曾任复旦大学国际问题研究院南亚研究中心访问学者
（2015 年 1 ~ 4 月）。

一　导论

"一带一路"倡议，是由中国新一届领导人习近平主席所提出的宏伟
计划，该倡议旨在建立一种新的横跨亚洲以及邻近大陆不同地区的发展和
合作模式，以推进相关国家和地区经济的全面共同增长。超越以往的以地
缘政治为中心的合作模式，"一带一路"倡议具有连通正在崛起的经济体
与贫穷落后地区的潜能，因而在未来的数十年可能会创造一个较为均衡的
发展模式。"一带一路"倡议的核心是新"公平"的理念：中国依赖于国外
自然资源的同时，这一发展模式又致力于通过共同的伙伴关系以使近邻分
享中国经济发展的红利。[1] 对于中国的号召，超过 50 个国家以及包括欧
盟、东盟、上海合作组织、联合国亚太经社会在内的众多地区和国际组织
都表态要积极支持这一倡议。[2] 中国已经与多个国家签署了"一带一路"
合作协议，并出资 400 亿美元成立了丝路基金。[3] 另外，亚洲基础设施投
资银行（AIIB）和金砖国家开发银行这两个具有历史突破意义的项目设立
亦成为这一倡议的有力支撑。

由于处于与中国紧密相连的地理位置，无论是基于历史还是现实考
虑，南亚都被期许能在"一带一路"倡议中发挥重要作用。南亚国家在经
济和文化层面都与中国有着深层次的联系。在近几十年，中国已经成为南
亚地区最大的贸易伙伴，与此同时，中国与该地区的许多国家都有着悠久
的合作历史。该地区正在进行的工业化进程、海洋经济新定位、快速增长
的贸易以及对基础设施建设的持续需求，为中国和南亚创造了极大的经济
互补可能。

---

[1]　Shi Ze, "One Road and One Belt and New Thinking With Regard to Concepts and Practice," *CI-IS Time*, November 25, 2014.

[2]　Li Zhaoxing, "Building the Maritime Silk Road of the 21st Century with Open Mind and Bold Courage," International Symposium on Maritime Silk Road of the 21st Century, February 12, 2015, Quanzhou, Fujian Province.

[3]　Feng Jianmin, "China's US\$ 40b fund to pave Silk Road projects," *Shanghai Daily*, February 17, 2015.

但是该地区复杂多样，且为许多突出的双边和地区热点问题所困扰。由此，南亚地区与"海丝路"的对接涉及多重因素：国内民众支持、决策制定过程以及区内国家的地缘政治压力和抱负。该地区还面临众多地理因素，诸如印度不对称的地理面积，其与大部分南亚国家接壤的同时深入印度洋达 1000 多海里，这使得印度在管控南亚地区方面享有天然的优势。这种情形导致该地区形成了以印度为主导的区域政治环境，由此在占据主导地位的印度和处于弱势地位的小国家之间产生利益分歧。除此之外，日趋严峻的低工业化经济生产方式、不断攀升的失业率，与宗教民族分裂和当今政治环境交织在一起，形成相互联系的复杂背景，将影响当地国家对中国涉足南亚地区事务的政策评估，进而决定中国与南亚国家合作潜力的大小。

二　南亚国家对"21 世纪海上丝绸之路"的看法

"21 世纪海上丝绸之路"，作为中国"一带一路"倡议的一个核心环节，所涉及的地区十分广泛，而南亚是整个网络的一部分。之所以将南亚视为这一倡议至关重要的部分，是因为该地区在印度洋有着众多非常重要的港口。印度洋及其海洋航线控制着超过全球 80% 以上的海洋贸易和石油运输，在当今世界的战略重要性毋庸置疑。[①] 具体来说，本文主要研究中国与三个南亚关键国家的关系：印度、孟加拉国和斯里兰卡。选择这些国家是因为它们与中国的合作直接关系到该地区与"一带一路"倡议的对接成功与否。

根据印度洋沿岸的南亚国家对"海丝路"倡议可能采取的政策应对，可将它们划分为三种类型：（1）绝对支持和全面参与的国家，其中包括巴基斯坦和马尔代夫。这些国家从一开始就支持该倡议，预计将来对于"海丝路"的立场也会保持稳定，并且会持续合作下去；（2）有条件支持/适度参与的国家，如斯里兰卡和孟加拉国，虽然它们积极响应"海丝路"，并把这一倡议视为一个巨大的机遇，但又受制于自身的地理条件和政治压力。它们采取的应对政策更有计划性，力求在自身国家利益与印度以及区域外核心国家的利益间寻找平衡；（3）战略竞争/有限参与的国家，即印

---

① Sergei DeSilva-Ranasinghe, "Why the Indian Ocean Matters," *The Diplomat*, March 2, 2011.

度，印度是该类型下唯一的国家，对于中国参与印度洋事务保持高度政治敏感。中印之间的战略竞争在一定程度上难以避免，印度与中国之间结成海上合作伙伴关系还有很长的路要走。本文着重分析第二、第三类型国家对该倡议的回应。

三 印度的战略矛盾

总体上，印度对于"一带一路"倡议的立场是矛盾的。一方面表现在其对中国长远动机所持的怀疑态度以及对中国在印度洋可能的力量存在的戒备心理。深深植根于印度政治精英内心的中国扩张威胁论，与基于印美在印度洋地区的利益联盟的战略考量一起，构成了印度这一模糊立场的关键驱动因素。不同于其同意参与孟中印缅经济走廊联合研究的政治表态，印度对与中国的海上接触要敏感得多。[①] 另一方面，印度也深知其在南亚与"海丝路"的成功对接中扮演重要作用。因此，印度要求中国提供"海丝路"详尽的建设方案，并且密切关注当前的发展进程，以谨慎的态度对待任何涉及"海丝路"的具体动议。

自印度人民党执政以来，印度对华合作的总体立场已发生明显转变。在前任曼莫汉·辛格（Manmohan Singh）政府的领导下，中印关系达到了一个新高度。尤其是曼莫汉 2013 年访华以及边防合作协议（BDCA）的签订，将两国管控分歧的共同意愿表露无遗。[②] 中印两国的高层领导一致希望通过建立联合研究组织有效推动孟中印缅经济走廊的建设，并表示要共同努力推动地区合作与连通。这为中印建立诸如海洋方面的合作奠定了稳固而有利的基础。然而，莫迪政府采取的是一种更为谨慎和严苛的态度去审视印度与中国的合作。印度对于孟中印缅经济走廊的热情逐渐消退，同时从地缘和市场竞争的视角去审视中国所提出的诸如"海丝路"等多边合作倡议。与将中国的倡议视为应对共同挑战而做出的集体努力完全不同，莫迪和他的决策团队将"海丝路"视为中国在印度洋扩张的战略，由此对印度的国家安全和地区支配优势感到担忧，尽管莫迪政府所主张构建的国

---

① "China admits mistrust about mega Silk Road project," *The Economic Times*, January 31, 2015.

② Ananth Krishnan, "China highlights outcome of Manmohan's visit," *The Hindu*, October 26, 2013.

家安全机制和公民社会也要求其从地缘政治上积极回应中国所倡导的地区共同合作。

印度对"一带一路"倡议的回应包括三个主要步骤。第一，印度当前追求的是一种"谨慎观望"的立场。这主要是因为印度处于既渴望参与其中，又担忧中国在印度洋势力扩张的两难境地。从经济和贸易的角度分析，印度深知成功的海上互联互通将会为其自身经济发展提供大量机会，印度当前急需诸如港口、道路、高速公路、通信以及电力等在内的大量基础设施，同时需要大量投资以扭转制造业发展缓慢的局面和解决大量青年失业的问题。

第二，印度当前正准备一系列应对措施与政策回应。第一种应对措施是加速发展印度的海军和海洋监控能力。预计到2025年，印度海军将推动162个进口的以及自主设计的重要平台建设，其中包括2艘航空母舰以及常规和核动力潜艇。①第二种应对措施则是加入各种由美国及其亚洲盟友所提出的竞争倡议。作为换取美国和日本支持湄公河—恒河合作项目的条件，印度已公开表示支持美国倡导的"印太经济走廊"项目。②

除此之外，印度也正考虑从自身出发做出回应，如"季风计划"（Project Mausam）的提出。虽然目前尚无官方的正式说明，印度文化部部长在议会中宣称该项目旨在唤醒印度洋国家间古老联系的记忆，从而达到对次大陆海上历史的更加全面的理解。③尽管印度将这一倡议归为对文化复兴做出的努力，实际上该项目蕴含战略和安全的深层含义。印度前外秘苏贾塔·辛格（Sujatha Singh）曾与文化部部长拉文达拉·辛格（Ravindra Singh）共同商议如何将该项目与印度的外交政策目标对接，他建议印度可以借"季风计划"的名义建立各种伙伴关系，从而有可能实现印度所追求的长远战略目标。④印度试图通过新提出的"棉花路线"（Cotton Route）进一步提升海洋联通计划，从而达到增强其与印度洋地区国家的经济和战

---

① Admiral Nirmal Kumar Verma, the chief of the naval staff.

② Liu Zongyi, "India still nervous about China's growing strength despite economic ties," *Global Times*, January 6, 2015.

③ "'Project Mausam' to Revive Links Among Indian Ocean Countries," *Outlook India*, December 1, 2014.

④ Sachin Parashar, "Narendra Modi's 'Mausam' manoeuvre to check China's maritime might," *The Economic Times*, September 16, 2014.

略合作的目的。①莫迪总理在访问塞舌尔、毛里求斯、斯里兰卡时都展现出这样的意图。

　　第三，印度可能通过外交游说方式说服周边国家不要建立任何能够削弱印度在该地区利益的伙伴关系。该政策借由印度的地区外交手段，使印度周边国家始终处于其影响力之下。这种政策实现与否主要取决于印度如何看待参与海洋带合作。如果印度确信这是对本国发展有利的合作，那么它能成为游戏的变量角色，并能提出它自己的解决方案。② 印度的参与可以最高程度地消除其他小国家加入这项倡议所面临的阻碍。

　　印度深植于印度洋的势力，使其很难允许中国干涉印度洋事务。印度重要的地缘政治地位孕育了印度战略家将印度洋视为印度具有合法权利管控领域的思想。③ 印度军队原则指出，"凭借在印度洋所占据的战略位置，印度当然要确保它在印度洋地区的和平和稳定中扮演重要角色"。④ 印度的2007 年海洋军事战略强调任何印度洋的发展都将影响印度的国家安全，因此要对此类发展保持密切关注。⑤ 依照这种理论，中国持续介入印度洋事务，将被视为意图控制印度洋，同时对印度国家安全构成威胁。

　　然而，研究者认为由于印度与中国共享多方面利益，使中方相信推动印度加入"海丝路"具有很大的可能。这其中最重要的原因是两国对于经济增长的共同需求。莫迪政府总体的对外政策主张，给印中两国合作提供了更多的成长空间。依照邓小平的发展思路，莫迪意图复兴印度经济。莫迪借鉴中国经济特区发展模式，相应地在其担任古吉拉特邦首席部长期间多次大力发展该区域。他所领导的政府深知任何印度的经济战略都必须考虑中国这一重要因素。

　　除此之外，印度与中国之间存在高度的经济相互依存关系。中国作为

---

① Dipanjan Roy Chaudhury, "India plans cotton, ancient maritime routes to counter China's ambitions," *The Economic Times*, Apr 17, 2015.

② Interview with Professor Zhao Gancheng, Senior Fellow, Shanghai Institute for International Studies, March 17, 2015.

③ Chunhao Lou, "Power politics in the Indian Ocean: don't exaggerate the China threat," East Asia Forum, 24 October 2013.

④ "Indian Army Doctrine," *Headquarters Army Training Command*, Simla, October 22, 2014.

⑤ "Freedom to Use the Seas: India's Maritime Military Strategy," Integrated Headquarters Ministry of Defense (Navy), New Delhi, 2007.

印度最大的贸易伙伴：双边贸易额预计在 2015 年将达到 1000 亿美元。①
但是印度对华贸易存在巨大逆差，在 2014～2015 财政年度达到 480 亿美
元。② 考虑中印两国当前的经济关系，在习近平主席访印期间，中国承诺
在未来 5 年间将在印度投资 200 亿美元，用于建设两个工业园区，并积极
参与包括德里至钦奈高铁项目在内的基础设施建设。③ 与过去数十年间的
4.11 亿美元投资规模相比，这意味着一个巨大的飞跃。

还有一个促使印度加强与中国联系的原因，是印度努力推动亚洲多边
金融秩序建设。④ 印度志愿成为"亚投行"和金砖银行创始成员，可视为
在这方面的一个巨大的飞跃。除此之外，两国都在孟中印缅经济走廊倡议
方面成功努力过。2013 年，中印两国高层领导人商议成立的联合研究机
制，对孟中印缅经济走廊倡议具有推动作用。如果双方都履行承诺，该倡
议就能取得实质性成果，印度加入"海丝路"的可能性也将得到提升。

如果印度希望成功加入"海丝路"建设，将需要克服几个至关重要的
挑战。第一个挑战是如何将边界争端和其他存在敏感性的合作领域切割开
来。作为中印边界战争的遗产，两国边界争议地区形势仍频频吃紧，这可
能导致中印彼此不信任，会进一步滋生印度在其他政策领域的反华倾向。
除此之外，"印度方面宣布新成立 5 万兵力的部队，该部队有可能将被派
驻到与中国有争议的边界地区"。⑤ 这些反应源于印度对于东部地区安全担
忧的深化，以及对于中国参与边界地区事务的高度敏感。

第二个挑战是印度政治领导高层所传递的反华态度以及民间舆论对中
国倡议表现出的消极负面情绪。无论是印度普通民众，还是舆论领袖都将
中国视为一个威胁而不是合作的伙伴。洛伊国际政策研究所联合澳大利亚
印度中心进行的调查显示：在 1223 名受访者中，83% 的人认为中国是印度
的安全威胁。⑥ 这种负面的看法将使得任何主张与中国建立合作伙伴关系

---

① Timsy Jaipuria, "Sino-Indian trade likely to reach$ 100 billion by 2015, says Deloitte," *The Financial Express*, August 20, 2011.

② Richard Javad Heydarian, "Modi's tricky trip to China," *Aljazeera*, May 26, 2015.

③ Liu Zongyi, "India still nervous about China's growing strength despite economic ties," *Global Times*, January 6, 2015.

④ Interview with Professor Ren Xiao, Director Center for China's Diplomatic Research, Fudan University, March 24, 2015.

⑤ Sanjay Kumar, "Uneasy neighbors," *Global Times*, July 31, 2013.

⑥ Sanjay Kumar, "Uneasy neighbors," *Global Times*, July 31, 2013.

的观点，在印度国内都无法获得广泛支持，政策上也得不到有效的响应。

第三个挑战是印度在处理南海和东海的海洋争端时，选择偏向越南、菲律宾和日本的立场。印度目前已加强与中国周边国家如日本、越南和澳大利亚在战略和军事方面的合作。[①] 2011 年，印度通过宣布与越南共同开发南海油田，开始介入南海争端。这使莫迪政府所提出的"向东行动"政策（Act East）在未来面临困境。

最终的挑战是印度如何平衡各战略合作关系。美国及其领导的亚太联盟正在寻求与印度更紧密的安全合作，特别是在海洋领域。自莫迪政府执政以来，日本成为印度走出次大陆的优先选择。在莫迪最近的一次访日期间，东京方面承诺将提供 350 亿美元的经济资助，与此同时，印日双方将升级"特殊战略与全球伙伴关系"来增强经济和防务合作。[②] 印度是否在与美日多层次的战略合作中保持战略独立，将对其与中国"一带一路"项目对接的能力产生重要影响。

然而，莫迪 2015 年访华期间并未强调印度在不久的将来有加入该倡议的可能性。尽管中国方面期待莫迪政府在此次访问期间能够就"海丝路"问题明确印度的立场，但莫迪巧妙地回避探讨该问题。他仅表示愿意在"亚投行"方面与中国深化合作，并未满足北京方面所期待的对"一带一路"倡议表示支持。相反，莫迪暗示了印度除孟中印缅经济带以外，不会加入中国其他连接项目的立场。他同时宣称印度十分关注中国介入中印共享的相邻地区，尤其是在中国与巴基斯坦和其他印度周边国家关系方面，莫迪期望中国能够保证与这些国家的关系不会构成彼此关系的顾虑。[③]

四　斯里兰卡从支持到重新定位

在前任总统马欣达·拉贾帕克萨（Mahinda Rajapaksa）的领导下，斯里兰卡对中国的"一带一路"倡议表示绝对的支持。该国是第一个表示支持 21 世纪海上丝绸之路项目的国家并接受了中国对科伦坡港口城项目的

---

① Liu Zongyi, "New Delhi-Beijing cooperation key to building an 'Indo-Pacific Era'," *Global Times*, November 30, 2014.

② R. Lakshminarayan, "Modi on the move," *Global Times*, September 16, 2014.

③ R. Lakshminarayan, "Modi on the move," *Global Times*, September 16, 2014.

15 亿美元资助。[①] 该国与中国在多方面的大型基础设施建设项目中保持合作，例如汉班托塔深水港建设。2014 年，拉贾帕克萨与习近平主席决定成立海岸与海事合作联合委员会。斯里兰卡急切希望通过加入该倡议，实现成为印度洋地区贸易枢纽的目标，并减少其以印度为中心的经济和商业定位。

自 2015 年 1 月新政府执政以来，斯里兰卡对于中国的态度发生了重大转变。该国的外交政策定位发生实质性的转变，开始朝"印度优先的政策"发展。新总统迈特里帕拉·西里塞纳（Maithripala Sirisena）与印度总理莫迪已多次互访，并签署涉及民用核能、电力能源、渔业和文化事业的四项重要合作协议。[②]斯里兰卡向印度政策的转变可能会削弱其与中国的联系。

新政府对中国的援建投资热情已开始减退，并提出重新审核拉贾帕克萨执政时期所引进的中国基础设施建设项目。[③] 西里塞纳政府开始着手对科伦坡港口建设的协议透明度和环境影响进行重新评估。2015 年 4 月，斯里兰卡议会决定暂时叫停该项目。[④] 这些针对中国投资的强硬举措，反映出斯里兰卡政策正朝印度在该区域利益倾斜的意愿。尽管 2015 年 8 月新一轮的选举可能会改变当前中国投资项目所面临的困境，但是拉贾帕克萨再次败选，西里塞纳政权得到进一步加强。

近期斯里兰卡出现一系列政策变化，一个核心问题浮出水面：为什么新政府开始寻求的是"印度利益优先"的政策？两个主要因素导致西里塞纳在外交政策做出新的改变。第一个因素是政权巩固的需要。西里塞纳作为政坛黑马以及他在选举中的意外获胜，表明新总统及其领导的政党在国内尚且没有坚固的政权基础。考虑到自古以来印度在斯里兰卡的深度介入，西里塞纳政权在重大国策上做出调整，并与印度结盟，可以使其在国内和地区获得强力支持。很多人指出，正是由于在印度的支持下获得斯里兰卡新一届总统选举的胜利，西里塞纳才最终采取以印度为中心的政策。第二个因素是中国和斯里兰卡关系日益密切，引发印度方面不满，斯里兰卡对此越来越关注。西里塞纳政府认为印度是斯里兰卡国家安全和地区利

① Samir Kalra, "Obama, Sri Lanka and the Chinese equation," *The Hill*, February 4, 2015.

② Xinhua, "Sri Lanka confirms Indian PM's visit," *Global Times*, February 20, 2015.

③ ShiharAneez, "Sri Lanka's new president to visit India, steers away from China," February 4, 2015.

④ "Sri Lanka suspends China port city project," *Tribune India*, March 5, 2015.

益不可缺少的一部分。因此，减少斯里兰卡对于中国的依赖有利于新政府获得印度的信任和支持。

伴随对外关系的转变，斯里兰卡将不再单方面支持中国的"一带一路"倡议。相反，该国与中国的合作将会以印度的可接受范围为考量。同时斯里兰卡将会逐渐降低对中国投资的依赖，并通过恢复传统政策，在包括印度、中国和美国在内的大国之间保持平衡。中国清楚地认识到这种政策转变的现实，并考虑建立斯里兰卡—印度—中国的三边机制，以寻找能保持三国在投资项目中继续深化合作的可能。①

然而，事实上斯里兰卡并不想站在中国的对立面。斯里兰卡已着手修复与中国的关系。新政府派遣外交部部长出访中国，并鼓励中国投资。② 双边自由贸易协定正在磋商中。如果 FTA 协议签订成功，斯里兰卡有望在2020年实现其出口贸易额增长至200亿美元的目标。③ 斯里兰卡新总统在2015年访华时也明确表示斯里兰卡将继续保持与中国的合作。这些措施将消除斯里兰卡新政府执政初期立场所引发的中斯紧张关系。

有两个关键因素促使斯里兰卡不仅继续与中国维持现有层面的合作，同时要进一步深化在海洋基础设施和联系方面的合作。第一个因素是斯里兰卡经济对中国的高度依赖。中国作为斯里兰卡最大的贸易伙伴，2013年，双边贸易额达到30亿美元，相较2005年呈现368%增长。中国是斯里兰卡外商直接投资的主要资金来源，占2013年斯里兰卡外商投资总额的24%，同时中国位列斯里兰卡旅游客源地第三名。④ 2012～2014年，中国给予斯里兰卡超过20.8亿美元的经济援助。

第二个因素是斯里兰卡意图寻求更多自主权，以此抗衡印度。该国在长期利益方面与中国建立更牢固的伙伴关系，有其深层次的结构性原因。⑤ 自独立以来，印度一直在斯里兰卡扮演老大哥的角色。作为在印度权力阴影

① Mo Jingxi, "China eyes trilateral move with South Asian neighbors," *China Daily*, February 27, 2015.

② Zhao Yinan and Mo Jingxi, "Sri Lanka supports Silk Road plan," *China Daily*, February 28, 2015.

③ "Govt. keen on FTA with China," *Daily Mirror*, February 6, 2015.

④ Zhao Shengnan, "Sri Lanka welcomes Chinese investment, says minister," *China Daily*, February 28, 2015.

⑤ Nitin Pai, "Why Sri Lanka's need for China will continue," *Business Standard*, January 18, 2015.

下的小国，斯里兰卡由此产生的畏惧心理，使其有保持独立自主的需求，为此，不得不通过与其他国家发展关系来对抗这一强大邻国。在中国参与这一地区事务之前，科伦坡的历届政府与美国、伊朗和巴基斯坦互动频繁，亦是基于这一原因。[①] 这一结构性因素使中国成为斯里兰卡优先的选择。

如果斯里兰卡希望与中国在海洋合作方面取得成功，需要克服两个关键挑战。第一个挑战是大规模引入中国基础设施投资项目在国内并未获得广泛的支持。这种现象一方面是由于中国在投资合作过程中未能平衡斯里兰卡社会中的不同利益方，另一方面则是由于媒体宣传误导。斯里兰卡需要帮助中国在国内树立起良好的正面形象，从中国的合作倡议中获得最大化利益。第二个挑战是寻求合理途径，解决由斯里兰卡政策突转以及对华强硬措施带来的两国关系持续僵局。当前这种停滞的局面将会使中国和斯里兰卡蒙受巨大的经济损失，同时影响两国在其他领域的双边关系。

五　前景不明的孟加拉国

尽管孟加拉国没有明确的立场，或是发布相关公文宣布加入"海丝路"，但国内普遍对于孟中印缅经济走廊、"一带一路"倡议表示支持。长达 400 年的海上贸易往来历史，使孟加拉国相较于其他南亚国家有更牢固的基础与中国发展稳定的伙伴关系。13 ~ 17 世纪，先进的造船技术和远洋贸易使中国与当时同样航海事业兴盛的孟加拉地区联系密切。[②] 中国著名的航海家郑和曾在 1421 ~ 1431 年至少两次到达孟加拉地区。[③] 这些贸易和文化交流的历史有助于新的海洋合作联系的建立。

从根本上来说，孟加拉国始终以经济和安全利益为导向。不同于印度，它并没有印度洋地缘政治方面的担忧。孟加拉国对"海丝路"的回应将取决于该国如何评估连通与区域合作对其未来经济增长的重要性。该国

---

① Nitin Pai, "Why Sri Lanka's need for China will continue," *Business Standard*, January 18, 2015.

② Ataur Rahman, "The challenge of competitive cooperation," *The Daily Star*, December 31, 2014.

③ Address by Zhang Xianyi, Former Ambassador of China to Bangladesh, "History and Legend of Sino-Bangla Contacts," in Celebration of the 35th anniversary of the establishment of diplomatic relations between China and Bangladesh.

提出要在 2021 年将国家经济提升至中等收入国家水平的宏伟目标。互通和区域合作是该计划最需要优先实现的目标。① 孟加拉国将"海丝路"视为提升国家工业输出，从而拓展东南亚和东亚市场的又一途径。该国的商业社会正蓬勃发展，青年企业家逐步进入商业领域和生产线。他们急欲得到"海丝路"所带来的贸易和投资机遇。

不同于印度和斯里兰卡，孟加拉国更值得看好的一点是其对中国友好的领导层以及民众对中国的广泛支持。孟加拉国公民社会层面普遍认为引入中国的投资将有益于本国经济增长。媒体也通常以积极正面的态度报道相关事件。然而，这种看法以及可能带来的利益并未获得社会不同阶层广泛的认知，尤其是商业集团和其他利益团体。为了进一步普及，需要扩大社会舆论效应和加强普遍的认知。

对于孟加拉国而言，构建国内社会对"海丝路"的坚定支持，涉及三个重要中介因素。第一个中介因素是与中国大量的经济活动。2009～2014年，孟加拉国对华出口贸易额从原来的 1.78 亿美元增长超 4 倍，达到7.4619 亿美元。② 在此期间，孟加拉国的成衣服装出口额由原来的不到1000 万美元增长到 2.4 亿美元。中国在孟加拉国的基础设施建设和农业领域投入大量资金，特别是在污水处理项目和化肥生产工业项目上分别投入2.26 亿美元和 5.59 亿美元。③ 同时，中国向孟加拉国提供数个大型工程建设项目，包括索纳迪亚岛深水港以及贯穿缅甸、昆明和吉大港的公路和铁路建设。除了向 4721 种孟加拉国商品免税，中国正考虑通过对 95% 的孟加拉国商品扩大优惠条件，以帮助孟加拉国减少贸易不平衡。

第二个中介因素是孟加拉国对于在吉大港建立深水港口的需求。孟加拉国需要建立深水港，用于莫斯凯里岛发电厂每年 0.23 亿吨煤炭的进口以及该国预计在 2020 年将达到 0.8 亿吨的海运贸易。④ 孟加拉国为这一宏大

① Bangladesh Government, "Outline Perspective Plan of Bangladesh 2010 - 2021: Making Vision 2021 A Reality," General Economics Division, Planning Commission, Government of The People's Republic of Bangladesh, June 2010.

② S. C. Kohli, "Bangladesh's sprouting bilateral relations with China: An overview," *Merinews*, February 28, 2015.

③ Liu Zongyi, "China's Economic Relations with SAARC: Prospects and Hurdles," *CIIS Time*, December 1, 2014.

④ A. K. M. Shafiqullah, "Deep sea port in Sonadia: A unique opportunity for Bangladesh," *The Daily Star*, March 20, 2013.

项目进行过多次谈判交涉，在所有的竞标当中，中国提供的竞争条件最有利。在总理哈西娜2014年访华期间，孟加拉国原本有望与中国签订相关协议。然而相关合作协议至今仍没有落实，如果孟加拉国决定加入"海丝路"计划，则会为协议的签订提供很大的可能性。

第三个中介因素是孟加拉国如何在新解决的海洋划界争议背景下，确立与中国的海洋合作。在2012年和2014年分别与缅甸和印度解决海洋边界争议后，孟加拉国现今对孟加拉湾的118000平方公里的海域享有主权。该领域对于孟加拉国今后的发展起着至关重要的作用。中孟两国的合作可能涉及资源开发、水文勘探、科技能力建设以及海上安全等方面。与此同时，中国将孟加拉湾视为其未来同印度洋发展贸易和能源连通的重要海洋通道，为中孟两国提供利益趋同的可能。

然而，孟加拉国需要克服一些重要政策挑战，以便更有效地加入海洋经济带合作。其中最为迫切的挑战是国内政局不稳定的现状，延缓了该国加入此类合作倡议的步伐。由于在许多政治问题上缺乏共识，孟加拉国若要在地区层面建立经济合作关系，通常会在几个重大决策面前举棋不定。一个突出的表现就是在深海港口建设上，一直处于停滞不前的状态。孟加拉国需要学会如何避免政治问题影响到其地区关系和国际关系。

第二个挑战是如何平衡强化孟中合作与发展同印度、美国、日本的关系。由于与孟加拉国地理和历史文化的重要利害关系，印度具有尤为重要的影响。当孟加拉国做出任何与中国有关的重大决策时，"印度因素"都将占据敏感的位置。除此之外，由于强大的公共外交影响力，使美国亦强行介入孟加拉国事务。近期日本通过Big-B（孟加拉湾工业增长带）等大规模投资计划，为孟加拉国提供了590亿美元的基础设施发展资金。① 孟加拉国应灵活处理多个合作关系之间的利益冲突。

然而在最近的数月，孟中"一带一路"合作关系的不确定性不断增加，尤其是在中国参与的吉大港深水港建设方面。在印度总理莫迪访问孟加拉国后，不断深化的印孟关系以及边界问题的解决，使孟加拉国与中国的关系逐步疏远。孟加拉国准许印度航运船只进入吉大港和蒙拉港，同时还为印度投资者特别提供了专属经济区，这是印度首次在南亚享受

---

① ASMG Kibria, "Bangladesh Juggles Chinese, Japanese Interest," *The Diplomat*, January 5, 2015.

到这种待遇。①这些措施表明孟加拉国主张印度优先政策，会给其加入"海丝路"项目带来阻碍。

六 结论：未来发展方向

南亚国家，尤其是印度洋沿岸国家，占据着连通东亚、东南亚与中东、东非国家的重要地理位置。虽然普遍观点认为"海丝路"是海上连通的一个通道，但是像孟加拉国和斯里兰卡等小国在做出有建设性决策前需要面临外交和政治的多重压力。经济的内在依存，工业化和基础设施发展需求以及国家海洋经济定位面临的挑战，为中国和南亚地区创造了巨大的互补可能。另外，由于缺乏国内政治共识以及作为小国需要承担来自地缘政治和外交方面的压力，孟加拉国和斯里兰卡被迫需要寻找一种务实平衡的方式加入中国的"丝绸之路"倡议。然而，印度始终对中国的长远"目的"持怀疑态度，因此在"海丝路"上采取矛盾的立场。尽管"海丝路"符合印度经济利益，但是在地缘政治方面对中国崛起的担忧以及害怕中国在印度洋影响力增强，使得印度无法轻易接受该倡议。

虽然印度的立场是很重要的因素，但是该项目的复杂，还涉及很多其他的地缘政治因素。在印度洋，印度、美国和日本之间形成了一个利益上的联盟。在寻求控制全球海洋的霸权诉求中，美国的传统政策是防止能与美国相匹敌的对手的崛起，这使得美国将"海丝路"项目视为中国打破当前亚太平衡的策略，并导致美国采取加强其印太安全联盟的政策。伴随着反华立场的加强，日本不断增长的海洋野心使它逐步向美印阵营靠拢。然而，印度海洋能力的不断增强，亦可能会导致当前政治局势朝不同的方向发展。归根到底，印度是否会选择与美日同盟框架行动一致，将取决于印度在地缘经济机遇与该国地缘政治抱负间如何进行取舍。

然而，从长远来看，南亚国家会逐步克服国内外的阻碍，并最终加入该倡议。当前最迫在眉睫的因素，是这些国家在基础设施发展方面的巨大需求。在未来的数十年，这些国家对产业多元化、就业机会以及针对中产阶级消费的服务业需求增大。由此引发对基础设施建设、高科技产业和创新管理的投资需求提升。世界银行估计该区域到 2020 年在基础设施建设方

---

① Arafat Kabir, "India Embraces Bangladesh To Keep China In Check," *Forbes*, June 16, 2015.

面的资金需求将达到 2.5 万亿美元。但是这些国家本身缺乏资金、技术以及资源动员能力。而不同于西方国家将安全问题附加为资金援助条件，中国有意愿并且有能力帮助南亚国家弥补这些不足。预计从 2015 年起，中国的对外投资将超过 1.25 万亿美元。这些基础设施投资将帮助南亚国家解决低工业化和失业问题。除此之外，伴随着中国经济结构的调整，大量劳动密集型产业将会转移至海外，为其他国家创造了大量的就业机会。

其他对中国参与南亚地区事务的有利因素包括：（1）在能源、海上交通线以及气候变化等方面的共同安全利益；（2）中国作为连通和地区合作的开拓者的观点正日益被接受，在孟中印缅经济走廊中的重要角色尤为引人注目；（3）贸易和经济的相互依存，中国成为该地区大部分国家的最大贸易伙伴；（4）深层次防务和战略合作需求；（5）中国作为一个负责任大国的形象日益凸显；（6）双赢合作战略替代竞争性的市场扩张前景。这些国家的参与度取决于中国如何通过外交手段化解"海丝路"引发的地缘政治担忧与顾虑。

对于斯里兰卡和孟加拉国而言，它们需要加强与中国的双边和多边合作，并主动发起关于它们所担忧问题和面临挑战的协商机制，不能草率地制定相关决策，它们应该寻求与中国进行务实的接触，应将经济发展优先于地缘政治考量。在优先选择和压力担忧方面明确有效的沟通，既有助于它们的合作伙伴认同它们的立场，又可缩小彼此间的误解。在这里，媒体可以发挥建设性的促进作用。这些国家也应该学会在多边外交环境中行事，同时认清并领会在未来岁月中，中国对于它们的增长以及工业化道路具有至关重要的作用。

South Asia's View on China's "the Belt and Road" Initiative

Md. Muhibbur Rahman

Abstract　This paper briefly examines South Asia's view on the China's "the Belt and Road" initiative. More precisely, it focuses on responses of India,

Bangladesh and Sri Lanka to the 21st Century Maritime Silk Road（MSR）initiative of China. The initiative has generated tremendous prospect for South Asia, a region having deeper ties and exchanges with China both historically and in the contemporary time. While there is a general acceptance of the idea of MSR as a channel for maritime connectivity, countries are facing diplomatic and political dilemmas in making concrete decisions. Economic interdependence and need for infrastructure development, as well as seaward reorientation of national economies have created ample complementarities between China and South Asia. On the other hand, geographic and diplomatic compulsions as small states and lack of domestic political consensus made it difficult for many countries in the region to respond effectively to the call of China. In particular, Bangladesh and Sri Lanka have been struggling to find a pragmatic and balanced way to integrate with Silk Road initiatives. Nevertheless, India is still skeptical about China's long term motive and has taken rather an ambivalent position with regard to MSR. Geopolitical apprehensions concerning China's rise and the fear of China's growing influence in the Indian Ocean made MSR an uneasy development for India, despite the initiative's potential to accord the country significant economic benefits.

Key Words　South Asia; India; Bangladesh; Sri Lanka; the Belt and Road

Author　Md. Muhibbur Rahman, Research Officer at Bangladesh Institute of International and strategic Studies（BIISS）. From January-April, 2015, he worked as Visiting Fellow at the Institute of International Studies（IIS）, Fudan University under Fudan Fellowship for Overseas Scholars Program.

对海上丝绸之路倡议的地区回应

——出于经济需要、国内问题和地缘政治考量[*]

〔新〕林庆瑞　〔新〕李明江

【内容提要】 本文回顾了南亚与东南亚国家对"21世纪海上丝绸之路"（以下简称"海上丝路"）倡议的回应。首先分析了影响这些国家态度的主要因素，包括经济利益、国内政治环境以及地区地缘政治考量。这两个地区的国家在决定如何回应"海上丝路"倡议时，都会综合性地考虑上述三个因素。这些国家对"海上丝路"计划的反应可分为三种类型：高度积极、积极而有所保留，以及态度中立或者说模棱两可。"海上丝路"倡议的成功与否取决于中国了解当地情况的水平，以及在行为上是否灵活变通。

【关键词】 海上丝绸之路　南亚　东南亚　亚洲基础设施

【作者简介】 林庆瑞，新加坡南洋理工大学拉惹勒南国际问题研究院研究分析员；李明江，新加坡南洋理工大学拉惹勒南国际问题研究院副教授兼中国项目主任。

中国的"21世纪海上丝绸之路"（以下简称"海上丝路"）倡议是"一带一路"倡议的一部分。"海上丝路"倡议设想了一系列由中国主导的基础设施投资，通过海上航道连接了中国与东南亚与印度洋地区。从表面

＊　本文系作者2015年11月27日向复旦大学"中国—东盟关系与海上丝绸之路建设"国际研讨会提交的英文论文，王思颖译，祁怀高校。

上看，似乎"一带一路"倡议，尤其是其中的"海上丝路"倡议将会受到南亚与东南亚国家的欢迎。这些国家位于连接欧亚大陆东西两端的主要航运线路之间，它们本应当乐意签署中国的新倡议，实际上形势更为复杂。大多数国家的确看重中国倡议将带来的经济增长，但它们仍然希望将这一倡议与其他如国家安全、国内政治及战略联盟等议题区别开来。

中国非常重视实施"海上丝路"倡议，已经建立起 400 亿美元基金为这一项目提供资金支持，充分显示了中国为这一规划提供"硬通货"的决心。中国宣称其"一带一路"规划将会提升"政策沟通、设施联通、贸易畅通、资金融通、民心相通"①，并在之后宣布将会建立一系列合作机制，包括签署合作备忘录、建设一批双边合作示范项目以及建立双边合作项目协调机制。中国提出通过多边合作机制引导"一带一路"，但规划中也包括诸多的双边内容。这一倡议能否成功在很大程度上取决于"海上丝路"沿线伙伴国家的回应，以及中国能否保障其合作安全。

本文回顾了南亚与东南亚国家对"海上丝路"倡议的回应，首先分析了影响这些国家态度的主要因素，将这些国家的反应分为三种类型：高度积极、积极而有所保留，以及态度中立或者说模棱两可。文中同时指出海上丝路倡议的成功与否取决于中国了解当地情况的水平，以及在行为上是否灵活变通。考虑到东亚经济体在成功拓展其海外经济影响力上已有众多先例，中国可以通过整合这些经验提出新的方案。

一 影响中国伙伴国家态度的因素

影响中国在南亚、东南亚伙伴国家对"海上丝路"倡议态度的因素主要有三个。第一，出于经济发展与投资的需要，尤其是解决困扰国内的基础设施建设瓶颈问题。2014 年，世界银行曾估计，要达到南亚的经济发展目标，需要在接下来的 10 年中为发展交通、电力、通信、环境卫生、供水和灌溉系统提供 2.5 万亿美元的资金。② 与此同时，东南亚也面临巨大的基础设施

---

① "Vision and Actions on Jointly Building Silk Road Economic Belt and 21st-Century Maritime Silk Road", National Development and Reform Commission, People's Republic of China, March 2015, http://en. ndrc. gov. cn/newsrelease/201503/t20150330_669367. html.

② "South Asia's $2.5 Trillion Infrastructure Gap", World Bank Website, April 2, 2014, http://www. worldbank. org/en/news/feature/2014/04/02/south-asia-trillion-infrastructure-gap.

缺口。高曼·萨克斯（Goldman Sachs）在 2013 年估计，到 2020 年这一地区将面临 5500 亿美元的资金需求。① 这些国家可以通过中国出资 500 亿美元的亚洲基础设施投资银行（"亚投行"）满足部分需要；同时，习近平宣布丝路基金提供的 400 亿美元将会用来"打破互联互通的瓶颈"。②

就国内而言，中国曾在基础设施建设上取得巨大成功，现在却面临着建设放缓的局面。为此，中国的钢铁工业已经处在过剩的压力之下，过剩率达到 30%。就这一点而言，中国过去在基础设施建设上的成就有着相对优势，可以将基础设施资本与专业技术低价出口到更有需要的国家。此外，在"海上丝路"沿线的一些国家也面临着可能影响未来经济增长的经济结构问题。在东南亚，印度尼西亚、泰国、菲律宾与越南是人均 GDP 超过 3000 美元的中等收入国家。然而，它们存在陷入"中等收入国家陷阱"，从而无法达到更高发展水平的风险。③ 又比如，2009～2013 年，巴基斯坦的基础设施瓶颈已造成增长放缓至年均 2.9%，接近其年均 2% 的人口增长率。④ 因此，我们推测这些国家为了推动经济发展，将会欢迎能够带来高水平贸易与投资合作的"海上丝路"倡议。

然而，追求经济发展并不是影响这些伙伴国家对"海上丝路"倡议态度的唯一因素。这些国家也必须处理国内政治斗争。特别是他们会将国家安全利益与国内问题考虑在内。通常这两个因素相互交织，国内安全利益常常引发一定程度的民族主义情绪。一些重要的基础设施，如交通、电信和发电系统被看作对国家安全至关重要的"战略工业"。这样的国内政治环境导致一些"海上丝路"沿线国家的领导人可能会因为与中国的高调交易而受到"卖国"的攻击。因此，这些国家是否响应"海上丝路"倡议，不仅仅取决于经济因素，不会单纯因为经济利益而充分利用"海上丝路"

---

① "ASEAN's half a trillion dollar infrastructure opportunity", *Asia Economic Analyst*, Issue No. 13/8, Goldman Sachs, May 30, 2013, accessed June 16, 2015 at http://www.btinvest.com.sg/system/assets/14801/ASEAN%20infras%20opportunity.pdf.

② Carstein, Paul and Blanchard, Ben "China to establish $40 billion Silk Road infrastructure fund", Reuters, November 8, 2014, http://www.reuters.com/article/2014/11/08/us-china-diplomacy-idUSKBN0IS0BQ20141108.

③ Wilson, William T., "Beating the Middle-Income Trap in Southeast Asia", Special Report Number 156 on Economy, Heritage Center, http://www.heritage.org/research/reports/2014/08/beating-the-middle-income-trap-in-southeast-asia.

④ "The Urdu rate of growth", The Economist Website, February 15, 2014, http://www.economist.com/news/asia/21596554-slowly-lights-may-be-coming-again-urdu-rate-growth.

提供的机遇。

一般而言，国内问题的重要性在不同国家对待外国投资态度的模式上都有所表现。泰国因对外国投资开放制造业而拥有良好声誉，尽管如此，其投资法也严格要求外国企业所有者"关注国家安全"，包括对"自然资源或环境有影响"的领域。① 国家政策的不稳定也会阻挡需要稳定投资环境的投资者。比如，菲律宾有一个"限制清单"，限制外资所有者进入如农业、武器和矿业等领域。② 与此同时，东南亚大国印度尼西亚则有强烈的资源民族主义倾向。在这一压力下，印尼尤多约诺政府实施了禁止出口锡、镍和铝土矿的法案。③这些国内因素也影响了伙伴国对中国新经济倡议的态度。

影响伙伴国家态度的第三个因素是地缘政治定位。在"海上丝路"沿线的国家在有意接受中国投资的同时，也会考虑相对于其他大国和地区力量所处的位置。接受中国的投资可能会被视为与中国结盟。出于地缘战略需要，这些国家可能通过与其他国家做交易的方式"对冲"中国的投资，或者完全拒绝这些投资，并寻求其他力量来制衡中国这一新兴大国。又或者这些国家可能决定一心一意地接受中国的经济影响，来追随它们所认为正在快速崛起的国家。

其中一个例子就是认为自己与中国太亲密，忽然改变政策的国家，比如缅甸。在 2010 年之前，缅甸受到西方制裁的重压，转而向中国寻求武器与投资。然而，这有悖于缅甸传统的中立政策。为此，缅甸在 2010 年开始了政治改革进程，并暂停了中国投资的伊洛瓦底江密松水电站工程。而像巴基斯坦这样的国家则乐意接受中国的投资来加强两国的关系。巴基斯坦认为印度是其最大威胁，巴希望通过与中国建立紧密关系来制衡它的地区对手。

这三个因素不是孤立的，很容易相互影响。由于会对地方民族主义情

---

① "An overview of the Thailand Foreign Business Act B. E. 2542", Norton Rose Fulbright, December 2012, http://www.nortonrosefulbright.com/knowledge/publications/73019/an-overview-of-the-thailand-foreign-business-act-be-2542.

② President of the Philippines, Executive Order No. 98, http://www.sec.gov.ph/download/Forms/foreign/6th% 20FINL% 20-% 20sep% 202013. pdf.

③ Evans-Pritchard, Ambrose, "Resource nationalism alive and well as Indonesia bans key metal exports", 13 January, 2014, http://www.telegraph.co.uk/finance/commodities/10569653/Resource-nationalism-alive-and-well-as-Indonesia-bans-key-metal-exports.html.

绪产生影响，一国的地缘政治定位可能会对国内形势造成连锁反应。与此同时，任何强化国内经济的行动都有可能影响本国的国内与地缘政治地位。前者是因为当地精英受益于经济强大，后者则是因为强有力的经济能够提升国家在国际体系中的地位。

二 "海上丝路"沿线国家：三种类型

位于"海上丝路"沿线的国家必然会对如何参与中国的新经济倡议进行一系列的考量。这些考虑将海上丝路沿线国家分为三个阵营。

这种分类不是一成不变的，变动的经济、国内以及地缘政治因素使得国家在不同阵营间摇摆不定。此外，这种将国家划分到一至二个阵营的分类方式也过于简化。因此阵营不能被严格划分，然而，在以上罗列的三个因素的范围内，以这种划分方式来分析这些国家的回应是一种有效的分析手段。

第一阵营：高度的热情。

"海上丝路"沿线的一些国家已经发表了全力支持中国倡议的声明。从这些公开声明以及中国已经启动的投资计划来看，这些国家主要包括东南亚的文莱、柬埔寨、老挝和泰国，以及南亚的孟加拉国、马尔代夫和巴基斯坦。

在东南亚，柬埔寨和老挝同中国的联系紧密，并从中国的投资中受益良多，令其成为海上丝路倡议的支持者。2014 年 5 月，柬埔寨总理洪森在与中国国家主席习近平会面时发表公开声明，表示支持"海上丝路"倡议。[①] 老挝没有海岸线，但规划中连接中国西南与曼谷的铁路将会经过老挝，这将使老挝在基础设施联通方面受益。考虑到泰国在连接东南亚海、陆地理位置上的优势地位，中国希望泰国成为"海上丝路"的支点。中国尤其看中与泰国的铁路联系，中国驻泰国大使将建立曼谷与老挝边境城市农康之间的高速铁路工程也纳入"海上丝路"总倡议当中。[②] 与此同时，文莱与中国广西正在建立"文莱—广西经济走廊"，计划在清真食品、生物

---

① Chansok Lak, "Maritime Silk Road: Rationales for Cambodia".
② Deboonme, Achara, "More investment from China likely: envoy 'Maritime Silk Road' will place thailand firmly at centre stage", *The Nation*, February 12, 2015.

创新产业方面进行合作，为文莱与中国大陆之间建立直接联系。文莱的工业与初级资源部部长叶海亚表示这一联系将会促进"海上丝路"倡议。2014 年泉州海上丝绸之路展览在文莱展出，展示了中国与东南亚之间的历史交流。①

同时，南亚的孟加拉国也热情地支持"海上丝路"倡议。孟加拉国总理哈西娜在 2014 年访华期间对"孟中印缅经济走廊"表示了支持，并表示孟加拉国将会积极地参加工程建设。中国与孟加拉国已经签署了大量有关基础设施与技术合作的订单。② 马尔代夫也已经对"海上丝路"倡议表示了支持。在中国国家主席习近平对马尔代夫进行国事访问期间，马尔代夫总统阿卜杜拉·亚明·加尧姆对其成为中国"海上丝路"倡议的伙伴表示"荣幸"。③ 值得一提的是，随着中国宣布投资 460 亿美元建设从中国的喀什到巴基斯坦的瓜达尔港的基础设施走廊计划，巴基斯坦从中国获得了大量的资金。④ 纳瓦兹·谢里夫积极地赞扬了"一带一路"倡议，将经济走廊计划称为倡议的"重要支点"。⑤

这些国家对中国"海上丝路"倡议的热情回应主要是出于经济需要、国内因素以及国际定位三个原因。在东南亚，柬埔寨已经接收了大量中国投资，可以被视作中国的地缘同盟。自然而然的，柬埔寨积极欢迎中国的倡议。考虑到中国在老挝巨大的经济影响，该国情况也类似。泰国出于地缘政治考量也乐意接受中国的倡议与投资。泰国的军事政变令其与西方关系遇冷，这意味着泰国军政府将中国视为投资与政治支持来源。泰国的国内因素也强化了其对"海上丝路"倡议的积极态度。泰国与中国长期保持友好关系，从 20 世纪七八十年代的安全合作开始，泰国认为，通过与中国

---

① "China's Quanzhou 'Maritime Silk Road' exhibition opens in Brunei", China National Tourism Administration Website, March 23, 2014, http://en. cnta. gov. cn/html/2015 – 4/2015 – 4 – 7 – 10 – 48 – 00841. html.

② "China, Bangladesh pledge to build economic corridor", *Xinhua*, June 10, 2014, http://www. china. org. cn/world/2014 – 06/10/content_32630626. htm.

③ "Maldives government expresses support for China's maritime silk road project", *Haveeeru*, 16 September, 2014.

④ "Xi launches $ 46-bn investment plan in Pakistan", *The Hindu*, April 20, 2015, http://www. thehindu. com/news/international/xi-launches-46bn-investment-plan-in-pakistan/article7123089. ece? ref = relatedNews.

⑤ "Vote of Thanks by H. E. Prime Minister Muhammad Nawaz Sharif for the address to the joint session of Parliament by Mr. Xi Jinping, President of the People's Republic of China", April 21, 2015, http://www. pmo. gov. pk/pm_speech_details. php? speech_id = 53.

保持良好关系，中国人愿意提供帮助和合作。与此同时，文莱希望改善依赖石油出口的经济，并且中国已经在文莱投资了恒逸综合炼油厂和葫芦岛钢管工厂项目。①

在南亚，孟加拉国需要大量的基础设施投资来维持经济增长。在早期，孟加拉国在许多方面复制了中国的发展模式，希望出口劳动密集型的、低工资的工业制成品。② 马尔代夫政府有理由支持海上丝路倡议。中国与马尔代夫的经济联系紧密，主要是由于中国游客进入马尔代夫。③ 此外，这个国家正经历着一场政治危机，前总统穆罕默德·纳希德（Mohamed Nasheed）因被指控实施恐怖主义被逮捕，此前他曾在首都马累的印度使馆避难。纳希德倾向于印度，而现任总统更愿意加强与中国的关系。与印度和美国不同，中国对马尔代夫国内事务采取不干涉原则，中国不会对马尔代夫国内政治事务进行评论。④ 这可能会令马尔代夫政府支持中国的投资。同时，巴基斯坦是中国在南亚坚定的盟友，尤其是因为巴基斯坦需要平衡巨大的邻国印度的影响。此外，正如之前所提到的，巴基斯坦的经济增长速度赶不上人口增长速度，因此，巴基斯坦希望经济走廊能够提振其经济并稳定国家的发展。⑤必须注意的是，经济走廊仍处在初级阶段，现在还不会涉及丝路基金。⑥ 然而，巴基斯坦政府仍对中国的倡议持积极态度。

这些国家对中国的"海上丝路"倡议的强烈支持，主要是出于它们的

① "21st Century Maritime Silk Road matches very well with Brunei's economic diversification drive", *Xinhua*, May 23, 2015, http://news. xinhuanet. com/english/2015 – 05/23/c_134263515. htm.

② Allchin, Joseph, "China Steals March on Rivals to Invest in Bangladesh", Beyondbrics blog, FT. com, June 12, 2014, http://blogs. ft. com/beyond-brics/2014/06/12/china-steals-march-on-rivals-to-invest-in-bangladesh/.

③ "Chinese tourists to Maldives grows 20. 2% in first half of 2014", *Xinhua*, July 22, 2014, http://news. xinhuanet. com/english/china/2014 – 07/22/c_133503015. htm.

④ Baruah, Darshana M., "Modi's Trip and China's Islands: The Battle for the Indian Ocean", *The Diplomat*, March 11, 2015, http://thediplomat. com/2015/03/modis-trip-and-chinas-islands-the-battle-for-the-indian-ocean/.

⑤ Shahbaz, Rana, "China-Pakistan Economic Corridor: Lines of development-not lines of divide", *The Express Tribune*, May 17, 2015, http://tribune. com. pk/story/887949/china-pakistan-economic-corridor-lines-of-development-not-lines-of-divide/.

⑥ Ng, Teddy, "US $46 billion Pakistan-China Corridor will not use Asian bank funds", April 17, 2015, http://www. scmp. com/news/china/diplomacy-defence/article/1768131/infrastructure-deals-chinese-presidents-agenda-pakistan.

经济考虑以及来自地缘政治与国内问题的压力。这三个因素在这些国家内以不同比例组合，导致它们对海上丝路的提案采取一种相对开放的态度。此外，南亚的一些小国提防印度对其国内事务的干预，它们对中国提案的热情可以被看作对庞大邻居的一种制衡。

第二阵营：谨慎的热情。

与第一阵营的国家全心全意支持"海上丝路"倡议相比，第二阵营国家也对"海上丝路"倡议表现出热情，但有所保留。东南亚国家中的印度尼西亚、马来西亚、新加坡与越南对这一倡议新持有这种谨慎的热情态度。

印度尼西亚是东南亚大国，自然而然成为"海上丝路"倡议的候选者。总统佐科有雄心将印度尼西亚建成"海上轴心"，包括发展强大的海军与发展海洋经济，尤其是在渔业、石油和天然气方面。[1] 中国有兴趣与印尼合作发展海上丝绸之路，建设 21 世纪海上丝绸之路的倡议正是习近平2013 年在雅加达的印尼议会演讲中宣布的。[2] 也有报道说，中国和印尼官员已经在幕后讨论如何整合这些理念。然而，佐科关于这一概念的声明是慎重的。2015 年 5 月，他说，如果这一计划将为印度尼西亚带来发展，那么他会支持，但迄今为止他对海上丝路倡议的细节知之甚少。[3] 马来西亚对倡议表示热情，但仍保持谨慎的态度。中国与马来西亚已经计划建立钦州与关丹之间的姐妹港伙伴关系，类似的还有姐妹工业园区，并将其纳入海上丝路。[4] 尽管有非常具体的进展，马来西亚国防部部长希沙姆丁·侯赛因仍要求中国"宣布"倡议背后的"意图"，认为倡议不应当被看作"中国的项目"获得通过。[5] 尽管总理纳吉布·拉扎克表达了马来西亚对项目的支持，但他也表示东盟希望"与中国在实施上进行更多讨论"。[6]

---

[1] Budi Kurniawan Supangat and Dimas Muhamad, "Defining Jokowi's vision of a maritime axis", October 21, 2014, http://www. thejakartapost. com/news/2014/10/21/defining-jokowi-s-vision-a-maritime-axis. html.

[2] Hussain, Zakir, "Indonesia 'Key in China's Vision of Maritime Silk Road: Xi's Goals Compatible with Jokowi's Maritime Axis Idea: Chinese Minister", *Straits Times*.

[3] Zuraidah Ibrahim, "Widodo will use visit to boost China ties", *South China Morning Post*, March 25, 2015.

[4] "China, Malaysia join hands in port partnership", *Xinhua*, September 15, 2014.

[5] "Malaysia minister urges China to declare intent behind maritime silk route", *The Star*, 20 March, 2015.

[6] Melissa Darlyne Chow; Zafira Anwar, "Nations on the Same Page", *New Straits Times*, April 29, 2015.

与此同时，新加坡作为一个依赖贸易的小国也表示欢迎海上丝绸之路倡议，新加坡总理李显龙指出，新加坡可以利用作为物流、交通和海上枢纽的定位来提升海上丝路带来的经济影响。① 新加坡的公司对作为"海上丝路"起点的广西也表现出了投资兴趣。② 然而，中国仍旧没有为新加坡规划设计的大型项目。令人意外的是，尽管越南与中国在南海有争端，这个国家却比预想中更能接纳中国的"海上丝路"倡议。越南共产党中央总书记阮富仲于 2015 年 4 月在北京会见习近平，他们承诺，尽管存在领土争端但仍将保持经济合作。在会面中，阮富仲表示越南"正在考虑"这一新提议，并没有承诺对其全心全意。然而，中国和越南同意设立工作组领导金融和基础设施议题合作，体现了双方一定程度上的务实合作。③

这三个国家对"海上丝路"项目谨慎而热情的原因各不相同，但都包含经济因素、国内政治以及地缘定位因素。一般来说，印度尼西亚对中国的态度是警惕的，但印尼的对华公共舆论却因为印尼从两国关系中获得了经济、军事的双边利益而有所缓和。印尼拥有"独立积极"的外交政策原则，倾向于通过东盟和多边机制运作。因此，虽然印尼欢迎中国崛起成为一个全球性经济力量，但仍然担心中国太占主导，宁愿东盟在地区倡议中掌握"驾驶座"。④ 此外，正如前文提到的，印尼的国内政治中存在强烈的资源民族主义倾向，可能会使中国在自然资源领域的投资脱轨。与此同时，由于倡议与其"海洋轴心"概念有所重叠，印度尼西亚也并不反对这一想法。印尼的经济在自然资源发展热潮之后停滞，这意味着由中国投资带来的任何增长都会受到欢迎。考虑到这些国内与地缘政治限制，那么印尼选择谨慎而又热情的态度就不足为奇了。

马来西亚与中国在传统上有非常密切的联系，任何投资带来的经济增

---

① Khoo, Lynette, "Singapore can leverage a revived Silk Road", *Business Times Singapore*, November 11, 2015, http://www.businesstimes.com.sg/government-economy/singapore-can-leverage-a-revived-silk-road.

② "Guangxi offers'lots of advantages as springboard to rest of China", the Straits Times, September 16, 2014

③ Tetsuya Abe and Atsushi Tomiyama, "China, Vietnam to cooperate on new trade corridor", *Nikkei Asian Review*, April 8, 2015, http://asia.nikkei.com/Politics-Economy/International-Relations/China-Vietnam-to-cooperate-on-new-trade-corridor.

④ Anwar, Dewi Fortuna, "The Impact of Domestic and Asian Regional Changes on Indonesian Foreign Policy", *Southeast Asian Affairs*, 139.

长都会对马来西亚的经济做出巨大的贡献。同时，马来西亚也寻求投资来源的多样化，以避免经济福祉完全依赖于一个国家。郭清水（Kuik Cheng-Chwee）认为马来西亚的外交政策必须考虑到国内精英的利益，这将令马来西亚拥有同所有国家"对冲"和保持等距关系的能力。马来西亚将在采取措施以确保不会对某个国家过度依赖的条件下发展与中国的密切联系。有鉴于此，马来西亚对"海上丝路"倡议表示谨慎并不奇怪，因为马需要在做出全心全意的承诺之前正确评估该倡议的性质。新加坡也寻求在东南亚地区平衡中国和美国的力量影响。新外交政策主要基于其脆弱性与生存需要，并转化为维持地区均势的信念。这促使这个城市国家不顾在所有方面与中国日益紧密的双边接触而对冲中国。请牢记这一点，新加坡可能会采纳"海上丝路"倡议中将有利于其经济和地缘政治地位的方面，但在这一过程中将确保不会变得过度依赖中国的经济。

因此，站在这一阵营的国家非常了解接受"海上丝路"倡议将会带来的好处。然而，这些国家希望在其全心全意接受这一项目之前能够听取更多细节。出于各种原因，印度尼西亚和越南对中国意图的怀疑挥之不去，进一步加重了它们对"海上丝路"倡议的谨慎态度。

第三阵营：审慎。

第三组国家并没有热情地接受海上丝绸之路倡议。它们对中国倡议的态度可以说是公开中立。这类国家包括东南亚的缅甸和菲律宾，南亚的印度和斯里兰卡。它们都对海上丝路所体现的地缘政治意味表示关切，其国内问题也令这些国家未能全心全意地支持这一理念。缅甸与菲律宾对海上丝路倡议的态度比其他东南亚邻国更不明确。的确，缅甸的政府官员已经公开发表了对海上丝路倡议的支持。缅甸新闻部部长兼总统发言人耶塔称"总统吴登盛已经对中国建立海上丝绸之路的倡议表示全力支持"。① 中国驻曼德勒总领事也表示中国与缅甸的所有发展项目都包括在"一带一路"倡议中。② 然而，迄今为止仍没有实际的计划将声明变为现实。缅甸对海上丝绸之路倡议的态度也必须考虑到公众对其北方邻居的普遍不满，这曾导致密松水

---

① "Myanmar official says China's diplomacy contributing to regional growth", *Xinhua*, November 10, 2014.

② Yang, Mark, "Reviving the Silk Road: How China's plan to revive ancient trading routes will redraw the world map", Mizzima. com, May 5, 2015, http://mizzima. com/news-opinion/reviving-silk-road.

电站项目停工。缅甸政府拒绝了价值 20 亿美元的从云南延伸到皎漂镇的高速公路项目，从云南到孟加拉湾的铁路项目也遭遇搁浅。① 与此同时，菲律宾官员未对"海上丝路"倡议做出任何支持声明。海上丝绸之路发布的路线图不包括菲律宾，菲律宾对此抱怨道感觉被这一规划"遗忘"了。② 这暗示菲律宾相信中国故意将其排除在其强大的经济收益之外，尽管中国对此表示否认。

南亚大国印度对"海上丝路"倡议的回应非常克制，尤其是考虑到中国在其周边国家的活动。早在 2014 年 2 月，中国已经正式邀请印度加入这一倡议，但印度的回应显得"不冷不热"，没有立即接受提议。在印度副总统哈米德·安萨里访华期间，印度代表团表示已经为"完全研究这一提议"询问了更多细节。③ 然而，印度仍未采取任何行动加入项目。此外，印度还启动了自己的地区倡议"季风计划"，计划复兴印度与"印度世界"的海洋与文化联系，这一计划被看作对中国"海上丝路"项目的回应。④ 尽管中国对对接海上丝路与"季风计划"表示了兴趣，但至本文写作之时并没有规划启动。此外，莫迪对临近地区的一些外交政策被解读为试图对抗中国的影响力。莫迪访问了斯里兰卡和马尔代夫，中国正在努力提升在这两个国家的经济存在，因此他的访问被看作试图与中国在南亚日益增长的经济影响竞争。⑤

同时，在过去的几年中斯里兰卡与中国的关系也经历了巨大的转变，并影响了它对"海上丝路"倡议的支持。斯里兰卡前总统马欣达·拉贾帕

---

① "China's $2 billion loan for road project refused by Burma", Ramree. com, March 1, 2014, http://www. ramree. com/2014/03/01/chinas-2-billion-loan-road-project-refused-by-burma/? utm _ source = hootsuite&utm _ medium = social&utm _ campaign = general; Paluch, Gabrielle, "China-Backed Railway Expansion Stalls In Myanmar", *VOA News*, August 2, 2014, http://www. voacambodia. com/content/ china-backed-railway-expansion-stalls-in-myanmar/1969911. html.

② Chan, Irene, "The politics of China's Maritime Silk Road routes", *RSIS Commentaries*, March 12, 2015.

③ Singh, 134 – 135.

④ Parashar, Sachin, "Narendra Modi's 'Mausam' maneuver to check China's maritime might", *Times of India*, September 16, 2014, http://timesofindia. indiatimes. com/india/Narendra-Modis-Mausam-manoeuvre-to-check-Chinas-maritime-might/articleshow/42562085. cms.

⑤ Miglani, Sanjeev, "PM Modi to ramp up help for Indian Ocean nations to counter China influence", *Reuters*, March 5, 2015, http://in. reuters. com/article/2015/03/05/india-modi-islands-idINKBN0M10AP20150305.

克萨极其乐意接受中国投资，投资促进部部长拉克什曼·阿贝瓦德纳宣称"海上丝路"倡议将有助于实现"马欣达愿景"。然而，当拉贾帕克萨在 2015 年选举中失利后，新总统迈特里帕拉·西里塞纳以调查项目是否严格符合斯里兰卡的规定为由，暂停了国内的所有外国投资。其中就包括由中国交通建设公司承建、价值 15 亿美元的科伦坡港口城项目。[①] 但必须指出，西里塞纳并没有完全切断与中国的联系，他于 2015 年 5 月访问了北京，并与习近平会面。在会见中，他向习近平表示，"港口城的问题是暂时的，问题不在中方。待问题解决后项目将会继续"。[②] 至本文写作之时，中国在斯里兰卡的投资最终将呈现何种状态仍有待观察。

印度对"海上丝路"倡议的公开的矛盾态度根植于其国内政治和地缘政治的考虑，这两个因素相互交织。从国内来看，中国经常被视为在 1962 年与印度进行过一场短暂而激烈的边境战的地缘政治对手。根据皮尤研究中心的调查，只有 31% 的印度民众对中国持正面态度。[③] 此外，印度一直以来存在对其外围包围圈的恐惧，印度学者对中国的"珍珠链"战略怀有疑虑，认为中国通过这一战略扩大其在印度周边重要海军基地的影响。[④] 印度也对中国与其最大对手巴基斯坦之间的密切联系表示怀疑，并警惕中国在其视为领土的巴控克什米尔地区的投资。尽管中国表示在克什米尔地区的投资行为只针对提高当地人的生活水平，并不针对任何第三方。[⑤]

斯里兰卡已经改变了对中国投资的根本立场，很大程度上是因为新总统不愿过度依赖作为单一投资来源的中国。斯里兰卡正在寻求外交政策上

---

① Chen Qin, Huang Shan, "Sri Lanka Tells China It Will Rethink Ties-and a Major Port Project", Caixin Online, March 10, 2015, http://english. caixin. com/2015 – 03 – 10/100789883. html.

② Balachandran, P. K., "Sirisena and Xi Clear Decks for Continuance of Mega Chinese Projects", *The New Indian Express*, March 26, 2015, http://www. newindianexpress. com/world/Sirisena-and-Xi-Clear-Decks-for-Continuance-of-Mega-Chinese-Projects/2015/03/26/article2731516. ece.

③ "Global Opposition to U. S. Surveillance and Drones, but Limited Harm to America's Image: Many in Asia Worry about Conflict with China", Pew Research Center, July 14, 2015, http://www. pewglobal. org/2014/07/14/chapter-4-how-asians-view-each-other/.

④ Cmde. Ranjit B. Rai, "China's String of Pearls vs India's Iron Curtain", Indian Defence Review, Vol. 24 – 4, October-December 2009, http://www. indiandefencereview. com/news/chinas-string-of-pearls-vs-indias-iron-curtain.

⑤ "Personnel in Pakistan Occupied Kashmir involved in livelihood issues: China", *The Economic Times*, July 19, 2014, http://articles. economictimes. indiatimes. com/2014 – 07 – 29/news/52186871_1_chinese-activities-pok-gwadar-port.

的平衡策略，西里塞纳总统因此选择新德里而非北京作为首访的目的地。①
此外，也有传言称印度在帮助驱逐拉贾帕克萨上扮演了重要角色，因拉贾
帕克萨与印度关系糟糕。这表示西里塞纳与中国疏远会导致地缘政治轴心
重回印度。② 然而，必须注意到西里塞纳并不想完全损坏中国在斯里兰卡
的投资，他到访北京也被视为试图"修补"因取消港口项目而动荡的对华
关系。尽管如此，斯里兰卡是国内政治与地缘政治共同影响对"海上丝
路"倡议态度的一个例证。

在南亚，缅甸对"海上丝路"倡议的态度再次印证了地缘政治与国内
政治的融合，尽管经济学原理鼓励合作。缅甸近期与中国的紧张关系主要
是受到国内强烈的民族主义情感以及缅甸传统的在所有外国势力之间获得
平衡的外交政策的影响。菲律宾的政策也受到其他因素而非仅基于经济原
因。南中国海争端已经令菲律宾对中国的战略意图产生高度怀疑，影响了
该国对"海上丝路"倡议的态度。

这些国家对"海上丝路"倡议态度矛盾主要由于国内政治压力与地缘
政治议题的综合考虑。考虑到印度希望凭借自身能力成为大国的愿景，它
担心中国经济影响力在周边国家的扩张，并一直努力让斯里兰卡与印度站
在一起而不是与中国。斯里兰卡的例子，以及孟加拉国、马尔代夫和巴基
斯坦的动态，证明作为南亚地区大国的印度能够为小国对海上丝绸之路倡
议的态度定调。与此同时，缅甸和菲律宾都有它们对"海上丝路"倡议表
态的理由，前者是因其混乱的国内政治和强烈的民族主义情绪，而后者则
出于南海争端的战略互疑。

三　中国"海上丝路"倡议的伙伴关系前景

在"海上丝路"规划中的沿线国家主要是中、小国，它们主要关注本
国在国际体系中的生存。其中的一些国家选择通过寻找其他联盟的方式制
衡中国，比如美国或者印度。一些国家选择追随中国，以便从中国经济的
崛起中获取最多的政治经济利益。一些国家则选择"对冲"。它们希望在

---

① "Sri Lanka seeks improved relations with China", *Al Jazeera*, March 26, 2015.

② Chaulia, Sreeram, "Sri Lankan president's India visit: Why Sirisena & PM Modi must look to deepen bilateral ties", The Economic Times, Feburary 15, 2015, http://articles. economictimes. indiatimes. com/2015 - 02 - 15/news/59166637_1_maithripala-sirisena-indian-ocean-mahinda-rajapaksa.

主权和与其他国家关系不受影响的条件下从对华关系中获得最大的经济和地缘政治利益。与此同时，它们也积极发展与其他国家的关系以免过度依赖一个国家。不过，在海上丝路语境下，这些选择制衡、追随或者"对冲"的各个国家都应在经济、国内与地缘战略的角度被解读。

与中国建立更紧密合作的经济考虑是覆盖这一地区的绝大多数国家的一个常量。因此，问题在于中国如何绕过所有不同伙伴国家复杂的国内政治、民族主义与地缘政治动机，利用这一"推动"因素来促使"海上丝路"倡议达到更高的合作水平。令这进一步复杂化的问题是上述三个因素都不是常量，这意味着这些国家对"海上丝路"倡议的态度是不断变化的。正如密松水电站项目的搁浅，斯里兰卡在港口城项目上的巨大转变，就是难以预测当地政治对主要方案影响的案例。

中国若要成功发挥"海上丝路"倡议的最大潜力，需要一个考虑到所有这些因素的复杂的战略。因此，当实施这些外交项目和建立与利益相关者的关系时，为使其项目经受住任何国内动荡或地缘政治变化，中国需要证明其外交政策高度的灵活性和产业政策的适应性。为了降低在这类投资中的固有风险，中国可能会选择规模更大的地区倡议，尤其是由东盟主导的倡议。东盟已经启动了"东盟互联互通总体规划"，旨在连通所谓的实体（硬件基础设施）、机构（机构与机制）以及民间（授权个人）三个层面的东盟国家。[①] 中国承担和资助大型项目的海上丝路基金的实力可能会派上用场。然而，中国将不得不面对东盟缓慢的进程以及来自"矛盾"分类的一些国家的怀疑。

此外，中国可能会选择考察其他东亚国家的经验，比如日本、新加坡和韩国都有在基础设施或其他领域的主要海外投资。如日本的公司在泰国和马来西亚有大量工厂，并寻求在印度、印度尼西亚和缅甸的扩展。它们在泰国的投资是既定的，并建立起泰国汽车产业的支柱。新加坡的公司，如吉宝集团与胜科工业都在南亚和中东扩展了国外市场。亚洲产业的跨境发展已有许多先例，中国的任务是整合这一任务和更广泛的经济、外交政策目标，并牢记其他国家类似行为中的教训。

---

① "Master Plan on ASEAN Connectivity", *ASEAN Secretariat*, January 2011.

Regional Responses to the Maritime Silk Road Initiative: The Imperatives of Economics, Domestic Concerns and Geopolitical Calculations

Kheng Swe Lim and Mingjiang Li

Abstract   The 21st Century Maritime Silk Road initiative (MSR) has attracted a lot of attention from foreign governments and research communities. China has exhibited a tremendous amount of enthusiasm for the implementation of the initiative. While Beijing is prepared to provide abundant resources for the initiative, regional countries' attitudes and responses are equally important for the success or failure of the initiative. This paper identifies three major factors that will help influence the reactions of regional states in Southeast Asia and South Asia to China's initiative, including the perceived economic benefits from participation in the plan, domestic politics of these states, and the geopolitical calculations of these regional countries. Different countries give different weight to these three factors. As a result, countries in the two regions display different reactions to the MSR. Some are very positive. Some countries are positive but harbors certain reservations. And other countries are passive, if not against, the MSR initiative. It would be wise for Beijing to fully understand the complexities of regional states' views of the initiative and adopt flexbile policies in order to ensure a fairly smooth implementation of the MSR initiative.

Key Words   Maritime Silk Road Initiative; South Asia-China Relations; Southeast Asia-China Relations; Infrastructure in Asia

Author   Kheng Swe Lim is research analyst at the S. Rajaratnam School of International Studies, Nanyang Technological University; Mingjiang Li is associate professor at the S. Rajaratnam School of International Studies, Nanyang Technological University.

"一带一路"上的政治风险

——缅甸密松水电站项目和斯里兰卡科伦坡港口城项目的比较研究

江天骄

【内容提要】 随着"一带一路"战略的不断推进，越来越多的中国企业正在走向经济欠发达、政治和社会动荡的国家和地区。尽管"一带一路"战略背后的大国博弈、小国平衡外交以及民主化转型等因素都使中国企业所面临的商业环境日益复杂，但通过缅甸密松水电站项目和斯里兰卡科伦坡港口城项目的比较研究，不难发现，中资企业在东道国投资项目时的利益分配不均是企业承担政治风险的主要原因。相关企业应当落实互利共赢的发展理念，推行分散风险、利益均沾的投资模式，尽快建立自主风险评估和预警机制。

【关键词】 "一带一路" 政治风险 缅甸 斯里兰卡

【作者简介】 江天骄，复旦大学国际关系与公共事务学院博士生，复旦大学发展研究院金砖国家与新兴经济体研究中心科研助理。

"一带一路"战略的顺利推进离不开中国企业"走出去"，而企业"走出去"能否顺利、有利及盈利需要母国的战略支持、企业自身的战略明晰及东道国的经济政治稳定。[①] 中国社会科学院发布的《中国周边安全

---

① 《"一带一路"对外投资需要规避政治风险》，人民网，2015年5月15日，http://world. people. com. cn/n/2015/0116/c1002 - 26398958. html。

形势评估（2015）："一带一路"与周边战略》报告认为，"一带一路"沿线许多国家都面临不稳定的国内政治因素，包括民主政治转型、民族与宗教冲突、非传统安全问题以及腐败、法律和市场机制不完善等治理问题，使得中国企业"走出去"面临较大的政治风险。因此，对"一带一路"沿线的东道国进行全面而深入的政治风险分析与评估已经成为当前制定相关国家政策和企业战略的迫切需求。

围绕着"一带一路"上的政治风险问题，本文将通过以下三个部分具体展开分析：首先，本文将对政治风险的相关理论探讨进行回顾和梳理；然后，本文将由点到面，通过对中国在缅甸和斯里兰卡这两个沿线国家的投资案例分析，比较其成功和失败背后的原因；最后，本文将对"一带一路"战略推进过程中如何防范政治风险提供对策建议。

一　关于政治风险的理论研究

20 世纪 50 年代末，由于美国的大量海外资产被东道国国有化，使得美国学者开始对海外投资的政治风险进行研究。[1] 到了 70 年代，罗博克（Stefan H. Robock）率先提出政治风险具有难以预料的不连续性，而这些不连续性与政治变化密切相关。[2] 鲁特（Franklin R. Root）进一步指出，政治风险是发生在国内或国外的能够导致国际商业运作受损的政治事件，包括战争、革命、政变、没收、征税、交易或进口限制等。[3] 柯布林（Stephen J. Kobrin）则认为政治风险包含两个方面，即东道国的经济政策干预行为和东道国强加给企业的政治事件。[4] 80 年代后，杰弗里（Simon Jeffrey）开始聚焦东道国的外部风险，并指出，"政府的或社会的行动与政策，起源于东道国内部或外部，负面影响一个选定的团体或大多数外国商业运

---

① 国外理论部分已有学者进行了系统性的梳理，本文根据相关材料进行了一些修改。参见黄河《中国企业跨国经营的政治风险》，《国际展望》2014 年第 3 期，第 68～87 页。

② Stefan H. Robock, "Political Risk Identification and Assessment," *Columbia Journal of World Business*, Vol. 6, No. 4, 1971, p. 7.

③ Franklin R. Root, "U. S. Business Abroad and Political Risks," *MSU Business Topics*, winter 1968, pp. 73–80.

④ Stephen J. Kobrin, "When Does Political Instability Result in Increased Investment Risk?" *Columbia Journal of World Business*, Vol. 13, No. 2, 1978, pp. 113–122.

作与投资"。① 菲茨帕特里克（Mark Fitzpatrick）将政治风险归纳为三类，即政治风险产生于政府和国家主权的行为；政治事件对特定行业或特定企业产生影响；政治风险因环境的不确定性而产生。② 肯尼迪（C. R. Kennedy, Jr.）认为政治风险涉及影响企业盈利的宏观经济社会政策（财政、货币、贸易、投资、产业、收入、劳工及发展）等法律和政府的非市场因素与政治不稳定性（恐怖主义、暴乱、政变、内战和起义等）引起的超法律（Extra Legal）风险。③ 丁（Wenlee Ting）则认为，政治风险是由于东道国的政治、经济政策的不稳定性而影响企业既定经营结果的非市场不确定性或变化。④ 最后，兰斯克（R. Lensik）也给出了类似的观点。⑤

中国学者杨德新在 1996 年提出，政治风险是由政治力量作用使然，令企业经营环境不可持续，并导致企业的利润或其他目标受损。⑥ 张贵洪认为，政治风险是指由于东道国与母国（甚至第三国）政治、经济等关系发生变化、东道国政治和社会的不稳定性以及政策变化而影响跨国公司的经营活动。⑦ 聂名华将政治风险分为局部性战争风险和政治暴力风险；政治势力区别性干预风险；涉外投资政策变动和法规调整风险；恐怖主义和民族主义风险；资本转移和财产剥夺性风险。⑧ 史建军则将政治风险分为总体政局风险、所有权及控制风险、经营风险、转移风险、第三国干预风险。⑨ 还有学者指出，政治风险应按照风险来源分为母国因素、东道国因素与区域因素三类。⑩

① Simon Jeffrey, "Political Risk Assessment: Past Trends and Future Prospects," *Columbia Journal of World Business*, Vol. 17, No. 2, 1982, pp. 62 – 71.

② Mark Fitzpatrick, "The Definition and Assessment of Political Risk in International Business: A Review of the Literature," *Academy of Management Review*, Vol. 8, No. 2, 1983, pp. 249 – 254.

③ C. R. Kennedy, Jr., "Political Risk Management: A Portfolio Planning Model," *Business Horizons*, Vol. 31, No. 6, 1988, pp. 27 – 33.

④ Wenlee Ting, "Multinational Risk Assessment and Management: Strategies for Investment and Marketing Decisions," *The International Executive*, Vol. 20, No. 2, 1988, pp. 31 – 33.

⑤ R. Lensink, "Capital Flight and Political Risk," *Journal of international Money and Finance*, Vol. 19, No. 1, 1999, pp. 73 – 92.

⑥ 杨德新：《论当今海外投资政治风险》，《中南财经大学学报》1996 年第 6 期。

⑦ 张贵洪、蒋晓燕：《跨国公司面对的政治风险》，《国际观察》2002 年第 3 期，第 32 页。

⑧ 聂名华：《中国企业对外直接投资的政治风险及规避策略》，《国际贸易》2011 年第 7 期。

⑨ 史建军：《我国企业海外投资的政治风险及规避》，《产业与科技论坛》2008 年第 5 期，第 33～35 页。

⑩ 杨国亮：《对外投资合作中的政治风险：现有研究的综述及其扩展》，《经济管理》2012 年第 10 期。

随着经济全球化的进一步加深，世界各国的不断发展，使得过去以革命、大规模内战、政变、没收、征用、国有化和冻结等为代表的传统政治风险逐步减少。而以东道国政策的变化、资源保护、经济和政治报复、文化差异、第三国干预、民族主义和宗教矛盾、各国内部利益集团和非政府组织的政治参与等政治风险日益成为主流。[①] 为了避免定义过分宽泛，同时结合案例研究的具体情况，本文所研究的政治风险排除了传统的政治风险类型，主要聚焦跨国企业与东道国国内政治因素的互动给企业带来的风险。尽管影响东道国国内政治进程的因素往往多元、复杂且相互影响（至少包括民主化、民族和宗教冲突、联邦与地方矛盾等），为了能够进一步明确解释中国在一带一路沿线投资所面临的政治风险问题，本文提出假设，在对"一带一路"沿线中小国家进行投资时，投资项目在东道国的利益分配不均是给中国企业投资带来重大政治风险的根本原因。而东道国与中国的双边关系、大国博弈、东道国平衡外交、民主化转型等因素往往只起到刺激性作用，并不直接决定中国投资项目的成败。本文将通过对中国在缅甸和斯里兰卡投资项目的比较分析来论证上述观点。

二　密松水电站项目和科伦坡港口城
项目的比较研究

缅甸和斯里兰卡都是中国"一带一路"战略中极其重要的合作对象。之所以选择这两个国家进行比较分析主要是从两个方面进行考虑。一方面，斯里兰卡和缅甸都是小国，经济发展程度不高，但地缘政治优势极其明显。斯里兰卡和缅甸都是历史上对华关系友好、双边交往密切的国家，但两国也都面临着严峻的国内政治形势，包括长期以来的民族冲突与战争，国内治理和腐败问题，中央与地方分权等问题。另一方面，中国企业在两国的重大投资项目遭遇到了截然不同的结局。斯里兰卡的科伦坡港口城项目从被"叫停"到逐渐重启，成为中国在"一带一路"沿线投资中几乎反败为胜的案例；而缅甸密松水电站项目，数年来几经周折却仍复工无望，其所带来的巨大损失也成为中国投资缅甸之殇。本文将通过两个案例的对比分析，找到给中国企业投资带来政治风险的主要原因。

---

① 钞鹏：《对外投资的政治风险研究综述》，《经济问题探索》2012 年第 11 期，第 167 页。

　　首先，从案例的相似性上来看，缅甸和斯里兰卡都奉行独立和不结盟的外交政策，在历史上与中国保持着积极良好的双边关系。中缅两国是山水相连的友好邻邦，自古以来就以"胞波"相称。中缅共同倡导了和平共处五项原则，并通过友好协商圆满解决了历史遗留的边界问题。1990 年缅甸军政府受到西方国家经济制裁，继而着力于发展对华关系。2011 年缅甸新政府成立，缅甸总统吴登盛访华，中缅确立全面战略合作伙伴关系。2014 年，中缅贸易额达到 249.7 亿美元。截至 2013 年末，中国对缅甸直接投资存量 35.70 亿美元。[①] 斯里兰卡的对华态度也一直十分友好。1952 年，斯在两国未建交的情况下，不顾西方国家对中国的封锁，同中国签订《米胶贸易协定》。两国正式建交后，长期保持高层交往。2013 年，斯总统拉贾帕克萨来华国事访问，中斯建立全面战略合作伙伴关系。[②] 2014 年，中斯双边货物贸易额为 36.2 亿美元。截至 2013 年底，中国在斯里兰卡直接投资累计金额 2.93 亿美元。[③] 总体上，缅甸和斯里兰卡都同中国有着长期的友好关系、深厚的政治互信以及切实的经贸利益。然而，从中国企业投资科伦坡港口城和密松水电站的结果可以发现，这些积极的历史条件并不能避免政治风险的发生。

　　其次，尽管国内许多学者认为第三国干预或大国博弈[④]以及小国的平

[①]　《中国同缅甸的关系》，中华人民共和国外交部网站，http://www.fmprc.gov.cn/mfa_chn/gjhdq_603914/gj_603916/yz_603918/1206_604498/sbgx_604502/。

[②]　《中国同斯里兰卡的关系》，中华人民共和国外交部网站，http://www.fmprc.cn/mfa_chn/gjhdq_603914/gj_603916/yz_603918/1206_604594/sbgx_604598/。

[③]　数据整理来源于中华人民共和国商务部网站，http://www.mofcom.gov.cn/；斯里兰卡统计局网站，http://www.statistics.gov.lk/。

[④]　除了中国之外，世界主要大国都提出过相应的"丝绸之路"战略计划。美国由时任国务卿希拉里提出"大中亚"思想和"新丝绸之路"构想，主张建设一个连接南亚、中亚和西亚的交通运输与经济发展网络；欧盟在 2009 年提出"新丝绸之路计划"，通过修建"纳布卡天然气管线"，保证自身能源供应并加强对中亚的影响；俄罗斯在 2002 年与印度、伊朗共同发起"北南走廊计划"，提出修建从印度经伊朗、高加索、俄罗斯直达欧洲的国际运输通道，以保持其传统区域影响力。近年来，俄罗斯又提出整合中亚地区的倡议，即"欧亚联盟"的设想，加速推进独联体经济一体化的进程。日本早在 1997 年的桥本龙太郎内阁期间就提出"欧亚大陆外交战略"，2004 年提出建立"中亚＋日本"对话机制，2006 年提出建立"自由与繁荣之弧"，2013 年安倍内阁提出东京—伊斯坦布尔—伦敦的新欧亚丝绸之路战略；印度、伊朗和阿富汗则共同推进南亚"南方丝绸之路"建设行动，试图打通"海上丝绸之路"和"陆上丝绸之路"。参见刘海泉《"一带一路"战略的安全挑战与中国的选择》，《太平洋学报》2015 年第 2 期，第 72～79 页。

衡外交①是产生政治风险的主要原因，对密松水电站以及科伦坡港项目的比较研究并不支持上述观点。斯里兰卡和缅甸的地缘政治意义确实使其在中国的"一带一路"战略中扮演着"支点"的作用。② 缅甸是陆地上连接东南亚与南亚、中东的必然通道，也是通往印度洋的重要通道。③ 斯里兰卡位于印度洋，靠近欧亚国际货运主航线，在转运、中转和补给等方面具有天然的优势，④ 长期以来被印度视为自家的"后院"。⑤ 随着中国的影响力在印度洋不断提升，印度更加担心中国谋求所谓的"珍珠链战略"⑥，并发起了印度版的"海上丝绸之路计划"。⑦ 而近几年，美国、日本以及印度也开始不断拉拢缅甸，削弱中国的影响力。⑧ 许多学者指出，密松水电站

① 蒲奕江：《印斯关系中的中国因素》，《东南亚南亚研究》2011 年第 1 期，第 32 ~ 36 页；杨晓萍：《斯里兰卡对华、对印关系中的"动态平衡"》，《南亚研究季刊》2013 年第 2 期，第 93 ~ 99 页；韦健锋：《中国与印度在缅甸的地缘利益碰撞》，《亚非纵横》2014 年第 2 期，第 60 ~ 72 页。

② 张洁：《海上通道安全与中国战略支点的构建》，《国际安全研究》2015 年第 2 期，第 110 ~ 118 页。

③ 任琳、牛恒：《一带一路投资政治风险研究之缅甸》，中国网，2015 年 5 月 15 日，http://opinion. china. com. cn/opinion_28_124628. html；胡志勇：《构建海上丝绸之路与海洋强国论析》，《印度洋经济体研究》2015 年第 1 期，第 69 ~ 79 页；何跃：《缅甸政局中的地缘政治因素》，《东南亚纵横》2008 年 11 期，第 80 ~ 84 页。

④ 任琳、牛恒，《一带一路投资政治风险研究之斯里兰卡》，中国网，http://opinion. china. com. cn/opinion_26_128626. html。

⑤ 印度主张"英迪拉主义"和"拉吉夫主义"（被称为"印度的门罗主义"）反对域外势力干涉南亚事务。而斯里兰卡历来被印度看作自己的一部分。"对印度来说，斯里兰卡在战略上如同爱尔兰对英国。"参见易玲《印度 1980 年代的斯里兰卡政策与"泰米尔问题"》，《南亚研究季刊》2006 年第 1 期，第 93 ~ 99 页；李忠林：《印度的门罗主义评析》，《亚非纵横》2013 年第 4 期，第 15 ~ 21 页；张忠祥：《尼赫鲁外交研究》，中国社会科学出版社，2002，第 66 页。

⑥ Robert D. Kaplan, "Center Stage for the Twenty-first Century: Power Plays in the Indian Ocean," *Foreign Affairs*, Vol. 88, No. 2, 2009, p. 22; Arun Prakash, "China's Maritime Challenge in the Indian Ocean," *Maritime Affairs*, Vol. 7, No. 1, 2011, p. 13; 时宏远：《印度对中国进入印度洋的认知与反应》，《南亚研究》2012 年第 4 期，第 29 ~ 47 页。

⑦ "季风计划：跨印度洋海上航路与文化景观"（Project Mausam: Maritime Routes and Cultural Landscapes Across the Indian Ocean），参见杨思灵《"一带一路"：印度的回应及对策》，《亚非纵横》2014 年第 6 期，第 51 ~ 60 页。

⑧ 李艳芳：《2011 年以来日本对缅政策的调整及影响》，《东南亚南亚研究》2015 年第 1 期，第 35 ~ 42 页；母耕源：《冷战后美国对缅甸政策及近期变化》，《亚非纵横》2011 年第 6 期，第 46 ~ 52 页；施爱国：《美国对缅甸的"务实接触"政策析评》，《国际论坛》2012 年第 1 期，第 1 ~ 7 页；甘均先：《中美印围绕新丝绸之路的竞争与合作分析》，《东北亚论坛》2015 年第 1 期，第 108 ~ 117 页；吴兆礼：《缅甸政治改革以来印度与缅甸关系的进展与趋势》，《南亚研究季刊》2014 年第 2 期，第 21 ~ 26 页。

项目的失败是在美国"重返亚太"的背景下，西方势力煽动缅甸国内非政府组织抗议的结果，[①] 而科伦坡港口项目被"叫停"的背后则是中印的大国博弈。缅甸和斯里兰卡作为小国，只能通过采取大国平衡的策略来实现自身利益最大化。然而，仔细比较这两个案例就不难发现，大国博弈或是小国平衡，都不是产生政治风险的主要原因。如果说斯里兰卡先"叫停"又重启港口项目是为了平衡中印关系，那么同样采取平衡策略的缅甸为何在过去 4 年中不重启也不愿意去提及密松水电站项目？如果说西方势力能通过煽动缅甸当地非政府组织来挫败中国企业的投资项目，那为何没有以同样的手段成功煽动斯里兰卡当地的非政府组织来抗议港口城项目（科伦坡港口城项目的建设同样面临严峻的环境问题）？如果这两个因素是产生政治风险的主要原因的话，那密松水电站和港口城项目的结局应该极其相似。如今一个正逐步复工，另一个则遥遥无期，这一反差足以说明大国博弈和小国平衡外交的因素只起到刺激作用，不宜被过分夸大。

另一些学者将密松水电站项目的失败归因为缅甸国内的民主化转型。由于长期以来的军政府统治，缅甸国内各方政治力量被压抑。随着缅甸民主化进程的加快，社会自由度迅速提高，民众可以自由示威、发表言论，不同利益团体竞相呐喊发声，而被长期压制的民怨也一并爆发。[②] 缅甸民众往往将对军政府的不满转嫁到与之有密切合作的中国企业身上。同时，中国企业的大规模投资也给当地带来了包括拆迁、移民和环境污染在内的负面影响。以"88 年代学生"组织为代表的非政府组织更是成为缅甸反华力量的先锋。[③]而原军政府盛行的"宫廷政治"在民主化转型后决策权逐步分散，总统、议员和地方行政长官为了获得选票，更倾向于激进甚至短视的政治决策。[④] 民主化转型确实带来了国内政治的动荡和社会的不安定，

---

① 美国国务院发言人纽兰表示"欢迎缅甸政府暂停密松水坝建设的决定"。维基解密网站也披露："美国向阻挠中国密松水坝建设项目的缅甸团体提供资助"。英国《卫报》网站说，"美国的一条外交电报显示，美国驻仰光大使馆资助了缅甸的一些公民社会团体，后者迫使政府暂停在伊洛瓦底江建设一座引起争议的中国大坝"。参见李家真《对外投资面临的政治风险及其对策研究》，《今日中国论坛》，2013 年第 1 期，第 65～68 页。
② 宋清润：《缅甸当前对华认知特点及其走势》，《公共外交季刊》2014 年冬季号，第 54～60 页。
③ 王冲：《缅甸非政府组织反坝运动刍议》，《东南亚研究》2012 年第 4 期，第 75～82 页。
④ 卢光盛、金珍：《缅甸政治经济转型背景下的中国对缅投资》，《南亚研究》2013 年第 3 期，第 48～59 页。

但将民主化转型作为产生政治风险的主要原因仍然显得不够精确。一方面，缅甸目前仍然处在民主化转型阶段，国内地区冲突不断而大选又迫在眉睫，各方政治力量的博弈有增无减。就在密松水电站项目搁浅后，莱比塘铜矿项目同样遭到了大规模的抗议。如果说民主化转型是导致中方企业承受政治风险的主要原因，那么中方近几年在缅甸的大规模投资项目都应面临和密松水电站同样的命运。然而，莱比塘铜矿项目在经历一波三折之后仍然顺利重启。另一方面，斯里兰卡的民主化程度要比缅甸高很多，国内法律和反腐机制都更严厉。但港口城项目同样是经历了暂停、审查等国内政治博弈后逐步重启。如此看来，东道国的民主化转型不一定导致中国企业对外投资的失败。民主化程度越高，也不意味着中国的投资项目更容易受阻。

事实上，中国企业的对外投资在更多情况下仍然是一种经济行为，无论对跨国企业还是东道国来说，成本和收益的计算始终是最关键的因素。中国企业之所以能在科伦坡港口城项目中反败为胜，就是因为该项目给企业、东道国政府和人民都带来了巨大的收益，实现了共赢。相反，密松水电站项目的失败正是因为中方企业在东道国各方力量中利益分配不均。相关研究显示，大部分缅甸民众认为水电站项目被搁置的主要原因是破坏环境和项目不透明。① 事实上，任何水电站项目都会在环境问题上遭遇挑战。负责密松水电站项目的中电投集团在项目被搁置后，始终坚持该项目符合世界上最严格的环境保护标准，但大部分民众对此都毫不知情。而项目的不透明是否又与中电投集团在推进过程中的利益分配问题有关？实际控制水电站所在位置的克钦独立组织认为"军政府和中资公司不跟我们商量就拿水电站项目去赚钱"是该项目无法推进的根本原因。② 缅甸的民族和解还远未实现，而中央与地方在利益分配问题上的分歧和矛盾难以调和。③ 从克钦人的角度想，密松水电站项目是中资公司与军政府联手，在克钦人的土地上建坝，淹没他们的地盘，驱逐当地人民，却不顾及克钦人的意愿，也没有惠及地方民生。而每修一坝，军政府还以保护工程为名派军队

---

① 卢光盛、李晨阳、金珍：《中国对缅甸的投资与援助：基于调查问卷结果的分析》，《南亚研究》2014 年第 1 期，第 17~29 页。

② 秦晖，"中缅密松电站搁置之惑"，中外对话网站，https://www.chinadialogue.net/article/show/single/ch/4832-Behind-Myanmar-s-suspended-dam-2。

③ 苏晓辉：《缅甸"民地武"问题对中缅关系的影响》，《当代世界》2013 年第 4 期。

进攻，导致当地民怨沸腾。[1]中方之所以"不跟克钦政府商量"，一方面与其长期奉行的"上层路线"策略有关，"讨好大朋友，出卖小朋友"，[2] 极力发展与缅军方的特殊关系。[3] 同时，为了避免被军政府怀疑中方公司与"叛军"勾兑，中电投集团也不愿与克钦独立组织来往。而"民地武"本来就与军政府存在积怨，再加上享受不到投资项目带来的红利，自然会以环境、宗教、移民条件等问题坚决抵制项目的推进。但无论如何，在密松水电站项目推进的过程中，中电投集团没有能够妥善处理军政府和"民地武"的利益分配问题。尽管要达成一个两面讨好的合作协议本身是极其困难的一件事，毕竟在"民地武"辖区，中资与任何一方合作都将损害另一方的利益。但这正是中资公司在缅甸投资所面临的政治风险的根源问题。在缅甸政府再分配能力无法快速改善的前提下，中国资本所扮演的初次分配的角色就显得格外重要，它既关乎缅甸的未来前景，也关乎中国资本在缅甸的安全和存续。[4]

表 1　缅甸密松水电站项目大事记[5]

2006 年 12 月	中电投集团与缅甸第一电力部签署备忘录
2009 年 3 月	中缅两国签署框架协议支持相关项目
2009 年 12 月 21 日	密松水电站举行前期工程开工庆典

---

① 秦晖：《中缅密松电站搁置之惑》，中外对话网站，https://www.chinadialogue.net/article/show/single/ch/4832-Behind-Myanmar-s-suspended-dam-2-（2015.5.15）；雷著宁，孔志坚：《中国企业投资缅甸的风险分析与防范》，《亚非纵横》2014 年第 4 期，第 89～96 页；卢光盛，金珍：《缅甸政治经济转型背景下的中国对缅投资》，《南亚研究》2013 年第 3 期，第 48～59 页。

② 秦晖：《中缅密松电站搁置之惑》，中外对话网站，https://www.chinadialogue.net/show/single/ch/4832-Behind-Myanmar-s-suspended-dam-1。

③ 郑国富：《缅甸新政府执政以来外资格局"大洗牌"与中国应对策略》，《国际商务论坛》2015 年第 1 期，第 36～39 页。

④ 杨龙、李湘宁：《谁的迷失：当中国资本遭遇民主缅甸》，《文化纵横》2014 年第 5 期，第 1～3 页。

⑤ 相关资料信息参见《中电投：对缅甸搁置密松电站合作项目不解》，中国新闻网，http://www.chinanews.com/ny/2011/10-03/3368322.shtml；《密松水电站被叫停前后》，北极星电力网，http://news.bjx.com.cn/html/20111111/322441.shtml；《中缅水电暗战》，北极星电力网，http://news.bjx.com.cn/html/20120308/346628.shtml；《中电投缅甸密松水电站复工希望渺茫》，21 世纪经济报道，http://www.cs.com.cn/xwzx/cj/201208/t20120817_3459362.html；《中企在缅甸水电站陷政治漩涡 30 多亿投资或将打水漂》，北极星电力网，http://www.gmw.cn/ny/2013-02/07/content_6658230_3.htm；《中电投负责人：缅甸密松水电站遭搁置是挑战不是滑铁卢》，国际在线，http://gb.cri.cn/27824/2013/04/06/（转下页注）

续表

2011 年 2 月	缅总理吴登盛视察该项目要求加快进度
2011 年 8 月	缅全国民主联盟领导人昂山素季呼吁中缅双方重新考虑水电建设事宜
2011 年 9 月 11 日	针对缅甸社会上的一些质疑，缅第一电力部部长吴佐敏举行新闻发布会做出澄清。但该新闻发布会遭到抗议
2011 年 9 月 26 日	昂山素季明确反对水电站项目
2011 年 9 月 30 日	缅人民院议长吴瑞曼代表总统宣布，在吴登盛任期内密松水电站停建
2011 年 10 月 1 日	中国外交部发言人表示，该事件应由双方通过友好协商妥善处理
2011 年 10 月 3 日	中电投集团总经理陆启洲反驳诸多质疑，认为项目不存在安全问题，对环境影响不大
2011 年 11 月 11 日	中国国内电力行业专门网站北极星电力网指出相关移民和安置政策处置不当，补偿款遭到政府部门贪污，当地民众没有受益，而环境评估工作虽有展开但也没有及时社会公布调查报告，信息滞后严重
2012 年 3 月 8 日	北极星电力网披露，水电站修建之初，克钦独立军曾向中电投发函，表示中电投除了跟缅甸政府打招呼，还需和克钦独立军"面谈利益分配"。中电投无视对方的要求。2011 年 5 月，缅甸军队则以保护中国大唐公司的太平江水电站项目为由，与克钦独立军发生了武装冲突。中国投资项目卷入了缅甸军政府、民盟和"民地武"等多股政治力量的旋涡
2012 年 8 月 17 日	21 世纪经济报道发文《中电投缅甸密松水电站复工希望渺茫》
2013 年 2 月 7 日	北极星电力网报道指出中资企业在政府军和"民地武"的夹缝中左右为难
2013 年 8 月 14 日	南都网报道指出在移民、环境评估等问题上信息都没能及时披露，项目不透明
2014 年 1 月 10 日	中国电力网报道，中电投出版了《伊江水电开发问答》一书，还邀请克钦邦议会副议长、议员及媒体代表到现场视察
2014 年 6 月 6 日	中电投总经理陆启洲卸任前接受《财经》杂志专访，坦言密松项目是重大失误
2015 年 7 月 17 日	缅甸执政党总书记茂茂登接受凤凰网采访时表示水电站复工的可能性不大

（接上页注⑤）6651s4074981. htm；《中国企业走出去缅甸样本：谁叫停了密松水电？》，南都网，http://ndfinance. oeeee. com/html/201308/14/110305. html；《中缅合资密松水电站重启呼声渐起》，北极星水力发电网，http://www. gmw. cn/ny/2013 - 09/04/content_8798555. htm；《密松水电站停工 中缅两败俱伤》，中国电力网，http://www. chinapower. com. cn/newsarticle/1202/new1202563. asp；《执掌中电投的七年历程——访中国电力投资集团公司总经理》，http://hvdc. chinapower. com. cn/news/1033/10330478. asp；《中电投云南国际为缅侨移民村发放大米》，中电投官网，http://www. cpicorp. com. cn/xtdt1/201504/t20150420_246192. htm。

相比之下，科伦坡港口城项目在经历了一番波折之后，正逐步重启。该项目一开始被斯政府"叫停"的主要原因也同样包括环境破坏、项目不透明、可能存在贪腐等问题。由于目前披露的相关细节较少，港口城项目在利益分配问题上的处置情况尚不清晰。然而，就在斯政府于 2015 年 3 月初暂停该项目后不久，斯里兰卡当地工人举行了大规模的抗议活动，认为停工损害了他们的利益，并积极要求政府尽快重启项目。从这一侧面报道可以反映出，港口项目的建设注重对不同利益群体的利益分配问题，以致在项目搁浅后，当地工人也主动投入为项目重启的努力当中。

表 2　斯里兰卡科伦坡港口城项目大事记[①]

2013 年 8 月	中国援建的科伦坡国际集装箱码头启用
2014 年 9 月 7 日	中国潜艇停靠在科伦坡港引发国际关注
2014 年 9 月 17 日	习近平主席访问斯里兰卡，中斯签署科伦坡海港城建设协议
2015 年 1 月 12 日	大公网报道指出，斯里兰卡新政府在竞选期间指责亲华的拉贾帕克萨政府"出卖国家利益"，并将重新评估新的重大项目
2015 年 1 月 16 日	斯里兰卡总统西里塞纳考虑重新评估中企港口城项目。统一联合党则认为，港口项目会损害斯西部海岸的环境

---

① 相关资料信息参见《斯里兰卡"政治变天"影响中国港口项目》，大公网，http://news. takungpao. com/world/exclusive/2015 - 01/2884060. html？rvy_ www. tiantian111. com_ gerwe. html；《斯里兰卡重估中国援建港口项目新总统曾批缺乏透明度》，凤凰网，http:// news. ifeng. com/a/20150118/42960262_0. shtml；《美媒：斯里兰卡重估中国援建港口项目》，新浪网，http://news. sina. com. cn/w/2015 - 01 - 19/085031415995. shtml；《斯里兰卡新政府批准继续建设港口城项目》，新华网，http://news. xinhuanet. com/world/2015 - 02/05/c_ 1114272453. htm；《斯里兰卡叫停中资港口城项目公司称尚无官方通知》，观察者网，http:// www. guancha. cn/Neighbors/2015_03_06_311190. shtml；《斯里兰卡暂停中企港口项目恐失去土地控制权》，和讯网，http://news. hexun. com/2015 - 03 - 06/173818474. html；《斯里兰卡工人集会抗议政府叫停中企港口项目》，新浪网，http://news. sina. com. cn/c/2015 - 03 - 12/024031596525. shtml；《斯里兰卡政府允许港口城项目进行防护性工程建设》，人民网，http://world. people. com. cn/n/2015/0318/c157278 - 26714344. html；《斯里兰卡新总统率核心内阁集体访华，科伦坡港口项目引关注》，网易新闻，http://news. 163. com/15/0326/11/ALKM7DE000014SEH. html；《印媒：中国在斯里兰卡港口城项目或将解冻》，http:// news. china. com/domesticgd/10000159/20150328/19438987. html；《相信科伦坡港口城项目能够稳步顺利推进》，中华人民共和国外交部网站，http://world. huanqiu. com/hot/2015 - 05/6364795. html；《斯里兰卡寻求中交建科伦坡港口城项目折衷方案》，新浪财经，http://finance. sina. com. cn/world/20150811/144822934776. shtml；《科伦坡港口城项目有望重启》，新华网，http://news. xinhuanet. com/herald/2015 - 11/11/c_134805372. htm。

2015 年 2 月 5 日	斯里兰卡内阁发言人塞纳拉特纳表示,斯政府已批准继续建设港口项目。此前,中方派出特使刘建超访问斯里兰卡
2015 年 2 月 27 日	李克强总理会见斯新任外交部部长时就斯里兰卡为中方提供良好的投资环境达成共识
2015 年 3 月 5 日	斯政府因审批原因叫停港口城一期项目
2015 年 3 月 6 日	斯里兰卡《每日新闻》报道称,斯政府之所以暂停该项目也可能是因为环境问题
2015 年 3 月 10 日	新华社引用当地媒体报道,斯里兰卡工人集会抗议政府叫停中企港口城项目。而斯政府的态度也发生了微妙的变化,否认试图终止该项目,表示将在重新评估其中一部分项目的前提下继续推动开发
2015 年 3 月 18 日	斯港口航空部部长拉纳通加表示,斯政府同意恢复该项目继续进行部分防护性工程建设,以防止已建成部分遭海水破坏
2015 年 3 月 26 日	斯总统西里塞纳对中国进行国事访问
2015 年 3 月 28 日	《新印度快报》报道,斯总统西里塞纳对习近平主席说:"目前港口城出现的情况是暂时的,问题不在中方。"该项目将很快重启
2015 年 5 月 6 日	中国外交部发言人称,相信港口城项目能够顺利推进
2015 年 5 月 29 日	斯政府将任命特别委员会重新评估港口城项目,考虑推动项目全面恢复。斯投资委员会主席贾亚苏里亚也表示斯政府不会终止该项目
2015 年 8 月 11 日	斯里兰卡财长拉维-卡鲁纳纳亚克(Ravi Karunanayake)表示,斯里兰卡正在寻求中交建科伦坡港口城项目的折中方案
2015 年 11 月 11 日	《国际先驱导报》发文指出,最近斯里兰卡政府高层在不同场合一再重申将推动中斯包括科伦坡港口城项目在内的大项目合作

三 结论及相关政策建议

本文首先回顾了国内外学者长期以来对于政治风险这一概念的界定、分类以及理论研究。随后,以缅甸密松水电站项目和斯里兰卡科伦坡港口城项目作为投资案例进行了比较研究。缅甸和斯里兰卡在对华关系、地缘政治特点以及国内政治进程等方面拥有诸多相似之处,而水电站项目和港口城项目的结果几乎截然相反。这使以双边关系、大国博弈、小国平衡外交以及民主化转型等作为产生政治风险主要原因的论断缺乏说服力。根据本文的比较研究可以得出结论,即跨国企业在东道国的利益分配不均是给投资项目带来政治风险的主要原因。在密松水电站案例中，中资企业在中央、地方以及民众等各方力量中利益分配不均是项目失败的主要原因。相反，科伦坡港口城项目则因为中资企业积极推行"本土化"战略，照顾到当地人的利益，从而使该项目在被叫停后正逐步重启。针对如何在对外投资过程中做好利益分配工作，切实有效地防范政治风险，本文进一步提出以下对策建议。

首先，中资企业对外投资项目应当注重互利共赢，实施"惠及民生"战略，为当地民众提供大量的就业机会，切实增加当地人的收入，推进项目"本土化"。在公益事业方面积极履行社会责任，尊重当地历史文化，改善中国企业自身形象，打造中国与"一带一路"沿线国家真正的"命运共同体"。[1]

其次，中资企业应当鼓励当地或其他国家企业共同参与相关项目的投资，降低股份单一化而导致的风险聚集。通过置换股权给当地或其他国家的企业，建立多方合作的机制从而相互制约，并最终实现风险分担、利益均沾的投资模式。莱比塘铜矿项目后来引入缅甸方面的资本并顺利重启。中缅天然气管道项目采用的"四国六方"模式也是分散风险的创新尝试。

最后，应尽快建立中国自主的政治风险评估与预警机制。[2] 国外已有英国的《经济学人》的信息部（EIU）和美国的商业环境风险情报机构（BERI）等成熟的政治风险量化评估体系。此外还有世界各国风险指南（ICRG）、穆迪投资者服务公司、标准普尔信用评级集团、美洲银行世界信息服务公司等国家风险评估体系。中国一方面需要尽快建立自主风险评估和预警机制。另一方面也要注意，由于政治风险不同于一般的经济风险，在量化的过程中存在障碍。除了了解相关评估，企业更应当注重实地考察得来的第一手材料。这既有赖于企业与当地大使馆、经商处等部门密切沟通，又需要和当地的咨询机构、智库等开展广泛合作，确保能够获得及时可靠的情报。

---

[1] 林明达、王祎蕾：《中国对外投资中政治风险类型与规避建议》，《吉林金融研究》2015 年第 3 期，第 8~14 页。

[2] 张雨、戴翔：《政治风险影响了我国企业"走出去"吗》，《国际经贸探索》2013 年第 29 期，第 84~93 页。

Political Risks along "the Belt and Road":
A Comparative Study of the Myitsone Dam Project
in Myanmar and the Colombo Port City
Project in Sri Lanka

Jiang Tianjiao

Abstract　With the advance of "the Belt and Road" initiative, more and more Chinese enterprises are entering the developing countries and regions that are underdeveloped in economy and unstable in political and social spheres. Although factors like the rivalry of great powers and the balancing diplomacy and democratic transitions of small countries lead to an increasingly complex business environment for Chinese enterprises, we can still find from a comparative study of the Myitsone dam project in Myanmar and the Colombo port city project in Sri Lanka that uneven profit distributions during Chinese enterprises' investment in host countries are the main cause of political risks. We suggest that Chinese enterprises shall substantiate the idea of mutually-beneficial development for a cooperative win-win pattern, carry out the investment mode of diversification and profit sharing, and set up independent risk assessment and pre-warning mechanism as soon as possible.

Key Words　the Belt and Road; Political Risks; Myanmar; Ski Lanka

Author　Jiang Tianjiao, Ph. D, Candidate of the School of Internationals and Public Affairs of Fudan University, Research Assistant of the Center for BRICS and Newly Emerging Economies of the Development Research Institute at Fudan University.

周边区域研究

TPP 与 RCEP 背景下的中国 FTA 战略 *

贺　平　钱亚平

【内容提要】 近年来，亚太区域一体化呈现新的发展趋势，在双边 FTA 不断增加的同时，多边和跨区域的 "超级 FTA" 初现端倪并加速发展，TPP 和 RCEP 就是其中的代表。在此背景下，中国也大大加快了 FTA 建设的步伐，FTA 伙伴地缘范围日益拓展，FTA 涉及的领域和议题不断扩大，FTA 战略框架初步绘就，国内自贸区试点也为参与高标准的国际经贸规则谈判积累了经验。在此基础上，中国应着力提升 FTA 层级，实现 FTA 网络的查漏补缺和市场开放水平的高低兼容；着眼长远，使 FTA 建设与全球价值链和生产网络的拓展和深化相适应；未雨绸缪，提早研判 TPP 的潜在扩容，努力实现与之相向而行；夯实基础，着力强化与周边国家和南南伙伴间的 FTA 建设。

【关键词】 TPP　RCEP　FTA 战略　周边外交

【基金项目】 国家社科基金青年项目 "RCEP 与 TPP 背景下的中国亚太跨区域开放合作战略研究"（立项号：13CGJ029）、教育部哲学社会科学研究重大课题攻关项目 "战后日本政治、外交实质和未来走向研究"（立项号：14JZD033）的阶段性研究成果。

【作者简介】 贺平，复旦大学国际问题研究院日本研究中心副教授，两岸关系和平发展协同创新中心成员，国际政治博士。钱亚平，复旦大学国际关系与公共事务学院博士研究生。

---

* 本文的主要观点曾发表于《中国周边外交研究报告（2015）》，后经大幅修改和补充成文。

亚太地区已跃身为世界上构建自由贸易协定（FTA）网络最为活跃的地区。截至 2015 年 12 月 1 日，全世界共有 619 个区域贸易协定（RTA）通报关贸总协定和世界贸易组织（WTO），其中的 413 个已处于实施阶段。① 进入 21 世纪之后，除了 2001 年之外，每年均有 10 个以上新的 FTA 生效，亚太地区 FTA 的绝对数量、复杂程度和可能的发展方向又远远超过世界其他地区。

传统上，大国主要基于外交和战略考量与中小国家建立 FTA 等特惠贸易安排。新时期以来，着眼于规则制定和议程设置，以大国为支点的经贸谈判方兴未艾，"超级 FTA"（mega FTA）不断涌现。在此背景下，亚太地区出现了由美国推动的"跨太平洋伙伴关系协定"（TPP）以及由东盟主导、中国积极参与的"区域全面经济伙伴关系"（RCEP）两大谈判并存的局面，前者已达成协议，后者则前途未卜。在原有"10＋1"、"10＋3"、"10＋6"乃至"10＋8"的基础上，亚太地区的 FTA 进一步呈现多轨多速、交叉重叠、良性竞争的态势，充满新的变数，酝酿着新的格局。

一 亚太 FTA 网络的新发展

近年来，亚太区域一体化日益呈现出新的发展趋势。一是掀起了双边 FTA 谈判的高潮，由于 WTO 多哈回合陷入停滞，各国纷纷将国际经济合作的重心从多边转向双边和区域，亚太地区由此签订了一系列双边 FTA，其议题的广度和深度远远超过前一个十年。2000 年以前，亚太地区只有 4 个 FTA：东盟、美加 FTA、北美自由贸易区和澳大利亚—新西兰 FTA，但截至 2015 年底，亚太地区向 WTO 通报的 FTA 已经达到 56 个，② 如果将尚未通报和正在谈判的 FTA 也计算在内，亚太域内的 FTA 倡议超过 80 个。③ 二是在双边 FTA 不断增加的基础上，诸边和跨区域的"超级 FTA"初现端倪并加速发展，TPP 和 RCEP 就是其中的代表。在 2015 年，上述趋势又集

---

① Regional Trade Agreements, The World Trade Organization, accessed January 10, 2016, https://www.wto.org/english/tratop_e/region_e/region_e.htm.

② Regional Trade Agreements Information System (RTA-IS), The World Trade Organization, accessed January 10, 2016, http://rtais.wto.org/UI/PublicAllRTAList.aspx.

③ Asian Development Bank, Asian Regional Integration Centre FTA Database, 2015, accessed January 10, 2016, https://aric.adb.org/fta-all.

中表现在以下三个侧面。

第一，TPP 谈判骤然加速，终成正果。

TPP 脱胎于由新加坡、文莱、新西兰和智利四国签订、于 2006 年 5 月 28 日正式生效的"跨太平洋战略经济伙伴协定"（TPSEP），这一协定包含了投资、竞争力、知识产权等诸多传统 FTA 所忽视的议题。TPP 谈判历尽波折，多次推迟原定的最终结束期限，进入 2015 年之后，由于各国国内政局变动等原因，谈判明显加速，最终于 2015 年 10 月达成协议。根据安排，TPP 缔约方将在完成国内法律审查后，于 2016 年 2 月 4 日在新西兰奥克兰正式签署协议。①

根据国际货币基金组织《世界经济展望》公布的最新数据，2015 年 TPP 缔约方的国内生产总值（GDP）总额约为 30 万亿美元，占世界总量的 36.3%，是目前为止已经建立的最大单体 FTA。②以 2014 年的数据计算，TPP12 个缔约方的进出口贸易占全球贸易总量的 25.5%。③

作为一个"雄心勃勃的、全面的、高标准的、平衡的"FTA，TPP 的"高质量"和"21 世纪标准"主要体现在以下四个方面：多元议题的广泛性；广泛的地域范围；成员国之间的深度合作和一体化；参与伙伴之间的共享价值和规则。④除了传统 FTA 所涉及的货物贸易市场准入（关税削减和撤销）和服务贸易之外，TPP 在谈判和最终协定中纳入了大量非关税领域（投资、竞争、知识产权、政府采购等）规则以及诸多新兴议题（环境、劳工等）。根据协定，TPP 各成员国将取消或降低约 18000 个税目的产品关税，进一步相互开放各自市场。除个别国家特例之外，TPP 的关税削减率将达到 99% ~100%。

根据美国布兰迪斯大学经济学教授彼得·佩特里（Peter A. Petri）研

---

① "TPP Countries Plan for Feb. 4 Signing In New Zealand; Legal Scrub Done," January 7, 2016, accessed January 10, 2016, http://insidetrade.com/daily-news/tpp-countries-plan-feb-4-signing-new-zealand-legal-scrub-done.

② 美国和欧盟试图组建"跨大西洋贸易与投资伙伴关系"（TTIP），其 GDP 大于 TPP，占到世界总量的 44%，但 TTIP 仍在谈判之中。

③ TPP Market Snapshot, accessed January 10, 2016, http://dfat.gov.au/trade/agreements/tpp/pages/trans-pacific-partnership-agreement-tpp.aspx.

④ C. L. Lim, Deborah Kay Elms and Patrick Low, "What is 'High Quality, Twenty-first Century' Anyway?" in C. L. Lim, Deborah Kay Elms and Patrick Low, eds., *The Trans-Pacific Partnership Trade Agreement: A Quest for a Twenty-first Century Trade Agreement* (Cambridge: Cambridge University Press, 2012), p. 6.

究团队的测算，到 2025 年，TPP（包括现有 12 国及韩国）有可能为全球带来年均 2950 亿美元的收益，而 RCEP 的收益将达到 5000 亿美元，整个亚太自由贸易区（FTAAP）的收益更有可能达到 1.3 万亿~2.4 万亿美元。与之相对应，TPP 将使中国经济出现 0.2% 的下降。在韩国、泰国、菲律宾、印度尼西亚分别加入 TPP，形成 TPP16 国集团的情况下，上述正面和负面影响将进一步加剧（表 1）。

表 1　主要国家加入 TPP、RCEP、FTAAP 带来的经济效应①

	TPP12	TPP16	RCEP	FTAAP
美国	76.6（0.38）	108.2（0.53）	-0.1（0.00）	295.2（1.46）
日本	104.6（1.96）	128.8（2.41）	95.8（1.79）	227.9（4.27）
中国	-34.8（-0.20）	-82.4（-0.48）	249.7（1.45）	699.9（4.06）
韩国	-2.8（-0.13）	50.2（2.37）	82.0（3.87）	131.8（6.23）
东盟	62.2（1.67）	217.8（5.86）	77.5（2.08）	230.7（6.20）
新加坡	7.9（1.90）	12.3（2.97）	2.4（0.58）	18.1（4.37）
越南	35.7（10.52）	48.7（14.34）	17.3（5.10）	75.3（22.15）
马来西亚	24.2（5.61）	30.1（6.98）	14.2（3.29）	43.5（10.09）
泰国	-2.4（-0.44）	42.5（7.61）	15.5（2.79）	30.0（5.38）
菲律宾	-0.8（-0.24）	22.1（6.88）	7.6（2.35）	17.4（5.42）
印度尼西亚	-2.2（-0.14）	62.2（4.02）	17.7（1.14）	41.3（2.67）
澳大利亚	6.6（0.46）	9.8（0.68）	19.8（1.38）	30.1（2.10）
新西兰	4.1（2.02）	4.7（2.36）	1.9（0.92）	6.4（3.16）
印度	-2.7（-0.05）	-6.9（-0.13）	91.3（1.74）	226.2（4.32）

注：1. 表中数据表示 2025 年 GDP 增加额（单位：10 亿美元），括号内为增长率（单位:%），以 2007 年为基准。

2. TPP12 指现有的 12 个缔约方，TPP16 在此基础上再加上韩国、泰国、菲律宾、印度尼西亚。

　　美国加入并力推 TPP 出于多重战略考虑。首先，TPP 是美国在亚太地区乃至全球争夺国际经贸规则制定权、解释权和执行权的主要工具。TPP 不仅涉及全面的市场准入，更重要的是提出了电子商务、政府采购、国有

---

① 馬田啓一:「アメリカの TPP 政策と日本」,『国際問題』No. 632, 2014 年 6 月, 第 7 頁。根据 P. A. Petri and M. G. Plummer, "ASEAN Centrality and ASEAN-US Economic Relationship," East-West Center, 2013 绘制。

企业、劳工、环境等一系列新议题。除了 TPP 和 TTIP 之外，美国与欧盟等 23 个成员还启动了服务贸易协定（TISA）谈判，这些谈判都旨在建立下一代的国际经贸规则。由于发展中国家与发达国家在谈判立场上的诸多分歧，全球多边贸易体系进展缓慢，除了 2013 年在贸易便利化方面取得突破外，在许多实质性问题上止步不前，无法推动多边贸易的进一步开放和国际贸易规则的升级。这些都充分表明，在美欧等发达国家的主导下，世界贸易体系的规则竞争正从全球转向双边、区域和部门协议。①

其次，TPP 是美国"重返亚洲"或曰"亚太再平衡战略"的重要组成部分，直接经济收益并不是 TPP 为美国带来的战略收益的最主要部分。佩特里等学者的研究也表明，TPP 一旦达成，在贸易和福利上，美国并不会受益最丰，越南、马来西亚等国可能是最大的赢家。②

最后，TPP 也是美国影响乃至力图塑造亚太区域一体化的重要途径。1997 年金融危机催生了东亚地区一体化的发展，东亚地区由此建立了以东盟为中心的"10 + 1"、"10 + 3"、"10 + 6"等合作机制。为维护乃至增强在东亚的影响力，美国转而倡导 TPP，希望以亚太路径替代东亚路径，重新确立自身在本地区的战略中轴地位。

第二，RCEP 谈判逆水行舟，寻求突破。

从 2013 年 5 月在文莱举行第一轮谈判以来，截至 2015 年 10 月，RCEP 已经经历了 10 轮谈判和 4 次经贸部长会议。在 2015 年 8 月的吉隆坡 RCEP 经贸部长会议上，各方就货物贸易初始出价模式和服务贸易、投资市场准入减让模式达成一致，谈判取得突破性进展。2015 年 11 月 22 日，RCEP 各国领导人发表联合声明，RCEP 有望于 2016 年结束谈判。RCEP 成员国的人口约占全球的 50%，GDP、对外贸易和吸引外资分别接近全球的三分之一。RCEP 也是迄今为止中国参与的成员最多、规模最大、影响最广的 FTA 谈判。

---

① Csilla Lakatos et al., "Potential Macroeconomic Implications of the Trans-Pacific Partnership," in *Global Economic Prospects: Spillovers amid Weak Growth*, Washington, DC: World Bank, 2016, p. 220.

② Peter A. Petri and Michael G. Plummer, "The Trans-Pacific Partnership and Asia-Pacific Integration: Policy Implications," *Peterson Institute for International Economics Policy Brief*, No. 12 - 16, June 2012, p. 4.

RCEP 的出现标志着东亚区域合作发展的新阶段。[①] 1997 年亚洲金融危机后，日本、马来西亚等国曾提出过建立"东亚经济圈"等倡议或设想，但皆因缺乏域内国家的一致响应，或因美国的反对而搁浅。同时，由于区域合作的主导权之争，东亚的区域一体化进展并不顺利。美国于 2008 年宣布加入 TPP 谈判，TPP 扩容加速，由于美国主导的亚太区域一体化，东亚区域一体化面临中空乃至消融的风险。为此，2011 年 11 月，在第 19 届东盟高峰会（ASEAN Summit）上，东盟正式提出"东盟区域全面经济伙伴关系架构"，邀请中国、日本、韩国、新西兰、澳大利亚及印度六个对话伙伴国共同参与。2012 年 8 月，第 44 届东盟经贸部长会议通过《RCEP 谈判指导原则与目标》，旨在签署一个现代化、全面性、高质量、互惠的经济伙伴协议，以加速经济发展，深化区域经济整合。

值得注意的是，尽管在雄心水平上存在显著差异，但除政府采购、环境、劳工、电子商务、横向议题等少数议题之外，RCEP 与 TPP 的谈判内容大致相近。当然，与 TPP 相比，RCEP 的自由化率仍较低，原则上为 65%，在 10 年内争取达到 80%，印度甚至曾主张 40% 的自由化率。

RCEP 关注的重点在于构建域内大市场和区域生产网络，特别是着眼于新兴市场及其中产阶级的巨大消费潜力。因此，RCEP 的现实目标在于降低关税、协调原产地等规则，从而有效地降低"意大利面碗效应"或"亚洲面碗效应"以及生产链过度细分导致的"碎片化"等负面影响，以此提高中间产品和最终产品的域内流通，促进亚太大市场的建立。

TPP 的成功有可能推动 RCEP 加快谈判进程。这主要是因为，TPP 所带来的贸易转移效应客观上将对亚太地区的非 TPP 缔约方造成负面影响，由此引起的"多米诺骨牌效应"会促使这些国家加快其 FTA 建设。TPP 作为高标准协定对 RCEP 的内容也有望起到示范作用。

第三，东盟经济共同体具名求实，一元复始。

2015 年 11 月，东盟各国领导人在东盟峰会上宣布，以政治安全共同体、经济共同体、社会文化共同体为三大支柱的东盟共同体如期在 12 月 31 日建立，会议通过了指导未来 10 年发展方向的愿景文件《东盟 2025：携手前行》。建成后的东盟经济共同体（AEC）是一个涉及 2.6 万亿美元经济规模、6.22 亿人口的巨大市场，跻身为亚洲第三大经济体和全球第七大经济体。

[①] 贺平、沈陈：《RCEP 与中国的亚太 FTA 战略》，《国际问题研究》2013 年第 3 期。

东盟经济共同体提出了相互关联和彼此促进的五大特征目标：高度一体化和协调的经济；具有竞争力的、创新的、充满活动的东盟；更强的联结性和部门合作；强韧的、包容性的、以人为本的、以人为核的东盟；全球化的东盟。[①] 然而毋庸讳言的是，对东盟而言，经济共同体的名号与其说是一体化建设成就的阶段性总结和终点，不如说是追求区域合作名实相符的新的起点和目标。特别是由于成员国在 TPP 内外的身份差异，东盟的向心力和凝聚力正在经受考验。在东盟各国中，新加坡、文莱、越南、马来西亚已经加入 TPP，泰国、菲律宾等国也已相继表示了加入意向，一度明确表示敬而远之的印度尼西亚也已改变初衷。与此同时，在知识产权、国有企业、竞争政策等领域，东盟中的 TPP 缔约方和非 TPP 缔约方将面临重要的规制差异，这对强调规制融合的东盟经济一体化建设而言是潜在的冲击，甚至有可能扩大东盟成员之间的分歧。

二 中国 FTA 建设的新成就

进入 21 世纪后，中国也大大加快了 FTA 建设的步伐。截至 2015 年底，中国已经签署并实施 14 个 FTA，涉及 22 个国家和地区（表 2）。这些 FTA 分别是与东盟、韩国、澳大利亚、新加坡、巴基斯坦、冰岛、瑞士、智利、秘鲁、哥斯达黎加、新西兰签署的 FTA，以及内地与香港、澳门的《更紧密经贸关系的安排》（CEPA）等，FTA 伙伴遍及亚洲、拉美、大洋洲、欧洲等地区。此外，还有 9 个 FTA 正在谈判中，涉及 26 个国家。从表 2 可以看出，2008 年金融危机后，国际经济形势的变化促使各国纷纷调整区域经济合作战略，中国的 FTA 谈判进程也显著提速，在已生效的 14 个 FTA 中，超过一半是在 2008 年以后签署的；正在谈判中的 FTA，绝大部分也是近年来启动的。

表 2　中国 FTA 进程

	中国 FTA	FTA 进程
已经签署的 FTA	中国—澳大利亚 FTA	2015 年 6 月 17 日签署，2015 年 12 月 20 日生效
	中国—韩国 FTA	2015 年 6 月 1 日签署，2015 年 12 月 20 日生效

---

① "ASEAN Economic Community Blueprint 2025," ASEAN Secretariat, Jakarta, November 2015.

续表

中国 FTA		FTA 进程
已经签署的 FTA	中国—东盟 FTA 升级版	2014 年 8 月 26 日启动，2015 年 11 月 22 日签署
	中国—瑞士 FTA	2013 年 7 月 6 日签署，2014 年 7 月 1 日生效
	中国—冰岛 FTA	2013 年 4 月 15 日签署，2014 年 7 月 1 日生效
	中国—哥斯达黎加 FTA	2010 年 4 月 8 日签署，2011 年 8 月 1 日生效
	中国—秘鲁 FTA	2009 年 4 月 28 日签署，2010 年 3 月 1 日生效
	中国—新加坡 FTA	2008 年 10 月 23 日签署，2009 年 1 月 1 日生效
	中国—新西兰 FTA	2008 年 4 月 7 日签署，2008 年 10 月 1 日生效
	中国—巴基斯坦 FTA	2006 年 11 月 24 日签署，2007 年 7 月 1 日生效
	中国—智利 FTA	2005 年 11 月 18 日签署，2006 年 10 月 1 日生效
	中国—东盟 FTA	2005 年 1 月 1 日货物贸易协议生效，2007 年 1 月 1 日服务贸易协议生效
	内地与港澳更紧密经贸关系安排（CEPA）	2003 年签署，2004 年 1 月 1 日生效。2015 年 11 月，内地与港澳 CEPA 服务贸易协议签署，2016 年 6 月 1 日生效
谈判中的 FTA	中国—马尔代夫	2015 年 12 月 21～22 日举行首轮谈判
	中国—格鲁吉亚	2015 年 12 月 10 日正式启动谈判
	中新 FTA 升级谈判	2015 年 11 月 6 日正式启动中新 FTA 升级谈判
	中国—斯里兰卡	2014 年 9 月 16 日启动谈判
	RCEP	2013 年 5 月 9 日启动谈判，目前已举行 10 轮谈判和 4 次经贸部长会议
	中日韩	2012 年 11 月 20 日启动谈判，目前已举行 9 轮谈判
	中巴 FTA 第二阶段谈判	2011 年 3 月 10 日启动谈判
	中国—挪威	2008 年 9 月 18 日启动谈判
	中国—海合会	2004 年 7 月启动谈判
正在研究的 FTA	中国—哥伦比亚	2015 年 5 月 9 日启动可行性研究
	中国—印度	2005 年启动可行性研究
	中国—摩尔多瓦	
	中国—斐济	
优惠安排	亚太贸易协定	1976 年 6 月 17 日生效，中国于 2001 年 5 月 23 日加入，2002 年 10 月 1 日生效

资料来源：根据中国自由贸易区服务网（http://fta. mofcom. gov. cn/）整理。

梳理近 15 年来中国 FTA 发展的过程，不仅可以直观看出 FTA 绝对值的增加，也可以看出中国 FTA 战略及其实践的特征和变化，主要表现在以下四个方面。

第一，中国 FTA 伙伴涉及的国家和地域均有所扩大，具体而言又表现为三个侧面。首先，从与小国、发展中国家签署 FTA 为主，逐步转向发展中经济体与发达经济体并重。2013 年，中国首次与瑞士和冰岛这两个发达的欧洲经济体签订了 FTA。2014 年，又分别与澳大利亚和韩国两个亚太地区的发达经济体签订了 FTA。

其次，周边是中国 FTA 战略的重点，也是难点。2015 年，中日韩 FTA 谈判进程加速，10 月 30 日，借助中日韩领导人会议重开的东风，时隔 3 年 5 个月，中日韩经贸部长会议再度召开。12 月，三方举行了新一轮首席谈判代表级别的谈判。之前，2014 年 5 月，中日韩投资协定已正式生效。中国是韩日最大的贸易伙伴，日本是中国的第二大贸易国、第一大投资来源国，韩国是中国的第三大贸易国和投资来源国。中国有必要借助近期日韩、中日关系有所缓和的有利局面，尽早签订中日韩 FTA，促成相关国家在 RCEP 谈判上达成基本共识，缓解 TPP 生效和潜在扩容对中国的负面冲击。在 TPP 影响力日益扩大的背景下，中国应在考虑亚洲多样性和复杂性的基础上，实现 TPP 与 RCEP 的共容共存，最终实现高水平的、更具包容性的 FTAAP，在此过程中，中日韩 FTA 无疑是地缘政治和地缘经济的重要基石。

最后，中国加快了与美欧等国家和地区的投资协定谈判。2013 年 7 月，中国和美国首次同意以“负面清单和准入前国民待遇”为基础，开展双边投资协定的谈判。中国—欧盟投资协定自 2013 年启动以来已经过 9 轮谈判，这是中欧经贸关系中最重要的事项。2016 年 1 月开始，双方将推进实质性的文本谈判。

第二，FTA 涉及的内容和议题不断扩大和深化，从简单的降低关税逐渐涉及透明度、知识产权、政府采购、电子商务等 21 世纪贸易议题。如中国—新西兰 FTA 首次将透明度议题单独作为一章，中国—冰岛 FTA 首次将竞争单独作为一章，中国—瑞士 FTA 将竞争和环境问题单独作为一章。此外，2013 年 10 月，中方提出“打造中国—东盟 FTA 升级版”、“中国—新加坡 FTA 升级版”的倡议。2015 年 11 月 22 日，中国—东盟 FTA 升级谈判成果文件正式签署，进一步加强了中国与东盟之间的合作和开放水平。

在这一方面，2015 年 12 月 20 日中韩和中澳 FTA 的正式生效对于中国的 FTA 建设具有分水岭式的重要意义，中韩 FTA、中澳 FTA 是中国目前签订的最为全面、高水平的 FTA。中澳 FTA 是中国已缔结的 FTA 中自由化程度最高的。目前，中国 FTA 的自由化率一般在 90% 上下，而中澳 FTA 将即刻撤销占双方进出口总额 85.4% 的商品的关税，最终自由化率将达到 95%，特别是澳大利亚对华最终关税撤销率将接近 100%。更为重要的是，中澳 FTA 区涉及电子商务、政府采购、知识产权等 TPP 包含的所谓 "21 世纪的贸易议题"。澳大利亚也成为首个对中国采用负面清单方式开放服务贸易的国家，中方以正面清单方式向澳方开放服务部门。

中韩 FTA 同样意义重大，这是东北亚地区的第一个 FTA，协定范围涵盖货物贸易、服务贸易、投资和规则等 17 个领域，还包含诸多经贸新议题，如首次以单独章节的形式对金融服务和电信作了规定，第一次在 FTA 协定中纳入了地方经济合作和产业园的建设条款等。

第三，绘就蓝图，谋划部署 FTA 战略框架。很长一段时间内，中国并没有清晰的 FTA 发展战略。2007 年，中国政府首次明确提出要 "实施自由贸易区战略，加强双边多边经贸合作"，将建立 FTA 上升为国家战略。2015 年 10 月 29 日，中国共产党十八届五中全会公报再次提出 "加快实施自由贸易区战略"；2015 年 12 月 6 日，国务院印发《关于加快实施自由贸易区战略的若干意见》，这是关于中国 FTA 战略的指导方针。意见强调 "坚持把握开放主动和维护国家安全，逐步构筑起立足周边、辐射 '一带一路'、面向全球的高标准自由贸易区网络"。作为近期目标，意见提出要 "加快正在进行的自由贸易区谈判进程，在条件具备的情况下逐步提升已有自由贸易区的自由化水平，积极推动与我国周边大部分国家和地区建立自由贸易区，使我国与自由贸易伙伴的贸易额占我国对外贸易总额的比重达到或超过多数发达国家和新兴经济体水平"。[①] 这一阶段性目标为中国的 FTA 建设设定了首要伙伴、参考数值和比照对象，进一步明确了主攻方向和发展重点，具有纲领性意义。

第四，国内自贸区试点为中国参与高标准的国际经贸规则谈判积累了经验。在对外开展 FTA 建设的同时，中国也在国内积极推动自贸区试验。

---

① 《国务院关于加快实施自由贸易区战略的若干意见》，国发〔2015〕69 号，2015 年 12 月 6 日。

2013 年 9 月，中国（上海）自由贸易试验区成立，其试点主要体现在负面清单管理模式、准入前国民待遇、金融业开放措施、贸易便利化等各项规则改革，这些高标准措施与当前双边、区域、诸边贸易和投资谈判的规则条款相一致，标志着中国从"正面清单加准入后国民待遇"正逐步向"负面清单和准入前国民待遇"的管理模式转变，成为中国经贸规则与世界经贸规则接轨的重要一步。2015 年 4 月，自贸区扩容至广东、福建和天津。有理由期待，自贸区将成为中国探索高标准 FTA 以及最佳开放模式的试验田。

三 亚太 FTA 面临的挑战

亚太地区 FTA 的发展也面临诸多挑战。

第一，随着域内双边 FTA 的日益增加，前述"意大利面碗效应"进一步加剧。根据亚洲开发银行的统计，截止到 2015 年 8 月，亚洲地区的 FTA 已达到 282 个（2000 年为 55 个），其中 148 个已经签署，62 个正在谈判中，另有 67 个已经被提出。[1]在亚太地区，向 WTO 通报的 FTA 已经达到近 60 个（表 3）。

表 3　亚太地区[2]已经生效的 FTA

名称	实施时间	内容	名称	实施时间	内容
亚太贸易协定	1976. 6. 17 2002. 1. 1	G	东盟—日本	2008. 12. 1	G 和 S
澳大利亚—巴布亚新几内亚	1977. 2. 1	G	日本—菲律宾	2008. 12. 11	G 和 S
澳大利亚—新西兰	1983. 1. 1（G） 1989. 1. 1（S）	G 和 S	中国—新加坡	2009. 1. 1	G 和 S
东盟自贸区	1992. 1. 28	G	美国—秘鲁	2009. 2. 1	G 和 S
北美自由贸易区	1994. 1. 1	G 和 S	秘鲁—智利	2009. 3. 1	G 和 S

---

① The Asia Regional Integration Center, Asian Development Bank, accessed January 10, 2016, https://aric. adb. org/fta-all.

② 此处的亚太地区是指 APEC 21 个成员方所涵盖的范围，包括澳大利亚、文莱、加拿大、智利、中国、中国香港、印度尼西亚、日本、韩国、马来西亚、墨西哥、新西兰、巴布亚新几内亚、秘鲁、菲律宾、俄罗斯、新加坡、中国台北、泰国、美国、越南。

名称	实施时间	内容	名称	实施时间	内容
加拿大—智利	1997.7.5	G 和 S	澳大利亚—智利	2009.3.6	G 和 S
智利—墨西哥	1999.8.1	G 和 S	秘鲁—新加坡	2009.8.1	G 和 S
新西兰—新加坡	2001.1.1	G 和 S	加拿大—秘鲁	2009.8.1	G 和 S
日本—新加坡	2002.11.30	G 和 S	日本—越南	2009.10.1	G 和 S
中国—中国香港	2003.6.29	G 和 S	东盟—韩国	2010.1.1（G）2009.5.1（S）	G 和 S
新加坡—澳大利亚	2003.7.28	G 和 S	东盟—澳大利亚、新西兰	2010.1.1	G 和 S
美国—新加坡	2004.1.1	G 和 S	秘鲁—中国	2010.3.1	G 和 S
美国—智利	2004.1.1	G 和 S	新西兰—马来西亚	2010.8.1	G 和 S
韩国—智利	2004.4.1	G 和 S	中国香港—新西兰	2011.1.1	G 和 S
美国—澳大利亚	2005.1.1	G 和 S	秘鲁—韩国	2011.8.1	G 和 S
泰国—澳大利亚	2005.1.1	G 和 S	秘鲁—墨西哥	2012.2.1	G 和 S
东盟—中国	2005.1.1（G）2007.7.1（S）	G 和 S	智利—马来西亚	2012.2.25	G
日本—墨西哥	2005.4.1	G 和 S	日本—秘鲁	2012.3.1	G 和 S
泰国—新西兰	2005.7.1	G 和 S	韩国—美国	2012.3.15	G 和 S
韩国—新加坡	2006.3.2	G 和 S	马来西亚—澳大利亚	2013.1.1	G 和 S
TPSEP（TPP 前身）	2006.5.28	G 和 S	新西兰—中国台湾	2013.12.1	G 和 S
日本—马来西亚	2006.7.13	G 和 S	智利—越南	2014.1.1	G
智利—中国	2006.10.1（G）2010.8.1（S）	G 和 S	新加坡—中国台湾	2014.4.19	G 和 S
智利—日本	2007.9.3	G 和 S	中国香港—智利	2014.10.9	G 和 S
日本—泰国	2007.11.1	G 和 S	韩国—澳大利亚	2014.12.12	G 和 S
日本—印尼	2008.7.1	G 和 S	加拿大—韩国	2015.1.1	G 和 S
文莱—日本	2008.7.31	G 和 S	日本—澳大利亚	2015.1.15	G 和 S

名称	实施时间	内容	名称	实施时间	内容
中国—新西兰	2008. 10. 1	G 和 S	韩国—新西兰	2015. 12. 20	G 和 S

注：G 代表货物领域的协议，S 代表服务领域的协议，根据 WTO 网站统计，http：//rtais. wto. org/UI/PublicAllRTAList. aspx。

RCEP 内部成员之间存在相互交叉、规则不一的众多 FTA（图 1）。这种情况在 TPP 内部同样明显。在 TPP 成员之间，已存在近 30 个双边或多边 FTA。

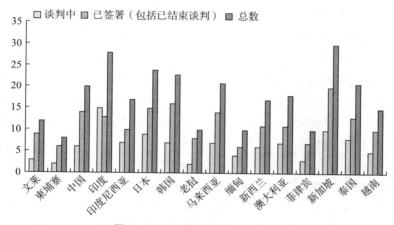

图 1　RCEP 成员国的 FTA 现状

注：此图综合亚洲开发银行、中国商务部和澳大利亚外交贸易部等的 FTA 数据统计，其中亚洲开发银行的数据统计到 2015 年 8 月，中国和澳大利亚的最新数据统计到 2016 年 1 月，资料来源：https：//aric. adb. org/fta-all，http：//fta. mofcom. gov. cn/，http：// dfat. gov. au/tra de/agreements/Pages/status-of-fta-negotiations. aspx。

由于"意大利面碗效应"，亚太 FTA 的利用率并不高。日本贸易振兴机构（JETRO）的调研显示，2009 年，仅有 36.2% 的日本企业在向 FTA 伙伴国出口时利用了 FTA 优惠关税，2013 年，这一比例也仅上升到 42.9%。[1] 与之类似，截至 2013 年 12 月，韩国已经生效的 9 个 FTA 的利用率为 40% ~ 80%，虽有进步但仍不容乐观，企业对于各个 FTA 复杂的关税和非关税条款无所适从是主要原因。[2] 2010 年，中国学者对 226 家有出口业务的中国

---

[1] Kuno Arata, "Beyond TPP Negotiation：Policy Proposals for Promoting FTA Utilization," *Social Science Japan*, March 2015, p. 25.

[2] Inkyo Cheong, "Korea's Policy Package for Enhancing its FTA Utilization and Implications for Korea's Policy," ERIA Discussion Paper Series, ERIA-DP – 2014 – 11, May 2014.

企业进行调研后也发现，即使是利用率最高的中国—东盟 FTA，也只有不到 1/3 的企业加以利用。① 鉴于已有的双边 FTA 并没有显著提升域内贸易比例，迫切需要更广泛的区域贸易协定来克服"意大利面碗效应"。也正因如此，TPP 引入了"累计原产地"规则，以确保原产地规则的简洁和高效，促进区域供应链的整合，确保 TPP 缔约方而不是非缔约方成为协定的主要受益者。

第二，亚太地区一体化面临不断升级的路径之争和规则之争。自 1997 年亚洲金融危机以来，东亚区域一体化进程不断加速，"东盟 + X"的模式成为主导东亚区域合作的重要方式，这一模式也被称为东亚路径。在这一背景下，美国在亚太的影响力相对下降。有鉴于此，美国希望通过倡导 TPP，以亚太路径替代东亚路径，重新确定自身在亚太区域合作中的主导地位，分化东亚地区内部的合作。TPP 和 RCEP 的共存既反映了亚太经济体之间寻求联盟的共同目标，也表明了亚太地区不同国家在区域贸易体系发展方向上的分歧。②

亚太地区面临的矛盾事实上是多边舞台上路径之争和规则之争的一个具体而细微的表现。WTO 未能就复杂的贸易政策议题，如监管壁垒、跨境投资、知识经济等做出安排，这些超越目前 WTO 协议的内容被称为 WTO + 和 WTO - X 条款，它们主要在双边和区域层面上解决。所谓 WTO + 条款，是指针对 WTO 协议已经涉及和达成协议的问题，区域贸易协定给出更强的承诺和规则；WTO - X 条款则是指 WTO 协议没有涉及的条款。具体而言，WTO + 和 WTO - X 条款包括以下措施：以负面清单方式开放的服务贸易；互联网和电子商务新规则的制定；对外国投资者的跨境国民待遇；统一的监管；加强知识产权保护；政府采购承诺；国有企业竞争中立等。③近年来，越来越多的区域 FTA 不仅涉及优惠关税减免，还包含诸多 WTO + 和 WTO - X 条款。据统计，2001 年多哈回合以来，近 1/3 的区域贸易协定

---

① 张蕴岭、沈铭辉、刘德伟：《FTA 对商业活动的影响——基于对中国企业的问卷调查》，《当代亚太》2010 年第 1 期。

② Meredith Kolsky Lewis, "The Trans-Pacific Partnership: New Paradigm or Wolf in Sheep's Clothing?" *Boston College International & Comparative Law Review*, No. 7, 2011, p. 28.

③ Henrik Horn, Petros C. Mavroidis and André Sapir, "Beyond the WTO? An Anatomy of EU and US Preferential Trade Agreements," *The World Economy*, Vol. 33, No. 11, 2010, pp. 1565 – 1588；World Trade Organization, *World Trade Report 2011: The WTO and Preferential Trade Agreements: From Co-existence to Coherence*, Geneva: World Trade Organization, 2011.

中出现了关于下一代贸易议题的规定。①

所谓"高标准"的 FTA，究其本质而言，是"志同道合的贸易伙伴"之间结成的一个经贸领域的"意愿联盟"，这些贸易伙伴在价值理念、议程设置、规则制定等方面具有近似立场和共同利益。② 借助这些 FTA，部分经济体不但在内部不断提高规则的协同和融合，而且日益向其他国家输出其经贸规则和机制。例如，自北美自由贸易协定开始，美国就不遗余力地向发展中国家输出环境和劳工标准等 WTO – X 条款，这些标准又进而间接影响了其他发展中国家。美国通过双边 FTA 向秘鲁、智利等国输出其经贸规则，后者在与中国进行 FTA 谈判时也相应地要求加入环境和劳工议题，结果在中国与智利的双边 FTA 中就涉及了竞争政策条款。

第三，TPP 建成后有可能激起一系列地缘战略涟漪。韩国、菲律宾、泰国、印度尼西亚等东亚国家都已表示过加入 TPP 谈判的意向，哥斯达黎加、哥伦比亚等国也有意加入，甚至中国台湾也在热议加入 TPP。一旦扩容成功，TPP 的地域范围有可能在亚太、中北美、南美等更广阔的区域拓展。一方面，在 TPP 扩容的意向经济体中，大部分都已经与中国建立了 FTA，或是 APEC 和拟议中的亚太自贸区（FTAAP）的成员，尤其需要重视。另一方面，就技术层面而言，基于市场开放程度、与 TPP 缔约方的已有 FTA 网络关系、对美战略考量和外交关系等因素，韩国等潜在成员在后续谈判上的难度甚至有可能低于已有成员在过去数年中的谈判。

TPP 协议达成有可能带来更大的"多米诺效应"或"齿轮效应"。当各发达经济体和发展中竞争对手纷纷加入 TPP 等新型跨区域主义的进程后，其他国家加入其中的意愿和压力也相应提升。因此，部分国家有可能超越阶段性的"消极抵抗"状况和单个国家内部个别特殊利益集团的牵制，努力与 TPP 成员国等利益攸关方的跨区域合作实践保持同步。TPP 谈判中，日本在农产品市场开放等关键议题上的妥协退让已充分显示出这一点。美欧日等少数国家或国家联盟先行确立的议事日程、核心原则、谈判模式、具体规则也将成为不少国家后续实践不得不参照的模板。

这种"诱惑"与"负担"并存的挑战会使部分发展中经济体更加进退

---

① Richard Baldwin, "21st Century Regionalism: Filling the Gap between 21st Century Trade and 20th Century Trade Rules," *CEPR Policy Insight*, No. 56, May 2011, p. 6.

② 贺平：《跨区域主义：基于意愿联盟的规制融合》，《中美贸易：失衡与摩擦——复旦国际关系评论（第十五辑）》，上海人民出版社，2014，第 264～287 页。

维谷，也有可能不断侵蚀现存机制下对不发达国家的特惠安排。对于柬、老、缅、越（CLMV）等东盟内部经济发展状况相对滞后的四国来说，参与 TPP、RCEP 等区域和跨区域经济合作，势必面临双刃剑的选择。一方面，协议签署后，外来制造业产品的进口必将提升，对原先较为脆弱的工业化造成冲击；另一方面，这是进一步融入经济全球化、推进出口导向型和外资依存型经济、在国际和区域产业链和价值链中巩固和提升自身地位的必然要求。因此，这些国家对 TPP 和 RCEP 客观上抱有一定的疑虑。

四 前景展望与中国的应对之策

在亚太 FTA 网络建设中，日韩 FTA 长期停滞，拟议中的中日韩 FTA 呼唤更大的利益协商和政治决断，RCEP 谈判同样充满变数。如何加速推进亚太地区的经济一体化，不仅与中国外向型经济的结构性要求息息相关，更关系到本区域的长期和平、稳定与发展。为此，中国或许在以下四个方面可以有所作为。

第一，提高 FTA 层级，实现 FTA 网络的查漏补缺和市场开放水平的高低兼容。

在"10＋6"内部双边网络尚未完全建立的情况下，RCEP 具有一定的跨越式和超前发展的色彩，这也是目前 RCEP 谈判举步维艰的原因之一。鉴于东盟"小马拉大车"的领导困境在本质上难以消除、印度缺乏市场开放的实际能力与意愿、东北亚经济一体化面临诸多非经济障碍等因素，有必要重新认识和充分重视韩国、澳大利亚等域内第三方势力对于推动区域合作的正面作用，调动并借重其特殊性和积极性，为最终建立亚太 FTA 增添动力。

第二，着眼长远，使 FTA 建设与全球价值链和生产网络的拓展和深化相适应。

为了加强全球价值链的"韧性"，减少生产、物流、营销等成本，防范可能的风险，相关国家除了关税之外，必须在投资承认、知识产权保护、劳工权益、环境保护以及其他一系列规制领域开展深度融合，提供整套而非单一的政策工具。这正是 TPP 等新型跨区域主义实践的主要目标。"贸易—投资—服务—知识产权的综合体"正在成为 21 世纪国际商务的核心。因此，"21 世纪的区域主义"的谈判焦点在于"各国国内改革的交换"而非传统的"市场准入的交换",规制而非关税成为其重点。①客观评价 TPP 在新一轮经济全球化下的时代意义,也有助于缓解对其的过度质疑、批判和恐惧。如何在 FTA 建设中拓展议题的广度和深度,如何提高规则制定和规制统合的共同意愿,如何加强规则的执行效力及其"外溢效应",如何在"一带一路"建设的诸多项目中提高一体化合作的层级,都成为中国在今后亚太区域合作中面临的重要问题。

第三,未雨绸缪,提早研判 TPP 的潜在扩容,努力实现与之相向而行。

TPP 仅仅是当前多个跨区域"超级 FTA"中的一个,不应孤立观察。正在谈判中的 TTIP、日欧 EIA 有可能与 TPP 形成强大的三角联动效应。中国与 TPP 缔约方的关系将是观察 TPP 未来可能扩容的一个重要因素。在 TPP 缔约方中,已经有 8 个国家与中国签署了 7 个不同形式的 FTA。根据皮尤在 2015 年中进行的一项民意调查,非 TPP 缔约方但是 RCEP 成员的国家中,菲律宾与印度明显更为重视对美而非对华的经济关系,韩国重视同时发展对美和对华的经济关系,而印度尼西亚的认知则更为多元和平衡。②

从根本上而言,RCEP 与 TPP 殊途同归,共同目标是最终建立 FTAAP。佩特里等人对 TPP 和 RCEP 的定量研究表明,TPP 只有将中国包括在内,才会有最大的经济收益。③中国也多次表示对 TPP 持开放态度,2015 年 11 月 21 日在吉隆坡举行的第十八次东盟与中日韩领导人会议上,李克强总理强调,相信 TPP 与 RCEP 能够与地区其他自贸安排相互促进,为实现亚太 FTA 共同目标做出积极贡献。④澳大利亚贸易和投资部部长安德鲁·罗布在 2015 年 10 月 21 日也曾表示,对于未加入 TPP 的中国而言,RCEP 与 TPP 在适当的时候实现融合是"最佳之道",大致可以分为两步走:一是 RCEP 自身在 2016 年底顺利缔结;二是在 2025 年左右实现两者的融合。这或许是一

① Richard Baldwin, "Global Supply Chains: Why They Emerged, Why They Matter, and Where They Are Going," in Deborah K. Elms and Patrick Low eds., *Global Value Chains in A Changing World* (Geneva: World Trade Organization, 2013), pp. 13 – 59.

② Richard Wike, Bruce Stokes and Jacob Poushter, "Asia in Focus," Pew Research Center, June 23, 2015, accessed January 10, 2016, http://www.pewglobal.org/2015/06/23/3-asia-in-focus/.

③ Peter A. Petri, Michael G. Plummer and Fan Zhai, "*The TPP, China and the FTAAP: The Case for Convergence*," May 19, 2014, accessed January 10, 2016, http://aacs.ccny.cuny.edu/2014conference/Papers/Michael%20Plummer.pdf.

④ 李克强:《在第十八次东盟与中日韩领导人会议上的讲话》,《人民日报》2015 年 11 月 22 日。

种可期的愿景。2014 年 11 月在北京通过的《北京纲领：构建融合、创新、互联的亚太》和《亚太经合组织推动实现亚太自贸区北京路线图》曾强调，FTAAP 应是一个全面的、高质量的并且涵盖下一代贸易和投资议题的 FTA，[①] 缩小区域和双边 FTA 重叠所带来的负面效应。百舸争流千帆竞，借海扬帆奋者先。这一愿景并非各国众口一词的外交辞令，但如何将愿景付诸可行的实践，包括中国在内的亚太各国都应凝心聚力、责无旁贷。

第四，夯实基础，着力强化与周边国家和南南伙伴间的 FTA 建设。

首先，中国的亚太 FTA 战略并不是孤立的经济战略，而应与周边外交战略和亚太安全战略相辅相成。面对复杂的外交环境，中国需要通过加强经济合作降低周边国家对自身崛起的经济担忧和政治疑虑。因此，中国的 FTA 战略应首先立足于周边，尤其是"一带一路"沿线国家，以其为依托再行稳步扩展，通过经济合作和打造区域市场加强与周边国家的全方位联系。其次，FTA 建设应充分考虑其与中国经济体制改革和对外开放的契合度，在互利互惠的基础上，逐步建立高质量的国际贸易和投资规则，打造有利于中国经济发展的国际经济新秩序。最后，FTA 建设要促进南北交流，也要注重南南合作。通过与发达国家之间的 FTA 谈判，中国在经贸规则制定和执行中已经积累了一定的经验。同时，也应加强与发展中经济体、新兴经济体等的南南合作，集中于市场准入和经济合作，携手迈向更高的层次。从本质上而言，这最终有利于建立符合各国根本利益的国际规则，推动全球多边贸易的发展。

China's FTA Strategy against the Background of TPP and RCEP

He Ping, *Qian Yaping*

Abstract In recent years, the regional integration in Asia-Pacific has been

---

① "Annex A-The Beijing Roadmap for APEC's Contribution to the Realization of the FTAAP," Nov. 11, 2014, http://www.apec.org/Meeting-Papers/Leaders-Declarations/2014/2014_aelm/2014_aelm_annexa.aspx.

presenting a new development trend. While the number of bilateral FTAs keeps growing, the pluri-lateral and regional "Super FTAs" represented by the TPP and RCEP begin to take shape and accelerate. Against this background, China has greatly speeded up its FTA construction, with the ever expanding geographical coverage of FTA partners, extending FTA sectors and issues, and a preliminary strategic framework. The Pilot Free Trade Zones have also prepared China for its participation in negotiations for higher economic and trade standards. Based on this, China should upgrade its FTA level to complete the missing piece and achieve a suitable and adjustable degree of market opening; make the FTAs compatible with the expanding and deepening global value chain and production network from a long-term perspective; anticipate and prepare for the potential expansion of TPP; and strengthen its FTAs with its neighboring countries and developing partners.

Key Words TPP; RCEP; FTA Strategy; Neighboring Diplomacy

Author He Ping, associate professor at the Institute of International Studies, Fudan University; Qian Yaping, Ph. D, candidate at the School of International Relations and Public Affairs, Fudan University.

东盟—中国海洋合作：维护海洋
安全和地区稳定[*]

〔印尼〕 安琪尔·达玛延蒂

【内容提要】 全球化依赖于海上运输的自由往来。国际航运是全球贸易在未来实现进一步发展的重要基础，在亚太地区尤其如此。由于以海运为基础的全球化在面对风险时具有脆弱性，它为我们同时带来了机遇与挑战。国际航运需要以稳定和安全作为保障，美国、中国和印度尼西亚等亚太地区大国各自推出了维护地区海域安全的相关战略。本文主要探讨亚太各国在这一问题上的共同关切以及东盟在促进海洋合作中扮演的角色。各国所拥有的共同关切主要源于缺乏海洋安全和治理所导致的来自海洋以及海上的挑战和威胁，如南海及马六甲海域存在的问题。为了维护良好的海洋秩序，东盟成员国应与中国建立海洋伙伴关系。东盟与中国以及亚太其他主要大国间的包容性和全面性合作，对于保障经济发展与繁荣以及维持地区的和平与稳定具有重要意义。

【关键词】 海上丝绸之路　全球海洋支点　海洋安全　海洋合作

【作者简介】 安琪尔·达玛延蒂，印度尼西亚基督教大学社会及政治科学系国际关系项目安全与外交事务研究中心讲师、高级研究员。

---

* 本文曾在复旦大学中国与周边国家关系研究中心、复旦大学亚洲研究中心与复旦发展研究院举行的"中国—东盟关系与海上丝绸之路建设"国际研讨会（2015 年 11 月 27 ~ 28日，上海）上宣读。原文为英文，由黄贝翻译成中文，并做了部分数据的更新，韦宗友校。

一 导论

全球化进程依赖于借助海运实现的商品安全和自由流动的自由贸易体制。海洋对于商品在世界范围内的分配、销售和消费不可或缺，成为全球化的重要象征。国际航运更成为未来全球经济与贸易进一步发展的重要基础。然而，这一预期目标的实现需要国际航运具有可预见性、可追踪性、能够按时收货和发货，并且安全可靠。[①] 亚太地区成为海洋战略重心的过程也伴随着众多的跨国威胁，尤其是海上威胁。[②] 一些亚太国家如中国和印度尼西亚已提出了确保和维护海洋领土安全的相关举措。此外，2011 年美国提出的亚太再平衡战略也将维护马六甲海峡和南海海域的美国航道安全作为重要目标。

2013 年 9 月，中国国家主席习近平提出了丝绸之路构想，进而提议中国与东盟应建立紧密的战略合作，尤其是在海洋领域，后者对建设"21 世纪海上丝绸之路"、促进地区互联互通及经济一体化具有重要意义。[③] 一年后，在东盟十国和中、美、日、印、韩、澳等国参加的东亚峰会上，印度尼西亚总统佐科提出了使印尼成为"全球海洋支点"的构想。这一构想源于这一观点，即全球政治、经济地缘重心的东移以及印尼的战略位置将使印尼海域具有越发重要的意义。[④]

在上述海洋战略政策出台的背景下，中国与东盟成员国应建立一种开放、全面的海洋合作关系。"开放"是指这一伙伴关系应具有包容性，向亚太地区内的所有国家提供成为战略伙伴的机会；"全面"是指这一海洋合作将致力于解决与海洋管控相关的传统威胁以及主要在海上形成的非传

---

① See Geoffrey Till, *Seapower*, *A Guide for the Twenty First Century*, *Second Edition*, Oxon, Routledge, 2009, pp. 1 – 6.

② W. Lawrence S. Prabhakar, "Maritime Strategic Trends in the Asia Pacific：Issues and Challenges," in Lawrence, Joshua Ho, and Sam Bateman（eds.）, *The Evolving Maritime Balance of Power in the Asia-Pacific*, *Maritime Doctrines and Nuclear Weapons at Sea*, Singapore：Institute of defence and Strategic Studies, NTU, 2006, pp. 35 – 68.

③ "Chronology of China's Belt and Road Initiative," http：//news. xinhuanet. com/english/2015 – 03/28/c_134105435. htm.

④ Indonesian President Joko Widodo's Speech in 26th East Asian Summit, 29 April 2015, in Kuala Lumpur.

统安全威胁。

这种包容、全面的区域性海洋合作的实现基于亚太海洋三个重要的事实：第一，太平洋蕴含的丰富的自然资源为相关国家同时带来了优势与挑战；第二，对海洋安全的重视反而带来了地区安全困境；第三，亚太各国之间有着经济发展和地区稳定的共同关切。

本文还会进一步阐述东盟在合作处理安全、海洋问题过程中的作用。就此而言，作为维护东南亚和亚太地区和平、繁荣、安全和稳定的主要推动机构，东盟具有重要作用。此外，本文还将阐释东盟成员国内部在南海管控问题上存在的争议以及它们如何解决这一争议。本文在结构上分为四个部分：第一部分是前言，第二部分阐释亚太海洋合作的重要性，第三部分分析东盟的角色和海洋合作范畴，第四部分是结论。

二　亚太海洋合作的重要性

劳伦斯·普拉巴哈克尔（Lawrence S. Prabhakar）认为，亚太地区拥有一个全球化的海洋环境。[①]这一观点意指亚太地区在近十年来已成为一个全球战略性海域。然而，该地区及涵盖的海域也因传统及非传统威胁而极其脆弱。至少存在三个事实可以证明亚太地区及其海域的战略重要性，因此亚太国家在海洋管理方面应进行全面合作。

第一，亚太海域涵盖太平洋西部，尤其是马六甲海峡、东海和南海等，是拥有丰富自然资源的海域，为岛国提供了有利条件。但是，由于众多跨国犯罪在该区域尤其是在海上发生，因此这一海域环境同时具有脆弱性。第二，保护印度—太平洋海洋资源和海上交通线的必要性已使一些国家在国家经济财富增长的同时着手进行海军现代化，导致了安全困境和地区不稳定。第三，亚太各国之间存在共同关切，即经济发展和地区的稳定与安全。

关于南海地区油气资源的丰富程度，有一些机构对该区域内尚未发现的油气资源进行了估算。例如，据 2010 年美国地质调查局（USFS）预估，南海海域可能蕴藏着 50 亿～220 亿桶石油以及 70 万亿～290 万亿立方英尺天然气。中国海洋石油公司对南海潜在资源的预计数据则更为乐观。2012

---

① Indonesian President Joko Widodo's Speech in 26th East Asian Summit, 29 April 2015, in Kuala Lumpur.

年 11 月，中海油通过进行的研究项目测算出，该海域的石油储量预计有 1250 亿桶，天然气储量为 500 万亿立方英尺。另外，2013 年，美国能源情报署发布的估算数据显示，南海拥有 110 亿桶的石油储量和 190 万亿立方英尺的天然气储量。[①] 这一估算证实了西太平洋资源的丰富程度。

除油气蕴藏量之外，南海海域拥有的渔业资源和其他海产品资源无疑也使沿岸国家大为受益。例如，2010 年，中国从其经济专属区获得的海产品总量达 6000 万吨，较 2004 年的 4750 万吨和 1999 年的 750 万吨的产量有了大幅增长。[②] 2013 年，中国渔业产量达 6093 万吨，其中超过 1380 万吨来自海洋。[③] 通过表 1 可以看出，南海海域为东亚、东南亚国家提供了极为丰富的海产品。

表 1　2013 年东亚和东南亚渔业及水生植物产量

国家	渔业（吨）			水生植物（吨）		
	天然生产	人工养殖	总量	天然生产	人工养殖	总量
中国	17371823	43553502	60925325	283292	13564679	13847971
日本	3656854	608800	4265654	84500	418365	502865
韩国	1597874	402141	2000015	8566	1131305	1139871
朝鲜	215000	64050	279050		444300	444300
印度尼西亚	6101725	3819732	9921457	17136	9298474	9315610
马来西亚	1488705	261274	1749979		269431	269431
菲律宾	2331721	815008	3146729	400	1558378	1558778
越南	2803800	3207200	6011000		87280	87280
泰国	1843747	1056944	2900691	–	–	–
新加坡	1645	5165	6810	–	–	–
文莱	4000	830	4830	–	–	–
柬埔寨	639468	90000	729268			

资料来源：《世界渔业产量》，联合国粮食与农业组织，2013 年。

[①] South China Sea Overview, accessed through, 24 Oct. 2015, http://www.eia.gov/beta/international/analysis_includes/regions_of_interest/South_China_Sea/south_china_sea.pdf.

[②] Capture and Aquaculture, FAO Fisheries Statistics, 2011 and World Fisheries Production, 2013, http://www.fao.org/fishery/statistics/en.

[③] Capture and Aquaculture, World Fisheries Production, 2013, ftp://ftp.fao.org/FI/STAT/summary/a-0a.pdf.

印尼专属经济区涵盖马六甲海峡和南海南部部分海域，拥有年均近 1000 万吨的渔业产量和超过 900 万吨的水生植物产量，这使印度尼西亚成为仅次于中国的南海海域第二渔业大国。越南也从南海获得了丰富的海产品资源，渔业捕获量和养殖量共计超过 600 万吨。2013 年，菲律宾渔业产量超过 300 万吨，水生植物产量约达到 150 万吨。而泰国的渔业产量则接近 300 万吨。南海蕴藏的丰富水产无疑成为沿岸国家的一大资源优势。

在对海洋进行有效管理的情况下，南海周边国家能依靠它实现经济上的发展。然而，丰富的海洋资源也可能诱发非法和过度捕鱼以及其他跨国犯罪行为。缺乏对海域及其海洋资源的控制和保护对任何岛国来说都是一个严重威胁。以印尼为例，为了保护其海洋资源和威慑非法捕鱼船只，截至 2015 年 9 月，现任印尼海洋事务和渔业部部长苏西·普吉亚斯图蒂（Susi Pudjiastuti）下令扣押的中国、越南和菲律宾等国船只已超过 35 艘。[1]印尼海洋事务和渔业部表示，非法捕鱼行为每年给印尼带来的损失约为 2300 万美元，这也是印尼采取上述措施的主要原因。[2] 然而，这一强硬政策已引发中国、越南和菲律宾政府的忧虑，他们已于近期与印尼政府展开协商。

南海和马六甲海洋的重要意义不仅在于其海洋资源，更因为它们是主要的海上交通线，战略地位重要。西南方延伸至新加坡以及马六甲海峡、东北方向到达台湾海峡的南海海域，是世界上最为重要的能源运输要道之一。联合国贸易和发展会议（UNCTAD）表示，2013 年全球 30% 的海上贸易[3]和 60% 的石油和天然气都是从霍尔木兹海峡出发途经马六甲海峡以及南海海域。[4]

---

① "Menteri Susi tangkap 22 Kapal China"（Minister Susi arrested 22 Chinese vessels），http：//bisnis. tempo. co/read/news/2014/12/08/090627197/menteri-susi-tangkap-22-kapal-ikan-cina；"Menteri Susi tangkap 16 kapal asing sepanjang September 2015"（Minister Susi arrested 16 foreign vessel throughout September 2015），http：//www. cnnindonesia. com/politik/20151002133734 – 3 2 – 82341/menteri-susi-tangkap-16-kapal-asing-sepanjang-september-2015/.

② "Indonesia kerepotan Berantas Illegal Fishing"（Indonesia finds Difficulties in combating Illegal Fishing），http：//www. politikindonesia. com/index. php? k = wawancara&i = 55554-Ida-Kusuma-Wardhaningsih；-Indonesia-Kerepotan-Berantas-Illegal-Fishing.

③ UNCTAD, *Review of Maritime Transport*, 2013, p. 37, http：//unctad. org/en/PublicationsLibrary/rmt2013_ en. pdf.

④ US Energy Information Administration, "World Oil Chokepoints," November 2014, http：//www. eia. gov/beta/international/analysis_ includes/special_ topics/World_ Oil_ Transit_ Chokepoints/wotc. pdf.

美国能源信息署发布的报告也指出，每天有超过 1500 万桶石油经过波斯湾、马六甲海峡和南海运往亚洲各国以及美国。① 与此相比，作为世界上最重要的海上运输线咽喉的霍尔木兹海峡、波斯湾和阿拉伯海在 2011 年的日均石油运输量约为 1700 万桶。两者的重要性不相上下。此外，途经马六甲海峡和南海的日均石油运输量在过去 20 年来经历了大幅提升。据美国国防部报道，世界海上石油运输的 25% 和天然气运输的 50% 都会途经马六甲海峡。②

然而，这片全球化的海域不仅为各国的经济发展提供了条件，也带来了不断增加的跨国犯罪尤其是海上犯罪。谭舒克（Kimberley L. Thachuk）和汤莱迪（Sam J. Tangredi）将跨国犯罪定义为"由非国家行为体实施的不仅跨越国界并且造成全球影响的犯罪行为"。③ 他们还将作为犯罪实施主体的非国家行为体分为两类——恐怖主义团体和有组织犯罪团体。恐怖主义团体当前的犯罪行为强度更大，目标更为公开，并且更具有全球性导向。他们也会进行与有组织犯罪团体相同的犯罪活动以获得资金，如毒品交易、军火走私、洗钱、人口贩卖和海盗行为。④在亚太海域，恐怖主义袭击已成为一些东南亚国家亟待解决的问题，如印尼、泰国和菲律宾。

在海盗威胁方面，据国际海事局和国际商会（ICC-IMB）的报告，2003～2006 年，马六甲海峡和新加坡、印尼、马来西亚沿岸海域共发生了513 起海盗袭击事件，占全球海盗袭击事件的近 36%。⑤ 2011 年版的报告则指出，2007～2010 年，该地区的海盗袭击事件下降至 240 起。⑥这可能是受印尼、马来西亚和新加坡政府自 2005 年 7 月开始的联合打击马六甲海盗

---

① U. S. Energy Information Administration analysis based on Lloyd's List Intelligence, Panama Canal Authority, Eastern Bloc Research, Suez Canal Authority, and UNCTAD.

② Terri Moon Cronk, "Pacom Chief: China's Land Reclamation Has Broad Consequences," *DoD News*, July 24, 2015.

③ Kimberley L. Thachuk and Sam J. Tangredi, "Transnational Threats and Maritime Responses," *Globalization and Maritime Power*, Washington DC: National Defense University, 2002, pp. 57 – 77.

④ Kimberley L. Thachuk and Sam J. Tangredi, "Transnational Threats and Maritime Responses," *Globalization and Maritime Power*, Washington DC: National Defense University, 2002, pp. 57 – 77.

⑤ ICC-IMB Piracy and Armed Robbery Against Ships, 2007 Annual Report.

⑥ ICC-IMB Piracy and Armed Robbery Against Ships, 2010 Annual Report.

行动的影响。然而，这一数据在 2011～2014 年又回升至 453 起。[1] 在 2015 年上半年全球 134 起海盗和武装抢劫船只事件中，有超过 1/3 发生在临近印尼的海域，因此海盗袭击也时常令亚太国家感到担忧。[2]

为了确保商品的自由流动、保障石油供应以及保护海洋资源及领海权益，亚太国家争相发展海军力量。伴随着经济的增长，区域内一些国家也有了更多的军费预算来推进海军现代化。2015 年，中国国防白皮书指出，中国的海上供给所面临的挑战来自国家和非国家行为体两个方面，中国海军战略将实现由"近海防御型"向"近海防御与远海护卫型"的转变。随着过去 10 年来经济的快速增长，中国将构建合成、多能、高效的海上作战力量体系。总结来说，中国军队将提高战略威慑与反击、海上机动作战、海上联合作战、综合防御作战和综合保障能力。[3]

然而，中国为了国家安全和国防事业而进行的军队现代化建设以及不断增长的国防开支，令一些邻国感到不快和担忧，引发了后者的类似做法。同样，亚太地区缺乏海军力量安排也令人担忧，没有一个可以监督各国海军力量发展的机制。这就是罗素（Rousseau）所说的，一国军事力量的弱势将增加其威胁认知，进而引发安全困境和军备竞赛。[4]军备竞赛反过来导致大国与中等大国之间的结盟，使亚太国家间局势更为紧张。例如，鉴于与中国在东海及南海存在的争议，日本、越南和菲律宾已与美国展开了联合军事演习。

南海和马六甲海峡对海洋贸易体系和海上交通线的重要性，危及亚太国家经济繁荣的跨国犯罪的增加，以及地区军备竞赛导致的不稳定性，已经成为亚太国家的共同关切。因此，主要亚太大国和东南亚都出台了保卫本国领海、国家利益以及航道安全的相关法规。

2011 年 11 月，美国总统奥巴马在东亚峰会上提出了旨在维护美国在该地区主要国家利益的"亚太再平衡"战略。2012 年，美国防务战略指南指出，美国军队将通过与盟友强化伙伴关系，继续发挥其在促进地区及全

---

① ICC-IMB Piracy and Armed Robbery Against Ships, 2014 Annual Report.

② Maritime Piracy Reports 2015, https://www.icc-ccs.org/news/1111-maritime-piracy-report-re-veals-continued-se-asian-attacks-against-small-tankers.

③ Chinese Military Strategy, 2015, http://eng.mod.gov.cn/Database/WhitePapers/.

④ Ka Po Ng, Interpreting China's Military Power: Doctrine Makes Readiness, NY, Taylor & Francis, 2005, pp. 1 – 14.

球稳定和安全方面的领导作用。这种伙伴关系将保证美国在该地区的军事力量能够维护地区和平与稳定，确保通过海洋进入和使用全球公域，服务美国及亚太地区国家的利益。①

作为对美国这一举措的回应，中国政府于 2013 年 9 月提议由中国、中亚国家、俄罗斯、欧洲国家和东南亚国家共同建立一个合作框架和机制，即"丝绸之路经济带和 21 世纪海上丝绸之路"。对于东南亚国家，习近平主席在 2013 年 10 月于印尼国会发表的演讲中强调，中国将通过建立亚洲基础设施投资银行为基础设施建设提供资金，并推动区域互联互通和经济一体化。这一倡议还将重点放在构建中国—东盟海洋合作伙伴关系上，强调建立讲信修睦、合作共赢、守望相助、心心相印和开放包容的中国与东盟命运共同体。②

同样，新当选的印尼总统佐科在 2014 年 11 月东亚峰会上宣布要使印尼成为"全球海洋支点"的愿景。③ 这一概念有五大支柱，即重建印尼海洋文化、维持和管理海洋资源、发展海上基础设施和连通性、加强海洋外交，以及发展海上防卫力量。由于印尼地处印度洋和太平洋、马六甲海峡和南海交界处，佐科的这一全球海洋原则甫一出台，就使中国和美国逐渐向印尼靠近。两国都提议与印尼建立全面战略伙伴关系，加强海洋合作。在佐科总统访美期间，美国与印尼就在泛太平洋地区进行海上联合演习的可能性进行了探讨。④

三 东盟的角色与海洋合作范畴

南海和马六甲海峡的重要性、脆弱性及其管理问题是亚太国家的共同关切。虽然各国在东海、南海管理问题上的立场不尽相同，但都认为合作对于维持地区和全球的和平、稳定具有重要意义。从各国的国防白皮书中

① US Department of Defense, Sustaining US Global Leadership: Priorities for 21st Century Defense, 2012, http://archive. defense. gov/news/Defense_ Strategic_ Guidance. pdf.

② Speech by Chinese President Xi Jinping to Indonesian Parliament, 2 October 2013, http://www. asean-china-center. org/english/2013 – 10/03/c_133062675. htm.

③ "Jokowi Launches Maritime Doctrine to the World," http://www. thejakartapost. com/news/2014/11/13/jokowi-launches-maritime-doctrine-world. html.

④ "Global Maritime Fulcrum and the US-Indonesia Partnership," http://thediplomat. com/2015/10/how-the-global-maritime-fulcrum-can-elevate-the-us-indonesia-partnership/.

可以看出，美国、中国及大多数东盟国家都希望通过采取全面的合作行动、构建信任措施和自我克制来实现共同利益。

作为一个旨在促进地区和平、繁荣和稳定的亚太区域集团，东盟具有通过合作方式促进和协调区域大国以及成员国在亚太海域国家利益的优势。虽然根据 1967 年曼谷宣言，东盟的建立最初意在增强成员国之间的经济、社会和文化合作，但安全已经逐渐成为东盟的核心议题。① 新加坡前总理李光耀在其回忆录中也提到，东盟在发展过程中已经更多地因为政治目标、稳定和安全而联合在一起。②这一点在南海争议问题上尤其得以体现。

作为中国和越南、菲律宾、马来西亚、文莱等东盟国家之间存在争议的问题，南海海域的主权重叠已经威胁到地区的和平稳定和经济发展。这一局势也使各国以保护领土及自然资源不受传统、非传统安全威胁为名加强了海军活动。通过会议和对话讨论这些问题，东盟对维护地区和平与稳定发挥了重要作用。1990 年印尼发起了管控南海潜在冲突的第一次研讨会。之后的每年东盟领导人联合公报和主席国声明都对南海问题及其管控有所提及。③

1992 年，东盟作为一个整体与中国成功签署了关于南海的宣言，随后双方于 2002 年签署了《南海各方行为宣言》。这两份文件呼吁通过和平方式解决管辖权争议，各方同意不使用武力，保持自我克制，就海洋安全、海洋环境保护、搜寻与救助、打击跨国犯罪进行合作，并以《东南亚友好合作条约》的相关原则作为处理国家间关系的基本准则。④ 这也标志着东盟已成为承担维护东南亚和亚太地区和平、繁荣、安全与稳定责任的主要推动力量。

在维护地区和平、稳定和安全方面，东盟也构建了一些机制，能够让

---

① Rodolfo C. Severino, *Southeast Asia in Search of an ASEAN Community：Insights from the former ASEAN Secretary-General*, Singapore：ISEAS, 2006, p. 161.

② Lee Kuan Yew, *From Third World to First-The Singapore Story：1965 – 2000*, Singapore：Times Media Private Limited, 2000, p. 370.

③ "Documents on ASEAN and South China Sea," http：//cil. nus. edu. sg/wp/wp-content/uploads/2011/06/Documents-on-ASEAN-and-South-China-Sea-as-of-June-2011. pdf.

④ The 1992 ASEAN Declaration on the South China Sea, http：//cil. nus. edu. sg/rp/pdf/1992%20ASEAN%20Declaration%20on%20the%20South%20China%20Sea-pdf. pdf；The 2002 ASEAN Declaration on the Conduct of Parties of South China Sea, http：//www. asean. org/asean/external-relations/china/item/declaration-on-the-conduct-of-parties-in-the-south-china-sea.

成员国就共同的政治、安全事务进行对话和磋商，构建互信和开展预防外交。这些机制包括东盟地区论坛（ARF）、东盟防长会议（ADMM）以及澳大利亚、中国、印度、日本、新西兰、韩国、俄罗斯和美国等十个对话伙伴参与其中的东盟防长扩大会议。这些会议为东盟成员国之间以及东盟和对话伙伴国讨论安全和防务问题提供了场所。

然而，在 2012 年柬埔寨举行的会议上，东盟领导首次未能就处理南海争端达成协议。此后，争论一直持续至由东盟十国及澳、中、印、日、美防长参加的会议，而该会议也未能就这一问题达成协议。① 南海行为准则的制定所引发的争论和延续的漫长过程也体现出东盟内部在南海问题上的分歧在不断加大。此外，东盟成员国与不同亚太国家之间的伙伴关系也可能加剧东盟内部的不团结，东盟国家与域外大国之间协定的双边协定也可能带来这种问题。

表 2 是这类伙伴关系的大致情况。

表 2　东盟国家的伙伴关系

伙伴关系	东盟国家	伙伴国	合作领域
环太平洋联合军演（RIMPAC）	印尼、马来西亚、菲律宾、新加坡、泰国	美国、澳大利亚、日本、韩国、新西兰、印度、加拿大、智利、哥伦比亚、法国、挪威、秘鲁、墨西哥、荷兰、汤加、英国	海上和军事演习
跨太平洋伙伴关系（TPP）	文莱、马来西亚、新加坡、越南	澳大利亚、加拿大、日本、新西兰、美国、智利、墨西哥、秘鲁	贸易、投资和经济
区域全面经济伙伴关系（RCEP）	文莱、马来西亚、柬埔寨、印尼、老挝、缅甸、菲律宾、新加坡、泰国、越南	澳大利亚、中国、印度、日本、韩国、新西兰	贸易、投资和经济
亚太经合组织（APEC）	文莱、马来西亚、印尼、菲律宾、新加坡、泰国、越南	澳大利亚、加拿大、日本、韩国、新西兰、美国、中国、墨西哥、巴布亚新几内亚、智利、秘鲁、俄罗斯	经济、自由贸易协定提议

① "ASEAN Defense Chiefs Fail to Agree on South China Sea Statement," www. reuters. com/article/ 2015/11/04/us-asean-malaysia-statement-idUSKCN0ST07G20151104#owkWXSsCfiTQDh0w. 99.

续表

伙伴关系	东盟国家	伙伴国	合作领域
东亚峰会（EAS）	文莱、马来西亚、柬埔寨、印尼、老挝、缅甸、菲律宾、新加坡、泰国、越南	澳大利亚、中国、印度、日本、新西兰、韩国、俄罗斯、美国	就经济合作、能源、气候变化和东盟内部事务进行讨论的峰会

上述伙伴关系之间存在的不协调以及东盟成员国未能就南海问题达成协议表明，东盟和中国双方都需要认真考虑建立一个亚太海洋伙伴关系的可能性。这种伙伴关系应涵盖东盟国家和所有亚太地区的伙伴国家，即中国、韩国、日本、澳大利亚、新西兰和美国。这一亚太海洋伙伴关系将加强东盟内部及东盟与亚太伙伴国尤其是与中国的互信，从而逐渐缓解在南海问题上的紧张局势。虽然东盟地区论坛和东盟防长扩大会议都对南海问题进行了讨论，但两者的关注点都仅局限于狭义的海洋问题。

在亚太海洋伙伴关系框架下，可以讨论包括航海安全及海洋管理在内的综合议题，从而建立起彼此的信任。此外，会议也应讨论更进一步的海洋合作，包括信息共享、技术合作、相关部门互访、海上互联、能力建构、基础设施升级、海员培训、海洋科学研究、海洋环境保护、生态旅游发展、灾害救助、非法、不报告和不管制捕鱼行为应对、海洋安全和港口建设等。

四　结论

鉴于亚太地区及亚太海洋的重要性和脆弱性，地区大国相继出台了各自的海洋及防务战略，以促进繁荣、安全和地区稳定。作为地区一员，东盟也应根据其成员国及伙伴国的共同关切，发挥积极作用。对于南海问题，东盟已建立了相关机制进行解决，但到目前为止各方尚未就该问题达成协议。因此，东盟和中国应怀着良好的政治愿景，建立起包括韩国、日本、澳大利亚、新西兰和美国等其他亚太国家和东盟伙伴国在内的亚太海洋伙伴关系，应对地区传统和非传统安全威胁。从根本上来说，这一旨在增强成员互信、为进一步的海洋合作奠定基础的伙伴关系，是建立信任措施的重要举措。

ASEAN-China Maritime Cooperation:
Maintaining Maritime Security and Regional Stability

Angel Damayanti

Abstract   Globalization depends on the free flow of sea-based ship-ping. International shipping underpins the prospect of further beneficial growth in world trade, particularly in Asia Pacific region. This provides both an opportunity and a challenge since sea-based globalization is vulnerable to disruption. There-fore, the international shipping needs to be stable and secure. For this reason, some major powers in Asia Pacific such as the US, China and Indonesia have launched their respective strategy in securing maritime in the region. This paper mainly seeks the common concerns between Asia Pacific governments and the role of ASEAN in promoting the maritime cooperation. Their common concerns most likely derive from challenges and threats that come from the sea and at the sea due to lack of maritime security and governance ashore, such as those happened in the South China Sea and Straits of Malacca. Accordingly, this paper proposes an inclusive and comprehensive collaboration between ASEAN member states and China, involving other major powers in Asia Pacific for the maintenance of good order at sea. This maritime partnership is vital for securing the economic develop-ment and prosperity as well as maintaining peace and stability in the region.

Key Words   Maritime Silk Road; Global Maritime Fulcrum; Maritime Security; Maritime Cooperation

Author   Angel Damayanti, Lecturer and Senior Researcher at Center for Security and Foreign Affairs Studies (CESFAS) at International Relations Pro-gram, Faculty of Social and Political Sciences, Christian University of Indonesia (UKI), Jakarta.

西亚地区乱局与中国的西亚外交政策调整

郭　锐　樊丛维

【内容提要】 2015 年，西亚地区进一步延续着剧烈动荡的高危险局面，亟待建立新的有序化的地区安全秩序。当前西亚地区乱局呈现全方位、多层次、新常态、无序化的特点与趋向，表明该地区的地缘政治博弈更加激烈化和复杂化。美国在西亚地区的主导权逐步丧失，其影响力和控制力的下降势头均比较明显。因应西亚地区局势的新变化与新特点，中国对西亚外交政策做出了一系列新的调整，其中不乏亮点，尤其是介入地区的热点问题解决，合作打击国际恐怖主义，加快推动"一带一路"建设。中国要主动参与西亚地区新秩序构建，统筹好中国、美国、西亚三边关系，把西亚地区打造为中国构筑新型周边关系的新基轴和新支点。

【关键词】 西亚乱局　中国外交　新型周边关系　新基轴

【作者简介】 郭锐，吉林大学行政学院国际政治系教授、博士生导师，法学博士、理论经济学博士后；樊丛维，吉林大学行政学院国际政治系 2015 级硕士研究生。

　　长期以来，西亚被视为世界上最动荡、最混乱的地区之一。2015 年，西亚地区陷入持续剧烈动荡的高危险局面，区域内的民族宗教矛盾进一步激化，国家间领土主权纠纷时有发作，大国干涉及地缘政治博弈更趋激烈和复杂，尤其是极端主义、恐怖主义表现得更加猖獗和令人忧虑。对此，中国的西亚外交政策做出了一系列新的调整，西亚地区成为中国构筑新型周边关系的新亮点。

一 西亚地区乱局的新表现与新趋向

当前西亚地区乱局持续发酵而难以有效平复，与该地区总体格局及体系秩序一再被打破不无关系。这可以追溯到 2010 年在北非国家突尼斯爆发的大规模抗议事件，该事件引发了北非、西亚地区的连锁性政治地震。在此期间，美国奥巴马政府采取了"战略收缩"政策，作壁上观的结果是美国非但难以置身事外，还使其长期主导的西亚地区秩序受到了极大挑战。原本长期动荡不安的西亚地区局势陷入持续恶化的高危境地，呈现全方位、多层次、新常态、无序化的特点与趋向。

（一）全方位：内因外由推动西亚地区变局

时至今日，西亚地区变局仍然呈现迅猛发展之势，这场由内外因素共同作用、多方势力牵扯其中的地区大动荡仍会持续下去。众所周知，伊斯兰教在西亚地区的很多国家都有着巨大的影响力和极强的塑造力，以致形成了政教合一的局面。随着时代的发展，该地区国家衍生出君主政权和世俗政权两种主要政体形式。君主政权的典型代表是沙特阿拉伯、科威特、巴林、卡塔尔、阿拉伯联合酋长国、阿曼六个海湾地区国家，其国家元首一直是世袭制的。不过，在世俗政权国家中也会出现"家族政治"的状况，国家元首卸任后由其子嗣继任的情况屡见不鲜。冷战结束后，全球一体化程度不断加深，国家间的联系日益紧密，世界各国的开放程度随之提高，每个国家都致力于改善本国人民的生活水平。在这种背景下，西亚地区国家一部分处在政权领导阶层的政治精英依然痴迷于国家权力，想要长久甚至是终生担任国家领导职务，致使国家政治体制走向僵化，甚至导致专制独裁，埋下了巨大的政治风险和极深的社会隐患。

20 世纪中叶，世界范围内的民族独立运动如火如荼地展开，西亚地区国家纷纷摆脱了西方国家的殖民统治，逐渐建立起民族国家。本国军人在这场运动中发挥了极其重要的作用。建国之后，作为开国元勋的这些军人理所当然地成为国家的新领导人。由于掌握着强大的军事力量，这种军人政权逐渐发展成类似于僭主政治的形式，导致大量的社会民怨产生。2010年以后，西亚地区多个国家的军人强权政治垮台。这些国家的新领导人意识到独裁统治和领导终身制的巨大弊端，决定开启政治民主化进程，比如采取多党合作制度、实行公民选举等。此前积攒起来的大量民怨及社会矛盾在军人强权统治下无法得到宣泄，而加快推进的政治民主化进程为这些民怨与矛盾的大爆发创造了条件。西亚地区的社会文明程度、人民受教育程度普遍不高，社会民众没有政治参与的广泛经验，加之政府威权的长期弱化，让这些国家极易陷入"功能紊乱"的尴尬境地。塞缪尔·亨廷顿指出："政治稳定程度与政治制度化程度呈正比，与大众参与度呈反比。"[①]"西亚国家长期实行集权统治，政治制度化程度普遍较低。在此背景下启动民主转型，凭空制造出诸多新问题，导致了更大的动荡和混乱。"[②] 持续数年之久而难以平复的叙利亚乱局，正是这一现象的典型事例之一。

2000 年 7 月，巴沙尔·阿萨德从父亲哈菲兹·阿萨德手中接掌了叙利亚的最高权力。随后，作为青壮派的巴沙尔推行了被称为"大马士革之春"的大刀阔斧式的改革计划。在政治上实行大赦，释放了相当一部分政治犯，减少对言论、集会、游行的限制，严厉打击贪污腐败等行为，同时严格禁止对总统的个人崇拜，不允许将总统神化。在经济上，推行有利于国家发展的总体改革措施。不过，叙利亚作为一个长期实行独裁统治的国家，其政治上层中存在大量的顽固势力，他们极力阻挠改革的进行。因此，"大马士革之春"没有取得预期的实际效果。

2010 年开始的阿拉伯世界大动荡迅速席卷了西亚、北非地区，叙利亚深受波及，陷入了持续的动荡不安和激烈的军事对抗。虽然造成了社会的持续动乱，但民众的不满情绪为进一步的改革提供了动力，巴沙尔希望借势加快推进国内改革进程。2012 年 2 月 26 日，叙利亚举行了关于新宪法草案的全民公投，89.4% 的投票者支持通过新的叙利亚宪法。随后，巴沙尔签署批准了叙利亚新宪法。叙利亚政体由一党制转变为多党制，叙利亚阿拉伯社会复兴党不再是唯一的执政党。"新宪法第 88 条规定，通过投票实施政权民主，总统由人民直接选举产生，任期为七年，只能连任一届。"[③] 这为叙利亚政府通过开展全国对话、举行包括反对派参加的议会选举等政治途径解决国内危机提供了契机。但是，叙利亚是西亚地区性大国伊朗的长期战略盟友，其国内教派冲突一直比较严重。巴沙尔政府与俄罗

---

① 〔美〕塞缪尔·P. 亨廷顿：《变化社会中的政治秩序》，王冠华等译，三联书店，1989，第 51 页。

② James Traub, "Is Libya Beyond Repair?" *Foreign Policy Magazine*, November 1, 2013.

③ 吴思科：《叙利亚危机政治解决之路举步维艰》，《当代世界》2014 年第 8 期。

斯保持着长期友好关系，不愿意接受美国等西方国家的政治控制。因此，叙利亚当局成为西方大国借势"阿拉伯之春"浪潮意欲推翻的主要对象之一。叙利亚反对派在宽松的政治环境中迅速壮大起来，他们得到美国等西方国家的各种支持，在资金和武器装备上具备了一定的抗争实力，由此，叙利亚内战全面展开。

进入 2014 年，叙利亚政府军在战场上开始占据优势。叙利亚政府军在战斗人员规模、士兵军事素质、武器装备数量和质量以及能够动用的社会资源上，均明显优于反对派武装。2014 年 5 月 8 日，叙利亚政府军收复了因聚集大量反对派武装而被称为"革命之都"的第三大城市霍姆斯。不过，普遍分析认为，"要彻底消灭反对派武装仍非易事。叙利亚北部和东部广大地区依旧控制在反对派手中，且叙反对派仍未被彻底挫败"。[①]

外部势力的长期干预是西亚地区动荡不安的重要原因之一，这在叙利亚危机中体现得非常明显。对于一直被视为西亚地区安全核心问题之一的巴以冲突，谈判、斡旋、调停等和平手段长期处于停滞状态，该问题的解决一再搁置也有着外部势力干涉的原因。美国是西亚地区安全秩序的主导国家，在巴以问题上其一直偏袒以色列一方。"9·11"事件后，美国接连发动了阿富汗战争和伊拉克战争，对西亚地区的伊斯兰力量进行直接的武力打压，从而激起了当地民众的反美仇美情绪。由于西亚地区有着重要的战略地位和丰富的能源储备，除美国外，英国、法国、日本、俄罗斯等国家均暗中插手该地区事务，倾力扶植对自己友好的政治力量，而针对不友好的政权派别则为反对派力量提供各种帮助。由此，本就混乱不堪的西亚地区局势，变得更加动荡和不安并加速对外扩散。

（二）多层次：政治动荡、经济衰败与内战

在一些西亚地区国家的政治民主化的进程中，除了巨大的政治波动外，国家经济也受到了严重影响。先前西亚地区民众对本国政权的高压统治普遍不满，他们在改革中有着政治民主和经济发展、民生改善的利益诉求。在实际的政治转型过程中，虽然民主投票可以为新政权提供一定程度的政治合法性依据，但不能够解决长期积攒下来的经济社会问题。"如果要实行宪政民主，前提则是默认现行政治经济秩序的合理性和合法性，不

---

① 吴思科：《叙利亚危机政治解决之路举步维艰》，《当代世界》2014 年第 8 期。

对现行经济和阶级结构进行根本性变革。"① 亨廷顿指出："改革到来的代价就是以专断政府来压制意愿的表达和历史悠久的国家制度；而维护自由的代价就是继续保留已经过时的老一套特权、财产、专权、阶级结构和教会参与国家政治。"② 因此，在不具备充分必要条件的西亚地区贸然推行政治民主化，反而极大地阻碍了国家政治经济社会的发展。

西亚地区政治结构的另一大特点是，反对派力量不仅在政治上反对政府当局，通常还拥有自己的武装力量。当局与反对派的政见不和，使双方矛盾不局限于政治层面。反对派甚至会使用武力反对政府当局，这让本应用谈判、协商等和平手段解决的矛盾演变为武装冲突甚至是内战。

与叙利亚当局依然掌控着全国局势不同，也门政局的剧变是其国内武装力量直接推动的结果。在也门一直存在武装反抗力量"胡塞武装"，其前身是侯赛因·胡塞在 1992 年创立的"青年信任者"运动。该组织在成立之初曾经得到也门前总统萨利赫的支持。2003 年，胡塞及其支持者反对美国发动伊拉克战争，希望也门建立起与伊朗相类似的政教合一的政权组织，这与时任总统萨利赫的政见相左，双方发生了严重分歧，最终分道扬镳。由此，也门政府开始强力镇压该组织活动。2004 年 9 月，"青年信仰者"领导人侯赛因·胡塞被也门政府军击毙，该组织为纪念他而更名为"胡塞武装"。"胡塞武装"继续与也门政府军作战，其实力不断壮大，控制了也门北部的萨达省。在 2011 年的"阿拉伯之春"波及也门后，时任总统萨利赫在国内外一致的反对声中被迫下台，也门政局发生了重大变故。这种政局动荡、权力真空的状态，为"胡塞武装"的再次崛起提供了难得的契机。该组织高举反对贪污腐败、民主、公平、正义的旗帜，发动"光荣革命"，从而使大量的也门民众加入"胡塞武装"。"胡塞武装"的势力范围由萨达省迅速扩张到了焦夫省和阿姆兰省。经过 4 年多的战斗，"胡塞武装"在 2015 年攻入也门首都萨那，全面夺取了国家政权。"胡塞武装的异军突起严重冲击也门传统政治生态和国家稳定，并对地区稳定和地缘政治构成一系列严峻挑战。"③ 对西亚地区国家而言，政治动荡、经济衰败与内战之间的密切关联性和跨界性影响，不局限于某一领域深刻的、

---

① 田文林：《转型中的中东地缘政治格局》，《阿拉伯世界研究》2014 年第 2 期。
② 〔美〕塞缪尔·P. 亨廷顿：《变化社会中的政治秩序》，王冠华等译，三联书店，1989，第 146 页。
③ 唐志超：《也门政局再陷动荡及其影响》，《当代世界》2015 年第 4 期。

广泛的复杂性矛盾，使该地区的政治稳定、经济繁荣和社会发展成了一个公认的国际性难题。

（三）新常态：美国的地区主导权逐步丧失

"阿拉伯之春"以前，美国的中东战略已经开始收缩。从国家实力看，美国在21世纪前5年接连发动了两场战争，使其深陷于战争泥潭，每年要消耗大量的人力、物力、财力，同时受到世界舆论的广泛批评。2008年金融危机爆发后，美国的财政压力进一步加大，难以维持扩张形态的中东政策。从战略意图看，美国对西亚地区的控制欲望没有以前那么强烈。"阿富汗和伊拉克战争的败笔、大衰退、中东变局以及美国能源独立的前景这些大变化，使得美国以老方式主导这一地区变得不再现实，甚至不再可取。"[1] 从地区局势看，美国不得不采取收缩战略。首先，西亚地区的多国政权发生了政治更替，这些国家非但没有走上繁荣发展的道路，反而陷入社会混乱、经济停滞的危险境地，均无力帮助美国推行中东政策，美国在该地区所能依靠的盟友越来越少。其次，美国积极策划西亚地区一些国家的政权更替，而这些国家政局的长期混乱直接导致该地区极端主义势力的发展壮大，也门等国家还出现了极端反美武装力量。2012年9月，美国驻利比亚大使遭受恐怖主义袭击而身亡。鉴于恶劣的地缘安全环境，美国在2013年8月关闭了西亚、北非地区的22个驻外使领馆。最后，叙利亚巴沙尔政权在西方国家的制裁和打击下，依然保持着顽强的政治生命力，而西方国家大力资助的反对派力量却节节败退。令人忧虑的是，叙利亚境内出现了大量的极端恐怖组织。这些因素让美国对当前的叙利亚局势束手无策：美国过度的军事行动会遭到中国、俄罗斯等国家以及美国国内力量的反对，加大对反对派武装力量的支持会使极端恐怖势力进一步的做大做强，而和平化的政治手段解决将使美国利益受损并颜面尽失。可以说，西亚地区局势剧变后，美国在该地区的主导地位进一步丧失。美国前驻沙特阿拉伯大使傅立民指出："我们对中东许多问题已失去控制……我们在中东已不再拥有曾经拥有的影响力。"[2] 应当说，西亚地区已经进入美国越来

---

[1] 〔英〕吉迪恩·拉赫曼：《西方主导中东的时代进入尾声》，《金融时报》中文网，2013年6月20日。

[2] Bob Dreyfuss, "A field guide to alienating the Middle East," *Asia Times Online*, November 6, 2013.

越难以掌控的"后美国时代"。

在这种背景下，美国进一步加快了在西亚地区的战略收缩进程，这主要体现在两个方面。一方面，美国始终没有对叙利亚采取军事行动，未像对利比亚那样进行直接的武装入侵。纵使在 2013 年 8 月"叙利亚化学武器事件"曝光后，美国也没有践行"使用化学武器就动用军事力量"的誓言，一再无视其地区盟友的诉求，认可了"化学武器换取和平"的方案。另一方面，美国对伊朗态度的重大转变及无奈。奥巴马政府不仅响应了伊朗鲁哈尼总统的"魅力攻势"，而且美伊两国总统实现了第一次通信通话，美伊外交部部长举行了首次会晤。2013 年 11 月，伊朗核问题在各方努力下达成了初步协议。应该看到，美国在西亚地区的持续战略收缩与其地区主导权的进一步丧失是相互作用、彼此影响的过程，并加剧了两大因素的发展速度。

其一，美国在西亚地区盟国的"离心力"进一步增强。美国的战略收缩政策及美国与伊朗关系的缓和，让其地区盟友深感到自身安全受到威胁，美国不会再提供安全保障。这些国家只能采取其他方式来维护自身的安全利益，其对美国的信赖程度大幅度下降。作为美国在中东地区"永不沉没的航空母舰"的以色列尤为担心，"美伊缓和将瓦解西方对伊朗'制裁体系'及地区'反伊阵营'，使伊朗地区影响力增大，因此以色列一直抱怨美国中东政策言而无信，不考虑对盟友责任和义务"。[1] 以色列前外交部部长阿维格多·利伯曼表示："美国已经靠不住了，以色列准备寻找新盟友替代美国。沙特等海湾国家担心美国无法兑现安全承诺，未来将独自面对伊朗和伊斯兰极端势力扩张两大潮流。"[2] 沙特阿拉伯是美国在西亚地区的传统盟友，但新技术衍生的页岩气革命让美国的能源政策发生了重大转向，美沙之间不再是消费者与生产者的链条关系而是转向了市场竞争，包括沙特阿拉伯在内的海湾地区国家不得不疏远与美国的关系。另外，土耳其在叙利亚、埃及、巴勒斯坦政策问题上与美国抵牾增多，[3] 其与俄罗

---

[1] Shmuel Rosner, "Israel Will Pay for Obama's Hesitancy on Syria," *Al-Monitor*, September 11, 2013.

[2] Colin H. Kahl, Jacob Stokes, "Overcoming the Gulf in the Gulf," The Center for a New American Security, October 31, 2013.

[3] Mohammad Pervez Bilgrami, "Turkey counters US's Middle East strategy," *Asia Times Online*, October 16, 2013.

斯的交恶让北约国家深表忧虑。种种迹象表明，美国与西亚地区盟友之间的"离心力"进一步增强，美国在该地区的影响力和控制力均大幅度下降。

其二，俄罗斯等国家抓住时机扩大在西亚地区的影响力。美国的战略收缩政策留下了大量的真空地带，其他大国趁机填补地缘空白。叙利亚危机爆发后，俄罗斯顶住压力，多次在联合国安理会的投票中否决了西方国家的制裁议案，并以强硬姿态警告西方国家不得使用武力。英法两国经营西亚地区久矣，二战后由于综合国力下降而丧失了在该地区的主导权。如今美国的战略收缩政策为它们"重返西亚"创造了有利条件。如 2014 年 2 月 20 日，英国外交部迫不及待地宣布从当天起恢复英国和伊朗的直接外交往来，双方不再通过第三国处理有关外交事务，而是通过两国互设的非常驻临时代办等官员进行。英国趁伊朗核问题缓和之际，倚重伊朗重返西亚地区的战略意图显露无遗。

值得注意的是，美国在西亚地区的战略收缩政策是有限度的，其不会完全撤出该地区。一段时期内，美国依旧是西亚地区最重要的外部影响力。该地区盟友对美国的不信赖，不会让它们完全摆脱美国。"世界其他大国也无力为中东提供更多的东西"，① 它们在西亚地区的影响力只能在一定范围内得到有限度的扩大。这些大国为现实利益而来，既无心也无力取代美国在该地区的领导地位。

（四）无序化：西亚地区的新秩序亟待建立

西亚地区剧变打破了原有的秩序框架，动荡与混乱之中新的秩序迟迟不能建立起来。"作为国际秩序的一个政治和经济轴心的当代中东地图正在坍塌。相互竞争的组织和意识形态正在撕裂整个地区。"②

首先，内部力量对比发生了新的重大变化。伊斯兰世界的地位持续下降，传统的西亚地区强国、阿拉伯世界大国，如伊拉克、叙利亚等陷入持续动乱之中。以沙特阿拉伯、卡塔尔、阿联酋为代表的海湾地区国家在阿拉伯国家联盟（LAS）中占据着主导地位，尤其是沙特阿拉伯从埃及手中接过了阿盟盟主的权力，在本地区实力对比中占据一定优势。不过，沙特

---

① Mahmood Shoori, "Moscow Unable to Revive Regional Power," *Iranian Diplomacy*, October 30, 2013.

② Robin Wright, "Imagining a Re-mapped Middle East," *New York Times*, September 28, 2013.

自身的未来发展具有极大的不确定性，"不仅不能给阿拉伯世界带来先进理念和新的方向，还可能使整个地区陷入逊尼派与什叶派两大教派冲突之中，加剧阿拉伯和伊斯兰世界内部纷争"。① 以色列是西亚地区唯一的发达国家，近年来该国政局出现了右倾化趋势，民众意向分化加剧，社会阶层出现固化，相互对立比较严重。以色列的外部安全环境也趋于恶化，邻国叙利亚和埃及受到"阿拉伯之春"的影响而陷入长期动乱，使其国家安全受到威胁。极端主义和恐怖主义的迅速发展，让以色列面临新的更加多样化的安全威胁。以色列在阿拉伯世界的友好伙伴国纷纷远去，美国是表里不一，欧盟对以色列甚至实施了首次经济制裁，以色列在国际社会中更加孤立。伊朗、土耳其这两个传统的西亚地区大国获益颇丰，两国受"阿拉伯之春"的影响相对较小，美国的战略收缩政策为两国扩大自身影响力创造了有利条件，它们的地区影响力随之上升。

其次，教俗关系发生了巨大变化，伊斯兰教的影响力持续扩大。西亚地区国家的发展史表明，在民主化浪潮推进和社会环境混乱之际，伊斯兰教势力会随之兴起。西亚地区的大动荡让一直对伊斯兰教势力采取打击限制政策的强人政权纷纷倒台，或是迫使当局向伊斯兰教势力妥协，允许它们的合法存在。在新的政治氛围中，伊斯兰教势力不断壮大，甚至成为一些国家政权的主导力量。目前来看，西亚地区国家政权宗教化趋势更加明显，世俗领导权面临前所未有的挑战，伊斯兰教与世俗主义围绕最高权力的争斗更加激烈。原有的民族之间、宗教之间的默契平衡关系受到动乱波及而被打破，部落之间、教派之间的争斗被一再激化。沙特阿拉伯是逊尼派的代表性国家，而伊朗则是什叶派的领袖国家，双方既是本域内实力强大的竞争国，也是教派斗争的两大主要力量。这两个国家的持续争斗，会让叙利亚和伊拉克两国国内的教派冲突进一步升级为地区性的教派争斗，从而显著加剧该地区的不稳定性。

最后，西亚地区安全秩序发生变化。西亚地区一直没有主导该地区安全局势的组织协调机构。西亚地区的安全秩序长期需要域外大国提供保障，域内国家则利用能源等利益来换取国家安全。冷战结束初期，西亚地区安全秩序主要由美国主导。"虽然不乏挑战，但美国基本维持了中东的

---

① 唐志超：《中东新秩序的构建与中国作用》，《西亚非洲》2014 年第 5 期。

安全与稳定。"① "9·11"事件成为美国西亚安全政策的转折点，时任总统小布什决意不再保护那些美国认为是"专制独裁"的国家，其政策重心由维护地区安全稳定转变为传播"民主和自由"等西方价值观。这一政策改变没有取得预期的效果，反而加剧了西亚地区的不稳定性。如今西亚地区的大变革及美国当局的战略性收缩让整个地区陷入更大范围、更强烈的动荡之中，西亚地区安全秩序破坏殆尽。

二 中国对西亚外交的新亮点

为应对西亚地区不断恶化的安全局势，中国从维护地区稳定，促进地区发展的角度和思路出发，对西亚外交政策做出了及时调整，使西亚地区成为中国营造大周边外交格局的新亮点。

（一）介入地区热点问题解决

巴以问题是影响西亚地区安全局势变化的核心问题之一，关乎整个地区的安全与稳定。2014年7月8日，以色列展开"护刃行动"，一共空袭了650多个目标，包括炸毁巴勒斯坦武装人员通往以色列境内的秘密通道、哈马斯指挥中心和训练营地，造成1340多名巴勒斯坦人死亡、7600多人受伤，死伤者大多数为平民。中国外交部部长王毅表示："中国愿与国际社会一道，为结束以巴冲突做出自己的贡献，并提出了解决以巴冲突的五点看法。"② 2015年7月23日，联合国安理会举行中东问题公开辩论会。中国常驻联合国副代表王民表示：和谈实现巴勒斯坦独立建国、巴以两国和平共处，是解决巴以问题的唯一现实途径。③ 在巴以问题解决上，中方始终把实现巴以和平、维护地区稳定作为重要目标，并与国际社会相关各方展开了卓有成效的密切合作，贡献了中国智慧和中国力量。

叙利亚危机是近年来西亚地区一个突出的安全问题，其发展直接影响到整个地区稳定。持续数年之久的叙利亚危机已经造成20多万人丧生、300多万难民流离失所。2015年10月16日，中国政府宣布向叙利亚等国

---

① 唐志超：《中东新秩序的构建与中国作用》，《西亚非洲》2014年第5期。
② 高祖贵：《大变局新变化与中国—中东关系新进展》，《和平与发展》2015年第1期。
③ 王佳宁：《中国代表说巴以双方应坚持和谈这一战略选择》，http://news.xinhuanet.com/world/2015 - 07/24/c_1116024742.htm。

家提供新的 1 亿元人民币的人道主义援助。10 月 30 日，中国外交部副部长李保东在维也纳出席叙利亚问题有关国家外长扩大会议时，提出了政治解决叙利亚问题的"四步走"的框架设想。11 月 14 日，李保东副部长在叙利亚问题第二次维也纳外长会议召开前夕，进一步阐释了中国政府的主张和建议。随后中国驻联合国代表刘结一在联合国安理会叙利亚人道问题公开会上更加明确指出：全面、持久解决叙利亚危机应推进政治进程、合力反恐和缓解人道局势"三轨并进"。

伊朗核问题产生已有 12 个年头，成为西亚地区严重的安全隐患。2015 年 6 月 4 日，中国外交部部长王毅出席中俄伊三国外长会议，表达了中方希望尽早达成全面协议、愿继续发挥积极和建设性作用的一贯主张。同年 7 月 14 日，伊朗核问题最后阶段谈判在维也纳达成了历史性协议。伊朗核问题全面协议涵盖了伊朗自身的、受到限制的长期核计划。该计划包括取消联合国安理会、多边及单边各国因伊朗核问题而提出的制裁措施。该全面协议由正文及五个技术附件组成，涉及核、制裁、民用核能合作、联委会及实施等内容。中国在其中发挥了积极的建设性作用，大力推进外交斡旋，推动协议顺利达成，为该地区的安全与稳定做出了不懈努力。

（二）合作打击国际恐怖主义

西亚地区一直是极端主义和恐怖主义的主要聚集地，这里诞生了大量的极端组织和恐怖组织。近年来，西亚地区持续动荡不安，各国政府软弱无力，社会管控能力和人民生活水平大幅度下降，教派冲突日趋严重并一再被人所利用。这些因素为极端主义和恐怖主义的滋生提供了土壤，进一步加速了它们的发展和扩散。"伊斯兰国"是近年来西亚地区迅速壮大起来的极端恐怖组织。该组织在西亚地区横行肆虐，一年多时间就控制了伊拉克和叙利亚各 1/3 的领土。"伊斯兰国"不仅在控制区内进行了惨无人道的大屠杀，还在世界各地制造恐怖主义袭击。2015 年 11 月 13 日夜，法国巴黎多处地方遭受到恐怖主义袭击，一共造成了 132 人死亡，"伊斯兰国"宣布对此事件负责。同年 11 月 19 日，中国外交部证实中国公民樊京辉被"伊斯兰国"极端组织绑架并残忍杀害，中国国家主席习近平随即发表讲话，强烈谴责这一暴行事件。"针对恐怖主义的新动向和新变化，中国提出加大信息收集与分享、加强网络反恐、切断流动和融资渠道、推进去极端化等四项主张。"①

2015 年 2 月 12 日，在联合国安理会本月轮值主席、中国常驻联合国代表刘结一大使的主持下，联合国安理会举行公开会并通过关于打击恐怖主义的第 2199 号决议，决定就有关恐怖组织从事非法石油贸易、文物和武器走私、金融交易及利用互联网进行恐怖活动等加强制裁措施。该决议对协调国际社会反恐行动、支持有关国家打击恐怖组织具有重要意义。中方反对一切形式的恐怖主义，反对在反恐问题上持双重标准，反对把恐怖主义与特定宗教和民族挂钩。中国政府希望国际社会共同遏制和打击恐怖主义，呼吁按照联合国安理会有关决议的要求加强合作，综合施策，切断恐怖组织的活动渠道。

（三）加快推动"一带一路"建设

西亚地区位于欧亚非三洲的交界之处，既是"丝绸之路经济带"和"21 世纪海上丝绸之路"两条道路的交汇处，又是东接亚洲、西连欧洲、南达非洲的重要的传接地带。可以说，西亚地区是中国推动"一带一路"建设的重点区域。2015 年 3 月 28 日，中国国家发展和改革委、外交部、商务部联合发布了《推动共建丝绸之路经济带和 21 世纪海上丝绸之路的愿景与行动》，指出"一带一路"建设的合作重点是"五通"，即政策沟通、设施联通、贸易畅通、资金融通、民心相通。在合作方式上，采取加强双边合作，开展多层次、多渠道的沟通磋商，推动双边关系全面发展，同时注重强化多边合作机制作用。在西亚地区，要充分发挥中阿合作论坛、中国—海合会战略对话等机制的重要影响力。

西亚地区国家普遍对中国推进"一带一路"建设表示欢迎，希望借此提升与中国关系。2014 年 6 月 5 日，中阿合作论坛第六届部长级会议在北京举行。习近平表示，未来 10 年对中阿双方是发展的关键时期，中国同阿拉伯国家因丝绸之路相知相交，是共建"一带一路"的天然合作伙伴。中阿双方应坚持共商、共建、共享的原则，打造利益共同体和命运共同体。积极构建"1 + 2 + 3"的合作格局，即以能源合作为主轴，以基础设施建设、贸易和投资便利化为两翼，以核能、航天卫星、新能源三大高新领域为突破口，争取中阿贸易额在 10 年间增长到 6000 亿美元，中国对阿非金

---

① 姚匡乙：《中国在中东热点问题上的新外交》，《国际问题研究》2014 年第 6 期。

融类投资存量增长到600亿美元。

目前，中国与西亚国家就建设"一带一路"等问题达成了诸多共识，中国与西亚国家关系得到了进一步的稳固和提升。阿盟秘书长纳比勒·阿拉比表示："习近平主席提出共建'一带一路'重要倡议，表明中国希望以自己的发展帮助发展中国家，表明中国在向西开放，通过丝绸之路同阿拉伯国家进行文化和经贸交流。"① 中国积极推动"一带一路"建设拉近了与西亚地区国家的距离，使双方关系在现有的基础上更加友好和稳固。

在中国综合国力和国际影响力持续增强的情况下，其面对西亚地区的大变革有了十足的底气和更加理性的长远规划。中国的西亚外交由过去的被动应对、突发应急，转向了主动参与、积极行动、加强合作、提前预防。这主要是出于以下的战略考虑。

首先，中国准确分析并把握了国际局势，对自身的定位科学合理。习近平提出，"以更加积极的姿态参与国际事务，共同应对全球性挑战，努力为全球发展做出贡献"。② 虽然当前中国和平发展重要战略机遇期的内涵和条件发生了诸多变化，但仍然可以大有作为。有如下几个原因。第一，当前和今后一个时期的国际环境在总体上有利于中国和平发展。和平、发展、合作是时代潮流，世界多极化、经济全球化深入发展，全球合作向多层次全方位推进，国际力量对比继续朝着有利于维护世界和平与发展的方向变化，国际环境总体上有利于中国集中精力搞建设、谋发展。第二，中国经济社会发展站在新的起点上。中国经济长期向好的趋势依然存在，各方面体制机制不断完善，社会政治大局稳定，为中国经济社会发展继续保持良好势头创造了有利条件。第三，中国特色社会主义道路、理论体系和制度更加成熟。中国特色社会主义在经济、政治、文化、社会等领域形成了相互衔接、相互联系的制度体系。中国特色社会主义法律体系已经形成，经济体制、政治体制、文化体制、社会体制等具体制度不断完善和成熟。

其次，中国认真分析了西亚地区的复杂局势，积极响应西亚地区国家的共同诉求。西亚地区的持续动荡，严重威胁到该地区的安全与稳定。由

---

① 《张安琪：阿拉比称中国是唯一一直支持第三世界发展中国家的大国》，http://news.xinhua-net.com/world/2014－06/06/c_126584375.htm。

② 《习近平：更好统筹国内国际两个大局 夯实走和平发展道路的基础》，http://news.xinhua-net.com/politics/2013－01/29/c_114538253.htm。

于西亚地区的国家之间、部族之间、宗教之间、教派之间的矛盾十分严重，外部强权政治和霸权主义的长期干涉，让这些问题变得更加的复杂而难以妥善解决。西亚地区人民生活在动荡、贫困、恐惧与危险之中。中国是联合国安理会常任理事国，也是一个负责任的大国。中国坚定地站在第三世界国家一边，支持它们的和平与发展。中国积极调整对西亚外交政策，努力帮助西亚地区国家实现和平与发展，既是这些国家的共同利益诉求，也是中国义不容辞的国际义务。

最后，中国坚决维护发展自身的正当利益。西亚地区是中国重要的石油进口来源地，中国和西亚地区国家保持着密切的经济往来。同时，西亚地区是中国"大周边"的重要组成部分，西亚地区国家在民族、宗教等多个方面与中国西部有着相似之处。西亚地区能否实现安全与稳定，直接影响到中国国家安全。毫无疑问，中国在西亚地区有着重要的能源利益、经济利益、安全利益和政治利益。中国要维护这些正当的合法利益，面对西亚地区的持续乱局，要及时调整外交思路和政策布局。

三　对中国西亚外交的思考与建议

面对西亚地区的长期动荡与持续混乱，中国在积极调整对西亚外交政策的同时，要以更加整体和全面的视角看待西亚地区。中国应积极参与西亚地区新秩序的构建，统筹好中国、美国、西亚国家三边关系，协调好各方利益关切，将西亚地区打造为中国构筑新型周边关系的新基轴和新支点。

（一）积极主动参与构建西亚地区新秩序

西亚地区的持续动荡已经将原有的秩序框架破坏殆尽，表明原有的秩序框架不能够维护该地区的安全与稳定，西亚地区新秩序有待建立。中国要主动参与其中，为构建西亚地区新秩序做出努力、贡献智慧、提供保障。

第一，把"推动经济社会发展，促进政治大局稳定，维护地区安全"作为中国对西亚外交政策的核心内容。西亚地区国家大多数是发展中国家，面临着严峻的发展任务。中国要打造与它们的命运共同体和利益共同体，主动构建双方全方位、立体化、多层次的战略合作关系。通过中阿合作论坛继续发展和提升双方关系，积极与非阿拉伯国家如伊朗、以色列等国家建立战略性合作关系。

第二，坚持和平共处原则，将其落实到具体的工作中。推动西亚地区政治民主化进程，让各方力量无论实力大小都能够拥有发言权、参与权、决定权。中国作为一个有能力、有实力的大国，要肩负起大国责任，并在其中成为西亚地区稳定的维护者、经济发展的推动者、国际正义的拥护者、冲突矛盾的调解者、礼仪文明的传播者。中国要努力为西亚地区国家提供"五大支持"，即"支持地区国家主要依靠自身力量处理本地区事务，发挥主体作用；支持地区国家独立自主处理本国内部事务；支持地区国家自主探索适合本国国情的发展道路；支持地区经济发展；支持地区国家的正义事业和维护正当权益"。

第三，构建西亚地区新秩序和解决地区热点问题，要体现中国特色人文主义情怀和优秀文明的历史积淀。在坚持自身的原则立场的同时，把中国传统文化的优秀部分应用于西亚地区新秩序的构建过程，大力彰显中国在国际问题上追求和平、促进和谐、友善包容、平等待人的鲜明特点，推进开展"魅力外交"。2016 年 1 月 21 日，中国国家主席习近平在开罗的阿盟总部发表了题为"共同开创中阿关系的美好未来"的重要演讲，提出了"三不原则"，即不寻求代理人，而是劝和促谈；不搞势力范围，而是推动各国一起加入"一带一路"朋友圈；不谋求填补"真空"，而是编织互利共赢的合作伙伴网络。这既是对传统的西方国家的强权外交的批判，"也是中国对外关系的规范，树立了大国外交的新范式"。① 这既为西亚地区国家提供了可供借鉴的重要参考，也能够提高中国理念的国际认可度，进一步增强中国的国际话语权。

第四，树立正确的义利观，坚持义利并举、道义为先。中国在发展同西亚地区国家关系、推动经济发展的同时，要帮助它们全面提高社会发展水平，通过发展根除地区动乱的祸因。发展是大多数亚洲国家面临的最大的安全问题，也是解决地区性安全困境的总钥匙。中国对西亚地区国家提供援助时不附加任何的政治条件，并在国家全面协调发展、政府治理能力等多个方面提供了无私帮助。

---

① 王京烈：《"习式外交"为中东带来新希望 "三不原则"开创大国外交新范式》，http://www. china. com. cn/news/2016 - 01/25/content_37656681. htm。

第五，践行"促进共同发展，合作保安全理念"。① 中国要与西亚地区国家建立相互信赖、互利共赢的双边关系，通过自身发展提供更多的公共产品。欢迎西亚地区国家搭中国发展的便车，以此带动整个西亚地区的经济社会发展。不过，西亚地区的稳定、安全与发展，依靠中国的一己之力是做不到的。中国要依靠现有的多边合作机制，联合更多的域内外力量，充分协调好各方利益诉求，使各方力量形成一股合力，以此推动西亚地区的和平发展。尤其是"重点推动地区和解，树立中东地区共同安全理念，共建开放、透明、平等的中东安全与合作格局，探讨并推动建设中东安全信任机制、海湾集体安全机制、中东无大规模杀伤性武器区、中东无核区等"。②

（二）全方位统筹中、美、西亚三边关系

美国从冷战时期开始一直是西亚地区秩序的主导国家，在该地区事务中起着独一无二的作用。应当说，美国在西亚地区的地位、影响力和控制力不是其他国家所能比拟的。如今，美国在西亚地区实行战略收缩政策，留下了大量的空白地带，形成了权力真空。这虽然有客观因素的作用，但美国在主观上是默认的。有观点认为，"奥巴马'亚太再平衡'战略其实是为了从中东脱身而精心设计的"。③ 因此，中国不能够急于填补西亚地区的权力真空地带，更不能够顶替美国的地位。凭借中国一国之力主导西亚地区秩序，势必会落入美国留下的战略陷阱。

美国在西亚地区留有大量的驻军，军事手段是美国维护西亚地区秩序的重要支撑点。而中国坚持走和平发展道路，不能将军事手段贸然应用到西亚地区。中国主张通过经济合作等和平方式构建起新的西亚地区秩序，这是"标本兼治"之策。另外，要清楚地认识到美国在西亚地区的战略收缩政策是有限度的，其在西亚地区的影响力和控制力仍然十分强大。美国在西亚地区主导权的衰落是相对而非绝对的，它在今后相当长的一段时间内依然是西亚地区最大的外部干预力量，对西亚地区局势变化具有决定性

---

① 陈国平：《亚信：亚洲对话、信任与协作的重要平台》，在外交部举办的"蓝厅论坛"上的主旨讲话，2014 年 5 月 8 日。

② 唐志超：《中东新秩序的构建与中国作用》，《西亚非洲》2014 年第 5 期。

③ 菲利普·斯蒂芬斯：《防止中东走向"无序十年"》，〔英〕《金融时报》中文网，2013 年 8 月 16 日。

的影响作用。而且，美国仍然保持着与西亚地区盟国的密切的同盟关系，且有进一步加强和深化的趋势。

中国在发展与西亚地区国家关系时，要高度重视美国的战略存在。在制定和调整相关政策的同时，要充分考虑到美国的感受和意愿。尽可能使美国不成为中国与西亚地区国家关系发展的阻碍性因素，最大限度地减少美国因素的负面影响。其实，中、美、西亚国家在许多领域有着共同的利益诉求，尤其是在维护西亚地区的安全与稳定方面，三方有着一致的诉求。因此，中国要加强与美国在西亚地区的合作关系，全方位统筹好中、美、西亚三边关系，建立长效化的沟通协商机制，共同促进西亚地区的和平与发展。

（三）打造新型周边关系的新基轴新支点

思考周边问题、开展周边外交要有立体性、多元化、跨时空的视角。西亚地区是中国"大周边"的重要组成部分，要将其打造为中国构筑新型周边关系的新基轴和新支点。

首先，从"大周边"理念中充分认识到西亚地区的重要战略地位。一直以来，中国对西亚地区的战略定位是，能源供给地、普通经贸伙伴、制衡美国的地缘依托、防范"三股势力"的前沿阵地。这些认识使中国在西亚地区束手束脚，难有大的作为。中国要从全球治理、国际体系转型、大国责任与义务等新视角来解读和塑造西亚地区。要进一步加强对西亚地区的重视程度，在全球地缘格局发生深刻变化的大背景下，提升西亚地区在中国总体外交中的战略地位。深刻认识到西亚地区是推进"一带一路"建设的交汇地带，其在全球地缘格局中有重要的影响力、辐射力和带动力，对中国的政治、经济、安全、社会等领域发展有重要作用。西亚地区应纳入中国的总体外交布局，西亚外交应更好地为中国总体外交战略做好服务、做足保障。

其次，不满足于现有的合作机制，进一步加强双方合作的体制机制创新，提供"中国路径"和"中国平台"。在这方面，中国已经迈出了坚实的第一步。中国中东问题特使是新中国成立后在 2002 年开始设立的针对西亚地区热点问题常设的第一个特使职位。在最初，其主要任务和职责是代表中国政府对巴勒斯坦和以色列两国之间久拖不决的领土纷争和民族矛盾进行沟通、劝和促谈、积极推动相关工作。西亚地区局势的风云变幻，使中国中东问题特使的工作范围扩大，涉及叙利亚危机、伊拉克动乱、伊朗核问题等多个领域，并形成了独特的工作机制。目前，这一机制有待进一步的完善和拓展。中国中东问题特使可以调控的人力和社会资源比较有限，行政层级相对不高，这会使其工作遇到一些阻碍。关于巴以问题，国际社会最主要的解决机制是由联合国、美国、俄罗斯和欧盟组成的四方机制，该机制现在处于长期停滞状态，没能发挥应有的作用。中国游离于该机制之外，因而对巴以问题的解决很难表达意见、贡献力量。中国可以联合其他国家推动构建新的机制和平台，以增强中国在西亚地区热点问题上的发言权和解决能力。

最后，大力推动包括公共外交在内的全方位外交。多措并举强化智库出访和高端人员交流，让西亚地区的精英代表能够最真实、最及时地接触和了解到中国人民和中国政府的主张。通过实地走访和面对面的交流，切实消除由于媒体误读而引发的无谓的疑虑和猜忌，增强双方的政治互信和战略信赖。发展与西亚地区国家经贸关系时，要摒弃利益至上的观念。注重人文交流，使双方的贸易作用不仅体现在经济领域，也体现在政治层面。进一步整合传播方式和平台，妥善运用新媒体力量，加强传统媒体的宣传作用。要让媒体传播的信息能够真实、准确、及时地反映中国和西亚地区国家的政策意图，避免谣言的传播和误读事件的发生及扩散。

The Chaos in West Asia and China's Adjustments on Its Policy toward This Region

Guo Rui，*Fan Congwei*

Abstract In 2015, the highly risky situations of disruptive turbulences and upheavals continued in the West Asia region and there was a very urgent need to establish a clear security order in that region. The current trends of the chaotic situations in this region are characterized by an all-directional, multilayered, and disorderly new normal, which shows that the geographical political game in the area is more violent and complicated. The United States gradually lost its dominant power in West Asia, and there was an obvious decline in its influence and its capacity to control the momentum. Because of the new changes and new features in West Asia, China has made a series of new adjustments on its diplomacy in West Asia, with many attractive new measures. Particularly, its interventions in the settlement of regional hotspot issues, its cooperation in combating international terrorism, and its accelerated pace to construct "the Belt and Road" deserve much attention. China should take the initiative to participate in the construction of the Western Asian regional order, and make proper coordination on the trilateral relations between China, U. S. , and the West Asia, so as to forge the West Asia into a new shaft and a new fulcrum on which China can build new types of relations with its neighboring countries.

Key Words Chaos in West Asia; China's Diplomacy; New Types of Relations with Neighboring Countries; New axis and New fulcrum

Authors Guo Rui, Professor, Doctoral Tutor, Department of International Politics, College of Public Administration, Jilin University, Ph. D of Law, Post-doctor of Theoretical Economics. Fan Congwei, Postgraduate for Master's Degree, Department of International Politics, College of Public Administration, Jilin University.

中国与周边国家关系研究

中印关系中的问题与超越[*]

张家栋

【内容提要】 影响中印关系的因素分结构性和非结构性两类。结构性因素
包括边境冲突、中巴关系、水资源争端和国际地位竞争等；非结构性
因素包括贸易不平衡、签证问题、历史认知问题和战略差异等。这两
类问题都呈分化、泛化趋势，对中印关系的影响和重要性也在变动之
中。中印两国应当稳定结构性因素，推动两国在非结构性因素领域的
合作，拓展新的合作领域与空间，以软化、弱化、淡化传统问题对中
印关系的障碍，在中印间塑造出一种新型大国关系。

【关键词】 边境争端　贸易不平衡　西藏跨境水资源　新型大国关系

【作者简介】 张家栋，复旦大学国际问题研究院美国研究中心教授，南亚
研究中心副主任、博士。

为实现共同崛起的战略目标，中印两国需要建立一个更加密切、友好
的关系。这已成为中印两国领导层的共识，推动中印关系不断升温。2013
年，中国总理李克强和印度总理辛格在 60 年内再次实现两国总理年内互
访。[①] 2014 年，印度副总统安萨里、中国国家主席习近平分别访问对方。
2015 年 5 月，印度新任总理莫迪访问中国。与此同时，两国部长级、特代

---

　*　本文在"复旦国际问题研究系列工作论文"2015 年第 1 期（2015 年 5 月 6 日）基础上修
　　改而成。作者要感谢复旦大学国际问题研究院南亚研究中心主任杜幼康教授提出的修改
　　建议。

　①　上一次是 1954 年，中国总理周恩来和印度总理尼赫鲁实现年内互访。

级互访与会谈的频率也在上升。但总体来看，中印关系还远远没有达到与两国国力、国际地位和未来战略需求相适应的水平，必须突破一系列结构性和非结构性因素的束缚，才能提高到新的水平。否则，中印关系反而会在新的地缘战略形势下进一步疏离。

一　中印关系中的主要结构性因素

中印关系长期受一些结构性因素的制约。所谓中印关系的结构性因素，是指那些长期存在而又很难在可预见的将来解决的因素，并且对中印关系具有整体性、全局性和战略性影响，如领土争端、西藏问题、跨境河流问题和中巴关系问题等。

（一）领土争端

中印领土争端是中外乃至世界领土争端问题中所涉面积最大、情况最复杂的争端之一。中印两国之间的争议领土，是世界上海拔最高、空气最稀薄、自然条件最恶劣、人类活动最少的地区，也是两国历史上管理最薄弱的地区，是"边疆之中的边疆"。直到今天为止，争议领土中的很多地方，还是人迹罕至、鸟兽稀少，甚至是寸草不生，只有双方边防巡逻人员偶尔光顾。两国对领土争端的一些基本要素缺少共识。

一是两国对争端的历史和来源无共识。中国认为，中印领土争端是英国殖民主义者遗留下来的问题，两国应正视现实，超越殖民主义历史给中印关系所造成的困扰。而印度则认为，中印领土争端是英国殖民主义和中国扩张主义双重因素所造成的，喜马拉雅山是公元前 1500 年前就由印度教经典为印度划下的北部边界，长期否认中印两国之间有领土争端问题的存在。直到 1988 年 12 月印度总理拉吉夫·甘地访问中国时，两国领导人才在"两国间存在领土争端"这一问题上达成共识。

二是两国对争端领土的面积无共识。中国认为两国争端领土约 12.5 万平方公里，其中西段 3.3 万平方公里，中段 2000 多平方公里，东段藏南地区（印称所谓的"阿鲁纳恰尔邦"）约 9 万平方公里。但是印度认为，东段 9 万是中国主张的印度领土；西段争议领土有 4.3 万平方公里，分别为拉达克地区的 3.8 万平方公里和巴基斯坦向中国"转让"的 5180 平方公里。只有在中段，中印两国共同认为争端领土面积约为 2000 平方公里，是两国领土争端中少有的共识。

三是两国对实际控制线的位置无共识。中印实控线目前基本是中国主张的 1959 年 11 月 7 日控制线，但在很多地方并不明确。实控线的形成主要有两个依据：一是明确的自然界线，如中印之间的乃堆拉山口、强拉山口等，就属于这种界线；二是民众生活和政府管理所形成的习惯界线，如中印在中段的边界，两国民众日常生活的范围，就是两国确定实控线的主要依据。但是在很多地方，这两者都不存在，在西段尤为明显。事实上，虽然两国很多人都知道有领土争端存在，但对领土争端的事实则没有什么感觉。直到 2013 年，在印度马哈拉施特拉邦"邦初高中教育理事会"（State Board of Secondary and Higher Secondary Education）为 10 年级学生发行的地理课本中，印度地图还不包括印占藏南地区。到问题被发现时，该课本已经印刷了 15 万本。

目前，中印两国已经达成了三步走领土争端解决框架。一是确定政治指导原则。2005 年，中印达成《关于解决边界问题的政治指导原则的协定》，政治指导原则已经确定。二是确定解决框架。2012 年，中印两国就框架谈判情况进行谈判，达成一定共识。三是最终划界。目前，中印两国在领土争端问题上处于第二阶段，核心问题是核实实控线问题。总体来看，中国要求对当前边境状况进行调整，在一个政治框架下整体解决。印度则要求基于控制现状，在条件成熟的地区和领域追求"早期收获"。

（二）西藏问题

印度试图继承大英帝国在西藏的殖民主义遗产，是导致中印两国关系在 1949 年新中国成立之前就开始恶化的重要原因。[①] 中国认为，印度在利用西藏问题干涉中国内政，达赖集团是印度手中的一个筹码，以牵制、削弱中国，或获得对华关系中的心理优势。早在 1947 年，印度总理尼赫鲁（Jawaharlal Nehru）在德里召开亚洲关系大会（Asian Relations Conference）时，就曾邀请西藏以"单独国家"身份出席，受到中国共产党和当时的国民党政府的共同批判。时任中国驻印度大使罗家伦（1947 年 5 月~1949 年

---

① B. R. Deepak, "India's Political Leaders and Nationalist China: Quest for a Sino-Indian Alliance", *China Report*, Vol. 50, No. 3, 2014, pp. 215–231.

12 月）① 曾向南京报告，新独立的印度有把西藏建设成中印之间战略缓冲区的意图。印度第一任内政部部长萨达尔·帕特尔（Sardar Patel）也曾给尼赫鲁总理写信，提醒印度因西藏问题与中国发生战争的可能性。②

从印度的角度来看，西藏问题涉及以下两个方面的因素。一是印度的战略安全问题。一些印度人继承了英国殖民者留下的"印度中心观"，认为西藏即使不能成为印度领土的一部分，至少也应成为中印之间的缓冲地带。③ 尼赫鲁就曾声称："我们必须与西藏人而且只与西藏人打交道。""我的意思是，西藏而不是尼泊尔必须成为我们竭力要建立的缓冲国。"④ "印度支持西藏人民的事业，很可能起到压中国人向西藏人妥协以及向印度妥协的作用。"⑤ 所以，1959 年达赖集团逃亡印度，印度不仅允许达赖组建流亡政府，资助反华叛乱，还招募流亡藏人组建"印藏边境警察部队"（ITBP），直至今日仍然存在。二是印度的宗教文化情感问题。印度人认为佛教是印度宗教体系的一个组成部分，与印度教、锡克教和耆那教（Jains）一样，是达摩四宗教之一。因此，达赖不是一个在印度的流亡者，而是印度宗教体系中的一个精神领袖。

（三）跨境河流问题

中印跨境河流问题是一个长期被中国学者忽视的因素，同时是西藏问题中一个重要组成部分。随着经济发展和技术进步，这一问题将会更加突出。青藏高原是世界十大河流的发源地。这十大河流所经区域生活着 13 亿人，占世界人口的 20%。青藏高原的冰雪是世界上除极地以外的最大淡水储蓄地。而相关国家，从中国到南亚诸国，都处于严重的缺水状态。

---

① 罗家伦是国民党政府驻印度第一任大使，也是最后一任大使。他本人也只做过这一次大使，主要使命就是运用其在西藏问题上的专业知识，在印度维护中国国家主权完整。参见 Fang Tien-Sze, "An Assessment of Ambassador Luo Jialun's Mission to India: 1947－9", *China Report*, Vol. 50, No. 3, 2014, p. 191。

② Dr. Tansen Sen, "India-China Connectivity: Past and Present", 14 August 2014, http://orfonline. org/cms/sites/orfonline/modules/report/ReportDetail. html? cmaid = 70674&mmacmaid = 70675, accessed at August 20, 2014.

③ 参见亢升《印度的西藏情结及其对中印关系的影响》，《南亚研究》2013 年第 2 期，第 82 ~ 83 页。

④ 转引自吕昭义《英属印度与中国西南边疆》，中国社会科学出版社，1996，第 217 页。

⑤ M. L. 桑迪，《拉甘地应该访华吗?》，转引自杨平学《浅析制约中印关系的几个因素》，《南亚研究季刊》2002 年第 1 期，第 40 页。

在中印水关系中，中国处于相对优势地位。根据 2013 年《中国水资源公报》，2013 年，从国境外流入中国境内的水量为 214.9 亿立方米，从中国流出国境的水量为 5282.2 亿立方米，中国水资源年净流出量为 5067.3 亿立方米，占中国当年 26839.5 亿立方米地表水资源量的 19%。其中流入界河的水量为 2299.1 亿立方米，一半左右流向印度。而据印度方面统计，仅仅是雅鲁藏布江—布拉马普特拉河（Yarlung Tsangpo/ Brahmaputra），每年就流出 1654 亿立方米的水，超过流向东南亚的澜沧江（Mekong）、怒江（Salween）和伊洛瓦底江（Irrawaddy）三条河流出量的总和。[1] 印度的水资源量已被过度开发，未来空间极小，而且人口增长速度和水消费增长速度又居高不下，对来自中国的水资源自然非常敏感。印度担心中国会将雅江水引走，以解决中国人口分布与水资源分布不均衡问题。北方人口占中国的 42%，但水资源量只占中国的 14%。印度的情况与中国类似，62% 的水资源在北部和东北部，而南部和西部虽然拥有 67% 的国土，水资源却只占 38%。因此，这些水最终是被中国"引"走还是被印度"引"走，关系到两国未来的战略发展空间和民众福利。

印度对中国的水电开发非常担心。根据中国水电工程学会（China Society for Hydropower Engineering）估计，在雅鲁藏布江大转弯（Great Bend）处有相当于 3800 万千瓦的水能，相当于 1 亿吨原煤，或相当于整个南海的油气资源。[2] 目前，中国已在这一地区修建了装机 50 万千瓦的藏木水电站（Zangmu）。"水电发展十二五规划"中还将在雅江中游大力推进加查（Jiacha）、街需（Jiexu）和大古（Dagu）三大项目，总装机容量将为 140 万千瓦。[3] 印度方面认为，如果中国完全开发雅江，总装机容量可达 3800~4900 万千瓦，将超过三峡水电站，并将超过印度 2014 年 3300 万千瓦的水电总装机容量。据印方估计，如果这些项目全部完成，印度将在雨季减少 64%、在旱季减少 85% 的雅鲁藏布江来水。阿萨姆平原还将因此减少来自中国的冲积泥

① Brahma Chellaney, "China's new war front: Natural resource as a political tool," Apr. 23, 2013, http://timesofindia.indiatimes.com/edit-page/Chinas-new-war-front-Natural-resource-as-a-political-tool/articleshow/19683339.cms, accessed at Dec. 26, 2014.

② Brig Vinod Anand, Senior Fellow, VIF, "Hydro Power Projects Race to Tap the Potential of Brahmaputra River," Feb. 7, 2013, http://www.vifindia.org/article/2013/february/07/hydro-power-er-projects-race-to-tap-the-potential-of-brahmaputra-river, accessed at Dec. 25, 2014.

③ 国能新能（2012）200 号，《国家能源局关于印发水电发展"十二五"规划的通知》，http://www.sxdrc.gov.cn/xxlm/xny/zhdt/201212/W020121213360958966498.pdf，第 17 页。

土，影响印度农业生产。

目前，中印在跨境河流方面的合作仅限于水文报汛和应急事件处理方面。主要合作协议为 2002 年中印《关于中国向印度提供雅鲁藏布江—布拉巴普特拉河汛期水文资料的谅解备忘录》，以及 2005 年中印《关于中国向印度提供朗钦藏布江—萨特莱杰河汛期水文资料的谅解备忘录》。在 2006 年《中印联合声明》中，中国水利部与印度水利部建立司局级跨境河流专家级对话机制，到 2014 年 12 月已对话 8 次。2013 年 10 月，在辛格总理访华前，中印签署《关于加强跨境河流合作的谅解备忘录》，中国将向印度提供的汛期水文资料时间延长到 5 个月，从每年的 5 月 15 日到 10 月 15 日，中国每天 2 次向印度和孟加拉国通报水文数据。但是，印度希望能与中国达成一个河水分享协议，以保障未来对中印跨境河流的使用权。中国则更加强调主权原则，希望保障未来开发、利用这些河流的自主权。

（四）中巴关系问题

巴基斯坦是南亚唯一敢与印度叫板的国家。如果没有巴基斯坦，印度将可以近乎绝对地支配南亚任何国家的命运。在很多印度人心目中，巴基斯坦"是宗教狂热的产物"[①]，几乎是万恶之源，各种威胁和问题几乎都可以归罪到巴基斯坦身上。在巴基斯坦人看来，自己才是印巴关系的最大受害者。国家被印度肢解，发展资金在与印度对抗中被消耗。为平衡印度的战略压力，巴基斯坦选择了三根战略支柱：中国、美国和伊斯兰世界。

中巴关系虽与中印关系存在互动关系，但又有其独立性和自主性。中巴两国早在 1951 年 5 月 21 日就正式建交，但当时双方是在"广交朋友"、"睦邻友好"的视角下发展双边关系的。当时，巴基斯坦更需要美国。1959 年西藏叛乱发生后，巴基斯坦还在美国推动下宣称中国占领"西藏"，要与印度合作来保卫南亚次大陆的安全。但 1962 年中印大规模边境冲突发生以后，美国为遏制中国而采取大规模援助印度的政策，让巴基斯坦被迫重新评估美巴关系，放弃单纯依靠美国的国家安全政策，并开始考虑退出东南亚条约组织和中央条约组织。在印度的极力阻挠中，中巴关系反而取

---

① 威廉·丁·巴思兹：《印度、巴基斯坦与大国》，第 27 页。转引自杨平学《浅析制约中印关系的几个因素》，《南亚研究季刊》2002 年第 1 期，第 40 页。

得快速发展。① 进入 21 世纪以来，中巴关系继续加强。2015 年 1 月，在美国总统奥巴马访问印度、要加强美印关系之际，中国称巴基斯坦是"不可替代"的全天候盟友，承诺向巴基斯坦提供全力支持。2015 年 4 月，中国国家主席习近平访问巴基斯坦，将中巴关系重新定义为"全天候战略合作伙伴关系"，并签订 400 多亿美元的经济合作协议，全力支持巴基斯坦的经济发展。

在此情况下，印度也越来越将目光集中到中国身上。一方面，印度担心巴基斯坦会越来越依赖中国，最终可能完全倒向中国。另一方面，印度又抱怨中国对印度在巴基斯坦问题上的安全关切缺少敏感性，不照顾印度的感受。因此，印度对中巴军事和经济合作都非常警惕，对中国在巴控克什米尔地区的道路修建计划以及中巴经济走廊计划更是非常担心。

（五）海洋战略竞争问题

中印两国都是海洋大国，但都不是海洋强国，又都处于海洋利益和海洋安全的拓展阶段。在过去 30 年中，中国经济对海洋的依赖程度逐渐上升。2014 年，中国进出口总值为 26.43 万亿人民币，合 4.29 万亿美元，同年中国 GDP 总值为 10.3 万亿美元，贸易依赖度为 41.7%，其中主要是通过海运。② 如果再加上 6 万亿人民币的海洋经济，中国对海洋的经济依存度约为 50%。③ 在这一背景下，中国海洋战略不断调整，从视海洋为战略壕沟，到视海洋为利益来源，再到当前视海洋为国家利益的主要拓展空间。与此相对应，中国海军也逐渐从一支近岸的黄水海军，逐渐发展成一支蓝水海军。

印度海洋战略和海军发展的方向与中国类似。20 年前，世界经济对于实施内向型经济战略的印度无足轻重。而在今天，印度 40% 以上的经济额都和世界贸易相关，主要也是通过海洋运输。④ 在此情况下，印度海军力量

---

① 韩晓青：《无意识的"推动者"——中巴边界谈判过程中的印度因素》，《南亚研究》2010 年第 3 期，第 41~52 页。

② 《2014 年中国对外贸易情况》，环球网，http://china.huanqiu.com/News/mofcom/2015 - 01/5491544.html。

③ 《2014 中国海洋经济增长 7.7%》，人民网，http://politics.people.com.cn/n/2015/0319/c70731 - 26715452.html。

④ 黄正多、李燕：《冷战结束以来印度多边外交的战略选择与体系构建》，《国际观察》2015 年第 1 期，第 103 页。

也不断壮大，活动范围不断扩展。一些印度战略界人士认为，当年英国退出时，印度虽也曾宣布一个印度洋版的门罗主义宣言，但最终没能抵制美苏的战略入侵，没有实现控制印度洋的战略设想。① 现在美国又要退出这一地区，印度不能再容忍任何其他地区外国家来主导印度洋事务，要把印度洋（the Indian Ocean）真正变成印度之洋（India's Ocean）。② 不仅如此，印度海军还要西出、东进、南下。中印两国海军力量，自郑和下西洋近600 年以后，再次历史性地相遇了，并且还是作为两个崛起中大国的相遇。

二 中印关系中的主要非结构性因素

在中印关系中，除结构性因素以外，还有一些非结构性因素，也在影响着中印关系，主要包括两国经贸不平衡和签证这两个现实问题，以及历史认知差异和战略差异两个认识性问题。

（一）经贸不平衡问题

中印贸易关系长期不平衡，这是中印两国的经济结构所导致的。但由于两国的经济结构是可以调整、转型的，所以这一问题的形态也不是固定的。目前，这一平衡主要表现为中国对印度的巨额顺差。2011 年，中国对印度出口 560 亿美元，印度对中国出口 190 亿美元，贸易差额为 370 亿美元。2014 年，中印两国双边贸易额为 705 亿美元，比 2013 年增长 7.9%。中国对印出口 542 亿美元，比 2013 年上升 12%；印度对中国出口 164 亿美元，下降 3.5%，贸易差额为 378 亿美元。贸易不平衡在 2015 年度还会有所扩大。据印度工业贸易部数据，印度与中国在 2015 年的贸易总额为716.4 亿美元。其中中国对印度出口金额为 582.5 亿美元，而印度对中国出口则下降至 133.8 亿美元，逆差上升 448.7 亿美元。

贸易不平衡问题成为中印两国间的一个重要外交议题，每次两国领导人会谈时都会提到这一问题。2011 年 12 月，印度国家安全委员会秘书处（National Security Council Secretariat）甚至暗示说，印度对中国的贸易逆差

---

① 〔印〕克·拉简德拉·辛格：《印度洋的政治》，周水玉、李森译，商务印书馆，1980，第262 页。

② David Scott, "India's Grand Strategy for the Indian Ocean: Mahanian Visions," *Asia-Pacific Review*, Vol. 13, No. 2, 2006, p. 97.

可能会给印度带来国家安全问题。另外，印度还是中国在海外最大的工程承包国。截止到 2014 年底，中国在印度工程承包合同总额为 600 多亿美元，已完成 360 亿美元以上。为改变这一状况，印度曾出台一些特别政策。2012 年 7 月，印度政府决定对出口到印度的发电设备征收特别关税，而中国发电设备占印度所有发电设备进口的 40%，电信和电力设备又占中国对印贸易顺差的 70%。在此情况下，贸易问题也成为中国方面关注的重要议题。

（二）签证问题

签证问题是影响中印关系中的一个重要因素，并且是一个双向问题，对双方公民都有重大影响。

在印度看来，签证问题主要涉及印占藏南地区居民的访华签证问题，即另纸签证问题。这一签证体系源于 1987 年 2 月，印度在其占领的"中印边界东段争议区"（中国藏南）建立所谓阿鲁纳恰尔邦（阿邦），中方多次严正声明，绝不承认。同时，为方便"中印边界东段争议区"民众来中国，对出生地为所谓阿邦的普通居民申请来华，中国不承认其护照，颁发另纸签证。签证上没有护照号码，并加注"本签证系发给某人（同护照名）先生（女士）的另纸签证"。对阿邦官员和议员，则原则上不发签证。印方曾长期不反对中方做法。但从 2006 年起，印度不断以小动作来试探中国在"中印边界东段争议区"问题上的底线，先在印度官方代表团内塞入阿邦人员，并在中国拒绝或拖延发证后取消整个代表团。2009 年，印发布规定，称中国另纸签证为印公民无效的出国旅行证件。2014 年 4 月 20 日，印度青体部因为阿邦青年的签证问题，推迟了访华百人团的行程。印度领导人每次与中国领导人会谈时，几乎都要谈到这一问题。在印度看来，如果中国向"中印边界东段争议区"民众发放普通护照，将成为中国接受印度占领状态的一种法理依据。为迫使中方让步，印度政府把这一问题与签署《中印关于简化签证手续的谅解备忘录》等问题挂钩处理。

中方关注的主要是印度向中国公民发放签证时的速度和歧视性待遇问题。中印两国曾于 1994 年和 2003 年签署《中印关于简化签证手续谅解备忘录》，双方承诺在 10 个工作日内向对方普通公民签证申请者发放签证。印方曾向中方承诺，向中国驻印外交轮换人员 15 日内、新增人员 30 日内发放签证，但执行不力。中国驻印度大使馆新增常驻人员签证平均需要 3 个月，中资公司和驻印记者签证申请平均需要 6 个月，学生签证平均需要 1 个月或更长，签证延期的周期也比较长，这是导致中国访印人员数量不高、在印经贸活动困难的一个重要原因。与此相比，中国给印持外交、公务护照人员、代表团、印驻华使领馆人员办理签证的平均时间只有 2~3 个工作日。2014 年 5 月莫迪总理访问中国期间，宣布向中国游客开放签证系统，中国游客进入印度的便利程度有所提高，但其他人员获得印度签证的难度仍然很大。

（三）历史观差异

中印两国民众对中印关系的历史观不平衡。一是两国对 1962 年中印边境大规模冲突的看法差异很大。在中国人看来，1962 年边境冲突只是一场小冲突、小战斗，算不上"战争"。冲突的原因是印度在美国等国的鼓动以及本国民族主义情绪的推动下，实施前进政策，遭到中国的"教训"，中国"获得了中印边境地区的长期和平"。对印度人来说，中国"背信弃义"，发动了"侵略印度"的战争，让印度遭受了失败和侮辱。从此以后，一个自信的、争取与美苏平等大国地位的印度消失了，在联合国和不结盟运动中的积极表现和领导地位消失了，国际主义和多边主义在印度外交中逐渐萎缩，印度全面退缩到南亚地区。[①]

二是两国对联合国安理会席位问题的分歧很大。很多印度人包括一些高级官员和精英在内，长期有一个错误的认识，即中国在安理会的席位，本来印度是有机会获取的。现在印度申请成为安理会常任理事国，只是要获得早就应该属于印度的席位，中国应回报印度，无条件支持印度。在中国看来，联合国安理会成立时，印度还没有独立，不是创造会员国，不存在取代中国席位的问题。并且中国并不反对印度申请"入常"，但印度不应该与他国一起抱团申请，让中国难以决策。

三是两国对边境争端的根源认识不同。中国认为边境争端的主要责任在印度，因为中国已经与 14 个陆地邻国中的 12 个解决了争端，其中有强有弱，只有与印度及其不丹无法解决问题。这是因为印度拒绝妥协，没有认真的谈判态度。印度则认为，边境冲突是中国扩张的结果。并且中国在与多数国家的领土争端谈判中都能让步，为何偏偏对印度如此强硬？中印两国在上述问题上的认识差异，使双方的心态极不平衡。印度对中国的一

---

① Stanley A. Kochanek, "India's Changing Role in the United Nations", *Pacific Affairs*, Vol. 53, No. 1 (Spring 1980), p. 53.

举一动都非常敏感。中国公民和企业在印度的正常活动也因此面临很多非常规阻力和障碍。

（四）战略差异

中印之间存在明显的战略差异。一是战略重要性差异。印度认为，中国是其在亚洲的主要战略竞争者，很多印度人认为中印两国正在进行一场争夺关注、尊重、投资、地区影响力和资源的竞赛。印度前副总理阿德瓦尼曾宣称，21 世纪是印度的世纪。莫迪总理在 2014 年 9 月访问美国硅谷和 2015 年 11 月出席东盟峰会时都称，21 世纪将是印度的世纪。因此，与中国相似，印度也提出了很多地区互联互通倡议，有些还对中国有很强的针对性。中国提出"孟中印缅"（BCIM）经济走廊倡议，印度有卡拉丹连通计划和印度—缅甸—泰国东西陆路连通计划；中国提出"中巴经济走廊"计划，印度有连接阿富汗和伊朗的战略计划；中国建设巴基斯坦瓜达尔港，印度就建设伊朗恰巴哈尔港，两者虽由巴伊两国边界相隔，但只相距 70 公里左右；中国推动"海上丝绸之路"计划，印度就提"香料之路"概念，并想把"季风工程"这一文化项目提高到政治战略的高度，近来还有人提出"棉花之路"概念；中国要在北印度洋地区建立一个基础设施链条，印度总理莫迪就沿着塞舌尔、毛里求斯和斯里兰卡这几个海上枢纽国家访问一圈，签订基础设施合作协议。中国主要从南亚地区的角度看待印度，认为印度是南亚地区的主导国家，有可能影响中国西藏形势，但不是中国在欧亚大陆的主要战略竞争对手。因此，中国虽在印度周边提出很多倡议，但其实只是"路过印度"，是中国走出去战略的组成部分，并非特别针对印度。因此，中国并没有把印度的关切放在重要决策位置上，印度经常有被中国"轻视"的感觉。

二是对外战略差异。印度长期在世界大国之间搞平衡外交，以俄罗斯来平衡美国，以日本来平衡中国，再在中美之间相互平衡。中国则长期以自身需求为导向来组织对外关系，虽然也经常使用"平衡"手段，但很少以平衡本身为目标。印度的平衡外交文化，使得印度经常认为中国是在主动平衡印度，但中国则认为印度的平衡战略背后有更远大的战略意图，是想与其他国家一起制衡中国。2015 年以来，印度在战略与安全方面日益向美国、日本等国家倾斜，牵制、平衡中国影响的姿态更加明显。

三是战略顺序差异。中国强调"增信释疑"，即先搞好两国政治关系，再坐下来解决领土争端等具体问题。这是中国与缅甸、俄罗斯、越南和中亚国家解决领土争端问题的模式。印度则更强调"释疑增信"，即只有先解决领土争端问题，才能从根本上改善两国政治关系。这一差异使得中印两国经常行驶在不同的轨道上。在两国领导人会谈时，中国领导人经常谈战略关系，印度领导人则往往强调具体问题；中国人喜欢谈如何整体改善双边关系，印度人则更重视如何获得具体的"早期收获"。

三 超越中印关系障碍需要综合方案

中印关系的性质与重要性已今非昔比。当前，中印两国分别为世界第二和第八大经济体，按照购买力平价法计算则分别为第一和第三大经济体。到 2050 年，中印两国的经济总量将可能分居第一和第二位，将与美国与欧洲形成四足鼎立的世界经济格局。因此，中印关系不仅具有双边和地区意义，在未来也具有世界性战略意义。目前，中印双方领导人都有推动中印关系发展的强烈愿望，中印关系发展呈现"自上而下"推动的模式，[1] 但受困于上述结构性和非结构性因素。只有超越结构性因素、推动非结构性因素发展、在结构性因素中寻找合作领域，才能使中印两国全面发展双边关系。

（一）改变观念以塑造中印新型大国关系

中印两国都是文明古国，都有文化中心主义倾向，都倾向于用中心—边缘视角看待问题。在中印关系中，中国拥有综合国力优势，经济总量（GDP）是印度的 4 倍左右，拥有更多的金融和经济资源。但是，印度则拥有地理优势和国际环境优势。一方面，印度处于中国海上生命线的上游，可以用低成本的有限力量来影响中国的核心利益。另一方面，印度的国际环境比中国好，与各大国关系良好，可以在不同大国间搞平衡外交。因此，总体来看，中印两国在南亚和印度洋地区处于前所未有的某种均势状态之中，可以成为中印新型大国关系的基础。

在这一新型大国关系中，中印两国各有所需。印度希望中国可以给印

---

① 〔比利时〕乔纳森·霍尔斯拉格：《中印关系的进展、认知与和平前景》，《当代亚太》2008 年第 4 期，第 41~58 页。

度以世界大国地位的许可证,[1] 中国则希望印度可以为中国进入印度洋地区开绿灯,两国间有达成战略默契的可能性。对于中国来说,印度是中国海上丝绸之路倡议中的枢纽和桥梁,是中国印度洋战略的关键。一个良好的中印关系,将在很大程度上降低中国经营印度洋地区的成本。对于印度来说,中国掌握着其世界大国之路上的钥匙。印度正努力寻求加入"大国俱乐部",想成为安理会常任理事国和合法核武器国家。但是,与巴西等国相比,印度虽在领土面积和人口规模上有优势,但在地缘政治方面并没有优势。印度没有一个地区性组织和相关机制可以作为参与全球政治的跳板和支撑点,在现存世界大国中也没有形成接受印度的共识。如果没有中国的支持或认可,不管印度与美国和日本的关系发展到何种程度,都不可能合法地成为"世界大国"。

(二) 推动务实合作以降低中印结构性因素的敏感性

结构性因素是中印关系中的长期性、恒定性障碍。1962 年中印大规模边境冲突爆发以后,印度通过有关法案,表示要"寸土必争,寸土不让",并将其列入宪法,使得两国解决边境争端缺少谈判空间。但是,中印两国仍然有可能超越结构性因素的制约。一是在主观上,两国领导人和政治、经济精英有改善双边关系的强烈愿望。在两国领导人之间,已经形成几个重要的共识,分别为"非战共识"、"战略关系共识"和"合作关系共识"。二是在客观上,当前中印关系已经远远超越双边关系的范畴。当前,中印两国的相遇是世界性相遇,是在新时代以新身份的相遇。在此情况下,中印间结构性因素的重要性和地位出现变化与分化。传统的结构性因素,如领土争端、西藏问题和中巴关系等的重要性下降,水资源争端的意义上升,两国如何处理在国际体系中的关系成为当务之急,中印关系正出现"低政治化"现象。[2] 三是在实践上,两国在全球性领域的合作已经成熟、有效。两国在气候变化、国际金融体制改革和一些地区敏感问题上,都有战略默契或行动层面的合作。甚至在领土争端等结构性问题领域,两国在稳定边境局势、促进边境地区经济发展等方面也有共同利益和广阔的合作空间。通过在具体领

---

① 2015 年 4 月 11 日,印度总理莫迪访问法国时,称印度有资格成为安理会常任理事国,但中国尚没有表态支持印度。

② 蓝建学:《中印关系新思维与"再平衡"术》,《国际问题研究》2013 年第 3 期,第 101 页。

域的务实合作，中印两国虽然不能解决上述结构性问题，但是可以降低这些问题的敏感性，可以减少这些问题对中印关系的困扰。

（三）促进人文交流以改善中印关系的民意基础

中印两国之间的一个很大障碍，存在于心理和认知层面。一方面，这来自双方在领土争端等级结构性问题上的冲突而产生的误解或敌视。据印度观察家基金会（ORF）的一次民调，有 80% 以上的印度民众对中国持敌视态度。相比之下，中国民众对印度的好感度，要普遍高一些。另一方面，国际社会的影响与推动也是中印关系交恶的重要原因。在西方媒体中，中印两国总是处于相互对立的语境，"民主与不民主"、"喜马拉雅山两边"、"1962 年战争"、"未来谁是世界上最大的经济体"、"哪个国家的经济发展速度更快"，等等。正如谭中教授所言："从冷战时期开始，以美国为首的西方世界急切希望中印两国对立争雄，两败俱伤，印度许多知识精英都变成这一意愿的俘虏。"① 印度精英分子的对华认知则比较复杂，分为三大派别：一是民族主义派，认为中国是现实敌人或潜在战略对手；二是现实主义派，认为中国给印度带来的机遇与挑战并存；三是自由主义派或全球主义派，认为中印将在全球化背景下和平共存。目前民族主义派虽仍占上风，但心理和认知问题是软性的、可以改变的。由于日益密切的经济和政治联系，两国间不同的观点和声音已有了更大的生存空间和活动舞台，② 反华、仇华情绪已经不是印度舆论的唯一特征。

为改善中印关系的民意基础，两国应采取如下措施。一是重塑"中印表兄弟"关系。中印两国 2000 多年人文交往关系密切，是"文化表兄弟"（Cultural Cousin）。在殖民主义时期，两国又一起反对西方殖民主义统治和剥削，两国革命者成为"反殖民表兄弟"。③ 摆脱殖民主义和帝国主义的统治以后，两国曾要推动建立"中印联盟"，但因领土争端和外部挑动而未能如愿。在多极化世界中，为促进亚洲世纪的到来，中国应塑造"战略表兄弟"（Strategic Cousin）关系，以共同提高两国的国际地位。二是采取切

---

① 谭中：《China 加 India 等于 Chindia》，《国际政治研究》2005 年第 3 期，第 141 页。

② Deepa M. Ollapally，"China and India: Economic Ties and StrategicRivalry，" *Orbis*，Summer 2014，p. 350.

③ B. R. Deepak，"India's Political Leaders and Nationalist China: Quest for a Sino-Indian Alliance，" *China Report*，Vol. 50，No. 3，2014，pp. 215 - 231.

实措施促进两国人文交流。中印两国人文交流水平非常低，在 2014 年只有 70 万印度人访华、17 万中国人访印，不及中韩之间的一个黄金周。2015 年，中印双向游客首次超过 100 万；① 前 10 个月，已有 20 万中国人访问印度，② 超过上年全年，但与两国庞大的人口规模和出入境人数仍完全不成比例。这也表明，两国之间的人文交流空间很大。

（四） 拓展互动领域以扩大中印两国的合作面

在大国关系中，很多问题不是被解决的，而是被国际形势所超越的。中印两国之间的一些问题，难以迅速找到解决方案，有些甚至根本就不具备解决的条件，但搁置、管理和超越也是一种解决问题的思路。为达到此目标，两国应拓展在经济和军事安全等领域的合作。一是两国要加强在经济领域的合作。首先，两国应改变思路，从对外经济全局来看待贸易不平衡等问题，不纠结于特定国家的特定领域。其次，中印两国要开拓更多经济合作领域，改善中国企业在印度的投资环境，在贸易以外来寻求一个更加平衡的中印收支关系。2015 年，中印两国之间达成 400 多亿美元的经济合作协议，进展很快。最后，中印两国应在国际经济治理领域进一步加强、加深合作。中印两国都面临如何应对"区域全面经济伙伴关系"（The Regional Comprehensive Economic Partnership，RCEP） 和 "跨太平洋伙伴关系"（Trans-Pacific Partnership，TPP） 等新兴国际经济机制的问题，在如何参与、塑造国际经济新秩序方面有共同立场和利益。二是两国应加强在军事安全等领域的沟通与交流。领土争端和地缘政治竞争使得中印两国很难建立战略互信关系，但是，通过加强军事和安全领域的沟通与交流，包括边境地区信任措施建设以及海洋安全和资源开发等领域的合作，两国可以改变在一些问题上的对立氛围，改善双边关系的发展态势。

四　结论

总体来看，中印关系"起点低，基础差，发展快，前景广，领域多，

---

① 《乐玉成大使在中国旅游年开幕式上的致辞》，2016 年 1 月 15 日，http://in. china-embassy. org/chn/dsxx/dshdjjh/t1332072. htm，2016 – 01 – 25。

② 《乐玉成大使在印度议会中印友好小组的讲话》，2015 年 12 月 22 日，http://in. china-embassy. org/chn/dsxx/dshdjjh/t1326819. htm，

问题复杂"。从具体领域来看，中印政治关系仍是热而不亲，经贸关系密切但缺少纵深合作，军事关系升温但仍处于冷淡阶段，人文纽带历史悠久但现实联系薄弱，在多边舞台立场接近但主动协调不足。但是，这也恰恰表明中印关系有广阔的发展空间。目前，两国都处上升阶段，都有一个强有力的中央政府，都想推动双边关系发展，都有合作以提高国际地位的愿望。而一些地区外势力则试图破坏、干扰两国间的这一趋势或需求，试图在中印间重玩"远交近攻"、"海外平衡"的"分而治之"游戏，对两国的国际政治智慧都构成了挑战。

Issues and Transcendence in the China-India Relations

Zhang Jiadong

Abstract   The factors on China-India relationship can be divided into two types: structural and non-structural. The structural factors include territorial disputes, China-Pakistan special relationship, water disputes, and competition on international status. Non-structural factors include trade imbalance, visa issue, historical perceptions and cognitions, and differences of strategic priorities. All of these factors are so diversifying and changing that its impacts on China-India relations are in flux. To have a stable and better relationship, China and India must manage structural factors and promote cooperation on non-structural areas simultaneously. To shape a new model of major power relationship, both countries need to soften, weaken, and trivialize traditional obstacles between two countries through a search for new cooperation areas and space.

Key Words   Border Disputes; Trade Imbalance; Tibet Transnational Water Resources; New Model of Major Power Relationship

Author   Zhang Jiadong, Professor of International Relations at Center for American Studies, Vice Director of Center for South Asian Studies, Fudan University.

周边国情研究

朝鲜经济增长的内生动力与外生变量研究

张慧智

【内容提要】 近年来，朝鲜在国际制裁日益严厉的背景下，依然连年实现经济增长，平壤呈现欣欣向荣的发展面貌。考察朝鲜经济增长的动力来源，会发现其内生动力主要体现为"朝鲜式经济管理方法"提高了劳动生产率，生产资料市场和消费品市场的扩大推动了商业发展和内需增加，对科技的重视与投入促进了技术进步。但是，由于朝鲜贸易投资环境恶劣，国际贸易与引进外资对朝鲜来说依然只是经济增长的外生变量。鉴于朝鲜产业结构的脆弱性和长期技术投入不足等问题，朝鲜只有将贸易引资等外生变量内生化，提高贸易开放度，扩大招商引资力度，才能充分发挥其技术外溢效应，真正实现经济长期可持续发展。

【关键词】 朝鲜经济　开放度　内生动力　外生变量

【基金项目】 教育部人文社会科学重点研究基地重大项目"朝鲜政治经济形势跟踪研究及我国对朝政策"（14JJD810003）；教育部人文社会科学重点研究基地项目"东北亚国家区域经济一体化战略比较研究"（11JJD810007）；吉林大学哲学社会科学青年学术领袖培育计划项目"朝鲜半岛与东北亚国际关系研究"（2012FRLX14）。

【作者简介】 张慧智，吉林大学东北亚研究院副院长、朝鲜研究中心主任、教授。

自金正恩执政后，朝鲜出台了一系列新的经济政策措施，展现出欣欣向荣的面貌。笔者自 2010 年以来每年赴平壤考察访问，都会看到平壤日新月异的变化。平壤各个餐馆里人满为患，乘坐出租车可以"拼车"，超市里朝鲜民众的购物车内装满了商品，农贸市场里应有尽有，交易活跃。尽管自金正恩正式提出"经济建设与核武力建设并进发展"的路线后，国际社会纷纷表示质疑并坚决反对，并对朝鲜第三次核试验实施更加严厉的制裁。但是，在国际社会对朝制裁日益加重，援助大幅缩小的背景下，朝鲜自 2011 年以来却连续实现经济增长，GDP 增长率分别达到 0.8%（2011 年）、1.3%（2012 年）、1.1%（2013 年）和 1.0%（2014 年），[1] 朝鲜经济增长动力来自哪里，其可持续性如何，今后将向哪个方向发展等疑问成为本文要解决的核心问题。

经济增长是社会物质财富不断增加的过程，代表一国潜在 GDP 或国民产出的增加。长期以来，经济学家致力于研究哪些因素对经济增长更能发挥决定性作用。古典政治经济学理论认为，一个国家经济增长的主要动力来源于劳动分工、资本积累和技术进步；新古典经济增长理论则强调人口增长和技术进步作为外部力量的重要性；而现代经济增长理论也被称为"内生技术变革理论"，认为内生的技术进步是经济增长的决定因素，技术和人力资本的外溢效应是经济增长的必要条件，国际贸易对经济增长有重要影响，政府的适当干预以及正确的经济政策则是重要推动力。从朝鲜近年来国内外经济条件的变化来考察，会发现朝鲜经济增长主要来自内生动力，其积极追求的对外经济合作是影响未来发展方向的重要外生变量。

一　朝鲜式经济管理方法是增长的政策性动力

金正恩执政后，推动经济建设，改善民生，提高人民生活水平成为朝鲜的重要政策目标。为此，金正恩执政后对经济建设做出一系列调整，在加强计划经济管理的基础上，探索新的经济管理方法。其实，早在 2001 年新年社论中，朝鲜就提出"要根据新的环境和新的氛围，改善经济管理方法"[2]，并于 2002 年实施了"7·1 经济管理改善措施"。此后，朝鲜一直

---

[1]　韩国银行：《朝鲜 GDP 相关统计》，http://www.bok.or.kr/broadcast.action?menuNaviId=2237。

[2]　〔朝〕《劳动新闻》，《新年共同社论》2001 年 1 月 1 日。

强调"改善经济管理"的重要性。金正恩执政后,更加明确了"朝鲜式经济管理方法"的宗旨和原则:在朝鲜劳动党的领导下对经济工作进行国家统一指导,提高企业的责任心和创造性,让所有劳动者在生产管理中承担主人的责任,发挥主人的作用;① "朝鲜式经济管理方法"要坚持社会主义原则,即坚持生产手段的社会主义所有制和集体主义原则;坚持人民经济的计划原则、均衡发展原则、按劳分配原则和价值交换原则;将科学技术与企业经营管理有机结合,从而实现企业生产经营创新。为此,朝鲜中央政府一方面对经济管理机构进行调整,扩大内阁的经济管理权限,实施"内阁中心制"、"内阁责任制",合并合营投资委员会、国家经济开发委员与贸易省,成立对外经济省,加大引进外资力度;另一方面,对内公布了金正恩的指示"建立我们式的经济管理体系"②(2012 年 6 月 28 日公布,简称 6·28 措施)以及"根据现实发展需求确立我们式的经济管理方法"③(2014 年 5 月 30 日公布,简称 5·30 谈话)。这两个文件的主要内容以农业、工业为核心,将经营权限下放给生产单位,从制订生产计划、投入生产到分配产品收益的各个环节,大幅扩大生产单位的自主权限;在完成国家收购和上缴计划后,剩余部分由协作农场或企业自行分配,用于设备投资、扩大再生产和提高职工生活水平,以此提高农场、工厂、企业的自律性和自主性,提高劳动者生产积极性和劳动效率。

朝鲜式的经济管理改善方法首先体现在农业上,即重点解决吃饭问题。6·28 措施实施后,朝鲜在农村试点实施"圃田担当制"(即农田分担责任制),大幅缩小合作农场作业小组的人数,由原来每个小组的 15～20 人减少到 3～5 人;增加可自由处置的农作物比例,国家和农场的分配

① 〔朝〕赵景锡:《确立我们式经济管理方法的基本要求》,〔朝〕《经济研究》2015 年第 2 期。

② "6·28 措施"的主要内容包括:(1)合作农场和工厂企业的生产初期费用由国家提供保障;(2)国家与农场(或工厂)按一定比例分配生产产品;(3)产品按市场价格定价;(4)个人可自由处理分配所得;(5)减少合作农场作业小组人数。参见〔韩〕金英勋《朝鲜农业政策的变化与 2014/2015 年度粮食收支展望》,〔朝〕《朝鲜农业动向》2015 年第 1 期。

③ "5·30 谈话"的主要内容包括:(1)工厂企业和合作农场全面实施经理经营责任制;(2)坚持科技与生产经营的有机结合,充分发挥科学技术的作用;(3)推行社会主义企业经营责任制,工厂、企业和合作农场全面实施经营管理责任制;(4)坚持按劳分配的社会主义分配原则;(5)坚持党委对经济工作的集体指导,在"社会主义守护战"中贯彻落实党的意志和要求。

比例调整为 3：7；努力推进"农业生产集约化、工业化、现代化"；通过下放农作物的分配权，提高生产者的积极性，利用现代科技提高劳动生产率，促进农业生产，解决粮食问题。"圃田担当制"的具体内容可以从 2014 年 2 月金正恩致"全国合作农场分组长大会"的贺信内容中得到充分印证。①金正恩在贺信中强调了合作农场自力经营和分组管理的作用，"为增加农场员的生产积极性，要求在分组管理制下实施农田分担责任制，……根据社会主义分配原则的要求，将从分组生产的粮食中扣除国家制定的一定份额以外的粮食，按每个农场员的工分以实物为主进行分配。国家要正确地评估国家的粮食需求量、农民的利害关系和生活上的需求，以此为基础合理地制订粮食义务收购计划，以使农业劳动者满怀信心努力奋斗。……要在农村创造模范单位，并使所有单位大力展开赶超模范单位的竞赛。"金正恩的贺信进一步印证了朝鲜"6·28 措施"的具体内容，显示朝鲜的农业政策出现了较大变化，给农业生产带来了积极的影响。

"圃田担当制"的实施，为大幅提高朝鲜粮食产量发挥了重要作用。"农场员真正成为土地的主人，粮食生产的主人，生产自觉性和劳动热情大幅提高，劳动生产率提高了 95%"，②每公顷粮食增产 1 吨。③尽管近年来朝鲜连年大旱，但粮食产量依然有较大幅度的提高。根据朝鲜方面公布的数据，朝鲜 2012/2013 年度的粮食产量为 566 万吨，2013/2014 年度增加到 571 万吨④，"圃田担当制"由试点扩展到全国。不过，由于 2015 年百年不遇的春旱，世界粮食计划署和联合国粮农组织都认为朝鲜粮食减产已成定局。2015 年 9 月，朝鲜中央政府把平壤的粮食配给量减少到每人每天 250 克，比过去 3 年来的平均配给量 317 克减少了 21%。⑤韩国农业问题专家认为，2015 年朝鲜可能有 50 万吨的粮食缺口。

在工业方面，朝鲜强调改善企业经营管理体系，实施"社会主义企业

---

① 金正恩：《高举社会主义农村提纲的旗帜，在农业生产中大搞革新》，朝中社 2014 年 2 月 7 日。

② 《朝鲜实证圃田担当制成果》，〔韩〕《联合新闻》2015 年 6 月 28 日。

③ 金昌吉：《成果显著的圃田担当制》，〔朝〕《劳动新闻》2015 年 2 月 6 日。

④ 《朝鲜官员表示今年粮食收获量 571 万吨，比去年增加》，〔韩〕《联合新闻》2014 年 12 月 23 日，http：//www. yonhapnews. co. kr/bulletin/2014/12/23/0200000000AKR201412231612 51014. HTML？from = search。

⑤ 《WFP，朝鲜粮食配给量减少……居民情况令人担心》，《美国之音》2015 年 10 月 1 日，http：//www. voakorea. com/content/article/2986089. html。

责任管理制"，① 将部分权力下放给生产经营单位，鼓励企业在党委书记和企业经理的率领下，根据实际情况独自开展经营活动，实施"独立核算制"，全面负责制订计划、物资采购、产品销售和利润分配。因为在国家力量有限的情况下，"各企业要想提高经营效率，绝不能只依靠中央集权式指导，国家也无法对数千、数万企业进行全面细致的指导"，② 借此强调企业作为经济主体需要较强的自律性和自主性。

据此，工厂在执行国家计划的同时，可以根据自己的意愿与其他企业缔结生产合同。以前，企业收益使用必须严格按照项目执行，新措施允许企业将部分所得按照规定上缴国家，剩余部分自行决定如何使用，即设备投资、提高生活费、扩大再生产等，工厂可以根据自己的需要自行决定收益的利用方式。另外，扩大再生产计划和出口相关业务也由企业自行决定。国家计划外的合同需要登记，因此劳动计划可以接受国家指导。在由于设备更新等而出现过剩劳动力的情况下，可以提议减少劳动力使用。③

不仅如此，计划经济体制下朝鲜的计划制订方式也出现了较大变化。"计划经济不意味着所有部门、所有单位的生产经营活动计划都由中央来制订。"除电力、煤炭、金属、化学产品等对经济具有战略意义的部门应由国家直接制订计划外，其他所有生产指标都应以定购合同的方式制定执行，即需求单位向生产单位进行定购，根据双方协议缔结合同，按照定购合同有计划地执行生产与供应，合同双方形成信用关系，受到民法保护；企业还拥有贸易权，可以分别开设本币和外币账户，自主决定进出口，鼓励企业引进海外投资；实施差别化工资制度，彻底消除平均主义和不劳而获现象，根据按劳分配原则评价劳动产出的数量、质量及对企业收益的贡献，公平公正地确定劳动报酬，坚持多劳多得，以现金和物资的方式支付给劳动者；④ 通过调整价格、货币流通和产品结构合理化等措施，协调解决经济发展的速度与均衡等问题。总之，新企业管理体系的核心目标就是提

① "2013 年 8 月 15 日，朝鲜的工业部门和农业部门已经正式实施社会主义企业责任管理制，意味着新经济管理方法的全面实施。"参见《在日朝鲜社会科学工作者召开庆祝光明星节研讨会》，〔朝〕《朝鲜新报》2015 年 2 月 11 日。

② 〔朝〕李光勋：《最大限度发挥独立核算制企业创造性是现时期经济强国建设的迫切需求》，〔朝〕《经济研究》2014 年 4 月。

③ 《从平壤 326 造船工厂看经济管理的新指导》，〔朝〕《朝鲜新报》2013 年 5 月 1 日。

④ 〔朝〕崔振洙：《现时期企业管理彻底实现社会主义分配原则要求的重要方法》，〔朝〕《经济研究》2015 年 3 月。

高劳动者主观能动性和生产效率，实现经济的自主化、现代化、国产化。

"朝鲜式经济管理方法"作为朝鲜重要的经济政策对经济增长的影响是至关重要的。这一政策的主要特征是坚持计划经济体制，坚持社会主义制度属性。[1] 同时，朝鲜式经济管理方法又有新突破，即在保障土地、生产资料、劳动力等生产要素社会主义所有制的前提下，给予从事生产经营的计划经济主体以体制所能允许的最大限度的主动权，以鼓励其积极性、主动性和创造性，使原来在高度中央集权的生产方式下受到束缚的生产力，开始在国家体制层面上因"真正拥有自主权"而不断地被激发和释放。朝鲜式经济管理方法一定程度地调整了中央与地方、上层机关与下属单位、企业与个人之间的关系，激励的增加，产品的市场竞争加剧，资源配置效率的改善都不同程度地推动了经济发展。因此，朝鲜尽管面临严厉的国际制裁，仍然"依靠自己的力量"实现了农作物大幅增产，生产生活消费品供给增加，人民的实际购买力不断增强，国民生产总值持续提高。

二 商业发展、内需增加为经济增长提供市场活力

朝鲜式经济管理方法不仅推动朝鲜在农业和工业领域取得可见的成果，而且促进了市场的发展。在国家无法完全保障企业生产所需的原材料、生产资料供应的情况下，"利用市场提供补充"。当前，朝鲜存在三种市场：社会主义商品交易市场、进口物资交流市场（可统称为生产资料市场）和综合市场（即消费品市场）。

2002 年"7·1 经济管理改善措施"实施之后，朝鲜为保障企业生产正常化建立了"社会主义商品交易市场"，即部分企业面临原材料、生产资料不足或有剩余的情况下，可以首先向内阁相关部门提交申请进行审批，再由国家计划委员会根据各企业情况实现需求企业与供给企业的对接，从而实现企业间的"互通有无"。2005 年 6 月，朝鲜还在平壤设立了"普同江进口物资交流市场"，由中朝两国合作运营进口的原材料、机械设备等生产资料，保障了朝鲜工厂企业的正常生产。当前，"朝鲜式的经济

---

[1] 〔朝〕李光勋：《坚持社会主义所有制，是最大限度发挥企业创造性的根本保障》，〔朝〕《经济研究》2015 年 3 月。

管理方法"要求企业在保障无条件完成中央指标的前提下，利用定购合同制订生产销售计划，根据企业资金供给、原材料保障及生产技术设备状态有效利用人力、物力资源，使计划指标更具有现实性。① 为使所有企业了解相关产品信息，可以由国家制作产品目录，利用图书、网络等手段进行广泛宣传，还可以利用广告发布新产品信息。因为广告不仅可以创造需求，而且可以为人民提供生活便利服务。② 可见，朝鲜日益认识到商业广告对企业经营的重要性，并给予高度认可。

在朝鲜利用生产资料市场保障企业生产正常化的同时，消费品市场的发展为保障人民生活正常化奠定了基础。朝鲜的消费品市场一种是国有大型商场，另一种是由居民个人为主要经营者的综合市场。例如，在平壤，有"万水桥肉类商店"、仓田大街综合购物中心，还有著名的中朝合作建设运营的"光复大街商业中心"，这些都是国营商场超市，主要销售朝鲜国产商品和从中国进口的商品；平安北道人民委员会建设了平城餐饮一条街、新义州百货商店等1000多个商业服务设施，③ 综合市场的分布更加普遍。包括平壤在内的朝鲜各市郡中不断增加的"综合市场"（又称为区域市场）成为朝鲜居民收入的主要来源。个人可以通过支付市场使用费方式租赁摊位，进入综合市场参与商业活动，从而使个人追求财富收入的合法性和正当性得到保障。随着居民收入的增加，服务业得到迅速发展，内需显著增加，成为朝鲜经济的新增长点。美国国际战略问题研究所（CSIS）根据卫星图片分析称，朝鲜在2003～2014年的约10年间，综合市场数量大幅增加。在此期间新义州市场数量增加了114%，而开城仅增加了16%。目前至少有406个得到国家许可的合法市场。

朝鲜的市场发展过程有一个明显特征——"价格双轨制"，即由国家计划保障供应的部分维持较低的计划价格，计划外的购买实行市场价格。在生产资料市场，生产单位用国家计划价格购进的生产资料生产的商品，以国家规定的计划价格出售，至于用市场价格购进的生产资料生产的商

---

① 〔朝〕朴惠景：《企业间根据定购采购合同制订计划的重要要求》，〔朝〕《经济研究》2015年第3期。
② 〔朝〕金光吉：《社会主义社会商品广告的本质与内容》，〔朝〕《经济研究》2015年第3期。
③ 平壤广播，2012年5月10日。转引自〔韩〕李石基《2012年朝鲜产业评价与2013年朝鲜产业展望》，〔韩〕《北韩经济观察》2013年第1期。

品，超产部分自己定价，议价出售。在消费品市场，消费者对计划配额部分用计划价格购买，例如关系国计民生的粮、油等部分重要商品，继续计划供应，实行计划价格，缓冲市场价格对人民日常生活的影响；超过计划配额部分用市场价格购买，用以满足改善人民生活的需求。

"价格双轨制"使生产资料和生活资料出现流动性商业化过程，商业功能和交易机制的建立，自然而然地推动着生产方式的转换，而商品流通则成为商品所有者之间进行交易、使商品价值增殖的必需渠道。因为生产资料"价格双轨制"使生产单位有了一定的定价权，可以根据生产成本和市场供求调整产品价格，不仅促进了生产资料市场的发展，而且扩大了生产单位的物资选购权，优化了生产要素组合，实现了以商品流通为枢纽的资源配置方式，显著提高了经济绩效，减少了短缺现象。当然，生产资料"价格双轨制"也给朝鲜带来了投机倒把、计划物资卖高价、腐败寻租等造成市场秩序混乱的行为，但是现阶段计划经济与市场调节相结合的方式为提高经济活力发挥了重要作用。

三 技术进步为朝鲜经济增长提供助力

技术进步常被看作经济增长的内生动力源泉，主要体现在三个方面：基于科学技术的广泛应用；科学和技术本身的进展；有利于科学或者学术繁荣和技术创新的激励机制制度化。[1] 也就是说，技术进步不仅意味着科学技术本身的进展，还与国家的制度、政策、环境有直接的关系。虽然与其他国家相比，朝鲜的科学技术仍处于相当低的发展阶段，但朝鲜从未减少对科技进步的关注。朝鲜重视发展科学技术，将其作为强盛国家的三大支柱之一，国家层面投入较大，由内阁一位副总理专门负责科技发展，从2009 年开始成立国家科学技术委员会，全面负责科技发展战略，开展群众技术革新运动，并审评和推广新技术；重视利用科技改造国民经济各部门，按照信息时代要求改善产业结构，建设技术密集型经济；加强与中俄等国家的科技部门交流。

朝鲜清晰了解科技对经济增长的拉动作用。1998～2012 年，朝鲜已连接

---

① 《吴敬琏：增长模式与技术进步》，人民网，2005 年 9 月 14 日，http://theory.people. com.cn/GB/49154/49155/3694500.html。

实施三个"科技发展 5 年计划",其主要内容是:以核技术—信息、纳米、新能源、宇宙技术、核技术等尖端科技为目标;机械、化工、热力等重要学科紧跟世界先进水平;深化基础科学研究;优先向信息、生产和纳米技术领域投入力量;努力发展和提高国防技术和电力、煤炭、运输、金属、机械领域的科技水平,强调通过调整和改善出口产品结构,开发森林和海洋资源新技术,把朝鲜建设成"世界科技强国"。① 经过多年努力,朝鲜在科技领域取得了显著成果。② 近年来,为解决企业生产与人民生活问题,朝鲜加大了对化肥、纤维、主体铁和计算机数控技术(CNC)的投入。根据朝鲜国家科学院资料,③ 2014 年朝鲜在解决吃饭问题、能源问题、计算机数控技术以及设备国产化等方面获得了 90 项科技创新和许多重要的科技研究成果。在知识经济时代,朝鲜科技进步是完善朝鲜式经济管理方法的决定力量,是"推进强盛国家建设的原动力"。无论是金正日,还是金正恩都曾表示"决不能舍不得对科学技术发展进行的投资"。

为推动科技开发和技术升级,朝鲜全面扩大科技教育,要求所有人都学习科技,实现全民科技人才化,并为科学家和技术工作者提供更好的研究条件和生活环境。朝鲜还要求内阁作为经济指导部门,优先关注科技发展,加强对科技工作的统一指导和管理,把科技研究和经济管理指导紧密结合,将科技研究成果有效地转化为生产力,将国家经济发展战略由经济自立转变为技术自立,实现传统产业向尖端科技产业的转移,从而实现经济结构升级改造。

朝鲜虽然认识到科技进步对经济建设的决定性作用,但在资金短缺的情况下,朝鲜的科技预算投入呈明显减少趋势。2012 年,科技预算支出为 10.9%,2013 年则减少为 6.7%,2014 年更减少到 3.6%,2015 年为 5%。④ 科技投入不足对其经济增长的影响有待观察。

---

① 中国商务部:《对外投资合作国别(地区)指南——朝鲜》,2014,第 18 页。

② 2006 年 4 月召开的朝鲜第 11 届最高人民会议第 4 次全体会议上,朝鲜劳动党中央书记崔泰福所做的《加快发展科技,大力推动强盛大国建设》的报告总结了朝鲜在科技领域取得的多项成果。参见马扬《朝鲜劳动党中央书记崔泰福所做的〈加快发展科技,大力推动强盛大国建设〉的报告》,《国际先驱导报》,2006 年 4 月 25 日,http://www.china.com.cn/chinese/news/1193434.htm。

③ 《国家科学院在元首现场指导一年后取得了 90 项科技创新成果》,〔朝〕《劳动新闻》:2015 年 1 月 14 日。

④ 根据朝鲜每年公布的国家预算的执行决算与下一年度预算案归纳。

四　对外合作是朝鲜经济发展的外生变量

在长期遭受国际经济制裁的背景下，朝鲜式经济管理方法因势利导，自下而上地推动计划经济与商品市场的有机结合，实现了经济连年增长。从近年来朝鲜产业结构变化可以看出，经济增长主要来自农林渔业、煤炭为主的服务业和矿产业，而重工业和轻工业为代表的制造业对经济增长的贡献相对较小。近两年来，朝鲜因将轻工业作为主攻战线进行发展，通过企业扩大生产和积极引进外资而取得了较快增长，但依然没有超过 7% 的占比率，重化工业甚至出现缓慢下滑趋势。这种产业结构将使朝鲜的经济增长具有明显的脆弱性。在长期无法解决粮食难、能源难、外汇难的情况下，朝鲜在资金、物资、技术等方面都存在较大缺口，单纯凭借自己的力量，经济的健康可持续增长将面临诸多困难。朝鲜也深刻认识到当前经济增长的局限性，出台了一系列政策措施，希望通过扩大贸易、引进外资加快经济发展。朝鲜近年来的产业趋势变化如表 1 所示。

表 1　朝鲜产业结构变化趋势

单位:%

年份 产业			2008	2009	2010	2011	2012	2013	2014
国内生产总值			100.0 (3.1)	100.0 (−0.9)	100.0 (−0.5)	100.0 (0.8)	100.0 (1.3)	100.0 (1.1)	100.0 (1.0)
农林渔业			21.6 (8.0)	20.9 (−1.0)	20.8 (−2.1)	23.1 (5.3)	23.4 (3.9)	22.4 (1.9)	21.8 (1.2)
矿产业	合计		34.6 (2.5)	34.8 (−2.3)	36.3 (−0.3)	36.5 (−1.4)	35.9 (1.3)	35.7 (1.5)	34.4 (1.1)
	矿业		12.1 (2.4)	12.7 (−0.9)	14.4 (−0.2)	14.6 (0.9)	14.0 (0.8)	13.6 (2.1)	13.1 (1.6)
	制造业	合计	22.5 (2.6)	22.1 (−3.0)	21.9 (−0.3)	21.9 (−3.0)	21.9 (1.6)	22.1 (1.1)	21.3 (0.8)
		轻工业	6.7 (3.2)	7.0 (−2.1)	6.6 (−1.4)	6.5 (−0.1)	6.7 (4.7)	6.8 (1.4)	6.9 (1.5)
		重化学工业	15.8 (3.2)	15.2 (−3.5)	15.3 (0.1)	15.4 (−4.2)	15.2 (0.2)	15.4 (1.0)	14.4 (0.5)

续表

产业 \ 年份		2008	2009	2010	2011	2012	2013	2014
电、气、水		3.4 (6.0)	4.1 (0)	3.9 (-0.8)	3.1 (-4.7)	3.5 (1.6)	4.1 (2.3)	4.3 (-2.8)
建设业		8.3 (1.1)	8.0 (0.8)	8.0 (0.3)	7.9 (3.9)	7.8 (-1.6)	7.8 (-1.0)	8.2 (1.4)
服务业	合计	32.2 (0.7)	32.1 (0.1)	31.0 (0.2)	29.4 (0.3)	29.4 (0.1)	30.0 (0.3)	31.3 (1.3)
	政府	22.8 (0.3)	22.8 (0.5)	22.4 (0.2)	21.2 (0.1)	21.3 (-0.2)	21.7 (0.3)	22.7 (1.6)
	其他	9.4 (3.1)	9.3 (-0.9)	8.6 (-0.5)	8.1 (0.8)	8.2 (1.3)	8.4 (1.1)	8.6 (1.0)

注：（ ）为增长率。

资料来源：韩国银行，2015 年 8 月。

朝鲜最大的贸易伙伴是中国和韩国。但是，自 2008 年发生金刚山韩国游客被杀事件后，韩国中断了金刚山旅游项目的开发与合作，至今没有恢复。2010 年天安舰事件后，韩国实施"5·24 制裁措施"，中断了除开城之外的对朝经济合作，朝韩双边贸易额迅速减少，与此同时，中朝贸易额大幅增加。截止到 2014 年，朝鲜的对外贸易总额近 100 亿美元，其中中国占 63.94%，韩国占 23.53%。尽管朝鲜努力扩大与俄罗斯、东南亚各国、欧洲等国家和地区的贸易合作，但受国内外经济形势和经济政策的影响，贸易规模无法与中朝、韩朝贸易规模相比较。

以中韩两国为主的外国企业对朝直接投资，为其经济增长提供了强劲的动力。联合国贸发会议发布的 2014 年《世界投资报告》显示，2013 年，朝鲜吸收外资流量为 2.3 亿美元，截止到 2013 年底，朝鲜吸收外资存量为 18.8 亿美元。根据中国对外直接投资统计公报资料，2012 年中国对朝直接投资一度达到 1.1 亿美元，2013 年则减少到 8620 万美元。截至 2013 年末，中国对朝鲜投资累计达 5.86 亿美元。中国对朝鲜投资企业主要集中在矿产资源和制造业领域，如纺织轻工、化工、运输和百货等服务业、机械、食品、水产养殖、医药、建材等多个行业。中国与朝鲜的正常贸易投资，为朝鲜提供了其经济发展所需的资金、技术、物资、外汇，为朝鲜改善企业生产和人民生活发挥了重要作用。

韩国对朝鲜的直接投资主要集中于开城工业园区。韩国考虑到与朝鲜经济交流的特殊性，把韩朝间的贸易投资统称为"搬入"和"搬出"，难以区分贸易与投资的区别。截止到 2015 年 11 月，韩国在开城工业园区投资企业已有 124 个，生产经营雇用朝鲜劳动力人数不断增加，已达到 54763 人，其生产额由 2009 年后的 2.56 亿美元增加到 5.15 亿美元。韩国在开城工业园区主要投资领域包括纤维业、金属机械业、电子电器业、化学产品、食品业、造纸与木材加工业、非金属矿物业。由于开城工业园区的建设仅是由韩国政府向朝鲜提供土地租赁费、企业税收（企业所得税、资产税等）以及工资收入，其产品主要是运回韩国或出口第三国市场，因此，对朝鲜经济增长的推动作用相对有限。表 2 是 2008~2015 年中韩对朝鲜贸易趋势。

表 2　中韩对朝鲜贸易趋势

单位：百万美元

年份		2008	2009	2010	2011	2012	2013	2014	2015
朝鲜贸易总额		5636	5093	6086	8071	8782	8481	9953	–
中朝贸易总额	中国对朝进口	754	793	1188	2464	2485	2912	2841	2484
	中国对朝出口	2033	1888	2278	3165	3446	3633	3523	2946
	合计	2787	2625	3466	5629	5931	6545	6364	5434
中国对朝鲜直接投资		41.23	5.86	12.14	55.95	10.946	86.2	–	–
韩朝贸易总额	韩国对朝进口	932	934	1044	914	1074	615	1206	1452
	韩国对朝出口	888	745	868	800	897	521	1136	1262
	合计	1820	1679	1912	1714	1971	1136	2342	2714
开城工业园区进出口		808	941	1443	1698	1961	1132	2338	2704

注：朝鲜对外贸易总额包括朝韩贸易额在内。
资料来源：中国对外直接投资报告，韩国 KOTRA，韩国统计厅。

为引进更多资金和先进的技术，朝鲜扩大了招商引资范围。2013 年，朝鲜在现有的四个特区（罗先经济贸易区、黄金坪威化岛特别经济地带、开城工业园区、金刚山观光特区）的基础上，又在各道设立了 13 个地方级经济开发区，① 2014 年又在平壤市、黄海南道、南浦市、平安南道和平

---

① 　分别为平安北道成立鸭绿江经济开发区，黄海北道建立新坪旅游开发区和松林出口加工区，慈江道成立满浦经济开发区和渭源工业开发区，江原道成立现洞工业开发区，咸镜南道成立兴南工业开发区和北青农业开发区，咸镜南道建设清津经济开发区、渔郎农业开发区和稳城岛屿旅游开发区，两江道成立惠山经济开发区，南浦市成立卧牛岛出口加工区。

安北道的部分地区增设 6 个经济开发区，[①] 并将新义州经济特区更名为新义州国际经济区，招商对象包括韩国在内的所有国家。从地理位置来看，19 个经济开发区主要位于沿海、沿边地区，形成环形结构，从开发模式来看主要仿照开城工业园区，提倡由大企业主导开发模式。[②] 2015 年，朝鲜又将元山—金刚山国际观光特区、茂峰国际观光特区等作为开发重点，希望以旅游业为契机，突破招商引资难以取得进展的僵局。由此，朝鲜形成以 7 个国家级经济特区为主、19 个地方经济开发区为辅的对外经济合作结构。

相较国家级经济特区而言，朝鲜在各地方新设立的经济开发区意在发挥各道特点及优势，具有规模小、面积小的特点。开发区建设由朝鲜国家审议委员会和中央经济特区指导机构等中央机构主导并把关，由各道人民委员会和其组建的开发区管理机构实地运营，形成"中央指导、地方推进"的互动结构。朝鲜设立符合各道实际情况的经济开发区，有助于挖掘地方资源，提高出口指标，创造更多外汇，促进国家经济发展和人民生活水平的提高。目前，朝鲜正在推进保税加工出口区和高新技术开发区的设立运营试点工作。

为保障外国投资企业权益，扩大与他国的经济合作，朝鲜在宪法基础上，不断完善投资相关法律体系，并于 2013 年颁布了经济开发区法，在土地租赁、税收、劳动力雇用方面提供了一系列诱人的优惠政策。例如，《朝鲜经济开发区法》第 7 条明确规定"国家不得将投资者财产回收或国有化。为了社会公共利益不得不回收投资企业财产或暂时利用时，要事先通知投资企业，并及时并充分补偿其价值"。朝鲜宪法第 37 条规定："朝鲜鼓励本国机关、企业、团体和外国法人或自然人进行合营、合作，鼓励在经济特区设立并运营多种形式的企业。"新设立的开发区与其他经济特区一样，可自由携带外汇，自由汇出合法利润和其他所得，投资到开发区的设备、新增加的财产可自由带出开发区。在朝鲜经济开发区内，外国投资者的财产安全、人身安全、知识产权得到法律保护，并为企业设立有关的申请、审议、登记等方面提供便利。

[①] 分别为平壤市——恩情尖端技术开发区，黄海南道——康翎国际绿色示范区，南浦市——镇岛出口加工区，平安南道——清南工业开发区、肃川农业开发区，平安北道的部分地区——青水旅游开发区。

[②] 2014 年吉林大学与朝鲜社会科学院座谈。

不过，朝鲜虽采取了诸多努力吸引外资，但其投资环境依然恶劣。在硬环境方面，朝鲜建设了许多地方级经济开发区，希望地方政府通过自己的努力，引进国外资本及先进技术，通过对外经济合作赚取外汇，推动国家经济建设。但是地方政府所掌握的资源有限，在所划定的经济开发区甚至连"三平一通"等基础设施条件都不具备的情况下，如何让外国投资者信任地方政府进行投资成为必须解决的问题。在软环境方面，朝鲜虽然制定了诸多的法律政策用于保护外国直接投资，但其外资法律依然不健全，缺少公正的仲裁机构，在法律政策执行层面"人治大于法治"的情况屡见不鲜，一旦出现贸易投资纠纷，通常难以通过正当渠道得到解决，从而增加了外资企业的顾虑。金融服务缺失也是制约外资投资的重要因素。尽管朝鲜保证外资企业可以自由携带外汇和回汇利润，但是严厉的国际制裁导致没有哪个国家的银行愿意和能够为对朝鲜投资的外国企业提供金融服务；已经对朝投资运营并盈利的企业也面临利润只能存于账面而无法回汇等问题，这意味着对朝鲜的投资无论是本金还是利润都只能留在朝鲜，这样的投资能否得到企业认可是极大的疑问。

因此，朝鲜能否吸引到更多外国直接投资不仅取决于朝鲜自身的努力程度，而且取决于外国企业对朝鲜经济前景的判断。现阶段，其对外经济合作只能是经济增长的外生变量，即对朝鲜贸易投资的主动权掌握在外国企业手中，其对经济增长的推动作用是有限的。

五　贸易引资需转化为朝鲜经济增长的内生动力

当前，朝鲜的经济增长速度依然缓慢，产业结构依然没有大幅改善，技术进步也在很大程度上只能依靠"本国的力量"。朝鲜虽然在平壤设立了"恩情尖端技术开发区"，希望通过科学研究—技术开发—生产销售一体化方式实现经济发展，但是，这种过于重视经验积累的作用、更多依赖独立的科技研究和教育来提高技术水平的方式，可能会使成本更高，并使技术的突变性、跃进式进步受到较大限制。因为在落后经济中，企业所采取的生产技术大多比较成熟，基本上不需要独立开发和复杂的员工培训。由于这些企业并不处于其所在行业的国际技术前沿，因而产品升级换代也主要依靠对发达国家的模仿，通过学习来分享国际技术外溢。① 国际技术外溢的传导渠道主要是国际贸易、外国直接投资、劳务输出、人口迁移以及信息交流等，尤以国际贸易与外国直接投资效应最为显著。

因此，要克服朝鲜"依靠本国力量"推进经济增长的局限性，就需要扩大贸易开放度，扩大招商引资力度。经济学界已通过大量实证分析证明贸易开放度与经济增长、外国直接投资与技术进步呈明显的正相关关系。贸易开放可以从技术效应、规模经济效应、资源配置效应和专业化效应等方面推动经济增长。外国直接投资主要通过示范效应、竞争效应、人员培训效应、产业链接效应等途径影响东道国企业技术进步。

国际贸易能通过技术的"外溢效应"和节约贸易国的研发成本，加速技术、知识和人力资本在世界范围内的扩散和积累，进而改变贸易模式和竞争格局，提高劳动生产率，因而国际贸易与技术进步的相互促进是推动经济增长的重要途径。② 现阶段，朝鲜对贸易的认识依然停留在利用外贸赚取外汇、利用外贸改善人民的物质精神需求、外贸是经济政策的补充手段这一阶段，还没有认识到贸易提供了向其他国家学习先进技术、提高产品国际竞争力的渠道。尤其是进口贸易不仅可以使东道国的生产投入利用外国资源，还可以通过进口的技术外溢效应来提升国内同类产品生产质量，增加国内消费品数量，从而分享到贸易伙伴国的研发投入成果。

外资企业之所以被视作促进东道国技术进步的途径，一方面是由于外资企业相较国内企业拥有先进的技术设备、管理经验、人才优势等企业所有权优势；另一方面是外资企业的进入会引发国内企业的技术模仿，提高东道国的市场竞争激烈程度，迫使当地企业加大技术研发力度，提高技术更新速度。外资企业的技术外溢效应还与经济开放度和技术吸收能力有较大关系。过低的经济开放度会限制外资企业投资，从而减少国内企业通过技术模仿、产业关联而得到技术学习的机会，同时，低经济开放度又导致企业技术吸收能力偏低，难以利用有效的学习机会进行技术吸收。因此，朝鲜能否引进外资、能引进什么性质的外资，与朝鲜的外贸政策息息相关。由于进口替代体制下的 FDI 外溢效应要小于出口导向体制下的 FDI 外

---

① 刘明兴、陶然、章奇：《制度、技术和内生经济增长》，《世界经济论坛》2003 年第 6 期，第 65 页。

② 庄丽娟、徐寒梅：《国际贸易驱动经济增长研究文献述评》，《华南农业大学学报（社会科学版）》2005 年第 4 期，第 3 页。

溢效应,[①] 对朝鲜来说，要推动技术进步，实现经济长期增长，最重要的是从政府层面营造更加宽松的贸易环境和投资环境，为本国贸易企业提供更多政策支持，加强引进外资的软环境建设，最大限度地扩大企业贸易经营自主权，提高市场化程度，适时将自力更生和进口替代贸易政策转化为出口推动型贸易政策，挖掘进出口贸易中技术的外溢效应，发挥其对经济增长的促进作用。

A Study of DPRK's Endogenous Power and Exogenous Variables of Economic Growth

Zhang Huizhi

Abstract   In recent years, although DPRK was surrounded by increasingly stringent international sanctions, it still achieved positive economic growth. In the meantime, Pyongyang appears to be in a thriving development. Taking a view on the source of DPRK's economic growth momentum, we find out that DPRK's endogenous power for economic growth are embodied in several aspects. First, "DPRK-Style economic management approach" improved labor productivity. Second, the markets for both capital goods and consumer goods were expanded, thus promoting the commercial development and uplifting the domestic demand. Third, increased attention and more investment in science and technology promoted the DPRK's technological progress. However, due to the harsh environment of trade and investment, for the DPRK, the international trade and foreign

---

[①]   在进口替代体制下，FDI 投资的主要行业属于外贸政策高度保护的行业，东道国当地企业通常无法进入这些行业，从而限制了技术的外溢效应。竞争是激励当地企业采用新的生产和管理技术以及提高企业效率的重要因素，而在这种受保护的行业内缺乏竞争。出口导向体制有利于 FDI 正溢出效应的产生。因为，在出口导向体制下，FDI 主要投向该国具有国际比较优势的行业。这些行业里的企业具有追赶外国企业的能力以及提高自身生产率的潜力。同时，国内外企业形成有利的竞争环境，能促使东道国从外国企业的技术外溢效应中获得最大好处。参见杨艳红《外贸政策、外商直接投资与我国经济增长》，《国际商务—对外经济贸易大学学报》2005 年第 5 期，第 73～76 页。

investment are only the exogenous variables in economic growth. In view of the vulnerability of DPRK's industrial structure and long-term technical problems such as inadequate inputs, the DPRK has no choice but to convert the exogenous variables such as trade and foreign investment into endogenous power, through an strengthening of trade openness and an increase of investment. Only in this way will the technological spillover effect be brought into full play in DPRK and the long-term sustainable economic development be truly achieved.

Key Words　Economy of DPRK; Openness; Endogenous Power; Exogenous Variables

Author　Zhang Huizhi, professor of the Northeast Asian Studies College, Jilin University.

试析韩国对太平洋岛国外交

孙雪岩

【内容提要】 冷战结束后，随着综合国力的提升，韩国外交逐渐突破东北亚区域，日趋多元化。近年来，韩国外交拓展至相对偏远的太平洋岛国一带。历史上，韩国劳工曾被日本殖民者强征至太平洋岛屿。目前，韩国对太平洋岛国的外交多管齐下。通过多边外交、援助外交、环境外交、文化外交等多种途径，韩国日渐成为南太平洋区域的一支域外新兴力量。韩国与太平洋岛国在政治、经济、安全、文化等领域的合作关系稳步发展。但双方合作的水平与模式仍亟待改善，合作的内容和层次也有待扩大和提高。

【关键词】 韩国　太平洋岛国　多边外交　环境外交

【基金项目】 2015 年度国家社科基金重点项目"太平洋岛国研究"（15AZD043）；聊城大学博士科研基金项目"南太平洋岛国民族独立运动研究"（31805）

【作者简介】 孙雪岩，聊城大学历史文化与旅游学院副教授，聊城大学太平洋岛国研究中心研究员、硕士生导师，民族学博士，252000。

　　长期以来，韩国外交的重点在于东北亚，太平洋岛国则一直处于韩国对外战略的边缘。太平洋岛国虽然地狭人稀，但其所拥有的广阔海域及丰富的自然资源、日渐凸显的战略地位以及在联合国等国际组织中所具有的国家阵容，对于提升韩国的国际影响力、增进韩国的经济利益具有不可忽视的作用。近年来，韩国加强了对太平洋岛国的外交力度，日渐成为南太平洋区域的一支域外新兴力量。

一

从地理位置上看，韩国与太平洋岛国相距甚远，一个位于东北亚，一个处于赤道附近的大洋洲一带，中间隔着浩渺的太平洋。不过二者之间有着一定的历史渊源。自李明博提出"新亚洲外交构想"以来，韩国与太平洋岛国关系开始步入快车道，朴槿惠就任韩国总统以来也比较重视发展与太平洋岛国的关系。

双方的渊源可以追溯至 20 世纪初，韩国劳工参与了太平洋岛屿的开发。早在 1903～1905 年，约 7000 名朝鲜人被输送到夏威夷，在当地的甘蔗种植园做工。[①] 据现有资料，最早出现于帕劳的朝鲜人是 1936 年日本人裹挟而至的 10 名朝鲜慰安妇。一战时期，日本从德国手中夺取了密克罗尼西亚群岛。一战以后日本在巴黎和会上获得密克罗尼西亚群岛的委托统治权，对该地区进行开发。鉴于当地劳动力匮乏，日本从朝鲜强征劳工，首批劳工由日本丰南产业株式会社招募，于 1939 年赴帕劳从事木薯加工工作，约 500 人。太平洋战争时期，在太平洋群岛上的朝鲜人命运悲惨，备受日本人的歧视与欺凌，地位尚不如岛上土著居民。1943 年，居住在帕劳的朝鲜人为 2458 人，约占该岛总人口的 7.3%。1944 年，美军发动天宁岛战役时，居住在北马里亚纳群岛天宁岛的朝鲜人约 2400 人。巴布亚新几内亚在二战时期也是南太平洋地区的主战场，是继日本和中国后朝鲜遇难者最多的国家。日本厚生省的文献中所记录的朝鲜遇难者达 1076 人，这些人大多是被日军强征为隶属军队的工人，并在服役期间死亡。韩国国务总理直属机构"调查对日抗争时期被强征事例及支援国外被强征牺牲者委员会"经调查推测，二战期间有 4000 多名朝鲜人被强征到巴布亚新几内亚，其中有九成以上不幸遇难。[②] 为纪念死客死他乡的韩国遇难者，韩国政府于 2013 年在巴布亚新几内亚投资建造了一座被日强征遇难者纪念碑。二战结束后，密克罗尼西亚群岛被美国托管，大批朝鲜人被遣返回国。遣返工作

---

① 新加坡 APA 出版有限公司编《韩国》，中国水利水电出版社，2007，第 59 页。

② 《韩政府拟再在巴新立碑 悼念被日本强征遇难同胞》，http://www.chinadaily.com.cn/hqzx/2014－01/13/content_17232180.htm。

自 1945 年 9 月开始，1946 年 5 月结束。据美国方面统计，10966 名朝鲜人被遣返，其中包括 190 名士兵，军队雇用的劳工 3751 人，平民 6880 人。①

冷战时期，双方关系发展较为平缓，韩国与各太平洋岛国陆续建立外交关系。二战结束后，太平洋岛国仍接受西方国家的殖民统治，独立建国的时间较晚。韩国与太平洋岛国建立外交关系的初衷主要是与朝鲜竞争、获得国际社会的合法性承认。在太平洋岛国中，萨摩亚于 1962 年获得独立，成为第一个独立的太平洋岛国。瑙鲁在 1968 年独立；斐济与汤加1970 年独立建国；1978 年图瓦卢与所罗门群岛独立；基里巴斯 1979 年建国；瓦努阿图 1980 年独立；马绍尔群岛与密克罗尼西亚联邦于 1986 年建国；帕劳于 1994 年获得完全独立地位。库克群岛与纽埃分别于 1965 年与1974 年获得完全自治。自 20 世纪 70 年代起，韩国陆续与太平洋岛国建立了正式外交关系。1970 年 9 月 15 日，韩国与汤加建交；1971 年 1 月 30日，韩国与斐济建立正式外交关系；1972 年 9 月 15 日，与萨摩亚建交；1976 年 5 月，与巴布亚新几内亚建交；1978 年与所罗门群岛、图瓦卢建交；1979 年 8 月 20 日，与瑙鲁建交；1980 年，与瓦努阿图、基里巴斯建交；1991 年 4 月，与马绍尔群岛、密克罗尼西亚联邦建交。进入 80 年代后，随着韩、朝关系的缓和以及国内经济的日趋发展，韩国也开始加强与太平洋岛国的经贸合作，主要获取该区域渔业、林业及其他自然资源。如所罗门总理马马罗尼 1983 年访问韩国并与韩国签署加强双方渔业与林业合作的协定。韩国也成为巴布亚新几内亚的主要原木输出对象国之一，1980年巴布亚新几内亚 17% 的原木输往韩国。② 1991 年韩国远洋渔船在巴布亚新几内亚海域的金枪鱼捕获量达 75000 吨，占其总产量的 40%。③

冷战结束后，韩国完成了民主化转型，开始采取世界化、多边化、多元化和地区合作的政策。进入 21 世纪后，随着韩国自信心与强国意识的提升，韩国逐步加强与太平洋岛国的联系。与此同时，以东亚为中心的亚太经济快速增长吸引了太平洋岛国的目光。21 世纪初至今，太平洋岛国外交上大力实施"向北看"战略。积极发展与中国、日本、韩国等东亚区域国家的关系，以寻求更多的援助与经济融合。2007 年，时任斐济过渡政府财

① Koreans in Micronesia，https：//en.wikipedia.org/wiki/Koreans_in_Micronesia.
② 关百钧：《世界林业》，中国林业出版社，2001，第 601 页。
③ 亚丁译：《南朝鲜同巴布亚新几内亚签署捕鱼协定》，《现代渔业信息》1992 年第 10 期。

政部部长的马亨德拉·乔杜里曾解释"向北看"政策,"斐济在中国有朋友,在韩国有朋友,……在其他的亚洲国家也有朋友。然而不管怎么说,美国也没有为斐济做过什么重要的事情"。① 1995 年 3 月 22 日,帕劳与韩国建交;2013 年 2 月 22 日,库克群岛与韩国建交(目前,在 14 个太平洋岛国中,韩国仅未与纽埃建立正式外交关系)。李明博时期,韩国对太平洋岛国外交进入一个新阶段,开始突破之前仅限于单纯援助外交的范畴。李明博就任韩国总统之初便提出实施"全球外交",提升韩国在国际社会的影响力。2009 年又提出"新亚洲外交构想"理念,力图超越与美、中、日、俄的四强外交,将韩国外交范围拓展至包括南太平洋在内的整个亚洲地区。将以经济为中心的合作网络拓宽至安全保卫、文化、能源诸领域,与亚洲各国在经济、安保、文化、能源、绿色发展等方面建立合作关系的新型外交战略,提升韩国在整个亚洲地区的地位和作用,最终成为亚洲地区的主导国家。

这一时期,双方建立了韩国—太平洋岛国高官会(Korea-Pacific Islands Senior Officials' Meeting)(多为副部长级官员)与韩国—太平洋岛国外长会议(Korea-Pacific Islands Foreign Ministers' Meeting)等多边合作机制,在多个层面展开了全面的合作。朴槿惠执政时期,韩国政府在气候变化和以深海矿物资源为主的未来能源资源等领域一直将太平洋岛国视为重要的战略合作伙伴,韩国与太平洋岛国的关系稳步发展。

二

近年来,随着国际政治格局的急剧变革,太平洋岛国在亚太格局中的地位发生了相应的变化。在此状况下,韩国对太平洋岛国的外交政策也有所调整,出现了一些新趋向,对太平洋岛国外交的形式日趋丰富、手段日渐多样、特点也较为突出。

(一)构建与参与多边合作机制

韩国积极推进与太平洋岛国的多边外交。自 1995 年韩国成为太平洋岛国论坛对话伙伴国后,一直重视加强和太平洋岛国论坛等区域组织的联系和合作,而且提供给太平洋岛国论坛一定的经济支持,太平洋岛国论坛也

---

① "Chaudhry breaks silence to slag New Zealand", NiuFM, July 9, 2007.

成为韩国发展与推进与太平洋岛国双边与多边关系发展的重要平台。韩国—太平洋岛国高官会与韩国—太平洋岛国外长会议两大多边合作机制在 2011 年创立，是目前韩国与太平洋岛国共创的核心多边合作平台，也是韩国与太平洋岛国之间的重要协商合作渠道。韩国—太平洋岛国外长会议至今已举办了两届。首届韩国—太平洋岛国外长会议于 2011 年 5 月 31 日在首尔召开。韩国政府和舆论界认为此次会议是韩国首次主导的区域内多边外交会议，有助于韩国摆脱以美、中、日、俄四大国家为中心的外交。2014 年 11 月 24 日在首尔举行了第二届韩国—太平洋岛国外长会议，会议以"为共同繁荣建立包容、可持续的太平洋伙伴关系"为主题，韩国承诺扩充韩国—太平洋岛国论坛合作基金规模，并通过联合国绿色气候基金（GCF）与太平洋岛国共同应对气候变化。韩国—太平洋岛国高官会目前已举行了三届，分别于 2011 年、2014 年和 2015 年召开，以磋商与落实外长会议的决定。第三届韩国—太平洋岛国高官会于 2015 年 10 月 6 日在首尔召开，会议聚焦于气候变化、发展合作、海洋及渔业合作等问题。第四届韩国—太平洋岛国高官会将于 2016 年在首尔召开。此外，还有韩国—太平洋小岛屿发展中国家发展合作磋商会（the ROK-Pacific Small Island Developing States Development Cooperation Consultation）等。这些平台将韩国多边合作范围扩大到南太平洋地区，并在国际舞台上进一步争取到太平洋岛屿国家对韩国的支持。

（二）积极推进经贸合作

韩国经济具有很高的对外依存度，韩国政府也高度重视本国的经济发展，强调外交应为韩国经济服务。韩国与太平洋岛国的贸易有较强的互补性。太平洋岛国所拥有的专属经济区面积总和接近地球表面积的 8% 与海洋面积的 10%，蕴藏着韩国工业发展急需的原材料和能源。[1]

对太平洋岛国而言，韩国是其实施"向北看"战略的重要合作伙伴。如韩国是巴布亚新几内亚的第四大贸易伙伴，与韩国在能源、林业等层面开展了多种合作。2006 年 7 月，韩国商业、工业与能源部副部长访问巴布亚新几内亚并签订积极参加能源开发的备忘录。韩国大宇造船在 2010 年与全球石油巨头埃克森美孚公司签订了建造 LNG 装置的价值 2.4 亿美元的合

---

① 林香红、周通：《太平洋小海岛国家的蓝色经济》，《海洋经济》2013 年第 4 期。

同。埃克森美孚计划在巴布亚新几内亚投入 150 亿美元实施 LNG 项目，根据合同，大宇造船将在 30 个月内建造 2 座 LNG 装置，以满足年产 660 万吨的天然液化气产量需求。所罗门群岛和巴布亚新几内亚是向韩国出口热带材原木的主要国家，所罗门群岛出口到中国与韩国的木材占其出口总量的 77.4%。① 2009 年，韩国从巴新进口硬木锯材 2.2 万立方米。② 韩国政府以官民联合形式，从 2009 年 5 月开始斥资 1000 亿韩元，在南太平洋岛国所罗门推进建设渔港。该工程将于 2011 年动工，11 家企业参与的"所罗门项目投资团"已于 2009 年底成立。计划在所罗门建设能够容纳 2 艘船、长达 245 米的码头，并建立金枪鱼加工厂、船舶维修厂、油类储藏所等。正在讨论东远产业、思潮产业、SK 海运等企业出资 600 多亿韩元，并由作为发展中国家援助资金的对外经济合作基金（EDCF）承担 300 亿~400 亿韩元费用的方案。渔业是韩国与太平洋岛国经贸合作的一个重点领域。南太平洋渔场占世界金枪鱼捕获量的一半以上（约为 430 万吨）。而据韩国农林水产食品部称，2009 年韩国的金枪鱼加工出口产值可达 3.55 亿美元，占韩国全年水产品出口额的 35%。韩国在 PNA（即《瑙鲁协定》成员国，由巴布亚新几内亚、所罗门群岛、帕劳、密克罗尼西亚、基里巴斯、瑙鲁、图瓦卢和马绍尔群岛 8 个太平洋岛国组成，简称 PNA）海域捕获的金枪鱼量占全年捕获量的 90%。③ 韩国与太平洋岛国在深海海底矿产资源勘探与开发方面也展开深度合作。太平洋岛国海域蕴藏有丰富的海底矿产资源，韩国自 2002 年起开始在南太平洋以斐济附近为中心进行海底热液矿床的勘探。2008 年，韩国国土部在汤加王国海洋经济专属区获得 2.4 万平方公里的海底热流勘探权，大宇造船海洋、三星重工业、SK Networks、LS-Nikko 铜业公司、浦项制铁五大韩国企业共投资 150 亿韩元，组成"海底热流勘探工作小组"进行勘探，韩国破冰船"ARAON"号及无人缆控潜水器（ROV）也参与其中。韩国国土部规划，未来 20 年这一区域的海底热液矿床勘探目标是 600 万吨，实现年均开采量 30 万吨以替代进口，可为韩国节省 52 亿美元。④ 2013 年，

① 高树茂：《世界知识年鉴》（2008/2009），世界知识出版社，2009，第 1005 页。
② 韩国木材需求主要依赖进口，2012 年 2 月 23 日，http://www.chinatimber.org/news/44031.html。
③ 王忠田：《全球打响金枪鱼争夺战》，《中国渔业报》2010 年 4 月 19 日。
④ 韩联社：《破冰船"ARAON"号在南太平洋勘探矿物》，http://chinese.yonhapnews.co.kr/allheadlines/2011/04/08/0200000000ACK20110408001000881.HTML。

韩国海洋科学与技术研究院（KIOST）又获得了斐济的海底矿产勘探许可权。

（三）增加对太平洋岛国的援助

对外援助是韩国开展对太平洋岛国外交的"支点"。因为太平洋岛国在全球经济体系中处于边缘地位，绝大多数国家仍以农业、矿业、渔业、林业为支柱性产业。现代化水平最高的斐济，农业人口占 55%，其他岛国基本上在 70% 以上。[1] 在联合国《2014 年最不发达国家报告》中，基里巴斯、所罗门群岛、图瓦卢、瓦努阿图 4 个太平洋岛国赫然在列。绝大多数岛国处在初级产品的生产和出口阶段，对外援的依赖比较严重。

经济的飞速发展使韩国到 1996 年从一个受援国成功转变为净援助国。韩国政府自 21 世纪初以来开始强调对外援助的重要性，对外援助政策逐渐迈入外交政策的核心层面。韩国朝野也都意识到对外援助不仅是韩国的一项国际责任与义务，同时是韩国的重要外交政策，不但能够提升韩国的国际形象，也会增强韩国在国际事务上的政治影响力。2008 年韩国出资 50 万美元设立韩国—太平洋岛国合作基金，2015 年，韩国将基金提高到 100 万美元，以帮助太平洋岛国缩小发展差距及应对气候问题。2004 年 12 月，巴布亚新几内亚与韩国签署协议，韩国向该国提供 2000 万基那援助资金，用于韦瓦克排水项目。2012 年 2 月份，巴布亚新几内亚与斐济遭遇水灾，韩国向两国各提供了价值 5 万美元的医疗援助。[2] 韩国卫生与福利部与斐济卫生部在 2015 年 6 月 1 日签署了一份为期 5 年的谅解备忘录，以加强双方在医疗服务与卫生保健方面的合作。该备忘录涉及公共卫生政策、卫生资源、公共卫生管理、包括初级保健护理在内的医疗服务体系、药品和医疗研究、传统医药、医疗旅游、养生、医疗保险和其他共同关心的领域。[3]

2013 年 10 月，韩国外交部发言人称在过去的 20 年时间里，韩国向太平洋岛国共提供了 5000 多万美元的援助资金以帮助太平洋岛国消除贫困与

---

[1] 汪诗明：《论西南太平洋岛屿国家现代化进程及其特点——以边缘化为视角》，《苏州科技学院学报》2012 年第 5 期。

[2] S. Korea Offers Flood-hit Fiji, PNG US$ 50, 000 Each in Aid, *Asia Pulse*, Feb. 2, 2012.

[3] "Fiji Signs Health Cooperation With South Korea," http://www.thejetnewspaper.com/2015/06/01/fiji-signs-health-cooperation-with-south-korea/.

发展经济。并通过韩国—太平洋岛国合作基金开展了多个合作项目，如电子政务培训及医疗、护理培训项目。①

（四）　加强对太平洋岛国的文化外交

在经济腾飞之后，韩国政府日益认识到，文化产业不仅是韩国经济的支柱产业，而且是韩国提升国家形象的重要途径，尤其是认识到，作为资源有限的中等强国，要克服中等强国的国力局限，文化外交是韩国的不二选择。自1998年韩国提出"文化立国"战略之后，"文化外交"在韩国发展迅速，成为韩国的外交特色之一。对太平洋岛国的外交，韩国也比较重视文化软实力的作用。

韩国对太平洋岛国的文化外交包括推广韩文、传播韩国文化、互派留学生等。如自2012年起，韩国在所罗门群岛一些地区推广韩文。所罗门群岛全国共有70多个部族，这些部族均无自己的固有文字。尽管所罗门群岛的官方语言为英语，不过能够使用英语交流的人数仅占全国总人口的1%～2%左右。所罗门群岛的部分省选择韩文作为标记文字来教授当地的语文。韩国首尔大学人文信息研究所和联合国全球契约（UN Global Compact）韩国协会联手，自2012年10月1日起在所罗门群岛的瓜达康纳尔岛（Guadalcanal）州和马莱塔岛（Malaita）州利用韩文进行当地语教育。首尔大学人文信息研究编撰了韩文教科书，该教科书将瓜达康纳尔岛州1.6万多人使用的卡里语和马莱塔岛州5万多人使用的夸赖语用韩文进行标记，教科书内容既包括所罗门群岛本土的文化、历史、传统以及民间传说，而且还记载了韩国"兔子传"等童话故事。目前由已接受过韩文教育的所罗门群岛教师使用该教科书对瓜达康纳尔岛州与马莱塔岛州的初中和高中学生进行教育。② 韩国驻斐济使馆也积极举办各种活动，宣传韩国传统文化。另外，韩国积极助推"韩流"在太平洋岛国的传播。2011年11月，斐济广播有限公司电视台FBC TV正式开播，所转播的韩国电视节目也颇受当地人欢迎。韩国国际合作署也向太平洋岛国提供奖学金项目，鼓

---

① Second Korea-Pacific Island Countries Senior Officials' Meeting to Take Place，http：//www. mofa. go. kr/webmodule/htsboard/template/read/engreadboard. jsp？ typeID ＝ 12&boardid ＝ 302&seqno＝312964.

② 李丞浩：《南太平洋岛国所罗门群岛也开始使用韩文》，http：//chinese. joins. com/gb/article. do？ method ＝ detail&art_ id＝93406。

励太平洋岛国学生赴韩国留学。韩国政府也鼓励民间介入对太平洋岛国的文化外交，如韩国富荣集团旗下的 WooJung 教育文化基金会于 2015 年资助了 4 名斐济学生在韩国完成本科及博士学业。[①]

（五）展开积极的环境外交

环境外交已成为目前韩国提升其国际地位的一柄利器。2009 年韩国发布《绿色增长国家战略及五年计划》，提出力争到 2020 年成为全球七大绿色经济体之一。在国际舞台上，韩国致力于倡导绿色增长理念，积极应对全球气候变化，提倡可持续发展。太平洋岛国则被公认为世界上生态最为脆弱的地区之一，气候变化危及其国家存亡。因此，在环境问题与气候变化问题方面，双方立场相似，可以展开全面合作。

首先，在国际会议上，韩国支持太平洋岛国在气候变化上的立场。韩国总统朴槿惠 2013 年 10 月参加在印度尼西亚召开的亚太经合组织峰会时呼吁各国共同努力，通过亚太经合组织气候中心解决气候变化所引发的诸种问题。并与 14 个太平洋岛国领导人会谈，对各国提出的海平面上升事关太平洋岛国的生死存亡表示认同。2014 年 7 月 1～2 日，韩国气象局联手亚太经合组织气候中心在釜山召开"2014 年太平洋岛国气候变化适应座谈会"，包括斐济外交、国际合作和民航部部长昆布安博拉在内的共 9 个国家约 40 位气候变化大使、部长与副部长参加了座谈。[②] 韩国外交部部长尹炳世在访问斐济时表态，在即将于 2015 年 11 月 30 日～12 月 11 日巴黎召开的第 21 届联合国气候变化大会上，韩国将继续支持太平洋岛国。"我早已聆听过太平洋岛国有关苏瓦宣言的简要说明，在巴黎气候大会上，韩国将继续支持苏瓦宣言的相关内容。""在气候变化方面，斐济将受惠于全球绿色增长研究所（GGGI）。"[③] 表示韩国将加强促进斐济在农业、教育、健康方面发展的努力。

其次，向太平洋岛国提供韩国绿色增长方面的技术、经验，并予以资金、人力支持。韩国昌海乙醇有限公司（Changhae Ethanol Corporation of

---

① "Fijian Students Awarded Scholarships in South Korea," http：//www. fiji. gov. fj/Media-Center/Press-Releases/FIJIAN-STUDENTS-AWARDED-SCHOLARSHIPS-IN-SOUTH-KORE. aspx.

② Wi Tack-whan, Limb Jae-un. Korea, "Pacific Islands cooperate in climate change," July 02, 2014, http：//www. korea. net/NewsFocus/Policies/view? articleId = 120331.

③ "We Will Back Fiji in Paris：South Korea Pledge In Suva," http：//fijisun. com. fj/2015/09/15/we-will-back-fiji-in-paris-south-korea-pledge-in-suva/.

South Korea）与巴新在 2005 年 2 月 4 日签订乙醇合作生产项目。项目规定，巴新中央省提供 2 万公顷土地用来种植木薯。韩国昌海乙醇有限公司投资 2600 万美元建造工厂，以木薯为原料生产可以取代汽油、柴油等化工燃油的乙醇。巴新总统迈克尔·索马雷对此项目进行了高度评价："这是巴新农业发展与商品化历史上的一个新纪元"，"这个项目将为巴新带来显著效益，将为巴新创造 1500 万美元的出口收入，以及 5000 个就业岗位"。① 而且，该项目也与巴新追求的绿色革命的政策相符合。

2013 年 6 月 26 日，韩国与所罗门群岛签署再造林项目框架协议，为支持所罗门群岛政府的再造林项目韩国提供 720 万所罗门元的援助资金。通过韩国国际合作署安排，所罗门群岛的林业官员赴韩国进行林业培训，同时韩国派遣林业专家到所罗门群岛协助再造林项目的实施。韩国国际合作署负责制订有关所罗门群岛再造林计划总体规划的相关项目，以提升所罗门群岛的林业资源管理能力、可持续发展及气候适应能力，最终达到提高所罗门群岛国民生活水平的目的。②

（六）促进军事安全交流

太平洋岛国位于太平洋中心位置，是亚太地区各国南北互通、东西交往的重要中转站，扼守世界各国经济往来重要的海上要道和交通枢纽，自美国提出"重返亚太"及"印太"战略后，这一地区的战略地位日益凸显。韩国也逐步加强了与这一地区安全领域的交流与合作。2003 年 12 月，由两艘驱逐舰及一艘补给舰组成的韩国海军舰艇编队对巴布亚新几内亚进行了访问，并与巴新国防军司令伊劳进行会谈；③ 2004 年该韩国海军舰艇编队访问了所罗门群岛，受到所罗门群岛警察与国家安全部部长迈克尔·迈那的接见。④ 2006 年 8 月，韩国军方与巴布亚新几内亚国防军签署协议，韩国帮助巴新培训军事飞行员。首批受训者赴韩国进行为期半年的 CASA

---

① "Papua New Guinea premier hails South Korea ethanol project," *BBC Monitoring Asia Pacific*, Feb. 7, 2005.

② "Solomon Islands and Korea Sign Reforestation Project," 26 June, 2013, http://www. solomon-times. com/news/solomon-islands-and-korea-sign-reforestation-project/7733.

③ 世界知识年鉴编辑委员会：《世界知识年鉴 2012/2013》，世界知识出版社，2013，第944 页。

④ "South Korean warships end goodwill visit to Solomon Islands," *BBC Monitoring Asia Pacific*, Jan. 3, 2004.

CN – 235 型号飞机飞行培训。斐济军队使用的大宇 K2 突击步枪即购自韩国。[①] 韩国外交部部长尹炳世 2015 年 9 月 14 日访问斐济时称今后要加强双方的军事联系。[②]

三

韩国将外交触角拓展至遥远的太平洋岛国，并开始在这一区域崭露头角，其战略目标不外乎两个：扩展经济利益、提升韩国的影响力。

（一）扩展韩国的经济利益

韩国自然资源与能源均十分匮乏，主要工业原材料及能源主要依赖进口，是一个典型的外向型工业强国。20 世纪 90 年代，韩国石油的进口依存度一度达到 100%。2006 年，韩国成为第四大石油进口国和第六大石油消费国；2011 年，韩国仍仅次于日本位居世界第二大天然气进口国，同时是世界第三大煤进口国。而太平洋岛国有较为丰富的自然资源和能源。如这一区域金枪鱼产量占世界总产量的一半以上；法属新喀里多尼的镍储量世界第一；巴布亚新几内亚的铜、黄金储量丰富。另外，太平洋岛国拥有广阔的专属经济区，其海底资源如多金属结核、石油、天然气等的储量也不可低估。太平洋岛国的"向北看"战略使其与韩国的经济联系日趋紧密，韩国也逐步成为太平洋岛国的主要贸易伙伴之一。广阔的经济利益前景是韩国拓展对太平洋岛国外交的主要动力和目标。

（二）提升韩国的国际影响力

目前在太平洋群岛，共有 14 个主权国家，除库克群岛与纽埃外，其他 12 个太平洋岛国均为联合国会员国。由于各太平洋岛国国力微弱而利益趋同，因而在国际舞台上往往抱团取暖，集体发声，形成一支不可忽视的政治力量。在国际事务中，太平洋岛国也经常成为各大政治力量拉拢争取的对象。冷战结束后，韩国一直致力于成为一个具有地区影响力及在全球事

---

① Capie, David, *Under the gun: the small arms challenge in the Pacific*, Victoria University Press. 2003, p. 71.

② "We Will Back Fiji In Paris: South Korea Pledge In Suva," September 15, 2015, http://fijis-un. com. fj/2015/09/15/we-will-back-fiji-in-paris-south-korea-pledge-in-suva/.

务具有一定发言权的中等强国。将韩国的外交前线拓展至南太平洋与南极一带，可以提升国民的自信心。同时太平洋岛国在气候政治等领域也占有重要的一席之地，开展对太平洋岛国的外交，无疑可以提升韩国在全球舞台的形象和声誉。此外，有些太平洋岛国与朝鲜保持着外交关系，如2002年斐济在朝鲜设立领事馆，成为第一个在朝鲜开设领事馆的太平洋岛国。韩国的太平洋岛国外交也有政治利益方面的考量。

总体而言，韩国在太平洋岛国展开的全面外交攻势取得了明显成效，在经济、政治、文化方面，双方的联系都日趋紧密。不过对韩国所取得的成就也不宜评价过高。韩国进一步拓展太平洋岛国外交战场也面临困境。

一是目前各主要国家在太平洋岛国地区已大致形成较为稳定的外交格局，作为中等国家的韩国要想突出重围，并非易事。目前这一区域已形成美、日、中、澳、新等竞逐态势。美国是这一地区最具影响力的力量。夏威夷、关岛地区均为美国重兵所驻之地，所毗邻的太平洋岛国在美国"重返亚太"战略中起到战略支点的作用。日本是太平洋岛国的主要经济援助来源国之一，早在1997年日本就设立了日本—太平洋岛国首脑峰会机制，近年来为争取联合国"入常"更是加大了对太平洋岛国的扶持力度。中国自进入21世纪以来逐步成为太平洋岛国区域与美、日并峙的一支量，并将太平洋岛国带入"一带一路"发展战略之中。澳大利亚和新西兰是该区域内的大国，是太平洋岛国涉及区域内事务倚重的主要国家。受实力所限，就目前所发挥的作用韩国很难与上述国家匹敌。而且，近年来印度等国也加大了向太平洋岛国挺进的脚步，未来这一区域的竞争态势将进一步加剧。

二是一些韩国国民的行为在一定程度上损害了韩国的国家形象。在2004年于泰国召开的"有关以商业手段对儿童进行性剥削的东亚太地区行动计划履行检验会议"上，基里巴斯披露，长期以来，韩国船员与太平洋岛国基里巴斯未成年人之间存在性交易的现象屡禁不止。基里巴斯政府为此在2003年采取了禁止韩国船舶停靠的严厉措施，但实施效果不明显。韩国青少年委员会在2006~2007年曾经对24名与韩国船员进行过性交易的基里巴斯女性进行调查，结果显示9人未满18岁，其中还包括1名14岁的少女。① 在人口仅8.5万人的基里巴斯目前不知父亲为谁的"kore Kore-

---

① 黄欢：《韩国船员与太平洋岛国少女性交易屡禁不止》，http://www.china.com.cn/news/txt/2007-02/26/content_7870052.htm。

a"（当地人称呼韩国人的代名词）二代已超过 80 人。这一丑闻使韩国备受国际舆论指责，在太平洋岛国韩国的形象大损。

另外，自韩国建国以来，历届韩国首脑均未踏足太平洋岛国土地进行访问，双方高层交往仍嫌不足，这从一个侧面表明韩国仍将太平洋岛国置于其外交大棋局的边缘地位。同时表明韩国对太平洋岛国的政策如果不做出相应变化，其在太平洋岛国区域的地位将不会得到突破性的提高。

Republic of Korea's Diplomacy toward the Pacific Island Countries

Sun Xueyan

Abstract　Republic of Korea's Diplomacy has reached beyond the Northeast Asia and shown the tendency of diversification with a further increase of its synthesizing national power since the end of the Cold War. ROK has expanded its diplomatic targets to the Pacific Island Countries in recent years. In history, Korean Labors were forced to enter the Pacific Island Countries. And ROK has been playing an influential role in the South Pacific as an emerging power located outside this region, by means of ODA and multi-lateral, environmental and cultural diplomacy. ROK-PICs' friendly relations and cooperation have developed steadily in politics, culture, economy and security. However, the standard and model of their cooperation need to be improved, and the contents and levels of their cooperation have yet to be fully improved or broadened.

Key Words　Republic of Korea; the Pacific Island Countries; multilateral diplomacy; environmental diplomacy

Author　Sun Xueyan, Associate Professor of Research Center for the Pacific Island Countries, Liaocheng University.

南海争端热点

南海局势新发展与应对新思路*

韦宗友

【内容提要】2015 年，南海局势出现了两个于我不利的重要新变化。一是南海仲裁案仲裁庭做出受理菲律宾南海仲裁案的决定，并择期于 2016 年对南海仲裁案做出最终裁决；二是美国国会和行政当局对南海问题的关注骤然上升，并首次派遣军舰驶入我南海在建岛礁 12 海里内。我国的南海维权面临诸多外交、安全及国际法挑战，需要认真对待与仔细权衡，特别是需要将南海维权放在中华民族伟大复兴的中国梦框架下审慎处置，服务于国家的大战略目标。

【关键词】南海　海权权益　美国　中美关系

【作者简介】韦宗友，复旦大学美国研究中心教授、博士生导师，复旦大学台湾研究中心兼职研究员。

2015 年，南海问题继续升温，并出现两个重要新变化。一是南海仲裁案仲裁庭决定受理菲律宾的南海仲裁请求，2016 年将对涉及南海争端的实体问题进行裁决；二是美国极力渲染我南海填海造岛行动，并首次派遣军舰进入我在建岛礁 12 海里内。在南海问题上，我国面临的外交、舆论乃至安全压力显著增加。

* 本文系作者主持的国家社科基金一般项目"美国印太地区安全布局困境及中国应对之策研究"（项目批准号：14BGJ049）以及教育部人文社会科学重点研究基地复旦大学美国研究中心课题"美国亚太联盟战略新动向及发展趋势研究"（项目批准号：15JJD810007）的阶段性成果。感谢复旦大学中国与周边国家关系研究中心主任石源华教授和《中国周边外交学刊》副主编祁怀高副教授提出的宝贵修改意见，文责自负。

一　南海仲裁案仲裁庭决定受理南海仲裁案

2015 年 7 月 7 ~ 13 日，南海仲裁案仲裁庭针对菲律宾诉中国仲裁案的管辖权和可受理性问题开客审理。仲裁庭由五人仲裁小组组成，加纳籍法官托马斯·门萨（Thomas Mensa）担任庭长，其他四名成员是法国籍法官让·皮埃尔·卡特（Jean-Pierre Cot），波兰籍法官斯坦尼斯劳·鲍拉克（Stanislaw Pawlak），荷兰籍教授阿尔弗莱德·松斯（Alfred Soons）和德国籍法官鲁迪格·沃尔夫鲁姆（Rudiger Wolfrum）。菲律宾派出了由总检察长、外交部部长、司法部部长、国防部部长带队，包括最高法院和下议院成员以及大使、政府律师、法律顾问、技术专家总共 60 人的庞大代表团出席庭审。中国政府于 2014 年 12 月 7 日发布《中华人民共和国政府关于菲律宾共和国所提南海仲裁案管辖权问题的立场文件》，指出仲裁庭对菲律宾提起的仲裁没有管辖权，中国不接受、不参与菲律宾提起的仲裁。该文件进一步指出，"菲律宾提请仲裁事项的实质是南海部分岛礁的领土主权问题，超出《联合国海洋法公约》（以下简称《公约》）的调整范围，不涉及《公约》的解释或适用；以谈判方式解决有关争端是中菲两国通过双边文件和《南海各方行动宣言》所达成的协议，菲律宾单方面将中菲有关争端提交强制仲裁违反国际法；即使菲律宾提出的仲裁事项涉及有关《公约》解释或适用问题，也构成中菲两国领海划界不可分割的组成部分，而这个已根据《公约》的规定于 2006 年做出声明，将涉及海域划界等事项的争端排除适用仲裁等强制争端解决程序。因此，仲裁庭对菲律宾提起的仲裁明显没有管辖权"。文件指出，"基于上述，并鉴于各国有权自主选择争端解决方式，中国不接受、不参与菲律宾提起的仲裁有充分的国际法依据"。[①]

此次仲裁庭决定不对公众开放庭审，但根据相关国家的书面请求并征求当事方意见后，允许马来西亚、印度尼西亚、越南、泰国及日本政府派出的小型代表团作为观察员参加庭审。

---

① 《中华人民共和国政府关于菲律宾共和国所提南海仲裁案管辖权问题的立场文件》，中国外交部网站，2014 年 12 月 7 日，http://www.mfa.gov.cn/web/wjb_673085/zzjg_673183/tyfls_674667/xwlb_674669/t1217143.shtml。

2015 年 10 月 29 日，仲裁庭做出对菲律宾诉中国案具有管辖权及可受理的裁决。菲律宾总共提出 15 项仲裁请求，主要包括三大类型：第一，菲律宾请求仲裁庭做出对双方在南海权利和义务的渊源及《公约》对于中国在"九段线"内"历史性权利"主张的效力的裁决〔即下列（1）~（2）项〕；第二，菲律宾请求仲裁庭裁定某些同时被中国及菲律宾主张的海洋地貌能否被视为岛屿、岩石、低潮高地或水下山脊，并根据《公约》享有相应的海洋区域〔即（3）~（7）项〕；第三，菲律宾请求仲裁庭裁决中国在南海的某些活动违反了《公约》，包括干扰菲律宾行使《公约》下的主权权利和自由或者进行破坏海洋环境的建设和渔业活动〔即（8）~（15）项〕。15 项仲裁请求内容具体如下：①

（1）中国在南海的海洋性权利，如菲律宾一样，不能超过《公约》允许的范围；

（2）中国主张的对"九段线"范围内的南海海域的主权权利和管辖权以及"历史性权利"与《公约》相违背，这些主张在超过《公约》允许的中国海洋权利的地理和实体限制的范围内不具有法律效力；

（3）黄岩岛不能产生专属经济区或者大陆架；

（4）美济礁、仁爱礁和渚碧礁为低潮高地，不能产生领海、专属经济区或者大陆架，并且为不能够通过先占或其他方式取得的地形；

（5）美济礁和仁爱礁为菲律宾专属经济区和大陆架的一部分；

（6）南薰礁和西门礁（包括东门礁）为低潮高地，不能产生领海、专属经济区或者大陆架，但是它们的低潮线可能可以作为分别测量鸿庥岛和景宏岛的领海宽度的基线；

（7）赤瓜礁、华阳礁和永暑礁不能产生专属经济区或者大陆架；

（8）中国非法地干扰了菲律宾享有和行使对其专属经济区和大陆架的生物和非生物资源的主权权利；

（9）中国非法地未曾阻止其国民和船只开发菲律宾专属经济区内的生物资源；

---

① Permanent Court of Arbitration, "In the Matter of an Arbitration before An Arbitral Tribunal Constituted Under Annex Ⅶ to the 1982 United Nations Convention on the Law of the Sea between the Republic of the Philippines and the People's Republic of China," *PAC Case No.* 19, October 29, 2015, pp. 33 - 35；另见宋燕辉《中菲南海仲裁案：有关低潮高地、岩礁和岛屿的主张》，《中国海洋法学评论》2015 年第 1 期，第 303 ~ 304 页。

（10）通过干扰其在黄岩岛的传统渔业活动，中国非法地阻止了菲律宾渔民寻求生计；

（11）中国在黄岩岛和仁爱礁违反了《公约》下保护和保全海洋环境的义务；

（12）中国对美济礁的占领和建造活动：

（a）违反了《公约》关于人工岛屿，设施和结构的规定；

（b）违反了中国在《公约》下保护和保全海洋环境的义务；

（c）构成违反《公约》规定的试图据为己有的违法行为；

（13）中国危险地操作其执法船只给在黄岩岛附近航行的菲律宾船只造成严重碰撞危险的行为违反了其在《公约》下的义务；

（14）自从 2013 年 1 月仲裁开始，中国非法地加剧并扩大了争端，包括：

（a）干扰菲律宾在仁爱礁海域及其附近海域的航行权利；

（b）阻止菲律宾在仁爱礁驻扎人员的轮换和补充；

（c）危害菲律宾在仁爱礁驻扎人员的健康和福利；

（15）中国应当停止进一步的违法权利主张和活动。

仲裁庭裁定，中国不出庭并不剥夺仲裁庭的管辖权，菲律宾启动仲裁行为并不构成程序滥用。对于菲律宾的 15 项仲裁诉求，仲裁庭裁决，目前对菲律宾的 7 项诉求〔第（3）、（4）、（6）、（7）、（10）、（11）、（13）项〕具有管辖权；另外 7 项诉求〔第（1）、（2）、（5）、（8）、（9）、（12）、（14）项〕因涉及实体问题，对其管辖权问题的审议将在实体问题阶段进行；指令菲律宾对其 15 项诉求内容进行澄清并限制其范围，保留对第 15 项诉求的管辖权问题的审议至实体问题阶段。① 换言之，仲裁庭对菲律宾提出的第二、三类部分诉讼请求做出具有管辖权的裁定，同时将第一类诉讼请求及第二、三类中涉及实体问题的诉求延至实体问题庭审阶段进行审议裁决。

2015 年 11 月 24 ~ 30 日，仲裁庭对菲律宾诉中国南海仲裁案中关于实体问题和剩余管辖权和可受理性问题进行了开庭审理。菲律宾派出了由总检察长、外交部部长带队的 50 多人代表团。作为菲律宾代理人，总检察长弗洛林·希尔贝（Florin T. Hilbay）发表开场白。菲律宾律师保罗·莱切勒（Paul S. Reichler）、菲利普·桑德斯（Philippe Sands Q. C.）教授、伯纳德·欧克斯曼（Bernard H. Oxman）教授、阿兰·博伊尔（Alan Boyle）教

---

① 南海仲裁案仲裁庭：《菲律宾诉中国仲裁案新闻稿》，2015 年 10 月 29 日，第 7 页。

授以及安德鲁·罗温斯坦因（Andrew Loewenstein）、劳伦斯·马丁（Law-rence H. Martin）等人阐述了菲方的法律论证。另外，仲裁庭听取了地理学家克里夫·邵菲尔德（Clive Schofield）教授和海洋生物学家肯特·卡朋特（Kent Carpenter）教授两位独立专家证人的意见。菲律宾外交部部长罗塞里奥（H. E. Albert Ferreros del Rosario）做了总结陈述。澳大利亚、印尼、日本、马来西亚、新加坡、泰国和越南派遣小型代表团作为观察员参加了庭审。英国虽然事前申请派遣庭审观察团并获得批准，但最终决定不派遣观察团。美国也提出派遣观察员请求，但由于美国并非《公约》缔约国，其请求被拒绝。

根据程序，当事方可以在 2015 年 12 月 9 日前审阅并提交对庭审笔录的改正意见。菲律宾可于 2015 年 12 月 18 日前提交对仲裁庭在庭审中所提问题的进一步书面回复及相关材料，中国可在 2016 年 1 月 1 日前对庭审中及菲律宾后续提交的书面文件中的任何事项进行评论。仲裁庭将进行进一步合议并在 2016 年做出此案的最终裁决。

二 美国对我国南海岛礁建设的担忧与干涉

自 2014 年 5 月菲律宾抗议中国在南沙岛礁建设以来，美国明显加大了对中国南海岛礁建设的关注。[①] 2014 年 5 月，时任美国国防部部长哈格尔（Chuck Hagel）在香格里拉安全对话上指责中国在南海的岛礁建设行为加剧了南海地区紧张局势。[②] 进入 2015 年，美国国会和行政当局进一步加强了对中国岛礁建设行动的关注，并采取了一系列外交与安全举措，向中国施压。

1. 美国国会对中国岛礁建设行动的高度关注

2015 年，美国国会对南海问题表现出异乎寻常的"兴趣"。美国参众两院不仅通过举办一系列听证会来表达国会对南海问题的关注，还通过决议和立法措施，一些议员甚至通过给行政部门写信咨询或质问进行施压，直接表达其诉求或不满。

---

① Trefor Moss, "China Rejects Philippines' Call for Construction Freeze," *The Wall Street Journal*, June 16, 2014, http://www.wsj.com/articles/philippines-seeks-construction-halt-in-disputed-south-china-sea-1402912823.

② Edward Wong and Jonathan Ansfield, "To Bolster Its Claims, China Plants Islands in Disputed Waters," *The New York Times*, June 16, 2014, http://www.nytimes.com/2014/06/17/world/asia/spratly-archipelago-china-trying-to-bolster-its-claims-plants-islands-in-disputed-waters.html?_r=0.

（1）举行听证会

美国参议院对外关系委员会分别于 2015 年 5 月 13 日和 7 月 8 日举行了两场南海问题听证会，众议院外交事务委员会于 7 月 23 日举行了专门针对南海问题的听证会，此外参议院军事委员会举行了两场涉及南海问题的听证会，这些听证会邀请国防部、国务院、军方及智库的官员及专家学者，广泛听取意见，并表达国会在南海问题上的立场和关切，传递国会的声音，塑造舆论，向行政当局施加压力。通过这些听证会，国会向外界及行政当局表达了在南海问题上的如下关注：第一，认为中国在南海地区大规模的岛礁建设正在改变南海岛礁现状，制造地区紧张局势，要求中国停止岛礁吹填及设施建设，停止岛礁的军事化；第二，认为美国在南海海域的飞越和航行自由方面拥有国家利益，美国应该采取实际行动包括派遣军舰进入相关岛礁 12 海里内来捍卫这一利益；第三，认为南海争端不仅关乎岛礁和资源归属，更涉及地区秩序及海洋规则问题，美国不能让中国改写海洋规则和地区秩序；第四，认为中国在南海的"九段线"主张模糊不清，不符合国际海洋法规范，要求中国澄清九段线含义；第五，反对以武力或强制方式主张南海权益，要求以和平及谈判方式解决争端，支持菲律宾将南海问题诉诸国际仲裁；第六，要求采取措施加强东南亚国家的海洋感知能力和海上执法及海军力量，并加强与日本、澳大利亚及印度等国在南海问题上的政策协调。①

---

① United States Senate Committee on Foreign Relation Hearing, "Safeguarding American Interests in the East and South China Seas," May 13, 2015, http://www. foreign. senate. gov/hearings/safeguarding-a-merican-interests-in-the-east-and-south-china-seas; United States Senate Committee on Foreign Relation Hearing, "Department of Defense Maritime Activities And Engagement In The South China Sea," July 8, 2015, http://www. foreign. senate. gov/hearings/briefing-department-of-defense-maritime-activities-and-engagement-in-the-south-china-sea; United States House Committee on Foreign Relation Hearing, "Subcommittee Hearing: America's Security Role in the South China Sea," July 23, 2015, http://for-eignaffairs. house. gov/hearing/subcommittee-hearing-america-s-security-role-south-china-sea; United States Senate Committee on Armed Services Hearing, "U. S. Pacific Command and U. S. Forces Kore-a," April 16, 2015, http://www. armed-services. senate. gov/hearings/15 – 04 – 16 – us-pacific-com-mand-and-us-forces-korea; United States House Committee on Foreign Relation Hearing, "Subcommit-tee Hearing: China's Rise: The Strategic Impact of Its Economic and Military Growth," June 17, 2015, http://foreignaffairs. house. gov/hearing/subcommittee-hearing-china-s-rise-strategic-impact-its-econom-ic-and-military-growth; United States Senate Committee on Armed Services Hearing, "Maritime Security Strategy in the Asia-Pacific Region," September 17, 2015, http://www. armed-services. senate. gov/hearings/15 – 09 – 17 – maritime-security-strategy-in-the-asia-pacific-region.

（2）通过决议案和法案

2015 年，美国国会不仅通过了专门针对南海问题的决议案，还在参众两院提交及总统最终签署成为法律的《2016 年度国防授权法案》（以下简称《法案》）中单辟"南海倡议"一节，通过立法措施落实国会在南海问题上的主张与诉求。5 月 21 日，美国参议院通过关于南海问题决议案，要求中国停止在南海岛礁建设，以和平方式在多边框架下解决南海领土争端。决议案指出，南海是连接太平洋及印度洋的重要海上通道及商业航线，美国在南海航行及飞越自由方面拥有国家利益，美国政府致力于维护在专属经济区内及公海的国际合法权益及在其他海域的相关权益和自由，包括无害通过、国境通行及群岛海上航线的通过权益。决议"谴责"中国在南海争议岛屿的填海造地行为；强烈敦促争端各方尊重现状，保持克制，避免采取破坏稳定或使局势复杂化的行动，不要占领目前无人居住的岛礁和其他地貌，不要采取任何会永久性改变海洋物理环境方面的行动；敦促中国明确其"九段线"主张及九段线之内的海洋区域的含义；进一步敦促中国政府明确其在建岛礁上建立"必要的军事防御"的含义，"谴责"对争议岛礁进行军事化；支持海洋争端各方以建设性方式处理分歧，通过和平、外交及合法的地区和国际仲裁机制谋求海洋主张；支持东盟与中国建立南海行为准则，敦促中国以负责任方式进行谈判；支持加强地区海洋态势感知努力；支持增强海洋伙伴国能力的举措，包括提升海洋态势感知能力的技术出售和转让；支持美国武装力量继续在南海国际水域及空中进行自由航行行动。[1]

2015 年 4～5 月，美国众议院和参议院分别提交了《法案》，都单独设有"南海倡议"一节，要求国防部向南海周边国家提供军事援助及培训。[2] 在最终通过并于 11 月 25 日被奥巴马总统签署为法律的《法案》的"南海倡议"一节中明确规定，美国将向南海周边国家提供军事援助及培训，提升其海洋安全及海洋态势感知能力，并为此提供预算支持（详细内容请参见本文第三

---

[1]　US 114 Congress 1ˢᵗ Session, *S. Res.* 183, May 21, 2015, pp. 1–8.

[2]　H. R. 1735, 114 Congress（2015–2016）, *National Defense Authorization Act for Fiscal Year* 2016, "Section 1261," April 13, 2015; S. 1376, 114 Congress（2015–2016）, *National Defense Authorization Act for Fiscal Year* 2016, "Section 1261," May 19, 2015.

部分"安全压力"小节）。①

（3）议员写信

国会议员通过直接给国防部及国务院官员写信的方式，直接干涉南海问题。身为参议院军事委员会主席的约翰·麦凯恩（John McCain），多次单独或联名向行政部门发函，表达对南海问题的关注。3 月 19 日，麦凯恩与参议院外交关系委员会主席鲍勃·库克（Bob Corker）等四人联名向国防部部长卡特和国务卿克里发出信函，表达对中国海洋战略及南海岛礁建设的忧虑，要求国防部制定一项全面的海洋战略，应对中国在东海、南海的政策诉求和领土主张，包括岛礁建设行为。他们在信中指出，中国在南海多个岛屿的填海造地及这些岛礁的潜在军事能力，将不仅对美国及其盟国，而且对国际社会的利益构成挑战。如果听之任之，"中国甚至会铤而走险在整个南海或局部设立防空识别区"。因此，美国必须制定一项针对中国南海和东海行为的海洋安全战略。国会将在这方面与行政部门积极合作。②

5 月 21 日，麦凯恩与参议院军事委员会资深议员民主党人杰克·瑞德（Jack Reed）联名致信国防部部长卡特，要求国防部不要邀请中国海军参加 2016 年环太平洋军事演习，指出，鉴于中国在南沙的大规模岛礁建设和旨在改变南海现状行为，美国不应该邀请中国海军参加环太平洋军事演习。相反，应该增加中国在南海行为的成本，包括公开支持菲律宾南海仲裁案，增加在东海和南海的自由航行行动，特别是联合巡航，提升菲律宾等南海周边国家的军事能力和海洋态势感知能力。③

11 月 9 日，麦凯恩再次致信卡特，就"拉森号"导弹驱逐舰在南沙自由航行事宜询问卡特，强调他对国防部在南海及全球进行持续的自由航行行动完全支持。表示鉴于这一行动的高度敏感性及具有的法律含义，国防

---

① U. S. Public Law No. 114 - 92, S. 1356, 114 Congress (2015 - 2016), *National Defense Authorization Act for Fiscal Year* 2016, "Section 1263," November 25, 2015.

② United States Senate Committee on Armed Services, "Senators McCain, Reed, Corker, and Menendez Send Letter on Chinese Maritime Strategy," March 19, 2015, http://www. armed-services. senate. gov/press-releases/senators-mccain-reed-corker-and-menendez-send-letter-on-chinese-maritime-strategy.

③ "Document: McCain, Reed Letter to SECDEF Carter On Chinese Actions in South China Sea," *USNI News*, May 22, 2015, http://news. usni. org/2015/05/22/document-mccain-reed-letter-to-secdef-carter-on-chinese-actions-in-south-china-sea.

部应该尽可能澄清这一行动背后的法律意图，包括"拉森号"自由航行行动要挑战的是何种过分的海洋主张？这一行动是否属于无害通过？如果是，理由何在？如果不是，那么采取了哪些具体措施和行动来表明它在人工岛礁 12 海里内的航行不属于无害通过？美国是否要事先向中国提醒美国即将采取这一行动？如果是，那么美国是将这一行动描绘成无害通过、自由航行行动还是其他？在这一行动中是否还挑战了其他国家过分的海洋主张？①

通过这些信函，相关议员既表达了国会对南海问题的强烈关注，也直接向行政部门施压，影响其南海政策。

2. 行政当局对南海问题的密集关注

美国行政当局也通过各种场合表达对南海问题的关注。美国总统奥巴马本人利用一切双边及多边场合热炒南海问题，积极推动南海问题的多边化与国际化。据不完全统计，2015 年以来，奥巴马在与印度总理莫迪（1 月 25 日）、日本首相安倍晋三（4 月 28 日）、越南总书记阮富仲（7 月 7 日）、中国国家主席习近平（9 月 25 日）、印尼总统佐科（10 月 26 日）、澳大利亚总理特恩布尔（11 月 17 日）、菲律宾总统阿基诺三世（11 月 17 日）、马来西亚总理纳吉布（11 月 20 日）以及新加坡总理李显龙（11 月 22 日）的双边会谈、联合记者招待会或联合声明中，都专门提及南海问题。此外，在七国首脑峰会发表的联合声明中（6 月 8 日）、在奥巴马的联合国大会发言中（9 月 28 日）、在与东盟发布的东盟—美国战略伙伴关系联合声明中（11 月 21 日）以及在马来西亚科伦坡的东亚峰会新闻发布会上（11 月 22 日）也有内容涉及南海问题，表达了美国对中国南海行为或填海造地行为的担忧，如表 1 所示。

表 1　美国对中国南海行为的表态

序号	时间	场合	内容
1	1 月 25 日	华盛顿：奥巴马与莫迪总理的联合声明	重申确保印太地区尤其是南海地区海洋安全以及飞越和航行自由的重要性；呼吁各方避免使用武力或武力威胁，通过和平方式及按照国际法原则解决领土和海洋争端

---

① "Document: Letter from Sen. John McCain to SECDEF Carter On U. S. South China Sea Freedom of Navigation Operation," *USNI News*, November 10, 2015, http://news.usni.org/2015/11/10/document-letter-from-sen-john-mccain-to-secdef-carter-on-u-s-south-china-sea-freedom-of-navigation-operation.

续表

序号	时间	场合	内容
2	4 月 28 日	华盛顿：与安倍首相的联合记者招待会	我们对中国在南海地区的岛礁及设施建设活动感到担忧，美日共同致力于维护航行自由，尊重国际法及和平解决争端
3	6 月 8 日	德国巴伐利亚：七国峰会联合声明	我们致力于维护基于规则的海洋秩序，对东海和南海的紧张局势感到担忧；强调和平解决分歧及维护世界海洋自由的重要性；强烈反对使用恫吓、强制或武力，反对单方面改变现状企图，如大规模岛礁建设活动
4	7 月 7 日	华盛顿：美越联合展望声明	美越对南海最近的发展感到担忧，它加剧了紧张局势，削弱了信任，并对和平、安全和稳定构成了威胁。双方认识到维护自由航行及飞越、不受阻碍的合法商业活动以及海洋安全的重要性；避免采取使矛盾激化的行动，确保所有行动符合国际法，反对强制、恫吓和使用或威胁使用武力，支持通过和平手段及以符合国际法的方式解决分歧；尽快达成南海行为宣言
5	9 月 25 日	华盛顿：与习近平主席的联合新闻发布会	我们就东海及南海进行了坦诚交流，我重申所有国家自由航行和飞越以及不受阻碍的商业权益；美国将继续在任何国际法允许的地方进行航行、飞越和活动。我向习近平表达了对中国岛礁建设、设施建设及对争议地区军事化的严重担忧；鼓励声索方通过和平方式解决分歧
6	9 月 28 日	纽约：奥巴马的联合国大会发言	美国在南海没有领土主张，但是美国在维护航行自由、商业自由流动以及通过国际法而非武力解决争端拥有利益；敦促中国和其他声索方和平解决分歧
7	10 月 26 日	华盛顿：奥巴马与维多多总统的联合声明	两国总统对南海最新的局势发展感到担忧，认为各方应避免在南海采取增加紧张局势的行动；双方重申捍卫海洋安全及在南海地区飞越和航行自由的重要性；支持各方以符合国际法原则通过和平方式解决分歧，敦促尽快达成南海行为准则
8	11 月 17 日	科伦坡：奥巴马与特恩布尔会晤后的发言	我们讨论了维护航行自由及海洋规则的重要性；尽管我们不是南海声索方，但是认为这些问题应该通过和平方式及符合国际法和国际规范的方式加以解决

续表

序号	时间	场合	内容
9	11 月 18 日	马尼拉：奥巴马与阿基诺三世会晤后的发言	我们讨论了中国岛礁及设施建设对地区稳定产生的影响；认为必须停止在南海地区进一步岛礁建设、设施建设和对争议地区军事化。美国支持菲律宾将南海问题诉诸国际仲裁的决定
10	11 月 20 日	科伦坡：奥巴马与纳吉布会晤后的发言	我们讨论了南海问题，我们希望地区紧张局势不会升级，希望符合国际法原则通过谈判解决分歧
11	11 月 21 日	科伦坡：美国与东盟战略伙伴关系的联合声明	我们重申了维护南海地区和平与稳定，确保海洋安全、飞越及自由航行的重要性；重申以符合国际法原则通过和平方式解决分歧，不诉诸武力或武力威胁支持中国与东盟尽快达成有效的南海行为准则
12	11 月 22 日	科伦坡：奥巴马与李显龙会晤后的发言	我们讨论了南海问题及维护作为亚太繁荣与稳定之基的基本原则和规范
13	11 月 22 日	东亚峰会新闻发布会	在美国—东盟峰会及东亚峰会上，一个关键话题就是南海问题，很多领导人谈到维护国际原则，包括飞越和自由航行以及和平解决争端的重要性

注：以上资料由笔者根据美国总统项目网站及白宫网站统计、整理获得。①

此外，美国总统国家安全事务助理赖斯（Susan Rice）、国务卿克里（John Kerry）以及国防部部长卡特（Ashton Carter）等内阁高官在东亚峰会、香格里拉安全对话会、美日澳三边"2 + 2"会谈等各种多边场合大谈南海问题，向中国施压。

行政当局对南海问题的关注，主要侧重于以下六个方面。第一，中国的岛礁建设。奥巴马政府强烈要求中国停止填海造地，停止在建岛礁的地面设施建设，停止在建岛礁的军事化。第二，施压中国尽快与东盟达成具有约束力的南海行为准则，甚至要求中方制定时间表。第三，要求中国政府明晰南海"断续线"含义，认为所有不符合国际海洋法规定的海洋权益主张都不合法。第四，积极支持菲律宾的仲裁诉求，建立所谓基于规则的海洋秩序。第五，注意加强东南亚国家的海洋巡逻和海洋态度感知能力，

---

① John T. Woolley & Gerhard Peters, *The American President Project*, 1999 – 2016, *Brarack Obama: XLIV President of the United States*: 2009 – present, http://www. presidency. ucsb. edu/ws/ index. php; The White House, Speeches and Remarks, https://www. whitehouse. gov/briefing-room/speeches-and-remarks.

增加对东南亚国家的海上军事援助。第六，敦促东盟国家在南海问题上加强协调、统一立场，形成对华"多对一"态势；同时加强与日本、印度、澳大利亚等非南海声索方的协调，形成在南海问题上"域内国家联合，域内外国家联动"的统一战线效应。

3. 军方在南海地区的"自由航行"行动

美国军方对中国在南海岛礁建设反应激烈。早在 2015 年 3 月，时任美军太平洋舰队司令哈里斯（Harry Harris）就指责中国的岛礁建设行动是在建造"伟大的沙城"，制造南海紧张局势。[①] 5 月，美国军方派遣沃兹沃斯濒海战斗舰进入南海争议地区巡航。同月，美国军方派遣最先进的海上巡逻机 P－8A搭载 CNN 记者飞越南海我在建岛礁附近（12 海里外），遭到岛上驻扎人员的口头警告。进入夏季，据美国媒体报道，美国军方极力争取白宫允许海军派遣军舰进入中国南海在建岛礁 12 海里内进行所谓的"自由航行"，但由于奥巴马本人考虑到 9 月份中国国家主席习近平即将访美而没有同意。[②] 9 月22～25 日，习近平访美期间，中美两国并没有就南海问题达成共识。奥巴马在与习近平会晤后举行的联合记者招待会上表示，美国对中国在南海岛礁建设、设施建设及对争议地区的军事化举措深感忧虑，鼓励声索方通过和平方式解决分歧，强调美国将继续在任何国际法允许的地方进行航行、飞越和活动，[③] 暗示美国军舰或飞机可能会进入争议岛礁进行巡航。

10 月 27 日，美国军方派遣"拉森号"导弹驱逐舰驶入渚碧礁 12 海里内，同时还进入了菲律宾和越南侵占或控制的北子岛（菲律宾）、南子岛（越南）、奈罗礁（越南）和铁线礁（中国控制，一说菲律宾控制）12 海里

---

① Robert Burns and Christopher Bodeen, "US Admiral Says Sailing Past Chinese Isles Not A Threat," *The Navy Times*, November 3, 2015, http://www. navytimes. com/story/military/2015/11/03/us-admiral-says-sailing-past-chinese-isles-not-threat/75092422/.

② Austin Wright, Bryan Bender and Philip Ewing, "Obama Team, Military at Odds over South China Sea," *The Politico*, July 31, 2015, http://www. politico. com/story/2015/07/barack-obama-administration-navy-pentagon-odds-south-china-sea-120865.

③ The White House, Office of the Press Secretary, "Remarks by President Obama and President Xi of the People's Republic of China in Joint Press Conference," September 25, 2015, https://www. whitehouse. gov/the-press-office/2015/09/25/remarks-president-obama-and-president-xi-peo-ples-republic-china-joint.

内，引起国际舆论的高度关注。这是美军自 2012 年以来，也是中国在南沙进行岛礁建设以来，首次派遣军舰进入争议岛礁 12 海里之内。①

12 月 21 日，美国国防部部长卡特在回复麦凯恩 11 月 9 日的信函（参见上文）中对"拉森号"航行进行辩解。声称，这一行动是美国全球航行自由行动的一部分，也是美国自 2011 年以来在南海地区进行的第七次海上自由航行行动，"这是一次正常的例行行动"。卡特辩称，美国对于南沙群岛陆地地貌的主权不持立场，因此这一行为不对任何声索国的岛礁主权构成挑战，这也不是此次航行自由行动的目的。此次航行自由行动挑战的是声索方限制在这些岛礁周围航行自由权益的企图，包括一些国家要求在其领海内航行需要事先通知或许可的政策。这些限制违背了国际海洋法公约赋予各国的权益和自由。"拉森号"在南海的航行既符合领海内的无害通过权益，也符合公海上的自由航行原则。卡特强调，渚碧礁在中国岛礁建设之前只是低潮高地，不过，如果它位于其他具有领海权益的岛礁 12 海里内，比如它很可能在铁线礁（Sandy Cay，注意：它不是越南侵占的敦谦沙洲，后者的英文名为 Sand Cay）的 12 海里领海内，那么，渚碧礁就可能拥有 12 海里领海，尽管它属于低潮高地。卡特最后指出："鉴于这些事实上的不确定性，我们在南海的此次自由航行行动考虑到了各种可能的国际法情形，确保即便这些岛礁的事实得以澄清、分歧得到解决以及海洋主张最终清晰，此次航行依然是合法的。"② 美国官员扬言，今后每个季度在南海地区至少举行两次类似的行动，以维护海上"航行自由"。美国国家安全事务副助理罗德斯（Ben Rhodes）表示，今后会有更多的行动以展示美国军方致力于维护该地区的自由航行权益："这是我们在那里的利益……目的是展示我们将捍卫自由航行原则。"③

---

① Sam LaGrone, "SECDEF Carter Clarifies South China Sea Freedom Navigation Operation in Letter to McCain," January 5, 2016, http://news. usni. org/2016/01/05/secdef-carter-clarifies-south-china-sea-freedom-of-navigation-operation-in-letter-to-mccain.

② Ashton Carter, "Letter from Ashton Carter to John McCain," Dec. 21, 2015, http://news. usni. org/wp-content/uploads/2016/01/Sen. -McCain-FONOP-Letter-Response. pdf#viewer. action = download.

③ Andrea Shalal and Idrees Ali, "U. S. Navy Plans Two or More Patrols in South China Sea Per Quarter," *The Reuters*, Nov. 2, 2015, http://www. reuters. com/article/us-southchinasea-usa-navy-idUSKCN0SR28W20151103.

三　南海局势新发展对我国造成的外交压力与挑战

南海仲裁案仲裁庭的受理决定以及美国对南海问题的密集关注和直接干涉，使南海争端在 2015 年成为东亚地区的主要热点问题，也成为中国与美国以及中国与东南亚国家关系的一个绊脚石。

1. 舆论压力

2016 年以来，国际主流媒体明显加大了对南海问题的关注度，特别是时任国际与战略问题研究中心亚洲海洋透明倡议项目主任米拉·拉普·胡珀（Mira Rapp Hooper）2 月在网站上发表《南海变化前后》一文后，国际媒体对中国在南沙的岛礁建设关注度骤然升级。[1] 仅 2～4 月，《纽约时报》、《华尔街日报》、《华盛顿邮报》、路透社、彭博社、福克斯新闻、BBC 等国际主流媒体就发表了近 30 篇文章，对中国在南沙的岛礁建设行动进行集中报道。[2] 5 月份，美国国防部邀请 CNN 记者登上 P－8 巡逻机飞越中国南海在建岛礁，再次引起国际舆论对我国南海岛礁建设的高度关注。美国军方此举的目的就是引起国际社会对中国南海岛礁建设行为的重视，让中国面临国际舆论压力。在西方媒体中，我国被描绘成以大欺小、试图单方面以强制方式改变南海现状的不守规则国家。

此外，美国官员借助多种双边及多边场合"热炒"南海问题，反对中国以"恫吓、强制或武力方式"解决南海分歧，反对中国通过岛礁建设改变南海地区现状，主张通过和平方式解决南海争端，积极推动南海问题的多边化与国际化，向我国发起外交和舆论攻势。这些舆论攻势或多或少增加了我国在南海问题上的压力与孤立。

2. 国际法压力

尽管我国多次表明，南海问题涉及主权争端，南海仲裁案裁法庭不具有裁决南海争议的管辖权，并表明了中国不接受、不参与菲律宾对于南海争端国际仲裁的主张，但是仲裁庭对菲律宾仲裁案的受理和做出具有管辖

---

[1]　Mira Rapp-Hooper, "Before and After: The South China Sea Transformed," Asia Maritime Transparency Initiative, Center for Strategic and International Studies, February 18, 2015, http://amti. csis. org/before-and-after-the-south-china-sea-transformed/.

[2]　具体报道情况，请参见 Ronald O'Rourke, "Maritimes Territorial and Exclusive Economic Zone Disputes Involving China: Issues for Congress," *CRS Report*, August 7, 2015, p. 25。

权的裁决，显然对我国不利。如果 2016 年对南海争端的实体问题做出不利于我国的裁决，我国在处理南海问题上还将面临来自国际法和国际社会的进一步压力。

3. 安全压力

"拉森号"导弹驱逐舰在渚碧礁 12 海里内航行，开启了美国直接干涉南海争端的新阶段。此前白宫不希望在南海问题上过度刺激中国，面对国会、国防部和军方的多次要求在南海争议地区进行"自由航行"，一直没有放行。① 10 月 27 日，白宫批准舰只驶入渚碧礁 12 海里内，可以被视作白宫在南海问题上进一步趋向强硬。2016 年 1 月 27 日，美国太平洋司令部司令哈里斯在一次讲话中强硬表示："我们将继续进行自由航行行动，今后无论在复杂程度还是范围上，都会有所扩大。"② 1 月 29 日，美国海军派遣阿利·伯克级导弹驱逐舰"柯蒂斯·威尔伯号"驶入我国西沙中建岛 12 海里之内进行所谓的"无害通过"，向中国施压。2 月 3 日，麦凯恩在参议院军事委员会举行的"美国亚太地区防务政策的独立评估"听证会上表示："未来，（在南海地区）日常的海军和空中存在及自由航行行动是必要的，它将表明美国不会承认中国（在南海地区）过分主张的合法性，（我们）将继续在任何国际法许可的地方进行飞越、航行和行动。"他还对"威尔伯号"的行动感到满意，表示"希望在不久的将来在美济礁 12 海里内再进行一次类似的行动"。③

美国还采取措施加大对菲律宾、越南、印尼、马来西亚等东南亚国家的海上能力建设投入。在 2015 财年，美国提供了总额为 1.19 亿美元的援助资金用于提升东南亚国家的海上安全能力。④在 2015 年的香格里拉安全对话会

---

① Austin Wright, Bryan Bender and Philip Ewing, "Obama Team, Military at Odds over South China Sea," *The Politico*, July 31, 2015, http://www. politico. com/story/2015/07/barack-obama-administration-navy-pentagon-odds-south-china-sea-120865.

② Sydney J. Freedberg Jr. , "U. S. Will Push Chinese Harder On Territorial Claims: PACOM," *Breakingdefense*, January 27, 2016, http://breakingdefense. com/2016/01/us-will-push-harder-on-chinese-territorial-claims-pacom/.

③ United States Senate Committee on Armed Services Hearing, "Independent Perspective of U. S. Defense Policy in the Asia-Pacific Region," February 3, 2016, http://www. armed-services. senate. gov/hearings/16-02-03-independent-perspective-of-us-defense-policy-in-the-asia-pacific-region.

④ The White House, "Fact Sheet: Advancing the Rebalance to Asia and the Pacific," November 16, 2015, https://www. whitehouse. gov/the-press-office/2015/11/16/fact-sheet-advancing-rebalance-asia-and-pacific.

上，美国国防部部长卡特宣布一项为期五年的东南亚海上安全倡议，向东南亚国家提供总额为 4.25 亿美元的援助，提升东南亚国家的海洋能力。① 这一东南亚海上安全倡议得到美国国会的大力支持。在美国国会参众两院通过并被奥巴马总统签署为法律的《法案》中，虽然没有给出 2016～2020 年向东南亚国家提供海上军事援助的总额，但明确提出将在 2016 财年提供 5000 万美元用于提升越南、菲律宾、印尼、马来西亚、泰国等国的海上安全和海上态势感知能力，向文莱、新加坡和中国台湾提供海上安全培训，此后每年的拨款额度将由国会根据形势发展逐年讨论和划拨。②

此外，美国还积极鼓励日本、澳大利亚等盟国与美国一道采取类似海洋自由航行措施，向东南亚国家提供军事援助，提升东南亚国家的海洋态势感知能力和军事能力。

美国派遣军舰在南海海域进行"自由航行"，特别是驶入我在建岛礁 12 海里内，无疑会增加中美两国在南海地区的对抗，如果操作不慎，甚至会引发军事摩擦风险。同时，美国及其盟国加强对东南亚国家的海上军事能力建设及在海洋争端上的偏袒做法，也会鼓励后者的海上冒险，极易导致局势升级和擦枪走火事件。而且，在网络民族主义高涨及资讯实时传播的时代，政府面临的舆论压力十分巨大，往往被迫做出更加强硬的回应，这反过来可能导致局势的升级，甚至一发不可收拾。

4. 对中国周边外交挑战

南海局势的新发展及其走向，对我国奉行"亲诚惠容"的周边外交理念，构建和平、稳定、繁荣的周边外交环境构成挑战。当前，在美国等国的积极鼓动下，东盟国家，特别是越南和菲律宾等与中国存在海洋纠纷的国家在南海问题上加强磋商、协调的步伐在加快。在近年来的东亚多边地区论坛中，南海问题已然成为关注的重点问题之一。随着东盟共同体的建成，在南海问题上用统一声音说话的可能性将日益增加。同时，日本、印

---

① Ashton Carter, "A Regional Security Architecture Where Everyone Rises," Speech Delivered by Secretary of Defense Ashton Carter at IISS Shangri-La Dialogue, Singapore, May 30, 2015, http://www.defense.gov/News/Speeches/Speech-View/Article/606676/iiss-shangri-la-dialogue-a-regional-security-architecture-where-everyone-rises.

② U. S. Public Law No. 114 - 92, S. 1356, 114 Congress (2015 - 2016), *National Defense Authorization Act for Fiscal Year* 2016, Section 1263, November 25, 2015.

度、澳大利亚等非南海声索方近年来显著加大了对南海问题的关注力度，积极支持相关声索方采取外交和法律行动，甚至向它们提供海上军事援助，其中日本的动向尤其值得关注。南海问题处理不当，将不仅影响我国与东盟关系，也会影响我国亲诚惠容周边外交新理念的实施。

5. 对"一带一路"战略挑战

我国"海上丝绸之路"战略横跨南海地区，包括越南、印尼、马来西亚等南海声索方在内的东盟国家是我国"海上丝绸之路"战略的重要实施对象国。如果南海问题处理不好，不仅会影响到我国与相关声索国之间的政治、外交、安全及经济关系，也会影响到"海上丝绸之路"战略的实施。当前，随着美国与其他 11 国 TPP 谈判的完成，未来很可能在东亚地区形成对中国经济影响和贸易模式的挤压效应。南海问题处理不慎，会导致周边国家对中国的安全疑虑和战略疑虑上升，将会影响到中国"一带一路"战略的实施，特别是"海上丝绸之路"战略的实施。届时，不仅东亚国家在安全上依靠美国的倾向将进一步加强，而且在经济上也会借助 TPP 逐渐与美国的贸易模式靠拢。不仅如此，日本也在加强与东盟国家的经贸联系，不仅借助亚洲开发银行与中国成立的亚洲基础设施投资银行角逐东南亚国家基础设施市场，也在借助 TPP 加强与东南亚国家在经贸上的进一步整合。

6. 对中美关系挑战

美国不是南海争端方，南海争端本不是中美之间的问题，但随着美国对这一问题日益增长的关注和介入，南海问题已经日益成为中美关系的一个新障碍。美国在南海争端上的选边站，鼓励菲律宾将南海问题诉诸国际仲裁，向越南、菲律宾提供外交和军事支持，特别是派遣军舰进入我国南沙和西沙岛礁 12 海里内，使中美关系因南海问题而一步步走向对立，严重影响中美战略互信建设。美国认为，南海问题不仅关乎谁拥有岛屿及相关海洋权益，更关乎专属经济区内军事活动及领海内的无害通过等海洋秩序规则。一旦中国关于专属经济区内军事活动及领海内无害通过的主张获得广泛承认，将不仅影响美国的海上军事情报收集和军舰"自由航行"，而且影响美国的相关军事战略部署和全球海洋规则，危及美国的全球海洋霸权。不仅如此，在美国看来，如果听任中国通过岛礁建设及强制方式在南海地区造成"既成事实"，那么美国在东南亚国家及盟友心目中的形象也会大打折扣，严重影响美国在亚太地区的联盟信誉和领导权声誉。[①] 换言之，美国不仅从南海争端本身，更是从地区格局、联盟关系、海洋秩序及全球战略高度来看待南海争端，将其视为检验中国战略意图的重要试金石。南海问题如果处理不当，中美之间将很难构建新型大国关系，相反可能会滑向"修昔底德陷阱"。

四 南海局势应对新思路

南海问题的重要性不言而喻。它涉及国家主权、安全及海洋权益，涉及我国的周边关系、大国关系和地区秩序，还涉及我国的海洋战略、周边战略及中华民族伟大复兴的国家大战略。因此，对南海问题的处理，不能仅从南海本身或海洋战略本身来看待，而是要从全局和国家大战略角度进行审视和谋划，使之最终服务于中华民族伟大复兴的大战略目标。

1. 谨防南海战略陷阱

南海争端涉及五国六方，涵盖主权及海洋权益，既牵涉国际法，又与历史紧密交织，处理起来极其复杂而敏感。由于目前五国六方都宣称全部或部分南海权益，除文莱外，都占领了部分岛礁，很难指望任何一方会从其既有立场上大幅让步，或从占领的岛礁上撤离。同时美国的强力介入，进一步增加了南海问题处理的难度和复杂程度，处理不好甚至会演变成中美之间的博弈和对抗。当前，美国在亚太再平衡战略框架下，积极构建针对中国南海问题的联盟，让中国面临更大的外交压力。

在中国崛起过程中，既要维护好海洋领土主权及相关权益，又要防止海洋陷阱。中国独特的地理位置和长期的战略文化决定了中国只能由传统的陆权大国向陆海复合型大国缓慢演进。这是一个漫长的调适过程，既有国内的战略文化、制度和军事调适，也有周边邻国及外部大国的心理和安全调适。在这一长期演进过程中，如果南海问题处理不慎，或由此导致周边安全环境恶化，那么在相当长时间里中国的政治、外交及军事资源都将被消耗在南海之内，很难向陆海复合型大国演进。

---

① Ronald O'Rourke, "Maritime Territorial and Exclusive Economic Zone Disputes Involving China: Issues for Congress," *CRS Report*, December 22, 2015, pp. 1 – 32.

2. 审慎处理南海"维权"与"维稳"关系

党的十八大提出了实现全面建成小康社会和建成富强民主文明的社会主义现代化国家的"两个百年"奋斗目标，习近平总书记在不同场合下多次表示要实现"两个百年"目标，实现中华民族伟大复兴的中国梦。"两个百年"目标就是中华民族伟大复兴的中国梦，就是新时期中国的国家大战略目标，中国的军事和外交战略都应该紧紧围绕这个大战略目标，做好服务工作，合理谋划。

中国的海洋战略和南海的维权与维稳，要以实现中华民族伟大复兴的中国梦为目标。海洋战略如何推进，南海维权与维稳如何平衡，需要大战略思维，要跳出海洋看海洋，跳出南海看南海。海洋战略推进既要切实保障我们的海洋主权和海洋权益，也需要一个稳定和谐的周边环境。南海维权斗争需要坚强的军事实力后盾，更需要高超的外交技巧和谋略。在南海维权过程中，切忌四处树敌，全面开花，而要争取更多国家的理解、支持与信任。在中国崛起过程中和实现百年目标的伟大征程中，一个和平稳定的周边环境和较为稳定的大国关系，是至关重要的，这已为历史所反复证明。

3. "搁置争议、共同开发"，并未过时

20世纪80年代，我国针对南海问题提出了"搁置争议、共同开发"的主张。一段时间以来，在南海问题上，出现了我方搁置争议，他方各自开发的局面，导致国内一些学者认为"搁置争议、共同开发"于我不利，应该改弦易辙。21世纪以来，随着我国深海勘探和钻井技术的进步及海军实力的快速提升，我国已经具备在南海地区进行开采石油的技术能力，更强化了这种声音。[①] 然而，在南海争端的错综复杂性及可能产生的消极后果，以及在我国具备深海资源开发的现实条件下，此时主张搁置主权争议，探索争议地区的资源共同开发和维护，条件已然成熟，此举可以充分向外界释放中国处理南海问题的诚意和和平发展的战略善意，有利于构筑和平稳定的周边环境，也有助于缓和中美之间的战略猜忌。[②]

---

① 童伟华：《南海对策中的"搁置争议"与"共同开发"之冲突及其调整》，《中国海洋大学学报》（社会科学版）2011年第6期；杨泽伟：《"搁置争议、共同开发"原则的困境与出路》，《江苏大学学报》（社会科学版）2011年第3期。

② 毛凌云：《南海争端：搁置争议的关键在于共同开发——专访中国南海研究院院长吴士存》，《南风窗》2011年第11期；石源华：《"搁置外交"：主权在我，搁置争议，共同开发》，《世界知识》2014年第4期。

4. 加强对南海问题的国际法研究

目前我国针对南海的主权及权益主张，多依据历史材料和证据，但如何通过国际法语言，将中国在南海的主权和权益主张以法律语言表达出来，依然是一项艰巨的任务。特别是二战前国际法中对于主权的"有效和实际占有"原则和关于特定自然环境恶劣岛礁不适宜持续有效占有的特殊情况，能否将其运用于南海岛礁主权及权益声索，从而为我国的南海权益及主张获得更好的国际法支持，需要深入探究。此外，我国的南海断续线，到底是领海线、岛屿主权线，还是岛屿主权线加上一些历史性权益线？是否需要尽早加以权威性澄清，以消除误解和猜忌？

5. 启动中美海洋问题对话

中美两国在专属经济区内的军事活动及领海内无害通过、是否需要事先通知和许可这两个问题上存在严重分歧，自 2001 年以来在南海和东海地区已发生多起严重海空对峙和摩擦事件，包括 2001 年的海南撞机事件。尽管中美两国在 2015 年达成了重大军事情况事先通报和海空相遇行为准则两个重要文件，对中美之间在海空相遇减少意外和摩擦提供了某种规则依据，但是这并没有解决两国在专属经济区内军事活动或领海内无害通过的意见分歧。这一分歧与南海争端交织一起，导致美国会不时派遣军舰或飞机进入争议地区，加剧地区紧张局势和中美之间的海空对抗。如果中美尽早启动在这两个问题上的磋商对话，并达成某种妥协或默契，那么不仅会为南海问题降温，也会减少中美关系中的一大潜在摩擦点。

The New Developments of Situations in the South China Sea and New Mentality for Responding to Such Changes

Wei Zongyou

Abstract In October 2015, the South China Sea Arbitration Tribunal in Hague announced it had the jurisdiction to consider the Philippines' case concerning the South China Sea disputes. In the same month, the U. S. destroyer USS Lassen navigated for the first time within 12 miles of the Subi Reef which is claimed by China and where China has been conducting land reclamation. These two developments highlighted the thorny issue of growing South China Sea disputes among China, Taiwan, Vietnam, the Philippines, Malaysia, Indonesia, and Brunei on the one hand, and the rising maritime competition between China and U. S. on the other hand. These developments also posed increasing challenges to China's maritime claim in South China Sea and maritime aspiration. How China copes with these challenges is an issue of strategic significance and with great implications to China's maritime aspiration and grand strategy in the long run.

Key Words South China Sea; Maritime Dispute; China-US Relations

Author Wei Zongyou, Professor and Ph. D, Tutor of the Center for American Studies, and Part Time Researcher of the Center for Taiwan Studies at the Fudan University.

"战略新边疆"研究

美国全球公域安全战略的"塑造者"

——评新美国安全中心战略报告《决战公域》

韩常顺

【内容提要】 "新美国安全中心"战略报告《决战公域》从巴里·波森的"全球公域控制权是美国霸权的军事基础"这一论断出发,对美国在全球公域面临的各种挑战进行了全面、细致的分析,并为美国继续保持全球公域控制权设计了一个内容具体、极具操作性的"三维战略",即在多边层面上主导建立全球性机制;在双边层面上接触负责任的关键行为体;在单边层面上重塑美国硬实力。该报告是后冷战时期有关美国大战略辩论的产物,并因"新美国安全中心"、报告撰写人及评审人浓厚的政府背景和美国特色的"旋转门"制度而在宏观上影响到美国国家安全战略的制定,在微观上影响到美国"亚太再平衡战略"的实施,因而值得国内学界和政界高度关注。

【关键词】 美国 全球公域安全战略 国家安全战略 亚太再平衡战略 新美国安全中心

【作者简介】 韩常顺,复旦大学国际关系与公共事务学院 2014 级博士研究生,研究方向为美国的全球公域安全战略、朝鲜半岛的政治与外交。

2007 年 2 月,美国智库"新美国安全中心"(CNAS)成立。2010 年 1 月 26 日,"新美国安全中心"发布大型战略研究报告《决战公域:多极世界中美国权力的未来》(*The Contested Commons: The Future of American Power in a Multipolar World*,以下简称《决战公域》),引起美国学、政、军三界高度关注。美国海军作战部部长盖里·罗海德海军上将（Admiral Gary Roughead）、美国空军副参谋长卡罗尔·钱德勒空军上将（General Carrol Chandler）、美国航空航天局载人航天飞行评审委员会主席诺曼·奥古斯丁（Norman A. Augustine）等出席发布会并参与讨论。美国空军副参谋长钱德勒上将在讲话时称：新美国安全中心对全球公域这一重要国家安全议题的研究为美国做出了巨大贡献。①

作为一家成立刚刚三年的新兴智库，"新美国安全中心"发布该报告为何会引起如此大的关注？这还要从报告发布者的背景说起。

一　撰稿主体分析

《决战公域》之所以引起巨大关注，其一是因为该报告的发布者"新美国安全中心"背景极为特殊，其二是因为该报告的撰写人和评审人的身份更加特殊。

（一）"新美国安全中心"背景特殊②、"新美国安全中心"有深厚的政府背景

这主要体现在两个方面。一是创办人。联合创办人坎贝尔（Kurt M. Campbell）曾担任美国国防部负责亚太事务的国防部助理部长，后又在2009～2013年担任奥巴马政府负责亚太事务的助理国务卿。另一联合创办人米歇尔·弗卢努瓦（Michèle Flournoy）曾任国防部助理部长帮办，后又在2009～2012年担任奥巴马政府负责政策的国防部副部长，并主持了2012年

---

① 关于该发布会的相关情况，视频参见"新美国安全中心"网站，http://www.cnas.org/media-and-events/audio-and-video/the-contested-commons-the-future-of-american-power-in-a-multipolar-world#.VXK1idK49j8；文本参见"新美国安全中心"网站，http://www.cnas.org/media-and-events/transcripts/contested-commons-the-future-of-american-power-in-a-multipolar-world-transcript#.VXK1edK49j8。

② 该部分主要根据"新美国安全中心"网站（www.cnas.org）相关内容进行整理，并参考了如下文献：郑安光："新思想库与奥巴马政府的亚洲政策决策——以新美国安全研究中心为例"，《当代亚太》2012年第2期，第27～42页；曹升生，夏玉清："'全球公域'成为新式的美国霸权主义理论——评新美国安全中心及其东北亚战略设计"，《太平洋学报》第19卷第9期，2011，第24～32页。

《国防战略指南》的制定。① 二是"旋转门"。借助"旋转门"制度，新美国安全研究中心与奥巴马政府建立了良好的互动关系，这使其能够对当前美国政府对外政策决策产生重要影响。② 据我国学者研究，包括弗卢努瓦和坎贝尔在内，在该中心任职期间直接转任奥巴马政府要职者有 18 位之多，如美国常务副国务卿詹姆斯·斯坦伯格、常驻联合国代表苏珊·赖斯、国家情报总监丹尼斯·布莱尔、国防部副部长威廉姆·莱恩以及总统特别助理奈特·蒂比兹等。③ 因此，"当新美国安全中心开口说话，所有人都会倾听"。④

（二）报告撰写人和评审人⑤身份特殊

通过对撰写人和评审人进行身份分析（参见表 1），⑥ 我们发现该报告的政府背景特别是军方背景之深令人震惊。第一，在参与部门上，美国国防部、空军、海军、海军陆战队等几乎所有核心军事部门以及国家安全委员会、国家情报委员会、国土安全部、国家网络安全中心等政府核心安全部门都有人参与其中。第二，在参与方式上，美国政府特别是军方参与了除第 6 章之外其他 5 个章节的编写或评审工作。比如，第 3 章就是由美国空军司令部战略规划处助理主任奥利弗·弗里茨（Oliver Fritz）和新美国安全中心凯利史蒂夫·马丁（Kelly Martin）空军中校直接执笔的。第三，在参与者身份上，除有大量军界和政界现职人员外，许多民间人士事实上也

---

① "Hon. Michèle Flournoy", Center for a New American Security, http://www.cnas.org/flournoy-michele.

② 郑安光：《新思想库与奥巴马政府的亚洲政策决策》，《当代亚太》2012 年第 2 期，第 42 页。

③ 郑安光：《新思想库与奥巴马政府的亚洲政策决策》，《当代亚太》2012 年第 2 期，第 29 页。

④ 参见 Carlos Lozada, *Setting Priorities for the Afghan War*, http://www.washingtonpost.com/wp-dyn/content/article/2009/06/05/AR2009060501967.html；也可参见 Center for a New American Security, *What People are Saying about CNAS*, http://www.cnas.org/about/mission。

⑤ 为撰写该报告，新美国安全中心首先起草了 4 份文件，分别对海洋公域（第 2 章）、低空公域（第 3 章）、太空公域（第 4 章）、网络空域（第 5 章）进行了专门研究。此外，作为案例研究，新美国安全中心高级研究员罗伯特·卡普兰（Robert D. Kaplan）还对印度洋海上安全环境及美国的对策进行了分析（第 6 章）。以上述文件为基础，该书主编亚伯拉罕·登马克（Abraham M. Denmark）和詹姆斯·马尔维农（James Mulvenon）对美国在全球公域面临的挑战和对策进行了综合性分析（第 1 章）。为保障研究水平，该中心还专门邀请了来自军界、政界和民间的顶级专家组成 5 个工作组对相关章节进行评审。参见 Abraham M. Denmark and Dr. James Mulvenon, *Contested Commons: The Future of American Power in a Multipolar World*, Center for a New American Security, January 2010, 11。

⑥ 相关人员信息根据该书"作者简介"（第 2 页）及"附录 A：决战公域工作组"（第 195 页）两部分内容整理得来。

表 1 撰稿人与评审人身份分析

章节	分工		军界	政界	民间
第1章	撰稿人		国防部部长办公室（OSD）政策处 Shawn Brimley	国家情报委员会 David Cattler	新美国安全中心研究员 Abraham M. Denmark 防务集团情报部副总裁 James Mulvenon
	工作组		空军参谋长办公室 Thomas P. Ehrhard		新美国安全中心 Patrick Cronin
			新美国安全中心 Ross Brown 空军上校（COL）		新美国安全中心 Richard Fontaine
			新美国安全中心 Herb Carmen 海军中校（CDR）		新美国安全中心 Kristin Lord
			新美国安全中心 Jeffrey Goodess 海军陆战队中校（LT COL）		新美国安全中心 John Nagl
			新美国安全中心 Kelly Martin 空军中校		霍普金斯大学 Thomas G. Mahnken
第2章	撰稿人		国防部部长办公室（OSD）政策处 Shawn Brimley	国家情报委员会 David Cattler	外交政策研究所 Frank Hoffman
	工作组		海军部 Mark Gorenflo		海军少将 James Stark（退役）
			海军作战部部长办公室（OPNAV）QDR 一体化工作组 Bryan Clark		海岸警备队上校 Bruce Stubbs（退役）
			海军作战部部长办公室 N3/5 Mark Montgomery 上校		海军战争学院 Stanley Weeks 上校（退役）
			海军作战部部长办公室 Marty Simon		洛克希德·马丁公司（CAPT）Ronald Harris 上校（退役）
			Emelia Spencer Probasco 海军上尉（LT）		海军中校（CDR）Brian McGrath（退役）
					海军战争学院教授 Milan Vego

续表

章节	分工	军界	政界	民间
第2章	工作组	空军参谋长办公室 Michael Cortese		新美国安全中心 Kristin Lord
		空军参谋长办公室 Thomas P. Ehrhard		新美国安全中心 Richard Weitz
				霍普金斯大学 Thomas G. Mahnken
	撰稿人	美国空军司令部战略规划处助理主任 Oliver Fritz		
第3章		新美国安全中心 Kelly Martin 空军中校		
	工作组	空军参谋长办公室 Tom Ehrhard		诺斯洛普格鲁曼公司分析中心 Michael Isherwood
		空军总部（USAF HQ）空军战略、发展与一体化业务处 Patrick Goodman 中校（LT COL）		
		空军总部太空作战处 John Riordan 上校（COL）		德事隆集团 Manny Fernandez
	撰稿人			乔治·C. 马歇尔研究所研究员 Eric Sterner
第4章		空军太空战略司令部战略规划、政策和原则处 Robert Butterworth		独立顾问 Josh Hartman
	工作组	空军总部太空作战处 John Riordan 上校		乔治·华盛顿大学 Scott Pace
				乔治梅森大学 Ian Pryke
				ISDR Consulting 公司 Kevin LeClaire
第5章	工作组			三角洲风险咨询公司合伙人 Greg Rattray
				三角洲风险咨询公司高级顾问 Chris Evans
	撰稿人			三角洲风险咨询公司驻华盛顿办事处主任 Jason Healey

续表

章节	分工		军界	政界	民间
	工作组		国防部部长办公室政策处 Bob Lentz	国家网络安全中心 Tony Sager	国家科学院 Herb Lin
			全球网络作战联合特混部队 John Davis	国土安全部 Philip Reitinger	Good Harbor Consulting 公司 Paul Kurtz,
	撰稿人			国家安全委员会 Chris Painter	SBC Global 公司 Bob Butler
第6章	工作组		无		新美国安全中心高级研究员 Robert D. Kaplan

都有过军队服役经历，比如詹姆斯·斯塔克（James Stark）海军少将。

因此，无论从报告发布者的背景，还是从报告撰写人和评审人的身份来看，这都是一份注定会对美国国家安全战略特别是军事战略产生深远影响的报告。

二 基本内容分析

从《决战公域》这一书名，可以提炼出三个关键词——"公域"（"全球公域"）、"权力"和"未来"，来概括全书的内容。

（一）"全球公域"——事关美国国家安全的"新高地"

关于全球公域问题的研究主要有两种路径：一是关于如何预防"公地悲剧"的全球公域治理问题研究；二是关于如何利用全球公域的国家安全战略问题研究。"海权论"大家马汉被认为是全球公域安全战略研究的最初开拓者。[1]正如该书标题所揭示的那样，《决战公域》是一份专注于全球公域安全问题的战略研究报告。

《决战公域》特别关注全球公域所具有的军事价值，并对四种公域的军事特征进行了比较。报告认为，尽管四种公域存在特征上的差异，但这些差异不足以掩盖它们在本质上的相似性。四种公域相互依存，只有当各个公域都正常运转时，全球公域才能正常运转。比如，航空母舰游弋海上，需要借助卫星进行通信和定位，借助大气空间进行作战和巡逻，借助网络进行数据传递，因此同时涉及四种公域。[2]

表2 全球公域的军事特征分析[3]

	海洋	大气空间	太空	网络
战略优势	能够进行全球力量投送	能够对敌军兵力及核心区进行直接打击	作为一个新高地，使全球拍摄和通信成为可能	能够快速传递信息；能够实现军事行动的完美协调；是力量倍增器，特别是对非国家行为体而言

---

① Abraham M. Denmark and Dr. James Mulvenon, *Contested Commons：The Future of American Power in a Multipolar World*, Center for a New American Security, pp. 11 – 13.

② Abraham M. Denmark and Dr. James Mulvenon, *Contested Commons：The Future of American Power in a Multipolar World*, Center for a New American Security, pp. 13 – 14.

③ 编译自 Abraham M. Denmark and Dr. James Mulvenon, *Contested Commons：The Future of American Power in a Multipolar World*, Center for a New American Security, p. 13.

续表

	海洋	大气空间	太空	网络
速度和行动范围	可远程运输；能够进行全球打击	可进行迅速的全球运输；打击范围取决于靠近目标的飞行架次	可进行连续性的全球军事行动，使 C3ISR[①] 和精确打击成为可能	可进行极为迅速的全球行动，并使指挥和控制自动化成为可能
典型例子	航线、海峡、运河，港口	机场，基地，过境飞行	太空轨道	物理性的如海底光缆及登陆站，逻辑性的如 TCP/IP[②] 标准

① "C3ISR" 是 "指挥、控制、通信、情报、监视和侦察"（command, control, communications, intelligence, surveillance, and reconnaissance）的缩写。

② "TCP/IP" 是 "传输控制协议/网际协议"（Transmission Control Protocol/Internet Protocol）的缩写。

报告认为，对全球公域的可靠介入是国际经济和政治秩序的支柱，并有助于全球共同体的形成；[①] 全球公域控制权对于美国国家安全利益至关重要；正是由于能够自由介入全球公域，美国才能够在各种冲突中取胜。[②]

（二）"权力"——美国全球公域控制权面临的挑战

如果说 "全球公域" 一词概括了该书的研究领域，那么 "权力" 一词则指出了该书的关注焦点。报告认同巴里·波森（Barry R. Posen）的观点——全球公域控制权是美国霸权的军事基础，[③] 但认为美国的全球公域控制权 "正日益受到挑战，并会对全世界介入公域和美军的权力造成严重影响"。[④] 一是海洋公域。主要的挑战包括：中国坚持军舰无权 "无害通过" 专属经济区；中国、印度、俄罗斯、日本和韩国在内的新海军力量的崛起；海盗、海上恐怖主义在内的来自海上武装集团的威胁；常规力量和非常规力量、传统手段和高科技手段相结合、陆海空多维度相结合的 "混

① Abraham M. Denmark and Dr. James Mulvenon, *Contested Commons*: *The Future of American Power in a Multipolar World*, Center for a New American Security, p. 7.

② Abraham M. Denmark and Dr. James Mulvenon, *Contested Commons*: *The Future of American Power in a Multipolar World*, Center for a New American Security, p. 8.

③ Barry Posen, *Command of the Commons*: *The Military Foundation of U. S. Hegemony*, International Security, Volume 28, Number 1, Summer 2003, pp. 5 – 46.

④ Abraham M. Denmark and Dr. James Mulvenon, *Contested Commons*: *The Future of American Power in a Multipolar World*, Center for a New American Security, p. 8.

合型威胁"。① 二是低空公域。主要的挑战包括：恐怖主义的威胁；先进空
对空武器系统、地对空武器系统和高精度地对地武器系统的扩散；对基地
及过境飞行协议的依赖；对网络和太空力量的依赖；管理系统的混乱。②
三是太空公域。主要的挑战包括：太空公域内在的脆弱性，包括卫星及其
基础设施的脆弱性、太空垃圾的危害等；中国等行为体发展反卫星能力。③
四是网络公域。主要的挑战包括：网络的"无政府状态"、匿名性和易用
性等网络内在的脆弱性；中国、俄罗斯等行为体发展旨在挑战美国网络介
入权的能力。④

报告认为，在美国全球公域控制权日益面临挑战的同时，美国国力却
在衰退，并因之不断缩减海外军事存在，这意味着美军将更加依赖全球公
域以实现远程兵力投送，更意味着"美国作为全球公域开放唯一保证人的
现状不可持续"。⑤

（三）"未来"——确保美国的领导地位

面对上述各种挑战，美国各界充满了"战略焦虑"。⑥为确保美国在未
来多极世界中能够有一个美好的"未来"，该报告为美国设计了一个"三
维战略"。

1. 在多边层面建立更有力的全球性机制

报告认为，美国应与包括潜在对手在内的国际社会进行合作，建立双
边和多边机制，以保持全球公域的开放。（1）在海洋公域，美国应批准
《海洋法公约》以促进海洋公域的开放。（2）在低空公域，美国应推动相
关双边协议多边化，推广有关日常安检的实践经验。（3）在太空公域，首

---

① Abraham M. Denmark and Dr. James Mulvenon, *Contested Commons*: *The Future of American Power in a Multipolar World*, Center for a New American Security, pp. 20 – 23, 51 – 71.

② Abraham M. Denmark and Dr. James Mulvenon, *Contested Commons*: *The Future of American Power in a Multipolar World*, Center for a New American Security, pp. 23 – 27, 79 – 100.

③ Abraham M. Denmark and Dr. James Mulvenon, *Contested Commons*: *The Future of American Power in a Multipolar World*, Center for a New American Security, pp. 27 – 29, 107 – 132.

④ Abraham M. Denmark and Dr. James Mulvenon, *Contested Commons*: *The Future of American Power in a Multipolar World*, Center for a New American Security, pp. 29 – 31, 148 – 149.

⑤ Abraham M. Denmark and Dr. James Mulvenon, *Contested Commons*: *The Future of American Power in a Multipolar World*, Center for a New American Security, p. 9.

⑥ 吴莼思：《美国的全球战略公域焦虑及中国的应对》，《国际展望》2014 年第 6 期，第 90 ~ 104 页。

先，美国应响应中国和俄罗斯提出的太空非军事化倡议，推动达成"不首先在太空使用动能攻击武器"和"反对在平时对卫星实施有害干扰"两项协议。其次，美国应修改国家太空政策，以鼓励达成保护太空公域开放的全球性机制。（4）在网络公域，除和相关政府机构进行合作外，美国必须接触和支持互联网工程任务组（IETF）和国际域名管理机构（ICANN）等非政府行为体的工作，并鼓励网络运营商在网络安全方面发挥积极作用。[①]

2. 在双边层面接触（engage）负责任的关键行为体

美国应识别在维护全球公域开放方面与美国有共同利益的关键行为体，增强它们的能力以促进和保护这些利益，并争取他们的支持以建立一系列持久性机制和规范来保护全球公域。（1）海洋公域。一是接触澳大利亚、韩国、日本、马来西亚、印度尼西亚、新加坡和印度等美国的传统友好国家；二是接触战略位置重要并与美国利益兼容的非传统友好国家；三是接触地理位置重要但在全球公域开放问题上"没有明确承诺"的国家，如中国。（2）低空公域。一是增强关键行为体的空军力量，以使美国获得军工合同并提升美国与关键行为体之间设备的互操作性；二是援建基础设施，以增强关键行为体的力量并促进美国经济利益。（3）太空公域。一是接触日本、印度和韩国等新兴太空力量；二是研发并推广可与负责任关键行为体共享的太空态势感知（SSA）系统以促进太空安全；三是推动各国在太空碎片跟踪与缓解领域进一步合作；四是接触能力和意图不明的国家，强调保持太空公域开放的重要性，并通过合作和科技合作潜力来引导这些国家采取负责任的行为。（4）网络公域。一是加强并扩大"事件响应与安全小组论坛"（FIRST）的职能；二是与志同道合的行为体（包括国家和公司）建立联盟；三是促进公私伙伴关系，并鼓励实施网络安全信息共享。[②]

3. 在单边层面重塑美国硬实力

报告认为，仅仅凭借多边和双边措施"仍然不足以确保全球公域的开放与稳定。美国还要发展强大的军事力量"。（1）海洋公域。一是发展远征力量，如航母和"阿利·伯克"级导弹驱逐舰；二是发展濒海战斗力

---

① Abraham M. Denmark and Dr. James Mulvenon, *Contested Commons: The Future of American Power in a Multipolar World*, Center for a New American Security, pp. 32 – 34.

② Abraham M. Denmark and Dr. James Mulvenon, *Contested Commons: The Future of American Power in a Multipolar World*, Center for a New American Security, pp. 34 – 37.

量,如濒海战斗舰;三是提升"反反介入"能力,如调整力量部署、加固基地及实施导弹防御;四是在全球建立更加灵活的小型基地和供给站网络,以应对东道国对大型军事基地的日益不满。(2)低空公域。发展远程侦察和打击系统,以便美国能够"在某些被拒止的环境下"作战。(3)太空公域。一是发展迅速更替在冲突中受损卫星的能力;二是加固卫星以应对动能及非动能攻击;三是降低对太空的依赖,发展不依赖太空的 C3ISR 系统,如可超长滞空的亚轨道隐形无人机。(4)网络公域。一是提升快速反应能力;二是加强基础设施并推进基础设施分散化,以提升抗打击能力;三是发展在无网条件下实施有效作战的技术和概念。[①]

三 初步评估

(一) 理论定位

1. 该报告是后冷战时期有关美国大战略辩论的产物

自冷战结束以来,美国政府长期缺乏一项针对后冷战时代国际形势的大战略,并因此"随波逐流",导致替代性权力中心的崛起和美国国际地位的下降。[②]这种情况在美国学界引发了有关美国大战略的激烈辩论。在此背景下,巴里·波森 2003 年发表了引发近年全球公域安全问题研究浪潮的论文《公域控制权:美国霸权的军事基础》,认为美国之所以能够拥有霸权,是因为美国拥有全球公域控制权,但是争斗区域(contested zone)的存在意味着美国需要盟友,采取"优势"战略,可能会导致世界不安、失去盟友以及其他国家结盟等对美国不利的后果。因此,美国的冷战后大战略应当是"选择性介入"(selective engagement)。[③] 但是,直到奥巴马政府上台之前,上述争论仍然没有定论。因此,"新美国安全中心"在 2008 年邀请罗伯特·阿特(Robert J. Art)、约翰·伊肯伯里(G. John Ikenberry)、弗雷德里克·卡根(Frederick W. Kagan)、休厄尔(Sarah Sewall)和巴里·波

---

① Abraham M. Denmark and Dr. James Mulvenon, *Contested Commons*: *The Future of American Power in a Multipolar World*, Center for a New American Security, pp. 38 – 40.

② Michèle A. Flournoy and Shawn Brimley, *Finding Our Way*: *Debating American Grand Strategy*, CNAS, June 2008, pp. 127 – 128.

③ Barry Posen, *Command of the Commons*: *The Military Foundation of U. S. Hegemony*, International Security, Volume 28, Number 1, Summer 2003, pp. 5 – 46.

森等著名学者召开了研讨会，并将相关成果汇编成书《寻找方向：辩论美国大战略》。在该书中，新美国安全中心的肖恩·布里姆利（Shawn Brimley）、米歇尔·弗卢努瓦和维克拉姆·辛格（Vikram J. Singh）将"对全球公域的介入"界定为美国三大"最根本的利益"之一，① 并认为在后冷战时期美国应用"维持战略"（sustainment strategy）取代冷战时期的"遏制"战略。②

因此，新美国安全中心 2010 年出版的《决战公域》，可以被视为有关后冷战时期美国大战略辩论的产物，是关于美国全球公域安全控制权这一"最根本的利益"的专题研究成果。

2. 该报告是美国全球公域安全战略研究的进一步发展

《决战公域》一书指出，"虽然波森正确指出了美国的优势地位根植于其对公域的持久介入，但一些正在出现的趋势意味美军保持公域控制权的能力可能正在衰退"，"美国作为全球公域开放唯一担保人而其他国家搭便车的现状不可持续"。③ 因此，该报告以波森提出的"全球公域控制权是美国霸权的军事基础"这一诊断为前提，从几个方面推进了有关美国全球公域安全战略问题的研究：一是扩展了全球公域的范畴，将网络也纳入全球公域的范畴；二是强调海洋、低空、太空和网络四种公域相互依存，应作为一个整体进行研究；三是对四种公域的军事价值和经济价值进行了更加全面的评估；四是对美国在全球公域安全面临的挑战进行了全面、细致的论述；五是提出了具体、可行的对策。

（二）现实影响

1. 对美国国家安全战略的影响

巴里·波森 2003 年发表的论文曾迅速引起美国政府的关注。2004 年，

---

① Michèle A. Flournoy and Shawn Brimley, *Finding Our Way: Debating American Grand Strategy*, CNAS, June 2008, pp. 132–133.

② 布里姆利等人所称的"维持战略"强调美国应努力维持现存国际体系，因为"该体系本身对美国的需求和利益是如此有利，以至于更新和维持该体系应被视为我们的首要目标之一"。在这一过程中，"美国不能单枪匹马，它必须充当领袖"。该战略有三大支柱：力量（保持美国领导地位所需的经济和军事力量）；实用主义（在硬实力的使用上更加节制）；道义（美国应当成为自由、正义和民主的榜样）。参见 Michèle A. Flournoy and Shawn Brimley, *Finding Our Way: Debating American Grand Strategy*, CNAS, June 2008, pp. 125–148。

③ Abraham M. Denmark and Dr. James Mulvenon, *Contested Commons: The Future of American Power in a Multipolar World*, Center for a New American Security, pp. 8–9.

"全球公域"一词首次进入美国参联会《国家军事战略》，这也是该词首次进入美国政府安全战略文件，① 此后又在 2005 年进入美国国防部《国家国防战略》。但是，上述两份文件对"全球公域"的表述仅仅停留在强调全球公域的战略价值，并未提出具体措施。此后美国国防部 2006 年《四年防务评估报告》和美国总统 2006 年《国家安全战略》都未明确提及"全球公域"一词。一直到 2008 年，美国国防部《国家国防战略》才再次提及"全球公域"问题，但仍然是仅仅强调全球公域问题的战略重要性。因此，尽管波森的论文引起了美国政府对全球公域安全问题的重视，因而可以被称为美国全球公域安全战略的"奠基者"，但其实质性影响却极为有限。原因如下：一是当时的小布什政府正忙于两场战争，无力顾及全球公域的安全问题；二是从美国立场来看，当时美国在全球公域安全领域面临的挑战并不严重；三是波森仅仅是在战略上提出了全球公域控制权对于美国安全利益的重要性，但并未具体分析美国面临的挑战和应当采取的对策。

与波森的论文相比，《决战公域》一书则因如下几个因素而成为美国全球公域安全战略的"塑造者"。首先，奥巴马上台并决定结束两场战争，因而有能力关注全球公域安全问题；其次，以"金砖国家"为代表的新兴国家的集体崛起改变了全球力量格局，并影响到全球公域安全格局；再次，该报告对美国在全球公域安全领域面临的挑战进行了细致分析并给出了可操作性建议；最后，"新美国安全中心"的背景、报告撰写人及评审人的身份都预示着该报告会对美国国家安全战略产生深刻影响。比如，该报告的评审人之一肖恩·布里姆利当时已从新美国安全中心转任美国国家安全委员会战略规划主任和国防部政策副部长的特别顾问，并参与了 2010年《四年防务评估报告》的制定。② 因此，新美国安全中心总裁约翰·纳格（John Nagl）在该书发布会上非常自信地表示：全球公域"有望在《四年防务评估报告》以及其他有关美国 21 世纪所面临机遇和挑战的国家级讨论中得到突出体现。我们希望我们的报告能够成为未来相关分析可以依

---

① 本文所称美国政府"安全战略文件"，包括三个层次：一是美国总统制定的《国家安全战略》，二是美国国防部制定的《四年防务评估报告》和《国家国防战略》，三是美国参联会制定的《国家军事战略》。

② Center for a New American Security，"*Shawn Brimley*"，http://www.cnas.org/people/experts/staff/shawn-brimley.

靠的思想基础。"① 后来事实的发展也证明其所言不虚。

第一，在影响范围上，从该报告 2010 年 1 月发布至今，美国政府公布的主要国家安全战略文件②均明确提及全球公域问题。而在此之前，全球公域问题始终没能进入美国总统的《国家安全战略》和国防部的《四年防务评估报告》。

第二，在作战思想上，《决战公域》提出的各公域"相互依存"的观点的产生了重大影响。报告认为，"每种公域的特征（差异）不应掩饰他们在本质上的相似性。事实上，正是它们在功能上的相互依存将它们联系在一起。在许多方面，只是因为同时使用每种公域，全球公域才能有效发挥其功能。"③《决战公域》提出的各公域"相互依存"的观点，在随后出台的美国政府战略文件中不断得到体现和强调。2010 年《四年防务评估报告》提出要发展"联合空海一体战"作战概念，④ 2011 年《国家军事战略》也明确提出了"联合可靠介入"（joint assured access）的概念。⑤ 2012 年 1 月，美国国防部发布的《联合作战介入概念（JOAC）》（第 1 版），并明确将《决战公域》一书列为参考文献之一。⑥ 在这一意义上，可以认为《决战公域》一书在美军发展"联合作战介入"和"空海一体战"作战概念的过程中发挥了重要作用。

第三，在具体措施上，《决战公域》提出的许多建议被美国政府安全战略文件采纳。比如，在海洋公域，《决战公域》建议美国发展远征力量和提升"反反介入"能力，⑦ 2010 年《四年防务评估报告》则明确提出要提升弗吉尼亚级攻击潜艇的远程打击能力、测试海军无人作战航空系统

---

① Center for a New American Security, *Contested Commons: The Future of American Power in a Multipolar World-Transcript*, http://www.cnas.org/media-and-events/transcripts/contested-commons-the-future-of-american-power-in-a-multipolar-world-transcript#.VXK1edK49j8.

② 包括美国国防部 2010 年 2 月《四年防务评估报告》、美国总统 2010 年 5 月《国家安全战略》、美国参联会 2011 年《国家军事战略》、美国国防部 2014 年《四年防务评估报告》、美国总统 2015 年 2 月《国家安全战略》和美国参联会 2015 年 6 月《国家军事战略》。

③ Abraham M. Denmark and Dr. James Mulvenon, *Contested Commons: The Future of American Power in a Multipolar World*, Center for a New American Security, 13.

④ 美国国防部：《四年防务评估报告》，2010，第 13 页。

⑤ 美国参联会：《国家军事战略》，2011，第 8～9 页。

⑥ 参见美国国防部《联合作战介入概念》（第 1 版），第 60 页。

⑦ Abraham M. Denmark and Dr. James Mulvenon, *Contested Commons: The Future of American Power in a Multipolar World*, Center for a New American Security, pp. 38－39.

（*N-UCAS*）和发展无人水下舰艇。[①] 报告还建议美国国会批准《海洋法公约》，[②] 2010 年和 2015 年《国家安全战略》也都对此做出了积极回应。[③] 在低空公域，《决战公域》建议美国发展远程侦察和打击系统，[④] 2010 年《四年防务评估报告》也明确提出要研制高存活性远程监视和打击飞机以及测试全球快速打击系统。[⑤] 在太空公域，《决战公域》建议发展卫星二次部署能力、加固卫星和降低对太空的依赖，[⑥] 2010 年《四年防务评估报告》则建议培育快速扩充和重建太空实力的能力、扩展抗故障卫星通信能力以及发展可用作空基通信中继平台的超长滞空航空器等。[⑦] 在网络公域，《决战公域》建议接触和支持 IETF 和 ICANN 等全球性多方利益攸关者组织，并鼓励网络运营商在网络安全方面发挥积极作用，[⑧] 2011 年《国家军事战略》则明确表示，"战略司令部和网络司令部将联合美国政府机构、非政府实体、工业界和国际行为体，发展新的网络规范、能力、组织和技巧"。[⑨]

2. 对美国"亚太再平衡战略"的影响

《决战公域》一书不仅在宏观上影响到美国国家安全战略，而且在微观上影响到美国"亚太再平衡战略"的实施。这种影响至少体现在两个方面。

（1）对华关系

《决战公域》一书始终或明或暗地将中国视为对全球公域安全的"威胁"。比如，报告公开宣称：中国坚持军舰无权"无害通过"专属经济区，导致了有关《海洋法公约》解释问题的争议；[⑩] 中国等国家发展反卫星能

---

① 美国国防部：《四年防务评估报告》，2010，第 32~33 页。

② Abraham M. Denmark and Dr. James Mulvenon, *Contested Commons*: *The Future of American Power in a Multipolar World*, Center for a New American Security, p. 32.

③ 美国总统：《国家安全战略》，2010，第 50 页；《国家安全战略》，2015，第 13 页。

④ Abraham M. Denmark and Dr. James Mulvenon, *Contested Commons*: *The Future of American Power in a Multipolar World*, Center for a New American Security, p. 39.

⑤ 美国国防部：《四年防务评估报告》，2010，第 33 页。

⑥ Abraham M. Denmark and Dr. James Mulvenon, *Contested Commons*: *The Future of American Power in a Multipolar World*, Center for a New American Security, pp. 39 – 40.

⑦ 美国国防部：《四年防务评估报告》，2010，第 33~34 页。

⑧ Abraham M. Denmark and Dr. James Mulvenon, *Contested Commons*: *The Future of American Power in a Multipolar World*, Center for a New American Security, p. 34.

⑨ 美国参联会：《国家军事战略》，2011，第 10 页。

⑩ Abraham M. Denmark and Dr. James Mulvenon, *Contested Commons*: *The Future of American Power in a Multipolar World*, Center for a New American Security, pp. 20 – 21.

力构成了对太空公域安全的威胁；① 中国等发展挑战美国网络介入权的能力等②。因此，报告建议对中国采取"接触加威慑"的政策。比如，报告认为，在海洋公域安全问题上，"美国应鼓励中国参加维护海洋公域开放的多边行动，同时反对、劝阻和威慑（counter, dissuade and deter）中国发展反介入能力和实施排外政策的明显倾向"。③

上述观点无疑影响到美国的对华政策。比如，在网络领域，美国从2011 年开始不断指责中国对美实施网络攻击。2014 年 5 月，又以入侵美国企业电脑系统为由起诉 5 名中国军官。2015 年 8 月，更是无端指责中国入侵美国联邦人事管理局网络。在海洋领域，为预防中国设立南海防空识别区影响其"航行自由"，美国官员在 2014 年初密集表态进行反对，屡屡公开质疑和挑战中方在南海的权利主张，同时支持菲律宾和越南不断滋事。此外，奥巴马还在 2014 年公开表示《美日安保条约》适用于钓鱼岛，这也是美国总统首次做此类表态。

（2）对印关系

《决战公域》一书专设第 6 章 "印度洋上的权力游戏"讨论印度洋安全问题，认为随着美国海上力量的 "优雅衰退"，美国在该地区的影响力正在下降，而中国的影响力却在上升。"虽然中美双边关系主要是和平性、建设性的，但出现一种微妙的海上冷战并非没有可能。"报告认为，美国应当 "悄悄地鼓励印度来平衡中国"。④

与上述观点相呼应，美国 2010 年以来不断通过加深与印度的伙伴关系来牵制中国，"亚太再平衡战略"的 "印亚太"色彩也日益加深。2010 年5 月，奥巴马发布《国家安全战略》，宣称要与印度发展战略伙伴关系并"寻求和印度一起促进南亚和世界其他地区的稳定"；⑤ 6 月，美国和印度

---

① Abraham M. Denmark and Dr. James Mulvenon, *Contested Commons: The Future of American Power in a Multipolar World*, Center for a New American Security, pp. 28 – 29.

② Abraham M. Denmark and Dr. James Mulvenon, *Contested Commons: The Future of American Power in a Multipolar World*, Center for a New American Security, p. 31.

③ Abraham M. Denmark and Dr. James Mulvenon, *Contested Commons: The Future of American Power in a Multipolar World*, Center for a New American Security, p. 35.

④ 参见 Abraham M. Denmark and Dr. James Mulvenon, *Contested Commons: The Future of American Power in a Multipolar World*, Center for a New American Security, 第 6 章，特别是第 185 ~ 188 页。

⑤ 《国家安全战略》，2010，第 43 ~ 44 页。

启动战略对话；11 月，奥巴马访问印度。2011 年 12 月，美、日、印在华盛顿召开首次三边对话。2012 年，美国《国防战略指南》指出，"美国的经济与安全利益不可分割地维系于从西太平洋和东亚延伸至印度洋和南亚的弧形地带的事态发展"。① 2015 年 3 月，美国海军、海军陆战队和海岸警备队联合发布《21 世纪海上力量合作战略》，进一步明确提出了"印度—亚洲—太平洋"的地区概念。报告指出："中国海军向印度洋和太平洋的扩张既是机遇，也是挑战。"② "随着（美国）战略关注点转向印度—亚洲—太平洋，我们将增加部署在那里的舰艇、飞机和海军陆战队的数量。到 2020 年，大约 60% 的海军舰艇和飞机将部署在该地区。"③

The Shaper of the U. S. Global Commons Security Strategy: CNAS's Strategic Report of *Contested Commons*

Han Changshun

Abstract Based on the conclusion of Barry Posen that command of the global commons is the military foundation of U. S. hegemony, *Contested Commons: the Future of American Power in a Multipolar World*, the strategic report of CNAS made a comprehensive and detailed analysis to all kinds of challenges that U. S. faces in the global commons, and designed a concrete and highly operable three-dimension strategy for the U. S. to keep its command of the global commons: to lead to build stronger global regimes, to engage responsible pivotal actors, and to reshape American hard power. This report is the result of the debate on American grand strategy for the Post-Cold War Era. Furthermore, this report has both a macro influence on the formulation of the U. S. national security strategy and a micro influence on the implementation of the "re-pivot to Asia" strategy

---

① 美国国防部：《国防战略指南》，2012，第 2 页。
② 美国海军、海军陆战队和海岸警备队：《21 世纪海上力量合作战略》，2015，第 3 页。
③ 美国海军、海军陆战队和海岸警备队：《21 世纪海上力量合作战略》，2015，第 11 页。

of the U. S. because of the strong governmental backgrounds of the writers and reviewers of this report and the U. S. -style "revolving door" mechanism. Therefore, this report deserves close attentions and meticulous observations from domestic academic and political circles.

Key Words the U. S. ; Global Commons Security Strategy; National Security Strategy; Strategy of Rebalance to the Asia-Pacific; CNAS

Author Han Changshun, Ph. D, Candidate of School of International Relations and Public affairs of Fudan University.

试论中国外层空间防务战略的框架设计

蒋建忠

【内容提要】 外层空间已成为中国的战略新边疆，决策部门也急需一套系统而完备的外空安全与防务战略。本文着重阐述中国外空安全防务的战略目标，客观评估了影响外空战略目标实现的正向和负向约束因素，进而提出一个既符合中国外空安全与发展需求，又具有一定可操作性和创新性的太空防务战略框架。从理念上看，中国外层空间防务战略需要从哲学上进行思考；从能力上看，要提升中国外空的防务技术；从软实力看，要提升掌握外空的制度性话语权；从形象上看，中国要进一步担负起外空的责任。

【关键词】 外层空间　外空安全　防务战略　框架设计

【作者简介】 蒋建忠，法学博士，南京政治学院国际政治研究室主任。

　　外层空间，一个被美国政府官员和学者称为"高边疆"的政策领域，在世界各外空大国的国家安全体制中具有举足轻重的地位。1959 年，美国政府就将外空安全列为"基本国家安全政策"。1982 年，美国退役中将格雷厄姆提交了题为"高边疆——新的国家战略"的研究报告，把世人的眼光聚焦到了太空的安全与防务方面。随后，美国学者詹姆斯·奥伯格的"天权论"、埃弗雷特·多尔曼的"太空政治学"、约翰·克莱因的"太空战争"分别从不同角度解读了制天权的重要性。1995 年 2 月，克林顿签署了一份"国家安全战略"文件，强调美国要维持"外层空间强国地位"。1998 年，美国著名智囊机构兰德公司发表题为"太空：新的国家权利"的研究报告，正式提出"天权"和制天权问题。2003 年，美国学者巴里·波森在《国际安全》杂志上发表"主导公域：美国霸权的军事基础"，明确使用"全球公域"（包括太空、网络、公海、极地）概念，并指出"对全球公域的主导是确保美国全球霸权地位的关键军事动力"。在这些学者及智囊的影响下，从卡特执政时期开始美国的历届总统都会发布《国家空间政策》，美国军方也发表了《长期规划——2020年设想》、《外空态势审议》等指导性文件。在这些政策文件的背后，隐藏着极深的美国"高边疆"战略安排——争夺太空、控制地球、称霸世界。

俄罗斯也将太空安全置于国家战略的优先地位，视太空能力为实施战略威慑的主要力量之一。俄罗斯政府相继制订和通过了《国家航天计划》、《空间发展计划》和《航天活动法》，公布外空军事复兴计划，提高外空作战能力，把增强外空防务力量视为"国家最高等级的优先发展项目"。

在世界主要航天大国的太空技术、理念向着更广范围、更深维度发展的同时，中国的空间发射、天基外空系统、卫星遥感技术也得到了跨越式的发展。外空已成为中国的战略新边疆，外空安全与防务也成为国家安全战略的重要组成部分。有鉴于此，国家决策部门需要有一套系统的外空安全与防务战略，国际关系理论界也需要加强对太空防务战略问题进行分析和理论研究。本文提出的外空安全与防务战略框架将建立在对中国的外空能力的认识基础上，通过评估中国太空安全与防务的约束条件，阐述中国外空安全防务的战略目标，进而提出一个既符合中国外空安全与发展需求，又具有可操作性和创新性的太空防务战略框架设计。

一　中国外层空间防务的战略目标

清晰明确地界定中国的外空防务战略目标是规划外空防务战略框架的基石。通过搜索中国政府发布的有关航天事业文件，并没有得到关于中国外空的防务目标具体、明确、清晰的阐述。2009年，国务院在有关航天事业的白皮书中，将中国发展外空能力的宗旨表述为："探索外层空间，扩展对地球和宇宙的认识；和平利用外层空间，促进人类文明和社会进步，造福全人类；满足经济建设、科技发展、国家安全和社会进步等方面的需求，提高全民科学文化素质，维护国家权益，增强综合国力。"其中委婉地表达了"满足国家安全需求"的含义，表明中国发展外空能力的目标之一是维护国家安全。如果把这一目标具体化，中国的外空防务目标可以概述为整合社会各方面的力量，形成快速应对各种突发空间安全事件，有效维护中国领土和主权完整，保护中国在政治、经济、军事、信息、科学等各方面安全，在空间安全领域享有一定的国际和社会影响力的现代化、高科技、立体型的国家空间安全有效攻防维护体系。

从国家权威文件的表述看，中国的外空目标可以概括为以下三类。

一是总目标，即大力提升外空科技能力，消除外来安全威胁，确保外空的安全与稳定，为中国社会主义建设提供安全保障。同时，运用外空开发利用与能力建设带来的有利态势，统筹利用政治、经济、军事、心理等各方面资源，削弱、阻止和动摇敌对势力破坏、干扰中国外空安全的企图和行动。

二是技术目标，即提升中国外空的高科技竞争能力。通过对外空相关能力和科学应用领域加大投入，促进相关学科建设、技术攻关、空间应用等深入、持久进行，提升国家整体科技实力。通过积极参加外空商业、产业开发与竞争，努力营造平等、有序、公平的竞争环境，谋求在全球外空产业竞争中处于有利地位，确保外空产业的安全。

三是软性目标。这一目标是上述两个目标的衍生产物。利用外空发展的特殊性，突出举国体制的积极成就，激励民心、激发爱国主义，增强民族凝聚力和自信心，增强国家"软实力"和民族认同感。同时，扩大中国在外空领域的话语权，通过联合战略处境相似的国家，在政策层面相互呼应，在国际上促进和平利用外空的共同观念，进而扩大对中国外空安全政策的认同。

从总体上看，这三种类别的目标代表发展的优先次序：安全是首要目标、是前提；外空科技发展是载体、是基础；优秀文化与传统是重要组成部分。

二 实现外空防务战略目标的约束条件

任何一个目标都是在特定条件约束下得以实现的。中国在实现外空战略目标时受到许多要素的制约。这些因素有些是正向性的，但同时，鉴于外空的特殊环境和地缘利益，还存在诸多的、消极的、负向性的因素，这些因素有些是普遍性的，有些是对中国特有的。

1. 影响中国外空战略目标实现的正向要素

所谓"正向要素"是指有助于国家采取积极、主动的政策，实现国家外空战略目标、增强自身外空安全的一些要素。这些要素是实现战略目标的原动力，也是进行外空防务战略框架设计的基本着眼点。从实际情况看，刺激中国的正向要素包括自身的能力以及外空特有的性质及作为新型战略作战手段的重大军事价值。

国家开发、探索、利用外空的能力是制定中国外空防务战略的基础。从 1956 年至今，中国的航天技术取得了令世人瞩目的成就。在运载技术、外空攻防能力、空间态势感知、外空军事理论与实践等都处于世界前列，有些甚至是领先地位。

从运送能力看，中国拥有过硬的空间发射技术。"长征"系列火箭被认定为世界上最可靠的中程空间运载工具。目前，中国正在研制新一代的重型火箭，其推力约为 3000 吨，近地轨道运载能力在 100 吨以上，地月转移轨道运载能力至少 50 吨，与美国的大型火箭土星 5 号的运载能力相当。同时，中国还在积极开发固体运载火箭，与液体推进剂为动力的火箭相比，它的发射准备时间由"月"缩短为"小时"，大大提升中国快速进入空间的能力。中国的系列运载火箭，具有发射近地轨道、太阳同步轨道、地球静止轨道空间飞行器的能力。运载火箭的可靠性、经济性、入轨精度和适应能力达到国际一流水平。特别值得关注的是，长征六号火箭在 9 月 20 日将 20 颗微小卫星同时送上太空，这是中国航天技术新的突破性成就。这 20 颗卫星有些是"主星"，有些是被它们抱着的"子星"。"主星"从火箭脱离后，再把"子星"释放出来进入轨道，这包含了卫星的关键性分离技术。

从天基外空系统看，中国已形成了空对地观测卫星、北斗实时定位导航系统、科学与通信试验卫星组成的遥感系统。尽管在精确、清晰度方面要略逊于美国人，但中国已具备了足以准备探测和识别陆、海、空目标，预防敌手发动突然袭击的优势，并在必要时有效地进行进攻或反击。同时，中国的进攻性外空武器系统、反卫星系统、外空防护系统也正在加紧研制与试验。

从反导能力看，中国业已形成了末段低层点防御、末段高层面防御及中段防御的三层反导能力。同时，深空探测也成为中国外空发展的重要方向，特别是中国确立了月球探测计划。这一目标的提出是中国外空综合实力的一种集中表现。

中国具备的这些航天能力，使外空的利用与国家的防务紧密地联系起来。外空与网络信息、核武器等一样成为影响有关外空防务战略决策的重要考量。

一是利用外空进攻与防御能力能够构建有效的战略威慑。发展天基对地打击能力将成为快速、精准、有效地打击敌方防御体系的重要手段和方式。同时，基于天基和地基，拥有对卫星的打击能力使得任何军事大国都不敢轻易发动一场对中国的全面性进攻。

二是外空力量可以有效地替代战略核力量。当前，"核禁忌"已深入各国决策者的意识之中，世界各国民众及非政府组织对核武器使用的抗议游行风起云涌，核武器的威力只能存在于发射架上，不使用核武器已成为核国家的共识。在这种特定的理念及现实条件下，寻找常规的且具核效果的战略打击方式已成为新的战略热点。外空技术可以轻而易举地帮助实现这一目标。举例来说，美国的"上帝之杖天基动能"武器系统（RODS FROM GOD），该系统由位于低轨道的两颗卫星平台组成，其中一颗卫星搭载名为"上帝之杖"的金属棒，该金属棒由钨、钛或铀金属制成，重量达几吨。该武器系统将在太空发射，其发射的钨杆弹能以流星的速度击中目标，攻击能力强、打击范围大。

三是外空力量成为信息技术的倍增器。制信息权对现代战争的重要性毋庸置疑。运用于外空的航天器——航天侦察、预警、通信、导航卫星——已经直接对空中、地面、海上作战起到支援保障作用。这种支援与保障作用，恰恰是外空这一独特疆域对于战争信息链重要支撑作用的具体体现。还有学者甚至提出，制天权是制陆权、制海权、制信息权的先决条件，在一定程度上对现代战争的胜负具有决定性影响。实际上，一旦缺少太空系统的支持，信息战所需要的情报、通信、控制等环节都将陷入瘫痪。因此，太空力量已经成为信息技术的重要支撑。

2. 影响中国外空战略目标实现的负向因素

作为一个后起的航天大国，中国在外空安全理念、太空技术等方面与美欧等强国还存在较大的差距。目前，中国正在加大航天运输系统、大型空间站、卫星遥感技术、天基攻击性武器等技术的研制和开发工作，以期进一步跟上新一轮的外空发展技术。

一是中国外空发展战略的方向性。外空技术是一个"集体性"的概念，它涉及诸多领域的技术。作为一个发展中国家，中国不可能面面俱到地发展各项技术。因此，在外空发展战略的制定中，中国必须确定外空技术发展的方向。但是，确定的方向是否能够跟上世界航空航天发展的主流，这是最值得深思的方面。就像信息技术一样，一旦发生战略决策失误，那么再次追上世界航天发展的步伐往往要花费较多的时间。

二是外空环境的脆弱性。脆弱性的突出表现就是外空中布满了极小、极多的太空垃圾。与飞行器同步轨道运行的太空垃圾极有可能与航天器相撞，低速的碰撞可使航天器改变姿态，甚至改变航天器的轨道；高速撞击的太空碎片会穿透航天器的表面，打坏置于航天器内部的控制系统或有效载荷，使航天器发生爆炸或打散整个结构。而且，空间碎片的每一次互相撞击都会产生更多碎片，进而每一个新的碎片又多了一个新的碰撞危险源。充满垃圾的太空如同悬在人类上空的"达摩克利斯之剑"。根据 2011 年联合国外层空间委科技小组委员会会议的数据，空间碎片总数超过了 3500 万个，其中直径超过 10cm 的碎片有 9000 个，随着人类探索和利用外层空间活动的发展，空间碎片的数量还会呈几何级数的增加。

三是外空装备发展的规模效应。外空装备科技含量高、材料和制作工艺严格，可靠性指标难度大，前期的研制投入成本很大。这些特点决定了外空装备的研发、试验和部署需要举全国之力，投入大量人力、财力和物力。在太空装备的研制、部署上存在明显的规模递增效应，外空活动要有一定规模并形成生产、试验、服务的"一条龙"式产业链条。所以，鉴于外空技术的军、民两用特性，"军民融合"发展的思路往往成为太空技术发展的重要途径。

四是外空系统的网络性。空间系统的运行往往是体系联动、互为依托的。外空装备的发展往往以集群方式存在，即相互形成网络，才能有效发挥作用。理论上，如果准确掌握这一外空网络中心的核心"节点"，那么摧毁这个节点就相当于摧毁了多装备组成的外空系统，进而导致依赖于该外空系统的其他军事系统的失效。一般来讲，这一系统的核心节点就是卫星。因此，美国等太空大国大力发展反卫星武器。实战中靠前使用的反卫星武器往往获益较大，大大高于摧毁一枚对方卫星的收益。但随着系统的核心节点被摧毁后，靠后使用的反卫星武器效果将下降，有时只是击毁一个已经失去用途的、无法进行联网运行的"无用卫星"。所以，西方的一些战略家提出未来的战争要"去太空化"，防止在未来的可行冲突中过于依赖太空系统。

三 中国外空防务战略框架设计

战略目标是进行中国外空防务战略框架设计的指引，正向、负向因素是设计的约束条件，中国的外空防务战略应该是在此约束条件下有最大可能实现该目标的方案。中国外空防务战略框架的设计主要着眼于理念、能力、规则和责任四个方面。其中理念是进行设计的总体指南，能力、规则、责任是理念的具体体现。

1. 关于中国外层空间防务的哲学考量

一是优化战略哲学，正确认清主观理想与客观能力之间的矛盾。经过半个世纪的发展，中国航天事业和科技在非常薄弱的基础上起步，经历了从无到有的过程，独立自主地建立了门类完整的航天科技工业体系。无论是航天的硬实力还是未来发展的持续力，中国都已经成为外空中的重要"一极"。但是也应当看到中国的外空力量与美俄等太空强国之间的差距。诸多的航天新技术都是来自美国，许多原创性的太空研究也是发端于美国，一些影响至深的太空安全战略与理念也是由美国的学界、军界首创。针对这种情况，我们在制定外空的防务战略时必须以实力为根基，避免一厢情愿的主观愿望和过于乐观、不切实际的幻想，充分利用现有的力量，最大概率地实现战略目标。

二是坚持有所为、有所不为的原则，有选择、有重点地发展太空竞争力。毛泽东曾讲过：战争的最高境界在于你打你的，我打我的。同样，外空防务是系统工程，欧美等国在技术等方面都获得了先发性的优势。如果中国在外空安全建设上亦步亦趋的话，很难获得跨越式的发展。因此，应当有选择地重点发展外空的"撒手锏"。这种撒手锏应当从何入手？这种突破口来自外空防务的网状性特点。外空防务是系统网络性工程，如果拥有摧毁敌方核心"网结"能力的话，同样可以达到防御的目的。因此，出于效率、技术等因素的考虑，中国在增强外空防务能力时必须有选择地进行，坚持有所为、有所不为的原则。

三是坚持选择性地参与，正确处理好积极参与与故步自封之间的矛盾。从20世纪90年代始，中国在各个领域开始采取"积极主动，逐步深入"的方针，参与到联合国及其他一些重要的安全机制中去。外空作为公共区域，更需要合作，规则和协议就显得重要。但是，应当看到的是，现行的国际机制和规则主要是通过《外空原则宣言》、《外空条约》、《月球协定》、《登记公约》等一系列的国际条约与国际法律文件来对各国利用外空的行为进行直接法律规制的。这些条约基本上是在美国等西方太空强国的主导下制定的，对太空后发国家的诉求考虑得较少。因此，如果中国成为这些条约签字国的话，许多具体的规则和机制与中国的目标会显得格格不入，中国外空防务的发展必然受到这些机制的制约。必须清醒地认识到，外空防务的达成归根结底离不开大国的参与和主导。如果中国不积极参与外空合作的话，中国的地位将被弱化，中国的利益将被忽视。中国是有选择地参与还是坚持独立发展，是中国在发展外空防务中面临的重要考验。其中，最现实的出发点是正确把握中国参与多边机制的时机与程序，积极化解对中国不利的各种因素，通过与主要航天大国的交流与合作，逐步消除西方国家对中国的防备心理。同时，采取有选择的积极参与策略，审视好自身在外空有限的发展水平和所能提供的资源，优先选择在其中有条件发挥积极作用、符合联合国和其他国家关系准则，并于自身利益密切相关的部分。

2. 增强中国外空防务能力的设计

一是拥有足以确保中国外空安全的非对称战略威慑能力。中国发展外空能力的出发点是国防和国家安全，而不是霸权争夺。因此，中国的外空能力发展要突出"非对称战略威慑"的战略能力，这也从根本上否定了进行军备竞赛和争夺制天权斗争的可能。具体而言，这一非对称威慑的战略能力主要包括以下几个部分。

第一，对中国而言，应探索最低限度外空威慑能力，避免与美国展开太空军备竞赛。最低限度威慑可从两方面进行理解：一是外空武器在国家安全中的作用应尽可能降低，在中国的官方文件中常用来形容核力量的"精干"和"有效"两词对太空武器也应该适用。二是拥有足以使对方不敢轻举妄动的能力。

第二，发展太空攻击的撒手锏武器。从目前航天大国的实际情况来看，卫星在信息支持、侦察预警、目标定位、攻击引导等方面都发挥着至关重要的作用。因此，撒手锏武器可着眼于反卫星武器和天基反导武器的研发、试验和使用等方面。既可部署在陆地或舰船上，又可装载在飞机或航天器上，具有较强的生存能力，是控制空间的有效手段。

第三，鉴于太空技术都具有军民两用的特性，中国可以"采取双面下注的战略，既发展太空武器，又不违反公约的禁令，大力发展民用的外空技术"。在情况发生改变或必要的时候，有足够的技术能力建造和部署太空武器。美国学者也曾建议奥巴马政府，美国应对自己的太空军事项目保持低调，同时高调宣扬其太空商务和科研计划，塑造光彩的技术形象，这样做能使美国积攒而非消耗软实力。中国也应适当借鉴美国的做法，"可以把军事太空活动尽可能多地包装到太空商务活动之中，不仅仅是在资金方面而且在政治方面，从而将自身资源用到刀刃上"，从而进一步地强化中国在外空的软实力。

二是完善顶层设计、构建统筹考虑军、民、商各方利益的外空能力支援体系。外空能力建设具有突出的"军民两用"性质，在实践中往往很难严格区分。而且，外空能力建设具有规模递增效应，外空活动的规模越大，则产生的技术、经济和军事效应就越强。为了最大化发展中国的外空技术能力，必须从理顺机制体制入手，扭转"以民掩军"固有的过于侧重军事发展的弊端，从上至下确立"军民结合、军民共进"的发展思路与规划原则。统筹规划，加大空间能力建设的投入，一些原先由军费开支的项目，也可作为空间项目投入，进而增强空间计划的透明度。对民用航天而言，切实提高技术保密能力，增强在对外交流合作中维护国家安全的意识。

三是强化协调配合、一致对外的舆论调控能力，增强外空软实力与话语权。这一能力的实质是确保中国的外空安全政策与行动令人信服。该能力主要由三方面构成：一是作为基础设施的相关机制建设，包括：建立健全外空安全政策法规体系、建立专门的对外宣传政策部门、在对外宣传中增强透明度等。二是培养并保持一支胜任的专业人员队伍。这支队伍必须熟悉中国的外空安全政策法规，又了解国际外空安全最新动向，并能够随时做出反应。三是具备应急协调能力。特别要培养一支精干有为的专家队伍，针对一些重大外空安全动向，及时提出应对预案，避免陷入战略被动。

四是构建基于武装力量的能力发挥体系。外空能力发挥的载体在于武装力量，外空防务的主体在于武装力量，有鉴于此，美俄等航天大国都相应地组建了空天作战部队。反观中国，除总装备部负责太空军事装备的研发外，并不存在用于实战的空天部队，严重制约了中国外空防务战略目标的实现。2015年，中国军队开始大规模的改革、调整、备战，空天军事力量的建设应当占有一席之地。

一是组建空天司令部。建立健全的指挥控制机构是确保中国外空安全的重点。因此，我国应从现在起，着手成立具有联合指挥职能的空天司令部作为中国外空作战的组织领导机构，负责统一协调、指挥和控制与外空军事力量建设有关的各方面力量。其主要任务是制定外空作战发展战略和规划，筹划未来外空部队建设的前期准备工作，研究和修订外空作战理论，领导外空武器装备的研发，在遂行外空作战时对外空作战力量和装备实施指挥等。并且需要解决与各军兵种与预备役的联合作战行动指挥问题等。该司令部应由军委直接领导，一旦国家安全需要，该司令部可以即刻转为中国外空作战力量的指挥中心或最高司令部，可以说它是中国未来"外空作战司令部"的预备组织。

二是组建中国特色外空部队。为保证国家维护统一的战略决策顺利实施，保证有效遏制强敌介入或降低强敌介入规模和强度，中国必须拥有外空打击能力和作战能力。为此，中国应组建一支独立精干的外空作战试验部队，隶属于军事航天司令部，用于侦察、监视及探索、验证、落实外空战构想，为早日形成外空威慑和实战能力积累经验，为未来正式组建"天军"创造有利条件。同时，由于未来战争以高技术为依托，融航天技术与网络技术于一体，航天装备的军用与民用界限逐渐趋于模糊，这就使成立外空战"预备役"部队成为可能。预备役部队以地方航天人员为基础，平时为经济建设服务，战时编入部队序列。

三是成立外空作战培训机构。为了培训外空作战人员，美军于 2000 年成立了外空作战学院。该学院不仅教授现代航空航天技术知识，培养精通航天技术的专家，而且还以外空战作为军事演习的背景，使学员熟悉未来外空作战的程序和方法，培养他们成为未来外空战的行家。鉴于美俄两国在 10 年内还不能建成真正意义上的外空作战部队的现状，鉴于外空武器是集现代航天技术、计算机技术、精确制导技术和火箭发动机技术等多种高新技术为一体的武器系统，鉴于中国现有经济实力和国防实力，中国应有计划分步骤地在相关的军地院校里开设外空战科系，成立外空作战学院和外空人员训练基地，专门培训精通航天技术的专家，培训具备较高专业技术水准和熟练操控经验的外空战专家。

3. 掌握提升中国外空软实力的制度性话语权

制度性的软实力主要表现在对外空安全与防务规则、条约和机制的掌控方面。当前，关于外空的规则主要涉及四个层面，即联合国的决议、多边协议、双边协议、主要大国法律。

1957 年第一颗人造卫星进入外空后，为履行国际责任和义务，规范各国的空间活动，联合国相继通过了《外空原则宣言》、《外空条约》、《月球协定》、《登记公约》等一系列国际条约与国际法律文件来对各国的外空活动和行为进行直接的法律规制。同时，为了对本国的外层空间的活动进行政府管理和监督，世界上已有 20 多个国家相继制定了空间法。中国自 1980 年加入联合国和平利用外层空间委员会后便开始了空间法的研究。1998 年，中国对航空工业的行政系统进行改革以后，中国的空间政策和法规获得了长足的发展。但是，总体上看，中国的空间法研究和立法严重滞后，研究力量薄弱、分散，研究范围较窄，还不足以支撑中国空间立法工作。迄今为止，除了三部规范性的法规外，①中国还没有一部完整的综合性的空间法律。为进一步彰显中国的外空安全理念，进一步获得外空规则制定的话语权，中国应加强相关法律的制定工作。

一是确立关于外空活动的基本法。这是统领外空安全的纲领性法律。此法应当明确阐述中国利用外空的目的、宗旨；规范外空活动和安全防务的领导与管理体制；清晰地说明中国对本国外空活动物体的保护；特别是对于恶意对我国外层空间物体的破坏和攻击行为，造成财产损坏和主权侵犯的，我国可以采取必要的手段和措施。

二是要制定外层空间活动管理的相关法律。这些法律至少应包括以下几个方面：（1）航天器的发射、运行和回收的管理，要明确管理机构、参与太空活动的主体资格、申报程序的权利和义务，空间活动物体的登记等；（2）空间活动的监督；（3）空间物体的登记；（4）损害责任与赔偿；（5）其他的规则，如保险、赔偿相关的问题及知识产权。

三是要制定外空物体涉外赔偿程序和破坏责任追求的法律。在遵循《外空条约》的基础上，对损坏特别是攻击我国航天器、干扰合法正常太空活动的行为，规定交涉、申诉的程序。特别是在中国的太空主权受到侵犯的时候，要明确我国的立场、政策和保留的权利。

---

① 这三部规范性的法规分别是《空间物体登记管理办法》、《民用航天发射项目许可证管理暂行办法》和《为遵守中华人民共和国所承担的有关发射和运营空间物体进行其他外空活动的国际义务，授予主管行政部门许可及其他权力的法令》。

四是要注重私法的制定。未来空间法的发展趋势是从公法到公法与私法并举的转变，未来空间法研究的重点要围绕空间活动的经济和社会价值的开发而展开，尤其是空间私法的发展。例如空间活动的商业化和私营化，包括私人资本的准入和许可、空间活动商业化中的风险规避和保险制度、知识产权的保护和完善、空间活动所有民事和刑事法律的完善、空间商业活动的市场运作与管理等。对于今后的航天立法工作，要进一步研究空间活动的法律责任问题，尤其是进一步规范将来可能出现的研究机构或私人的空间活动方面的问题。随着中国航天活动投资主体的多样化，非公资本投资航天领域等问题需要用法律来规范。

五是要加强对联合国关于太空的决议、多边协议、双边协议及世界主要大国空间立法的跟踪、比较和研究，为中国航天法、空间法建设提供理论和资料上的支撑。此外，目前的中国尚没有专门的空间法学术刊物，缺乏稳定的平台，不利于空间法研究的深入开展，呼吁有关机构给予足够的重视。

4. 展示中国形象的责任设计

随着中国的崛起，责任是作为一个航天大国应有的担当。负责任体现在对内和对外两个方面，"内外兼修"是一个负责任大国的表现。

第一，一个国家想要在外空的舞台上大有作为，其前提条件就是要将自己的事情搞好。先对自己负责，然后才能对世界负责。所谓对自己负责，就是要保护本国。

第二，要勇于承担自己在外空防务方面的国际义务。特别是在处理与落后的航天国家关系时，中国应有自己理解的、独特的国际责任。作为发展中的航天大国，中国在尽量为其他国家谋利益、推动建立合理外空新秩序的同时，坚持不当头、不扛旗，从而避免重走与西方大国进行外空竞争的老路，这些都是中国对国际社会负责的表现。

第三，通过妥善处理与世界主要航天大国和国家集团的关系，展现出致力于维持现有外空秩序、促进外空秩序稳定发展的负责任态度。这种负责任的态度应通过两种方式展开。一是通过与世界主要航天大国在外空领域建立形式多样、内容广泛的合作关系，从而建立中国外空大国的正当性问题。二是就外空军事化、导弹扩散等议题与美俄等大国合作，中国以积极的、建设性的姿态在国际事务和地区事务发挥着日益重要的作用，这就在已确立的大国地位基础上突出了负责任的特征。通过与其他大国达成彼此尊重、相互攸关的利益关系，建立起沟通交流的畅通渠道，突出共有利益的一致性，从而避免造成中国在外空领崛起时与其他大国竞争和冲突的局面。这使中国直接为维持和发展现在外空秩序发挥了负责任的作用。

第四，中国应积极参与外空多边的国际机制制定。对于外空国际机制，中国经历了"从拒绝到承认，从观望到参与，从扮演一般性角色到力争重要发言权"的态度转变。近年来，中国参与了几乎所有的外空多边国际机制，这不仅是对由联合国或其他国家倡导的国际机制的认可，更重要的是展出中国对外空安全治理的负责任态度。

结　语

中国外空防务的战略框架设计必须在满足约束条件的情况下使实现战略目标的可能最大化。本文试图提出具有一定操作性和创新性的战略框架设计。随着中国外空能力的稳步提高，中国的外空防务战略不仅影响自身的外空发展，同时对国际外空安全走向与格局产生着重要的影响。在中国和平发展总体战略的指导下，中国外空安全模式与道路将对外空的和平、发展、良性运转的贡献愈加突出。

A Perspective on the Framework Design of China's Outer Space Defense Strategy

Jiang Jianzhong

Abstract　Out space has become one of China's new strategic frontiers. Chinese decision-making institutions also need a systematic and complete strategy for its outer space security and defense. This article focuses on the strategic goal on China's outer space security and defense, objectively assesses the positive and negative constraints influencing outer space strategic goal, and then proposes an operationally feaible and innovative outer space defense strategy framework in line with China's outer space development requirement. From the perspective of philosophy, we should construct China's outer space defense strategy through a philosophical mentality. From the perspective of capacity, China should strengthen and upgrade its outer space defense technology. From the perspective of soft power, Chinese government should uplift its ability to control the institutional discourse power on outer space. From the perspective of national image, China should take the responsibility to build a safer outer space.

Key Words　outer space; outer-space security; defense strategy; frame design

Author　Jiang Jianzhong, Ph. D, Lecturer of Nanjing Institute of Politics.

浅析安倍内阁的宇宙战略和宇宙外交

——基于安倍内阁两部《宇宙基本计划》的解读

包霞琴　杨雨清

【内容提要】2015 年 1 月 9 日，日本宇宙战略本部第九次会议研究决定了新的《宇宙基本计划》及计划工程表，以相当详细的形式规划了日本新宇宙基本计划的定位、推进体制、基本方针、综合实施措施以及具体的实施配套机制和工程表。这份新的宇宙计划是在安倍内阁公布《国家安全保障基本战略》后的第一份《宇宙基本计划》。本文基于日本宇宙战略的历史进程，针对安倍两部《宇宙基本计划》的出台背景、动因和战略目标进行分析，判析日本宇宙战略及其宇宙外交政策的发展趋势。

【关键词】《宇宙基本计划》　日本宇宙战略　宇宙外交

【基金项目】国家社科一般项目"中国崛起背景下日本亚太外交战略的转型研究"（11BGJ026）的阶段性研究成果。

【作者简介】包霞琴，中国复旦大学国际关系与公共事务学院教授、国家主权与海洋权益协同创新中心研究员、法学博士。杨雨清，中国复旦大学国际关系与公共事务学院学生。

前言

冷战时期，受 1947 年生效的《和平宪法》和 1969 年日本国会通过的

《和平利用宇宙决议》的制约，日本长期遵循"和平利用太空原则"。① 日本的卫星只能用于民生领域，如气象、通信等，"宇宙开发仅限于和平目的"。但在 1985 年，中曾根内阁发布"政府见解"，为发射侦察卫星放行，"限定在普遍应用功能范围内的卫星包括通信卫星、气象卫星、定位卫星及情报收集卫星"，②情报收集成为日本发射卫星的一大目的，但还是限于民用范围。

2008 年 5 月 28 日，日本国会通过《宇宙基本法》③ 并开始了日本太空体制改革的研究。④《宇宙基本法》第一章第一条以"继承宪法的和平理念"取代了航天开发"仅限于和平利用"的规定。同时，宇宙战略本部正式挂牌，时任首相福田康夫担任本部长。

2009 年 6 月，麻生内阁按照《宇宙基本法》的规定，制定了日本历史上第一部《宇宙基本计划》，该计划公布了从"地球环境观测及气象卫星"、"研发军用侦察卫星"、"宇宙科学"、"载人航天"等宇宙开发应用的战略蓝图，提出了十年规划和五年计划。⑤ 2012 年 12 月，野田内阁进一步整合"独立行政法人宇宙航空研究开发机构及其他相关机构的目的、功能、业务范围和组织机构，以及管辖上述机构的行政机构"，⑥ 建立了内阁府一元化管理宇宙战略的基本架构和体制，把宇宙研发机构的设置权、宇

---

① 对"日本太空开发限于和平目的"的定义，1966 年日本国会在审议是否批准国际公约《外太空条约》时，科学技术厅厅长代表政府对条约中"和平目的"条款的解释是："日本对于太空开发的和平利用和核能的和平利用一样，只能是'非军事'。1968 年，参议院在表决《日本宇宙开发事业团法》会上，参与制定《关于我国太空开发利用的基本原则》的众议员石川次夫说明："国际上对和平利用有二种解释，一种是'非侵略'，另一种是'非军事'，我们的解释非常清楚，就是'非军事'、'非核'。"可以明确地说，日本政府当时对于"日本太空开发限于和平目的"的定义，就是非军事。参见参議院内閣委員会会議録第 14 号，1968 年 4 月 25 日，第 27 页；参議院科学技術振興对策特别委員会会議録第 7 号，1969 年 5 月 15 日，第 2 頁。转引自袁小兵《日本太空事业发展探析》，《国际观察》2011 年第 6 期。

② 内閣府：「宇宙基本計画」（平成 25 年 1 月 25 日宇宙開発戦略本部決定），第 3、34、35 页，http://www8. cao. go. jp/space/plan/keikaku. html。

③ 内閣府：「宇宙基本法」（平成二十年法律第四十三号），http://www. kantei. go. jp/jp/singi/utyuu/kihon. pdf。

④ 袁小兵：《日本太空事业发展探析》，《国际观察》2011 年第 6 期。

⑤ 内閣府：「宇宙基本計画——日本の英知が宇宙を動かす」（平成 21 年 6 月 2 日宇宙開発戦略本部決定），http://www8. cao. go. jp/space/plan/keikaku. html。

⑥ 内閣府：「宇宙基本法」（平成二十年法律第四十三号），http://www. kantei. go. jp/jp/singi/utyuu/kihon. pdf。

宙政策的制定权、宇宙研究计划的立项和审批权、监督权都收归内阁府掌管，并设立统一掌管准天顶卫星系统开发、建设和运用的"宇宙战略室"。① 根据修改后的内阁设置法修改了独立行政法人宇宙航空研究开发机构（JAXA）设置法，删除了宇宙开发"仅限于和平利用"，规定该机构的"目的"是在"有助于安全保障"的宇宙开发应用中发挥重要作用，② 使"宇宙开发仅限于'和平利用'"从日本的所有法典中彻底销声匿迹，③ 为航天在防卫领域的应用扫清了一切障碍。

2012 年安倍晋三上台执政后，进一步加快了宇宙战略规划并推进宇宙外交政策，分别于 2013 年 1 月和 2015 年 1 月发布了两部《宇宙基本计划》，对日本宇宙战略的定位、推进体制、基本方针、具体配套机制及其工程表做了详细规划，下面就两部《宇宙基本计划》推出的背景、动因和战略目标等进行分析，并判析日本宇宙外交政策的发展趋势。

一 安倍内阁的第一部《宇宙基本计划》

2013 年 1 月 25 日，安倍上台执政一个月后就发布了《宇宙基本计划》，这是继麻生内阁《宇宙基本计划》之后的第二部宇宙计划。安倍上台执政不到一个月，就推出《宇宙基本计划》，足以看出安倍内阁对宇宙战略的重视程度，也折射出日本宇宙战略背景发生了深刻变化。

安倍内阁制定第一部《宇宙基本计划》的背景和动因有三。

一是在日本看来，宇宙开发领域的国际形势发生了巨大变化。美国、俄罗斯和欧盟等发达国家和大国集团都在积极推进宇宙开发和利用。发展中国家考虑到宇宙开发对于国家安全和防灾预警等领域的作用，发射人造卫星的数量也在不断增加。《宇宙基本计划》提到"特别是中国，不仅构建独立的卫星定位系统，而且独自建设宇宙空间站等宇宙开发应用进展迅速"。此外，印度也在进行自己的"火星探测计划"和载人航天活动，而

---

① 李秀石：《日本国家安全保障战略研究》，时事出版社，2015 年，第 393 ~ 395 页。

② 内阁府：「宇宙基本計画」（平成 25 年 1 月 25 日宇宙開発戦略本部決定），「第三章 3 - 3、(3)、(3 - 2) 宇宙を活用した安全保障政策の強化、安全保障に係る宇宙利用の位置づけの経緯」，http://www8.cao.go.jp/space/plan/keikaku.html。

③ 王存恩：《日本重新公布航天开发政策指导意见的真实目的》，《卫星应用》2015 年第 2 期。

且还提供国际卫星发射业务。这让日本感到了国际形势的紧迫性，日本需要在宇宙开发领域占领先机。

二是日本国内窘困的财政状况迫使其修改原先的计划。在麻生内阁的《宇宙基本计划》中，是以估计 5 年内官方投入和民间投资共计约 2.5 万亿日元的资金需要为前提而制定的。但实际上，在严峻的财政状况下，日本政府的宇宙相关预算每年大约只能维持在 3000 亿日元的水平。加之国内民间企业和来自海外的需求并不太高，日本相应财政状况得到明显改善的可能性也不大。因此，继续依靠政府的投入进行宇宙开发的现状已经难以为继。

三是日本认为其宇宙开发过分注重技术进步，而相关产业基础则相对薄弱。冷战后，欧美国家减少了对军事性宇宙研究的需求，更多转向了民用宇宙技术转移和产业扶持，而日本对于宇宙领域的政府投入则更着重于技术领域。结果是相关的宇宙产业对于政府投入的研究经费过分依赖，许多企业退出了宇宙技术开发利用的领域，导致整个宇宙产业的基础薄弱。

此外，《宇宙基本法》为宇宙战略中的安全保障领域打开了闸门，使日本可以公开宣称"利用宇宙是日本安全保障上的有效手段"。日本强调中国在宇宙系统方面的新进展，认为"近年的国际形势导致安全保障上的要求更加强烈"，必须保障日本的"安心与安全"。[①]

因此，安倍内阁在 2013 年出台《宇宙基本计划》的战略意图就是以有限的资源为前提，最大限度地在两大重点领域取得成果。

一是安全保障及民生防灾领域。《宇宙基本计划》认为在安全保障领域，日本要及时研判国际形势，尤其是东北亚地区的局势，针对与国家安全保障相关的情报收集、警戒监视、信息通信等领域推进宇宙开发利用。为此，除了要及时跟进国外军事利用宇宙新动向，还要着力将日本的宇宙系统用于"和平"利用宇宙领域。第一，日本要建成 2015 年开始启用的自卫队新通信卫星装备，利用宇宙空间加强自卫队 C4ISR［即指挥（Command）、控制（Control）、通信（Communication）、计算机（Computer）、情报（Intelligence）、监视（Surveillance）、侦察（Reconnaissance）］系统的功能实现。第二，加强安全保障领域以及危机管理时信息的收集和利用

---

① 内阁府：「宇宙基本計画」（平成 25 年 1 月 25 日宇宙開発戦略本部決定），http://www8. cao. go. jp/space/plan/keikaku. html。

能力，保证侦察卫星功能强化，"构筑起以防护太空碎片与人造卫星相撞为目的的太空态势感知（SSA）体制"。在民生领域，除了现有的气象卫星天气预报、通信卫星数据通信、陆地海域观测卫星、资源勘探卫星对农林牧渔业的利用和灾害监视、GPS系统的开发和定位测量之外，还要加强对防灾领域的课题研究。东日本大地震使日本意识到宇宙系统在防灾救灾中能够准确及时了解地面变化情况的优势和作用。因此，计划加强准天顶卫星系统的开发、对地壳变动和海啸的检测能力、远程遥感卫星的检测能力，并建立灾害时期卫星间通信网络，提高卫星数据的利用率。

二是振兴日本宇宙产业扩大国际市场。安倍内阁认为，日本的财政状况很难在短期内获得大幅度的改善，因此，要以宇宙技术的社会化来提高效率。"东日本大震灾的复兴与建立防备巨大风险的经济社会结构，包括加强防灾减灾，使得对确保安心安全的要求日益高涨。"① 因此，《宇宙基本计划》明确要改变宇宙产业过度依赖政府的现状，将以往的以技术开发为重点，修改为重视应用、明确出口战略。在保证资源有效分配的前提下，终止了2020年实现机器人登月的计划，压缩了载人航天活动项目，并考虑从2016年起削减每年400亿日元的国际宇宙空间站的费用。②

为了有效利用有限资源，完成上述两大重点领域的战略目标，该计划希望通过国内、国际两种方式来进行有效资源调配和整合。

一是国内继续改革宇宙政策，推进体制并强化府省间关系。对于推进体制而言，第一是强化内阁府作为宇宙政策"司令塔"的核心地位，将更为全面、整体性地推进日本宇宙政策。内阁府将负责协调处理一切和宇宙政策相关的省厅决策、预算分配、计划审定等事务。第二是对宇宙航空研究开发机构（JAXA）的管理权和任务目标进行重新划定。对于宇宙航空研究开发机构的管理权，该计划规定了其主管事务大臣为内阁首相，明确加强了首相府的核心权力，削弱了文部科学大臣和总务大臣对宇宙政策的影响力。同时，该计划还新增了经济产业参与宇宙政策，以支持宇宙产业的振兴。对于宇宙航空研究开发机构的任务目标，该计划明确其必须为国家安全保障做出重要贡献，并尽可能向民企提供援助和建议。

---

① 内阁府：「宇宙基本計画」（平成25年1月25日宇宙開発戦略本部決定），http://www 8. cao. go. jp/space/plan/keikaku. html。

② 日本共同社2013年1月25日电。

对于府省间关系而言，计划强调在有限的财政资源下，消除研究开发中项目的重叠。加强省厅间协调和内阁府的一元管理，调整卫星轨道，提高运用效率；增强卫星的利用效率，相关省厅联合构筑"卫星数据利用促进平台"。计划的总体目标是在内阁府的指导下，更有效地协调各省厅利用现有宇宙系统和卫星资源。

二是着力推行宇宙外交和宇宙安全保障政策。日本长期在宇宙领域保持着国际合作，"在我国的太空政策中，国际空间站是维持在空间领域的国际影响力的重要举措"。① 而此版计划要求日本的宇宙政策要向以亚洲为首的新兴国家发展，将防灾方面的国际合作等全球性需求纳入政策制定的视野。

安倍内阁宇宙政策的核心方针是在扩大宇宙开发的同时，保证开发利用的自主性。安倍内阁认为，宇宙开发是确保日本的安全保障和社会经济利益不可或缺的要素，而宇宙开发的自主性是日本宇宙政策的根本。因此，该计划认为日本至少要保证其定位卫星、遥感（气象观测、情报收集等）卫星、卫星通信、广播卫星的制造、研发能力及发射能力，并支撑起日本国内相关产业基础的维持、强化和发展。并且，"日本核心火箭，如 H－ⅡB 火箭，对于确保日本太空活动的独立性有着重要的意义"。②

二 安倍内阁的第二部《宇宙基本计划》

2013 年 12 月 17 日，安倍内阁确定并公布了"国家安全保障基本战略"，强调在维护和提高支撑宇宙开发领域的科学技术和产业基础的同时，从安全保障的角度推动有效利用宇宙空间，特别是有必要扩充和加强情报收集卫星领域。③ 该战略报告明确提出必须确保"宇宙稳定和宇宙利用，以及宇宙在安全保障领域里的利用"，不仅要有效地利用人造卫星进行情

① 内阁府：H－ⅡB ロケット 5 号機による宇宙ステーション補給機「こうのとり」5 号機の打ち上げについて（内阁府特命担当大臣（宇宙政策）談話），平成 27 年 8 月 19 日，http：//www8. cao. go. jp/space/pdf/danwa/150819danwa. pdf。
② 内阁府：H－ⅡB ロケット 5 号機による宇宙ステーション補給機「こうのとり」5 号機の打ち上げについて（内阁府特命担当大臣（宇宙政策）談話），平成 27 年 8 月 19 日，http：//www8. cao. go. jp/space/pdf/danwa/150819danwa. pdf。
③ 李秀石：《日本国家安全保障战略研究》，时事出版社，2015，第 302 页。

报收集、提高统一指挥和情报交换能力，还必须重视完善自卫队体制，通过提高太空态势感知（SSA）能力等提高对卫星等的抗拦截能力。①

2014 年 8 月 20 日，安倍内阁设立的咨询机构宇宙政策委员会向宇宙战略本部提交了咨询报告。报告建议国家财政预算应优先用于国家安保，尽早修改 2013 年公布的《宇宙基本计划》，重点发展宇宙的安保能力，要求国家安全保障局、防卫省、海上保安厅等相互合作，研究在海洋监视中充分利用宇宙技术。该报告假设"包括 GPS 在内的宇宙系统与美军之间的数据链接遭到切断，导致遏制力大幅降低"，②认为防护卫星及确保卫星的替代功能已成为日、美政府的共同课题。2014 年 9 月 12 日，安倍在宇宙战略本部第八次会议上指示，"自上次的《宇宙基本计划》制订以来，日本外交及安全保障环境急剧变化，在日本安全保障战略中，宇宙的重要性显著增长。但另外，日本的宇宙相关企业的发展困境及人员减少等问题相继出现，日本自行进行宇宙开发利用的产业根基发生动摇，亟须针对恢复与强化宇宙相关产业课题的研究。在这样的形势下，亟须制订新的《宇宙基本计划》。新计划在充分反映新安全保障政策的同时，要确保宇宙开发领域投资的'预见性'，提高对宇宙产业基础的扶持，加强对 10 年长期整备计划的研判。同时，在严峻财政制约的基础上，要明确政策的优先顺序"。③安倍还督促负责宇宙政策的科学技术相山口俊一④同相关阁僚，以年底为目标，加快研究新《宇宙基本计划》，确保"在安保领域正式利用宇宙"。

2015 年 1 月 9 日，宇宙战略本部第九次会议研究并决定了新《宇宙基本计划》及计划工程表，以相当详细的形式规划了日本新宇宙基本计划的定位、推进体制、基本方针、综合实施措施以及具体的事实配套机制和工程表。⑤这份

---

① 王存恩：《日本重新公布航天开发政策指导意见的真实目的》，《卫星应用》2015 年第 2 期。

② 内阁府：「宇宙政策委員会 基本政策部会 中間取りまとめ」，平成 26 年 8 月 20 日，http：∥www8. cao. go. jp/space/comittee/kettei/26kihon-tyukan. pdf。

③ 内阁府：「第 8 回宇宙開発戦略本部議事概要」，平成 26 年 9 月 12 日，http：∥www. kantei. go. jp/jp/singi/utyuu/honbu/dai8/gijiyoushi. pdf。

④ 山口俊一是宇宙开发战略本部副本部长，其地位仅次担任本部长的安倍晋三和同为副本部长的内阁官房长官菅义伟。

⑤ 内阁府：「宇宙開発戦略本部第 9 回会合議事次第」，平成 27 年 1 月 9 日，http：∥www8. cao. go. jp/space/hq/dai9/gijisidai. html。

《宇宙基本计划》是安倍内阁公布"国家安全保障战略"后的第一个《宇宙基本计划》。该计划重新确认了日本宇宙政策调整的战略背景和动因，主要为以下三点。

一是认为宇宙空间在日本安全保障上的重要性不断增大。日本认为中国 2007 年 1 月进行的卫星破坏试验，在宇宙空间产生了大量的太空垃圾。同时，中国反卫星武器的开发、激光干扰卫星的技术也在不断增强。新计划将中国作为日本和平利用宇宙空间的巨大威胁，声称宇宙垃圾和对卫星进行攻击等情况，会使定位卫星的功能得不到保障，安全保障用途的武器装备的能力也会受限，防灾中的位置信息难以把握，铁道、船舶、航空器等安全航行也会成为困难，将对国民的生活造成很大的影响。此外，如果通信遭遇破坏，防灾的无线通信、船舶、航空器的通信遭受影响，情报收集卫星和地球观测卫星难以正常运行的话，日本的情报收集、防灾与灾害应对等将难以为继。对于日本来说，这些风险必须得到有效控制，日本需要确保宇宙空间的稳定与和平的利用。

二是宇宙领域的科学技术、安全保障和产业振兴三大支柱仍需要加强。日本认为，长期以来，用于安全保障的宇宙利用开发技术没有得到积极的开发。同时，宇宙领域的开发成果转化成宇宙产业和相关产业的效率不高，并未形成利用需求和技术研发的有机周期。欧美等国的国防当局对宇宙系统的使用需求提前告知研究开发机构，尖端科技的研究成果基于此被高效转化，用于安全保障。对于日本而言，需要有意识地形成从需求、技术研发到产业转化的有机科研周期，形成强有力的科学技术、安全保障和产业振兴三大支柱。

在科研链建设之外，日本认为其宇宙开发利用的产业基础正在动摇，亟须建设一个完整坚实的产业链。安倍执政后，大幅度地增加了航天开发投入，开启了整星出口和为韩国发射卫星等"航天产业化"的进程。不过日本与美俄等世界航天大国相比，无论是资金投入，还是开发规模都相差很远。况且在 2013 年的安倍《宇宙基本计划》中，还削减了部分项目及投入，但即便按目前的国家航天开发预算额度，也很难完成 2013 年所制订的开发计划。并且航天产业界很难提前预判国家会对哪些项目大幅度增加投入、航天产业界可从哪些项目中获取丰厚利益，也就很难下决心制订新的投资计划目标，甚至一度导致一些企业相继退出航天开发，出现航天产业从业人数锐减的现象。日本希望在扩大国内需求，宇宙开发利用产业基础持续发展之外，扩大国外需求，创造新兴市场，通过对外合作和外交努力，推动日本宇宙产业获得境外订单，推动宇宙产业基础进一步发展。

三是利用宇宙解决全球性问题的优势，扩大日本宇宙外交的广度和深度，提高自己在国际社会的地位。全球化的进展，固然使得人员、生产资料、资本和信息大量且短时间内跨境流动，使世界各国经济活动变得更加活跃，带来了国际社会的繁荣和发展。但同时，单一国家难以应对全球性的能源问题、气候变化问题、环境问题、粮食问题以及大规模自然灾害。日本认为，人工卫星的特点就是具有超越国境的"广域性"，能够为解决全球性问题做出贡献，因此应当加强各国在解决全球性问题中利用宇宙系统的举措。计划强调，欧洲和中国将自己在宇宙开发利用的技术廉价或无偿提供给新兴国家，增强各国之间的合作关系，提升在国际社会中的领导地位。因此，对于日本来说，宇宙开发利用能力是实施外交战略的重要工具之一，利用日本宇宙技术的优势，提高自己在国际社会中应有的地位。

由此可见，2015 年安倍内阁推出的《宇宙基本计划》继承了前一版夯实日本宇宙产业基础的动因，强调要确保产业界投资的"预见性"，巩固宇宙产业坚实基础，并作为着眼于未来 20 年的长期整备计划。同时，新版《宇宙基本计划》更多体现了日本新出台的《国家安全保障战略》的要素，强调日本日益严峻的宇宙安全保障环境，体现出宇宙政策领域作为国家安全保障链中重要一环的地位，加强在美日同盟体制下军事化利用宇宙。

安倍内阁新《宇宙基本计划》的战略目标明确为"三支箭"，即安全保障、产业振兴（民生开发）和科学技术。

第一支箭射向宇宙安全保障。一方面，日本计划有效应对太空垃圾和对卫星攻击的风险，确保宇宙空间的稳定利用。同时，利用定位、通信和信息收集等宇宙系统，强化日本宇宙安全保障能力。另一方面，加强与美国的卫星功能连通，进行日美宇宙合作综合建设。另外，要加强同美国以外的友好国家之间广泛信赖的合作关系，致力于构筑多层次的宇宙领域国际合作关系。日本在确保促进信息收集、分析、海洋状况把握、情报通信，定位等领域各种卫星发展的同时，注重完善自卫队体制，通过提高太空态势感知（SSA）能力提高对卫星的抗拦截能力。美国的全球定位系统（GPS）为首的宇宙系统，既是美国威慑力量至关重要的保障，也是日本自卫队进行自主活动的主要依赖。2014 年 5 月 6 日，日美两国政府在华盛顿举行了关于日美宇宙合作的"一揽子对话"，一致同意加强宇宙领域的合作，[1] 进一步确认了日美宇宙合作新时代的到来。2014 年 10 月 3 日，日本国家安全保障会议通过了修改后的日美防卫合作指针中期报告，决定将日美在宇宙及网络空间的合作写入新指针：宇宙领域的合作包含"可能妨碍安全及稳定使用宇宙的行动和事项，构建抗攻击性能的合作方法的信息共享。"[2] 日美两国具体关心的领域，包括美国 GPS 系统和日本的准天顶卫星系统、太空态势感知、遥感数据、宇宙监视海洋等，以这些领域为中心，加强日美宇宙合作。

第二支箭射向民生领域宇宙开发的推进。这一方面包括利用宇宙开发技术解决全球性问题，建设安全、安心的社会环境。日本拥有大量定位卫星、通信和广播卫星、遥感卫星等各种宇宙系统，在与国际社会的合作中，可以为气候变化、环境、粮食等各种全球性问题的解决做出贡献，也可以在地震、海啸、火山爆发、台风、龙卷风、特大暴雨等大规模灾害及重大事故的应对方面有所作为。另一方面，还涉及相关新兴产业，如地球观测卫星等遥感卫星定位信息，包括位置信息在内的地理信息系统（GIS），等等。利用宇宙系统可以取得数量庞大的数据。日本希望通过现有的宇宙系统，在确保数据稳定供给的同时，加强对数据的收集、蓄积、融合、解析和利用，创造新的数据附加价值，服务于日本新兴产业的发展。

第三支箭射向宇宙产业基础的维持和强化。日本要确保自身宇宙活动的独立性，维持和强化自身宇宙产业的基础盘，提高产业界投资的"预见性"，同时提高人造卫星等国内需求。计划认为，宇宙开发利用的国际合作和世界的商业宇宙市场的规模将不断扩大，这给日本的宇宙产业带来了极佳的发展机会，日本计划同国外政府加强在宇宙开发等领域科学技术和人才培养的合作，扩大与宇宙航空研究开发机构（JAXA）和国外宇宙机构的积极合作。

安倍内阁的新版《宇宙基本计划》中最值得关注的两点在于：一是在太空垃圾对策的包装下，同美国联合研发摧毁卫星的太空作战武器，建立日美两国联合监视卫星并共享情报的体制，积极为宇宙公域建立国际秩序、为日美同盟在宇宙安全领域打开合作新空间。二是强化安全保障的中

---

① 「日米宇宙ごみ監視強化、ガイドライン改定、人工衛星との衝突回避」，『産経新聞』2014 年 8 月 16 日。

② 外務省：「日米防衛協力のための指針の見直しに関する中間報告」，2014 年 10 月，http://www. mofa. go. jp/mofaj/files/000055168. pdf。

坚地位，以安全保障统领各项宇宙开发技术的推进。具体包括以下一系列宇宙技术。

一是卫星技术。日本计划在 2020 年完成准天顶卫星 4 星组网体制，2023~2024 年完成 7 星组网体制，并提供使用。在安全保障领域，计划进一步强化情报收集卫星的应用，包括强化系统功能、缩短开发周期、延长运行寿命、降低开发成本、提高应用效果，特别是强化抗干扰能力。新版《宇宙基本计划》还明确要把通信广播卫星提高到国际尖端技术，保障国家安全和强化航天产品在国际上的竞争力。

二是太空态势感知能力和海洋状况监测技术。日美预测将于 2023~2025 年前后完善与太空态势感知能力（SSA）有关的设施，构建起以防卫省和宇宙航空研究开发机构（JAXA）为核心、与相关政府机构一体化的太空态势感知能力（SSA）应用体制，以日美合作为基础，掌握太空态势感知技术并进行情报收集和调整。此外，新版计划明确由相关省厅共同研究并于 2016 年底前通过日美合作整理出全面掌握详细的海洋状况的最佳方案，以此为基础确定国家海洋状况监测（Maritime Domain Awareness）体系中航天领域的开发计划。

三是早期预警能力与宇宙系统抗干扰能力。新计划显示防卫省已决定、政府已批准在 2015 年开始研制、2019 年发射的先进的光学卫星上搭载早期预警卫星用的核心部件——双频段红外遥感器验证其性能和功能。此外，新计划要求在 2015 年底前提交"综合、继续保持与强化日本和盟国整个空间系统的抗干扰能力"方略，以便采取必要的对策。

无论从安倍新版《宇宙基本计划》的背景、动因，还是从其设定的战略目标和具体技术要求来看，日本宇宙政策更富安全保障色彩是毫无疑问的。然而，日本意识到要实现这些目标和要求，离不开日本同美国的宇宙合作，以及盟国的情报搜集信息共享。而无论是要实现国际公域的秩序建设、全球性问题的有效应对，还是要实现军事利用宇宙的目标，都离不开日本宇宙外交的积极努力。2013~2015 年，安倍内阁在宇宙外交方面朝着更加务实、更加进取、更富安全保障色彩的方向迈进。

三　日本宇宙外交政策的趋势

2013 年 1 月公布的《宇宙基本计划》，一方面，强调要加强同联合国和平利用宇宙空间委员会（COPUOS）、外空透明与建立信任措施政府专家组（GGE）的合作，确保外空透明和建立信赖措施（Transparency and Confidence-Building Measures，TCBM）的履行，讨论可持续的太空活动规则的确立与实施；另一方面，作为国际宇宙空间站计划的亚洲唯一参与国，日本要与发展中国家开展宇宙合作，不仅可以通过提供宇宙系统基础设施，还可以通过加强宇宙航空研究开发机构（JAXA）和国际合作机构（JICA）的人才培养，以及宇宙利用技术的共同研究。

2013年1月公布的《宇宙基本计划》还专门就如何推进宇宙外交做了四个方面的部署。

一是针对亚洲国家的宇宙外交，其目标是以东盟各国为首的新兴国家。日本希望在它的领导下，构筑起以"东盟防灾构想"为核心，以亚太地区航天机构论坛（APRSAF）为框架，以亚洲开发银行为合作机制，以亚洲新兴国家为中心的宇宙合作网络。2011年，日本政府决定向越南计划实施的人造卫星发射项目提供约500亿日元（约合人民币42亿元）的ODA（政府开发援助）贷款，条件是允许日本企业加入该项目。这是日本政府首次向别国提供人造卫星领域的ODA援助。①

二是通过多边合作稳步推进宇宙外交。首先是有效利用联合国框架设定议题，在联合国和平利用宇宙空间委员会（COPUOS）中，日本就宇宙空间研究、提高援助、扩大信息交换、和平利用宇宙空间的实际方法及相关法律问题等议题进行了讨论。同时，针对宇宙活动风险的防控，宇宙国际行动规范的制定等方面，日本计划积极参加并与尽可能多的国家进行了合作。此外，日本还密切跟踪确保外空透明和建立信赖措施（TCBM）与外空透明与建立信任措施政府专家组（GGE）的会议动向，并通过参加这些国际机制的运作使日本的政策和意见得到国际社会的重视。

三是在宇宙领域强化同发达国家的双边关系。日本计划在日美安全保障协商委员会"2+2磋商"框架下加强与美国在民生、安全保障两个领域的宇宙政策战略对话。同时，日本还计划同英国和欧盟，基于双边宇宙问题联合委员会的协调机制，进行相关问题的协调与合作项目的磋商。其中，同英国展开的合作更侧重于民用卫星导航系统、宇宙产业、宇宙空间

---

① 外務省：ベトナム社会主義共和国に対する円借款6件に関する書簡の交換について，http://www.mofa.go.jp/mofaj/gaiko/oda/data/zyoukyou/h23/y111031_1.html。

利用的国际规范等领域，同欧盟开展的合作更多侧重于外空透明和建立信赖措施（TCBM）。

四是推动宇宙开发利用标准的国际化，推动宇宙系统海外扩张。计划认为，日本应当主导宇宙技术开发的设计、品质和评价方法标准的国际化推进。同时，建立起以亚洲为中心的卫星发射业务。对于卫星发射的业务拓展，计划认为不仅要为亚洲的新兴国家提供广播通信和防灾用的遥感卫星，还应当提供人才培训机会和技术等，更好地帮助日本宇宙产业，开拓海外市场。

2015 年版的安倍内阁《宇宙基本计划》则调整了原有的宇宙外交重点，将宇宙外交的重点调整为三大方向。

一是实现宇宙空间法的落地。为此，日本不仅计划在以联合国和平利用宇宙空间委员会（COPUOS）为首的国际会议中积极参与讨论，在制定国际规则中发挥更大的作用。新版《宇宙基本计划》还明确规定要促进在东盟地区论坛（ARF）等地区合作框架下进行双边和多边政策对话，将日本"公平性"、"透明性"和"互惠性"的基本宇宙开发价值理念和主张向国际社会渗透。该计划还希望促进各国宇宙活动的透明性，建立互相信赖，避免因误判而导致不测事态的发生。计划还明确这一政策由内阁府、外务省、文部科学省为主导进行推进。

二是加强国际宇宙合作。主要涉及两大层次的合作。第一，确保加强与美国在民生、安全保障两个领域的宇宙政策战略对话的同时，定期同美国、欧盟、澳大利亚等国就宇宙相关领域进行政府间对话。同 2013 年《宇宙基本计划》相比，计划新增对全球地球观测系统（Global Earth Observation System of Systems，GEOSS）的国际地球观测网建设，以及参与国际宇宙探查论坛（International Exploration Forum，ISEF）等宇宙国际合作。第二，在保持同世界银行等国际机构合作的背景下，解决发展中国家面临的宇宙开发相关问题，并帮助对象国提高开发宇宙能力。关于国际宇宙合作和宇宙外交的资金来源，可以由日本政府进行援助，和其他的公共资金进行综合配套。这一政策明确由内阁官房、内阁府、总务省、外务省、文部科学省、农林水产省、经济产业省、国土交通省、环境省、防卫省等部门共同推进。新版《宇宙基本计划》将宇宙外交的重点确定为亚太地区，要强化亚太地区宇宙机构论坛（APRSAF）的机制性作用。另外，计划希望以东亚和东盟经济研究中心（Economic Research Institute for ASEAN and

East Asia, ERIA）制定的"宇宙防灾能力强化的工程表"为基础，在2016年度加强与东盟之间的紧密联系。此外，新版《宇宙基本计划》还明确由内阁府、外务省和文部科学省牵头促进产业界、学界和政界为主体参加到同其他国家的科学技术合作和人才培养合作项目中，通过范围更广的国际太空合作，增强日本的软实力，进一步增强日本在国际社会中的领导地位和外交能力。

三是成立"宇宙系统海外发展专案组"。在2015年上半年组建由航天领域的政府和民间人士组成的"宇宙系统海外发展专案组"，促进日本具有技术优势的宇宙出口，形成官民一体的商业市场开拓模式。此外，在推动扩大海外市场的同时，充分结合包括"国际协调主义"、"积极和平主义"在内的国家安全保障政策理念，以及"政府开发援助大纲"构想，形成一体联动。这一政策也明确由内阁官房、内阁府、总务省、外务省、文部科学省、农林水产省、经济产业省、国土交通省、环境省、防卫省等省厅共同负责。

综上所述，2015年新版《宇宙基本计划》对于宇宙外交的规划有以下几个新的动向和特点。

一是改变了过去宇宙外交粗糙的操作规划，更加具体、细化每项工作推进的相关部门，将每项具体构想落实到诸多部门，形成了由内阁作为宇宙外交司令部，各省厅协同推进的具体工作机制，强化了内阁领导的宇宙战略体制。

二是聚焦相关宇宙空间国际规范和法律文本，在联合国框架和东盟等地区框架下进行外交努力。更加注重同发达国家形成定期的宇宙政策磋商机制，着重以亚洲国家为宇宙外交的核心，将联合国框架下和地区框架下的宇宙外交和宇宙合作进一步扩大，聚焦国际机制的制定与民生防灾领域的国际合作两大方向。

三是宇宙外交充分结合日本国家安全保障战略和"政府开发援助大纲"的构想。安全保障作为日本宇宙战略的三大支柱之一，美日之间形成更加紧密的宇宙政策沟通与协作。日本对其宇宙外交的基本构想也呈现于整个国家安全保障战略构想中。

四是建立新的宇宙系统海外发展专案组，将产业界、学界和政界等主体整合到国家宇宙外交的总体战略中，促进日本宇宙系统的出口，形成官民一体的商业市场开拓模式，进一步巩固日本宇宙产业的基础。2015年

底，日本宇宙航空研究开发机构（JAXA）与三菱重工业使用改良型 H2A
火箭 29 号机将加拿大通信公司的卫星从鹿儿岛县种子岛宇宙中心送入太
空。①内阁府宇宙政策特命担当大臣岛尻安伊子发表声明称："根据我国的
宇宙政策，努力赢得商业卫星等国外订单，是维护和加强日本的宇宙产业
基础的一项重要举措。希望此卫星顺利发射的同时，通过'宇宙系统海外
发展专案组'的官民一体化活动，努力开发商业宇宙市场。"②

纵观日本宇宙战略的发展历程和多次对《宇宙基本计划》的修订，可
以看出新版的日本《宇宙发展计划》更加务实、更加进取、更以安全保障
为核心、产业振兴和科学技术为支柱：逐渐将宇宙发展的战略司令部统一
到内阁，直属首相统辖；在日美同盟的框架下，不断拓深两国在宇宙安全
保障领域的合作空间；原有的宇宙外交更加明确具体，更富针对性，以防
灾合作与国际公域基本国际法制定作为宇宙外交的聚焦点；在日本国家安
全保障战略公布后，以走向正常国家为目标，在宇宙领域也同步以安全保
障为核心，进一步提升各领域宇宙开发技术；形成官民一体的宇宙产业商
业开拓模式，保证国内需求，扩大海外市场，为日本宇宙产业发展奠定更
加坚实的基础。

Analysis of Abe Cabinet's Space Strategy and Space Diplomacy: an Interpretation of Abe cabinet's two Basic Plans on Space Policy

Bao Xiaqin, *Yang Yuqing*

Abstract　January 9th, 2015, the ninth meeting of the Strategy Headquarters for Space Policy decided on the new Basic Plan on Space Policy and its road-

---

①　共同社 2015 年 11 月 24 日电，http://china. kyodonews. jp/news/2015/11/109791. html?
phrase = % E7% 81% AB% E7% AE% AD。
②　内阁府：H－ⅡAロケット 29 号機による我が国初の業衛星の打ち上げについて（内阁府
特命担当大臣（宇宙政策）談話），平成 27 年 11 月 24 日，http://www8. cao. go. jp/space/
pdf/danwa/151124danwa. pdf。

map. The new Basic plan on Space Policy comprehensively incorporates the status of the basic plan on space, the new structure to promote the development and utilization of space, as well as the comprehensive and systematical policies and measures that the government should take for the development and utilization of space. It is the first basic plan on space Policy after Abe Cabinet released the Basic Strategy of National Security. Based on the history of Japanese space strategy, this essay aims to analyze the background, motivation and strategic goals indicated in Abe cabinet's two different basic plans on space policy, and to evaluate the trend of Abe Cabinet's space policy and its policy of space diplomacy.

Key Words Basic Plan on Space Policy; Japanese space strategy; space diplomacy

Authors Bao Xiaqin, Professor of the Institute of International Studies, Research Fellow of the Collaborative Innovation Center of Territorial Sovereignty and Maritime Rights, Fudan University; Yang Yuqing, Postgraduate of School of International Relations and Public Affairs, Fudan University.

会议综述

"中国—东盟关系与海上丝绸之路建设"国际研讨会综述

张　群

2015 年 11 月 27～28 日，由复旦大学中国与周边国家关系研究中心、复旦大学亚洲研究中心、复旦发展研究院主办，国家领土主权与海洋权益协同创新中心协办的"中国—东盟关系与海上丝绸之路建设"国际研讨会在复旦大学举行。来自中国外交部亚洲司、印度尼西亚外交部联合国事务政策分析司、新加坡南洋理工大学、印度尼西亚大学、泰国朱拉隆功大学、越南社会科学翰林院、柬埔寨皇家学院、缅甸仰光大学、印度尼西亚克里斯汀大学、北京大学、云南大学、中国（昆明）南亚东南亚研究院、上海社会科学院、复旦大学等十余家国内外知名院校及研究机构的 30 位代表参加了本次会议。与会专家就"东盟各国对建设 21 世纪海上丝绸之路倡议的响应"、"小多边合作机制：前景与挑战"、"中国—东盟关系：前景与挑战"、"中国南海争端与中国—东盟海洋合作"等四个议题发表论文并展开深入讨论。

复旦大学亚洲研究中心主任金光耀教授主持开幕式，复旦大学国际问题研究院常务副院长吴心伯教授致辞，并指出，2015 年对中国与东盟关系的发展至关重要，东盟共同体将于年底建成，中国—东盟自由贸易区升级谈判已成功落幕。并就中国与东盟关系的发展提出以下观点：其一，中国注重发展与东盟国家的关系，国家领导人之间的密切交往是最好的证明；其二，中国关注亚洲地区的和平与稳定，将其视为落实"21 世纪海上丝绸之路"倡议的基础；其三，领土完整是中国的核心利益，中国在管理南海方面应有自己的权力；其四，中国对南海问题的处理保持自律态度，将

"搁置争议、共同开发"作为解决问题的基本原则；其五，中国和东盟国家可以通过增强政治互信、开展经济合作、加强人文交流等方式加深了解，进而逐步解决南海问题。

复旦大学中国外交研究中心主任任晓教授和印度尼西亚大学东盟研究中心主任 Edy Prasetyono 教授发表主旨演讲。任晓教授在题为"中国及其近邻：趋利避害"的主旨演讲中回顾了近 30 年来中国外交战略思维的转变以及中国—东盟关系发展取得的成绩，分析了南海争端及美国"亚太再平衡"战略对中国—东盟关系发展和"一带一路"倡议推进的阻碍作用，并对中国—东盟关系的发展前景进行展望。任晓教授指出，过去 30 年来，中国外交战略思维实现了从"输出革命"到"和平发展"的转变。"一带一路"倡议的核心是共同发展，中国欢迎东盟国家搭乘中国发展的顺风车。当前南海问题和美国"亚太再平衡"战略对"一带一路"倡议的推进产生负面影响，但伴随中国—东盟自贸区成功升级和东盟共同体建成，中国与东盟的合作空间将会进一步拓展，中国与东盟能够通过管控分歧建立双赢机制。

Edy Prasetyono 教授在题为"中国—东盟关系与海上丝绸之路建设"的主旨演讲中就"中国—东盟关系"提出以下观点。其一，过去 25 年中国与东盟关系取得长足进展，双边及多边合作呈现积极态势；然而，出于历史问题、南海争端以及区域外大国介入等原因，"中国威胁论"在东南亚地区仍然存在，并成为某些国家国内政治的惯用工具。其二，中国和东盟是维持地区稳定的两大支柱，伴随中国的崛起，中国与东盟关系模式将会改变；中国与东盟地缘相近、经济与安全利益相互交织，东盟将会接受中国崛起这一事实。其三，南海争端是当前中国与东盟国家关系发展面临的重大障碍。中国在南海问题上采取模糊战略，导致一些国家对中国的疑虑加深；美国和日本等区域外大国介入导致南海问题更为复杂。Edy Prasetyono 教授认为，海上丝绸之路倡议以历史为基础、以地缘优势为依托，以促进海洋合作和海上互联互通为重点，符合中国和东盟地区的经济发展需求。然而，东盟国家以经济利益和安全利益双重视角考察海上丝绸之路倡议，担心倡议背后存在政治意图，因而采取大国平衡战略。他建议中国与东盟国家应坚持东盟的中立性和中心性，灵活地采取"软外交"方式，通过签订《南海行为准则》和开展海洋合作（如航路安全保障、海上救援、海洋环境保护等）增强战略互信。

议题一　东盟各国对建设 21 世纪海上
丝绸之路倡议的响应

　　新加坡南洋理工大学拉惹勒南国际关系研究院林庆瑞、李明江发表论文《对海上丝绸之路倡议的地区回应：出于经济需要，国内问题和地缘政治考量》，提出了基于经济发展需求、国内政治和地缘政治同盟的三因素分析框架，以此考察东盟十国对"海上丝绸之路"（MSR）倡议的响应。根据各国对 MSR 的态度，将东盟十国分为三组：第一组包括泰国、老挝和柬埔寨，积极支持 MSR，并担心中国对其关注不够，没有机会参与 MSR。第二组包括印度尼西亚、马来西亚、新加坡和文莱，总体上支持 MSR，同时存在如下疑虑：一是担心在经济上对中国过度依赖；二是担心 MSR 背后存在政治意图，威胁国家安全利益，三是 MSR 具体合作机制不明确，担心无法获得预期的经济利益。第三组包括越南、菲律宾和缅甸，对 MSR 持谨慎态度，短期内难以开展合作。总体来看，当前 MSR 面临如下挑战：其一，大多数东盟国家认为 MSR 背后存在政治意图，同时日本、美国和印度等国提出相似倡议，与 MSR 进行战略竞争；其二，南海争端对 MSR 落实产生负面影响，南海争端与 MSR 的磋商机制无法分割开来，中国希望通过双边机制解决南海问题，而多边机制是落实 MSR 的最优选择；其三，东盟国家认为中国对东盟的投资在质量上低于日本、美国和欧洲等国的投资，对现有合作机制及商业模式存在负面意见。基于上述挑战，林庆瑞、李明江副教授提出三点建议：其一，建立以高官会晤机制为代表的多边对话机制；其二，通过建立多边合作机制管控南海争端；其三，引导日本、美国加入海上丝绸之路建设，化战略竞争为战略合作。

　　泰国朱拉隆功大学 Prapin Manomaivibool 教授发表论文《中国—东盟与海上丝绸之路：泰国的作用》，指出中国在东南亚地区影响力不断上升是一个显著事实，中国崛起是东盟国家面临的重大战略问题。自 1975 年中泰建交以来，中泰合作已经扩展到经济、文化、教育、卫生、科技及军事等各个领域，合作的广度和深度都得到显著提升。中国政府提出建立金砖国家开发银行和亚洲基础设施投资银行等倡议，并出资设立丝路基金，将对"一带一路"沿线国家的基础设施建设、贸易和投资增长产生巨大的推动作用。Prapin Manomaivibool 教授提出，泰国在"一带一路"倡议推进过程中应起到枢纽作用，原因如下：其一，泰国处于印度支那半岛中心、东盟的心脏地带，具有独特的地理位置优势，是 21 世纪海上丝绸之路的枢纽；其二，泰国不仅是东盟的贸易和金融中心，也是东盟大市场中心；其三，中泰建交以来，两国关系友好，经济交往密切，合作领域广泛，不存在领土争端，泰国应成为中国与东盟经济关系的桥梁。

印度尼西亚外交部联合国事务政策分析司主任 Partogi Samosir 博士在题为"地区治理与中国的丝绸之路：印尼视角"的演讲中，阐述了对亚洲未来发展趋势和中国"一带一路"倡议的看法。Partogi Samosir 博士认为，亚洲未来能够实现持续增长和繁荣，并且希望进一步巩固和平稳定的局面，中产阶级崛起、创业精神传播、互联互通扩展和区域主义发展等四股力量将从根本上改变亚洲。中国的和平崛起是亚洲和世界经济增长的必要条件，中国与其他国家之间的紧张局势可能会扰乱双方经济发展。在印尼看来，"一带一路"倡议是一个开放的合作平台，不具有排他性，同时是双赢项目，所有参与方都能够实现合作共赢，海洋互联互通已成为中国和印尼合作的桥梁。此外，他认为，当前世界已经从冷战时期进入"伪和平"时期，冷战虽然已经结束，但尚未进入真正的和平时代，还有一些潜在问题（如中东问题、恐怖主义、南海争端、朝鲜半岛问题等）尚未解决，如果这些问题没有得到妥善处理，则可能会引发大规模的军事冲突乃至战争。当前，旧的国际安全体系尚得以维系，而新的全球经济结构正在逐步形成，大国之间建立稳定的、合作的、积极的关系对于维护地区稳定和发展至关重要。中国国家主席习近平访美期间提出构建新型大国关系，符合国际局势和时代发展的需求。

北京大学国际关系学院陈绍锋副教授发表论文《中国"一带一路"倡议在东南亚：响应与前景》，阐述了东盟国家对于"一带一路"倡议落实的重要意义，从总体和个体两个层面评估东盟国家对"一带一路"倡议的响应，并从经济联系和政治信任两个维度来分析各国态度差异的原因。总体来看，东盟国家对"一带一路"倡议持欢迎态度，一些国家对倡议的战略意图保持警惕。具体来看，菲律宾对倡议持怀疑态度；越南和缅甸对倡议的态度较为复杂，国内存在分歧，表现为"三心二意地支持"；印度尼西亚最初的态度不明确，目前表现为"兴趣浓厚但疑虑犹存"；新加坡和马来西亚表现为伴随一定疑虑的支持态度；泰国、柬埔寨和老挝表现为积极支持。陈绍峰副教授指出，各国对"一带一路"倡议态度差异的原因可归结为经济联系和政治信任两个方面。从经济联系来看，除菲律宾外，其他国家都和中国具有紧密的经济联系；从对中国的政治信任程度来看，菲律宾、越南和缅甸处于低水平，印尼、马来西亚和新加坡处于中等水平，泰国、柬埔寨和老挝处于高水平。

议题二　小多边合作机制：前景与挑战

中国（昆明）南亚、东南亚研究所研究员朱振明教授发表论文《中国—东盟关系的新发展：澜沧江—湄公河合作机制的建立》，回顾了"一带一路"倡议落实的进展，阐述了澜沧江—湄公河合作机制的建立历程、基本原则、合作领域及其历史意义，分析了澜沧江—湄公河合作机制呈现的特点及其对海上丝绸之路建设的启示。朱振明教授指出，澜沧江—湄公河合作机制呈现以下特点：一是体现了"和平合作、开放包容、互学互鉴、互利共赢"的丝路精神；二是合作领域广泛，涵盖政治、经济、文化三大块；三是因地制宜、务实合作，确定了互联互通、产能合作、资源能源、减贫和农业等优先合作领域，提出 78 个早期收获项目；四是合作机制由参与国自行主导，共同参与，共同发展。

越南社会科学翰林院中国研究所副主任 Hoang The Anh 博士发表论文《新形势下提升中越关系》。Hoang The Anh 博士首先对越南和中国的经济发展现状及其面临的挑战进行分析，然后分别从政治、贸易、直接投资、旅游等四个方面论述中越关系，并据此提出五点建议：其一，中越应加强政治互信，采取谈判方式维护和平稳定环境，为双边经济关系发展奠定基础；其二，从政府层面为中越经济合作创造环境，提供政策和市场信息；其三，改变双边贸易不平衡的局面；其四，改善投资环境，提升中国企业对越南市场及越南消费者的认识，扩大中国对越投资；其五，发展旅游产业，推广越南特色旅游产品，促进双边旅游人数及贸易额增长。

复旦大学美国研究中心副主任信强教授在题为"美国亚太政策与南海争端"的演讲中指出，研究南海争端及中国—东盟海洋合作这一主题，必须要了解美国的影响。美国是世界上唯一的超级大国，具有全球利益，对亚洲地区的安全局势具有极为重要的影响。信强教授以"一体两翼"概括美国"亚太再平衡"战略，"一体"是指维持美国在亚太地区的主导地位，两翼即"安全之翼"和"经济之翼"，前者是指美国的同盟体系，后者是指跨太平洋伙伴关系协定（TPP）。他认为，美国对中国的战略疑虑包括担心中国取代美国在亚太地区的领导地位、挑战美国的政治立场和试图改变地区秩序三个方面。制衡中国是美国"亚太再平衡"战略的目标之一，美国正在采取"代理人战争"策略，鼓励其他国家与中国发生冲突和对抗。南海的航行自由永远都不是问题，中国和东盟国家应坚持求同存异原则，通过进行双边和多边谈判及对话解决领土争议，谨慎决策以防被美国利用。

云南红河学院越南研究中心赵卫华副教授发表论文《21 世纪海上丝绸之路：合作共赢之路，还是自利之路》，以越南学者阮洪涛教授的观点为例阐述了东盟学者与国内学者关于海上丝绸之路倡议的分歧，并针对公共产品与企业盈利、相对获益与绝对获益、战略竞争与战略合作、大国介入与双边磋商等分歧逐一进行分析。他指出，阮洪涛教授将海上丝绸之路倡议视为中国的自利之路，并认为中国的战略意图主要包括三点：其一，帮助东盟地区建立公共产品网络，提高中国在东盟地区的影响力；其二，扩大和连接海港网络，增强东南亚国家华人团体的地位；其三，增强东盟国家对中国的战略信任，缓解领土争端与历史敏感问题等紧张状况。针对以上三点，赵卫华副教授指出：第一，海上丝绸之路倡议强调互惠互利，中方既非单纯地提供区域公共产品，又非只关注自身利益，而是确保合作方实现共赢；第二，中国对于华人问题立场明确，中国保护海外公民的合法权益，已加入他国国籍的华人属于所在国的问题，中国不干涉其他国家的内政；其三，阮教授的观点反映了中国与一些东盟国家缺乏战略互信，导致"海上丝绸之路"倡议被过度解读。

议题三　中国—东盟关系：前景与挑战

泰国朱拉隆功大学东盟研究中心主任 Suthiphand Chirathivat 教授发表论文《东盟与中国关系：挑战与趋势》，从中国—东盟对话机制、中国—东盟自由贸易区（CAFTA）、政治与安全合作等角度系统地回顾了中国与东盟关系的发展历程，并利用贸易、投资、旅游等主要经济指标阐述了近年来中国与东盟经济合作取得的成绩。Suthiphand Chirathivat 教授指出，在东盟国家看来，虽然中国崛起给东盟的经济发展带来机会，但同时也带来了风险。近年来，中国大力开发湄公河次区域的自然资源，同时积极推进互联互通项目，引起了东盟国家的忧虑。面对中国崛起以及中国—东盟关系的发展前景，东盟国家应注意以下三个方面：其一，与中国进行经济合作时，东盟应努力扩大经济收益，并积极探索可持续发展模式；其二，东盟应团结一致，确保对大国在东南亚地区的战略竞争起到管控作用；其三，东盟内陆国家应共同应对互联互通推进过程中产生的交通、移民、建筑、土地和能源开发等问题。

柬埔寨皇家学院 Sary Meakh 教授发表论文《中柬关系与海上丝绸之路：从过去到未来》，全面回顾了中柬关系发展的历史，并基于中柬两国在海上丝绸之路框架下的经济合作历史指出，东盟国家是建设 21 世纪海上丝绸之路的起点，应成为中国周边外交的重点，建设 21 世纪海上丝绸之路有助于增强中国与东盟国家之间的政治互信。中国与东盟应建立中国—东盟智库网络，根据东盟需求建设安全高效的互联互通网络，并打造泛北部湾旅游经济区。Meakh 教授表达了柬埔寨希望与中国持续推进双边合作、促进人文交流和加强旅游合作等意愿，并提出建立中柬经济开发区、扩大对柬埔寨基础设施领域的投资、推动中柬产业合作等建议。

越南社会科学翰林院中国经济研究所主任 Ha Thi Hong Van 博士发表论文《"一带一路"战略：中越经济关系发展面临的机遇与挑战》，从贸易和投资两个方面回顾了中越经济关系的发展历程及取得的成果，指出"一带一路"倡议与"两廊一圈"计划对接将给中越经济关系发展带来重大机遇。"两廊一圈"指"昆明—老街—河内—海防—广宁"和"南宁—谅山—河内—海防—广宁"两条经济走廊以及环北部湾经济圈。"一带一路"倡议与"两廊一圈"计划对接，能够有效地推动中越在建筑建材、机械设备、电力和可再生能源领域的产业合作，能够推动越南的基础设施建设，对于中越两国相关省份的经济发展具有重要意义。同时，她指出，未来中越经济关系发展将面临越南对华经济依赖不断上升、对华贸易逆差不断扩大、公共债务不断增加、环境和社会压力不断加大等诸多挑战。为推动中越经济合作，中越双方应坚持双赢原则，建立利益分享机制，促进基础设施互联互通，建立更加平衡和可持续的贸易关系。

议题四　中国南海争端与中国—东盟海洋合作

云南大学缅甸研究中心主任李晨阳教授发表论文《如何处理 21 世纪

海上丝绸之路建设过程中的安全问题》，提出如下观点。其一，"21 世纪海上丝绸之路"的具体内容是研究如何打造"21 世纪海上丝绸之路"的基础。当前学术界缺乏对海上丝绸之路具体内容的研究。应以李克强总理在第 16 次中国—东盟领导人会议上提出的"2＋7"合作框架为基础，对具体合作领域进行更为深入细致的研究。其二，当前中国与东盟关系发展，尤其是建设 21 世纪海上丝绸之路，面临诸多传统和非传统安全挑战。如果我们不能有效地解决这些问题，中国与东盟之间的许多合作项目就无法顺利进行。各国政府和学者应以更加积极开放的态度去研究和协商安全问题。其三，南海问题短期内难以解决，中国与东盟国家都希望维持地区和平与稳定，双方要正视这一问题，建立危机管控机制，不能诉诸极端主义。其四，应从不同角度客观地评估中国与东盟之间的安全关系。其五，中国与东盟国家对双方的安全战略并不了解，双方应通过提高政策透明度来增强政治互信。战略性模糊虽然可能有助于获得更多利益，但容易引起对方的战略误判，加剧冲突和争端。其六，安全合作将成为未来 20 年中国与东盟开展合作的重点领域，双方应从建立安全对话机制、海上救援与共同打击跨国犯罪等合作形式出发，分步有序地开展安全合作。

缅甸仰光大学国际关系学系 Moe Ma Ma 教授发表论文《中国—东盟合作：海洋领域》，指出大多数东盟国家为海洋经济体，加强海洋互联互通建设对东盟国家的经济发展意义重大。加强海洋合作，有助于形成成熟稳定的双边关系。海洋合作已经从中国—东盟合作的子领域上升为双方合作的战略性支柱。Moe Ma Ma 教授系统地回顾了中国与东盟国家开展海洋合作的进展，并提出当前中国与东盟国家加强海洋合作仍面临诸多挑战。其一，领土争议、军事合作、安全同盟等地缘政治因素对中国—东盟海洋合作具有阻碍作用。其二，中国—东盟海洋合作缺乏系统性机制保障。中国提出与东盟正式建立海洋合作伙伴关系，并分散地提出一系列合作项目，这些合作方案相互独立，不存在系统性框架。尽管面临上述挑战，只要中国与东盟国家坚持睦邻友好、合作共赢原则，中国—东盟海洋合作将会取得更大进展。

印度尼西亚克里斯汀大学安全与外交研究中心研究员 Angel Damayanti 博士发表论文《中国—东盟海洋合作：维护海洋安全》，指出国际航运对于国际贸易发展至关重要，亚太地区已逐渐发展为全球的海洋战略中心，这一地区存在海洋领土争议和跨国犯罪威胁，海洋安全对于亚太地区发展意义重大。从美国、中国和印尼各自的海洋安全战略来看，亚太区域大国关注的共同点在于如何应对传统和非传统安全挑战。Angel Damayanti 博士建议建立一个包括东盟十国、中国、韩国、日本、澳大利亚、新西兰和美国在内的亚太海事论坛，形成一种具有开放性、全面性和包容性的海洋合作关系。这一合作机制将有助于东盟国家之间、东盟国家与亚太地区的其他国家（尤其是中国）之间建立互信。论坛的主要目标在于航行安全保障、海洋争端管理以及全方位的海洋合作（包括信息共享、技术合作、交流访问、海洋互联互通、基础设施及设备升级、海员培训、海洋科学研究、海洋环境保护和生态旅游等）。

复旦大学中国与周边国家关系研究中心主任石源华教授和外交部亚洲司沈颖秋副处长分别对本次会议做了总结。石源华教授指出：尽管参会的中国与东盟国家代表在一些具体问题上存在分歧，但会议气氛友好而热烈，参会学者畅所欲言，充分说明了我们是朋友、是邻居、是伙伴。对中国周边外交形势以及中国—东盟合作，石源华教授提出以下观点。其一，一年来中国周边形势总体稳定，"有小惊，无大险"，是一个和平的周边环境，一个和平的东南亚。其二，尽管中国经济进入"新常态"，但中国仍然是世界经济增长的主动力，东盟的发展离不开中国，中国与东盟的发展相互依存。其三，中美之间的结构性矛盾与兼容共存，构成东亚政治经济体系的核心框架，东盟国家均面临大国平衡问题，即对美政策与对华政策的平衡。在大国平衡战略上，韩国不以侵害一方利益为代价发展与另一方的双边关系，"韩国模式"对于中国与东盟国家的关系发展具有示范意义。其四，中国"一带一路"倡议要实现周边地区全覆盖，中国与东盟的合作是落实"一带一路"倡议的重点，将对全方位合作起到示范作用。其五，东亚区域合作形式呈现多元化趋势，中国一直坚持东盟的整体性和中心性，而美国跨太平洋伙伴关系协定则分裂了东盟。其六，应采用"双轨思路"处理中国与东盟国家的关系，将南海争端与全面发展双边关系分开处理，通过搁置争议、广泛开展合作，解决南海问题。沈颖秋副处长在总结中指出，中国一直坚持东盟的整体性，同时重视与东盟国家保持友好关系；中国关注地区和平与稳定，希望与东盟国家开展交流与合作，共同应对来自传统与非传统安全领域的挑战。

在本次会议上，国内外学者围绕"中国—东盟关系与海上丝绸之路建设"这一主题，回顾了中国—东盟关系的发展历程，总结了中国与东盟国家双边关系发展取得的成绩和经验,交流了各国对海上丝绸之路倡议的看法,从经济、政治、文化和安全等多重视角探讨了中国与东盟国家关系发展以及落实"21 世纪海上丝绸之路"倡议的前景与挑战,并提出富有创建性的政策建议。国内外专家的深入探讨,丰富了学术界关于"一带一路"倡议的理论研究,有助于推动中国与东盟国家在"一带一路"框架下开展务实合作。

(作者系复旦大学国际问题研究院博士后研究员)

"2015 年中国周边外交的评估与展望"
研讨会综述

张　弛

2015 年 12 月 1～2 日，由中国国家领土主权与海洋权益协同创新中心、复旦大学中国与周边国家关系研究中心举办的第五届中国周边外交研讨会，主题"2015 年中国周边外交的评估与展望"，在复旦大学举行。来自外交部亚洲司、中国社会科学院亚太与全球战略研究院、世界政治与经济研究所、俄罗斯东欧中亚研究所、上海合作组织研究中心、地区安全研究中心、中国国际问题研究院、现代国际关系研究院、清华大学、外交学院、吉林大学、暨南大学、上海社会科学院、上海国际问题研究院、同济大学、复旦大学等单位 40 余名学者参加了会议，对 2015 年中国周边外交的成就与不足进行了系统的总结，对 2016 年周边外交的发展方向进行了展望。

研讨会开幕式由复旦大学中国与周边国家关系研究中心主任石源华主持，复旦大学国际问题研究院常务副院长吴心伯、外交部亚洲司副处长汪澍分别致辞。吴心伯指出，2015 年是以习近平为核心的领导层执政以来，新周边外交的实施之年。新时期周边外交经过 2013 年的构思、2014 年的布局，2015 年进入了落实的阶段。在实施阶段的初期，对情况的评估是很重要的。这就要求学者们一要"上天"，与政府部门做好对接；二要"入地"，到周边国家做好调研工作。吴心伯希望以后的周边外交研讨会要将研究精细化，要发现问题，更要提出好的建议，并预祝本次会议圆满成功。汪澍在致辞中，总结了 2015 年的周边形势，认为中国周边形势放在全球进行横向比较的话，可以说是总体向好、地位上升；但放在亚洲进行纵向比较的话，则显示出变革的加快，中国越来越成为地区重大议程的倡导者、推动者和公共产品的供给者。同时阐述了 2015 年中国与周边邻国关系的发展与挑战、区域合作的成果与不足，希望与会学者在总结经验的基础上，积极为国家献计献策。

随后，上海市国际关系学会会长杨洁勉和外交学院教授郑启荣分别做了题为"经略周边的挑战、思考和建议"与"新形势下中国周边外交面临的挑战"的主旨演讲。杨洁勉对中国周边外交的开展从"战略突破"和"应对挑战"两个方面提出了建议。在"战略突破"方面，他认为 2016 年综合安全很有可能成为影响周边环境的主要不利因素，中国国内战略的主攻方向应该是保障"十三五"顺利开局及早期收获，国际战略的主攻方向是缓解东部安全形势并为"十三五"营造有利环境。他主张 2016 年中国周边外交要善于利益交换，重点对象是美国，重点区域是南海，重点问题是反独促统。同时，中国周边外交还需要推动落实机制建设，改善舆论环境。在"应对挑战"方面，他建议一要全力应对全局性挑战，坚持建设中美新型大国关系，缓和南海争端问题，实现中日关系转圜；二要有效管控局部性分歧，防止局部问题影响周边大局；三要强化议题设置，做到在涉华议题上提前发声，加强周边议题的"共性"，率先垂范；四要提高战略政策的执行度，把重点放在具体落实上。

郑启荣系统分析了新形势下中国周边外交面临的挑战和来年需要着重处理的问题，他认为 2015 年中国周边基本形势相对稳定的局面未发生大的改变：地区和平发展的基本态势得以维持，周边国家对华友好合作仍是主流，合作机会依然大于挑战。同时指出周边形势的消极面也在增多，包括美国因素全面发酵，日本加大对华防范，周边国家"两面下注"，南海及朝鲜半岛僵局依然难破。基于以上分析，郑启荣认为 2016 年中国周边外交一要处理好维稳与维权的关系；二要与美国"斗而不破"，化解结构性矛盾；三要做到"亲、诚、惠、容"与"恩威并重"；四要加强总体战略设计与具体政策的把控，做好机构间的协调。

会议期间，与会学者就"中国周边外交的评估与展望"、"中国的周边大国外交"、"中国的周边次区域外交"和"中国的周边外交热点问题"等主题对 2015 年周边外交进行了全面的回顾和总结，对如何有效开展2016 年的外交工作提出了有益的建议。

一 中国周边外交的评估与展望

"2015 年中国周边外交的评估与展望"专题研讨由复旦大学国际关系与公共事务学院院长陈志敏教授主持,共有 8 位学者围绕本专题发表了自己的见解。

中国社科院亚太与全球战略研究院副院长李文研究员围绕习近平关于构建新型国际关系的重要论述进行了深入的分析。首先,新型国际关系是时代发展特征的新揭示,顺应了时代潮流,代表了新兴经济体和发展中国家的利益与愿望,给国际关系思想理论界带来了新的生机与活力。其次,新型国际关系理论是对现有理论的超越与发展,它主张人类社会稳定和发展的因素在于合作与共赢,认可和包容世界本身的多元性与多样性,重视培育理想信念。最后,李文强调中国要增强道路、理论和制度自信,新型国际关系理论既是新兴经济体和发展中国家切身经验的总结,也是中国为世界贡献的精神财富,必将以其强大的解释力、预测力和影响力在国际关系思想理论界占据愈加重要的地位。

复旦大学国际问题研究院任晓教授就"一带一路"建设与提供国际公共产品发表了看法。任晓认为"一带一路"的要义是为亚欧沿线各国提供公共产品,中国已经在基础建设的互联互通和"亚投行"的筹建上取得了重大的成果。"一带一路"的建设不是短期可成的,而是需要长期的努力,讲求内生性发展,使"一带一路"契合沿线国家的发展战略。这要求中国在未来的建设中,一要避免一哄而起、大干快上,要扎扎实实、一步一个脚印向前推进;二要牢牢把握共同获益原则,尊重所在国家的传统和民众愿望,重视保护当地自然环境;三要将涉及方方面面的具体事项落到实处,防止跟风炒作。

同济大学国际关系与公共事务研究院院长夏立平教授对 2015 年中国周边政治与安全形势进行了评估与展望。第一,当前亚洲大国博弈复杂激烈,美国加大对东亚地区的军事和经济卷入力度,日本通过"新安保法"已具有预防性打击可能,中国则走和平发展道路,寻求大国协调。构建中美新型大国关系,形成大国协调是唯一出路。第二,东亚海上争端加剧,美国、日本插手南海,中国必须处理好海上自由航行与南海岛礁利益的关系,预防危机和谈判解决符合主要方利益。第三,亚太经济新机制的相互竞争加剧,TPP 已达成基本协议,RECP 也在加快推进,但合作趋势不可避免。第四，恐怖主义威胁突出，反恐合作大势所趋。第五，环境污染成为各国面临的共同挑战，国际合作应对挑战方兴未艾。

外交学院郭延军副研究员从地缘角度讨论了中国的东亚区域合作战略。他认为随着中国东亚区域合作战略日益清晰和完善，一个开放、包容、互补的"同心圆"正在成型。"同心圆"的核心是中国——东盟合作，第二圈是东盟与中日韩合作（10 + 3），最外层是东亚峰会。三个机制各有侧重，又互相补充，是一个层层递进的关系。当前，由于中日韩合作得以全面恢复，东亚峰会等亚太机制难有作为，东亚国家政策趋于务实，中国的引领作用加强，"10 + 3"合作面临着重新焕发活力的机遇。但中日韩要在东亚合作中发挥引领作用，还需要解决一系列挑战，包括破解双边政治关系，推动三国自贸区建设和共建"一带一路"。

复旦大学国际问题研究院宋国友教授对 2015 年中国周边经济形势进行了系统分析，认为呈现五大特点。一是周边经济形势总体严峻，发展环境有所恶化，但在全球范围内表现仍较出色。二是亚洲各经济体增长分化明显，中国经济下行压力增大，日本安倍经济学效应降低，印度增长较为抢眼，东盟增速也在下降。三是大宗商品价格下降、美元汇率调整等外部环境对地区经济体的影响不一，存在非均衡性。四是外部经济不确定性因素增大，亚洲需要提高风险防范能力，各国要整固财政、加强合作、进行更深的经济结构调整。五是亚洲经济规则竞争逐步显现，"亚太派"、"东亚派"和"共沾派"三派主张并存。

中国社科院亚太与全球战略研究院许利平研究员和复旦大学国际问题研究院邢丽菊副教授分别围绕中国和周边国家的人文交流发表了各自的见解。许利平主要探讨了人文交流的路径与机制，他认为中国与周边国家人文交流的路径包括教育、科技、文化、体育、青年、媒体、旅游等，其中文化交流是核心，文化交流时必须要坚持相互尊重、平等相待。中国与周边国家的人文交流机制包含双边、多边和评估机制，其中建立绩效评估意识，完善人文交流评估机制是未来更科学、更合理进行人文交流的基础。邢丽菊主要指出了中国与周边国家人文交流的问题，并提出了对策建议。她认为目前主要存在的问题是交流的目标群体有限，呈现"上冷下热"局面；官方机制与非官方资源或渠道结合欠缺；有些交流为"单项输出"、"给非所需"；民族或宗教、历史问题依然严重。她建议，未来人文交流应进一步完善机制建设，广泛动员各种民间和社会力量参与，把重点放在传达中华文化的价值理念上,创造人文交流的现代语言形式,处理好周边跨境民族问题。

复旦大学国际问题研究院石源华教授对当前东亚区域的核心政治架构——中美"兼容共存"进行了系统阐述。他认为快速崛起的中国和霸权国美国之间在东亚区域的结构性矛盾将长期存在,中国实力虽保持上升趋势,但美国仍处于体系性、优势性地位,美强中弱的大格局短期内不会改变。东亚区域的所有重大问题无不受中美结构性矛盾制约,各国外交政策无不受中美关系影响。在东亚新国际秩序和安全架构的重组过程中,中美"兼容共存"将成为核心政治架构。中美之间的和平相处、互利共赢及其可能达到的合作水平和深度,将对东亚区域安全的发展形态和实际进度产生至关重要的影响,也是中国在 21 世纪第二个十年甚至更长时间内能否取得和平建设的安定环境的重要因素。

二 中国的周边大国外交

"2015 年中国的周边大国外交"专题研讨由复旦大学日本研究中心主任胡令远教授主持,共有 4 位学者发表了他们的论文。

复旦大学国际问题研究院常务副院长吴心伯教授对 2015 年中国对美外交进行了评估和思考。他认为 2015 年中国对美外交的主要任务是坚持推进构建中美新型大国关系,确保习主席访美取得成功。同时,中美关系也面临美国国内关于对华政策和中美关系的辩论提前出台,以及网络、南海问题升温两大挑战。使中美关系不要脱轨,两国要具体处理好的工作包括反腐败、双边自由贸易协定谈判、亚投行、人民币"入篮"、南海建设、气候大会六大问题。从总体上说,2015 年中国的对美外交是成功的,特别是习近平访美实现了中国的目标,稳住了奥巴马,扩大了中美之间的合作,使中美关系发展的节奏和步伐得到来自中方的很大推进。

上海社科院国际关系研究所常务副所长刘鸣研究员分析了"中美新型大国关系"构建中美国消极认知的因素,主要包括五点。一是美国自身的地位、认知以及历史决定了美国对华怀疑,或是战略平衡,这不仅仅是权力或身份问题,也包含一种无政府状态下力量对比的变化。二是美国学者在阅读文献时,往往会选择中国的一些讨论进攻性大战略的论文以及重塑国际体系的文章。三是美国设立的规则以自我为中心,要求中国的遵守。四是中美关系中的所谓地区现状因素，美国认为中国改变东亚安全结构状况的任何一点都是在改变现状。五是如何处理中美关系中的问题，美国常常陷入对"绥靖"一词负面影响的历史桎梏之中，在很多问题上无法做出让步。

中国国际问题研究院李自国副研究员对 2015 年中俄关系进行了系统评析。第一，中国对俄关系出现相对主动性，表现在政策更趋主动，塑造两国关系的能力有所提升。第二，中国对俄政策基本原则并未改变，表现在两国关系原则和定位不变，相互倚重的性质没变。第三，中俄关系在 2015 年取得新进展，包括坚持对战后秩序的共同理解，共同维护地区安全、通过联合军演显示出较高军事互信，经济内生性方向加强。第四，中俄关系仍存障碍——俄罗斯根深蒂固的"后院意识"、对中国移民的深切担忧和俄精英的欧洲中心主义思想都是未来中俄关系需要解决的难题。

上海国际问题研究院吴寄南研究员就中国对日外交如何走出困境发表了看法。他认为当前中日关系在历史和现实多种因素综合作用下出现复杂局面，中日关系的结构性特征，综合国力对比，认知差异，国内政治和美国因素导致的中日博弈加剧以及安倍复出后的一系列政策都使中日关系受到严重影响。然而，中国必须从战略高度认识和把握中日关系，以 2014 年 11 月的四项原则共识为基础，冷静研判形势，适时调整战略；清醒认识中日关系坚韧与脆弱的两面性，做好长期周旋的准备；坚持"两点论"、"两分法"和"两手政策"，将坚定的原则性与灵活策略性融为一体，推动双边关系趋稳向好。

三 中国的周边次区域外交

"2015 年中国的周边次区域外交"专题研讨由外交学院郑启荣教授主持，共有 9 位学者针对此议题发表了意见。

中国现代国际关系研究院林利民研究员深入分析了中国东北亚外交的历史与现实，对从甲午战争至今东北亚地缘格局的特点进行了总结，认为东北亚地区在历史上任何时期都与中国的地缘政治安全以及中国的和平、发展和繁荣休戚相关。他提出了六点当前中国东北亚外交策略所应优先考虑之处，包括中国应重视东北亚发展议题，将该地区纳入更大范围内的"一带一路"战略中；力推涵盖东北亚全区域的地区安全架构；对东北亚的安全问题实行分层管理；积极推动东北亚的裁减军备进程；进一步深化与韩国的战略协作关系；加强与美国的战略协调，既包含合作，亦包含合理冲撞。

中国社科院亚太与全球战略研究院董向荣研究员对 2015 年中国对朝鲜半岛的政策进行了评估。她认为 2015 年的朝鲜半岛外交可以简单概括为与朝鲜进行了"初步接触"，与韩国进行了"良性互动"。在对朝外交上，朝鲜没有进行核试验和发射卫星，刘云山访问朝鲜，中朝关系没有发生大的变化。在对韩外交上，中韩关系有了很大进步，特别是在韩国加入亚投行、中韩 FTA 签订和朴槿惠参加"九·三阅兵"三件事上显示出中韩战略信任有了较大的提升。在中韩对朝政策沟通和协调问题上，董向荣认为中国对韩国的对朝政策给予较大支持，但就力度来说，比起韩国的"东北亚和平合作构想"，中国更强调韩国的"朝鲜半岛信任进程"，希望韩国能脚踏实地地改善南北关系。在未来的半岛政策上，中国要思考如何使现在较好的中韩关系不受韩国领导人换届的影响而出现较大波动，推动南北之间的进一步良性互动。

中国社科院社会学研究所副所长孙壮志研究员和中国社科院俄罗斯东欧中亚研究所张宁副研究员都围绕中国的中亚外交做了发言。孙壮志主要就中亚各国独立以来，中国对中亚外交的基本思路和关系发展过程进行了梳理，认为 20 余年来，中国与中亚的关系在各层次、各领域快速发展，双边与多边合作并重。中国与中亚确定了睦邻友好合作关系，经贸与投资合作成为亮点，战略伙伴关系全面确立。中国借丝路经济带打造命运共同体，更体现了中国新外交理念和倡议在中亚起到的引领和示范作用。张宁评估了 2015 年中亚的形势、存在问题和发展趋势。认为 2015 年中亚形势总体稳定，但面临经济陷入危机、人事结构调整和政体改革压力剧增、"伊斯兰国"安全威胁以及在"多元平衡"和"与俄一体化"之间艰难选择等诸多问题。未来中亚国家的发展将呈现在经济上加强基础设施建设，安全上借助俄罗斯加强南部边界安全，外交上增强与中国的合作意愿，政治与社会上于国家政治经济生活中发挥更大作用。

吉林大学行政学院郭锐教授分析了西亚地区变局和中国的西亚政策。2015 年西亚局势进一步动荡化，贸然推行民主化造成的严重后果、外部势力干预和美国在西亚的战略收缩政策，使西亚亟待建立新的秩序。为了应对西亚不断恶化的局势，中国的西亚外交需要调整，包括积极介入调解地区性热点问题，坚决打击极端主义和恐怖主义，借力"一带一路"建设的机遇。未来中国的西亚外交应从过去的被动应对、突发应急转向主动参与、提前预防，应主动参与西亚新秩序的构建进程，统筹好中、美、西亚三方的关系，最终将西亚地区打造为新型周边关系的新地缘支点。

清华大学当代国际关系研究院马燕冰研究员分析了当前中国与东盟关系的主要问题及影响。认为中国与东盟存在的比较突出的问题，一是应该研究如何继续推动东盟在地区合作中保持主导地位。二是南海问题继续升温，美国对南海问题立场进一步变化造成地区国家关系复杂化。在当前形势下，中国应采取积极措施应对不利局势，包括提出建立国际新秩序的主张，减少国际社会疑虑并防范冲突；倡议新的地区机构以增强中国主导地区事务的权利，并将东盟置于新机制的优先地位；加强中国与东盟国家的"一带一路"建设及经贸合作，可以同友好国家加强军事合作；利用中美战略经济对话等平台，与美国讨论双边同盟与地区多边安全架构的关系问题。

中国国际问题研究院李青燕助理研究员系统回顾 2015 年南亚形势并对中国的外交运筹方向提出建议。2015 年南亚形势总体稳定但不容乐观，各国内政与国家间关系动荡，安全形势趋紧，经济发展受各方因素影响增长乏力。南亚新动向虽为中国巩固和扩大在南亚影响提供了契机，但也加剧了经略南亚的紧迫性。中国应抓住南亚小国对印度的离心力增加之机，在继续保持中印关系平稳发展、中巴关系务实深化的基础上，拉近与南亚小国的关系，适时增进中尼关系，转圜中斯关系，加大基建投入，开展救灾援助外交，拓展外交空间，加强反恐合作，维护西部边陲安全。

中国社科院亚太与全球战略研究院副院长韩锋研究员和世界经济与政治研究所徐秀军副研究员围绕中国的南太平洋外交发表了他们的论文。韩锋主要回顾了中国与太平洋岛国的关系，认为太平洋岛国在中国战略中的地位不断提高，双方合作定位明确，决定共同建立相互尊重、共同发展的战略伙伴关系。中国从地区合作的角度，与太平洋岛国建立战略互信以及贸易、投资和援助相互促进的区域主义，在"一带一路"建设推动下，南太岛国已成为"海上丝绸之路"的自然延伸。中国未来的南太岛国外交，将既强调大国合作协调，又照顾地区特点。徐秀军主要论述了中国南太平洋外交的进展、机遇与挑战。认为中国南太平洋战略的重新定位、中国与南太国家经贸的发展以及机制化合作都标志着中国与南太关系的最新进展。当前，中国南太平洋外交既面临战略对接挖掘发展与合作潜力、高层频繁互动增进相互理解互信、自贸区建设拓展经贸发展空间的新机遇，也存在经济发展环境改变、大国在南太平洋对华防范加大、新领域问题日益增多的新挑战。中国下一步的南太平洋外交应继续加强高层交往，促成战略对接，深化经贸合作，树立大国形象，拓展与地区组织合作，巩固和建立双方合作机制。

四 中国的周边外交热点问题

"2015 年中国的周边外交热点问题"专题研讨由中国现代国际关系研究院林利民研究员主持，共有 7 位学者对 2015 年中国周边的热点问题发表了见解。

复旦大学国际关系与公共事务学院包霞琴教授围绕中日在历史问题上的新较量发表了看法，认为 2015 年中日围绕历史问题展开了双边和多边层面的较量。在双边，日本交出"安倍谈话"，中国举行"九·三大阅兵"；在多边，安倍在纪念亚非会议 60 周年会议和美国参众两院分别发表演讲，中日也在明治遗址申遗、慰安妇等问题上展开博弈。目前安倍在历史问题上的策略是将历史修正主义与美国"亚太再平衡"战略和日本的亚太大战略捆绑起来，以争取美国和日本民众对修正主义的容忍。未来，历史问题国际化可能成为制约日本的一种手段，但作用有限；中韩在历史问题上合作疏远了日韩政治关系，使美日韩同盟难以成型；日本与中韩的"彻底和解"已错过战后初期的重要时刻，以后和解将更加困难。

外交学院朱丹丹副教授也讨论了如何理解和处理中日关系中的历史问题，认为导致 21 世纪初至今日本认知基本特征和新特点的原因主要有三方面：一是中日关系在政治上出现的紧张关系与日本统治阶层的历史错误认知以及由此产生的对复兴大国目标的追求；二是制衡安倍内阁基于错误史观而采取的政策和行为的国内外压力减小；三是日本社会整体对近现代日本侵略战争史存在记忆缺失。要处理中日关系中的历史问题，她主张可将中日关系放到中日韩、东北亚、亚太等多边解决机制中来，在坚持中国固有立场的同时，积极同其他近现代曾遭受日本侵略战争和殖民统治影响的国际和地区交流，并加强与日本具有和平主义思想的民众的往来。

暨南大学国际关系学院副院长鞠海龙教授、中国现代国际关系研究院楼春豪副研究员、复旦大学国际问题研究院韦宗友教授、祁怀高副教授都针对南海问题发表了论文。鞠海龙主要从国际舆论的角度检视南海问题发酵的线索与特征，认为 2015 年南海问题的国际舆论围绕中国南海筑岛和中菲仲裁两条线索持续发酵，引发多个舆论爆点，呈现"双线多爆点"结构。鞠海龙通过研究"筑岛事件"和南海仲裁案的国际舆论轨迹和特征，认为目前关于南海问题的国际舆论呈现不可改变的外部环境、不可改变的内在选择、不可改变的被炒作状态的三重特征，未来，南海问题国际舆论对中国南海政策的否定将经历盛极而衰的过程。中国将经历与相关舆论的互动、博弈，转向主导舆论主流。为此，中国需要调整国际舆论策略与应对方式，建构更符合国际舆论规律的国际话语权架构。

楼春豪分析了 2015 年南海形势的新动向并进行了评估，认为 2015 年南海形势新动向包括美国介入南海的力度更加明显、强硬；日本谋划军事介入南海；南海周边国家抱团取暖之势趋强三大特点。对此，楼春豪对未来南海局势做出了三点评估：一是相关方博弈的基本态势不会改变，南海争端已由岛礁主权之争逐渐上升为中美海洋秩序博弈；二是各方加强前沿力量部署，不排除发生对抗的可能；三是中方承受的舆论和法理压力增大，在国际上要更好地利用国际法维护自身权益，避免留下"不讲理"的印象，国内要理性引导，掌握好主权问题的敏感性。

韦宗友论述了南海局势的新发展，提出了应对的新思路。认为 2015 年南海局势的新发展：一是海牙常设冲裁法庭接受菲律宾的南海仲裁请求；二是美国大肆渲染中国造岛行动，并派军舰进入我岛礁 12 海里内。南海局势的新发展使中国面临舆论、国际法、安全三重外部压力，以及周边外交、"一带一路"、中美关系的三大外交挑战。为了应对新形势和新挑战，中国首先应充分认识南海问题的复杂性，谨防南海战略陷阱；其次要跳出"维权"与"维稳"的二元对立思路，将南海问题置于国家大战略框架中审视；再次应实施"搁置争议、共同开发"，向外界释放战略善意；最后需要加强国际法研究，使中国的主张以更加合理合法的方式获得认可，并在必要时做出权益澄清或妥协。

祁怀高在中国建设"海洋强国"和南海安全问题凸显的背景下，对中国的南海战略进行了新思考，认为中国在南海问题上，一要抢占南海海域 U 形线法律性质的主导权，以"岛屿归属线"的法律性质加上"历史性权利"解释，让其他声索国理性认识中国的主张。二要积极倡导建立南海声索国机制，尽快解决谈判方式，海洋资源权声索要求，军机、军舰通行"自由"与规划南海争端解决路线图四大问题。三要仔细研究南海声索国的立场差异，采取有针对性的应对措施。四要以法律手段强化在南海岛礁和海域的主权存在。五要培养国民理性法治的海洋国土观。总体上要从国际法、国际机制、国际关系、国内主权四者互动的视角对中国南海战略做深入细致的研究。

复旦大学国际问题研究院方秀玉副教授围绕中国对朝鲜半岛无核化政策进行了分析与展望。认为朝核问题之所以难以解决，其原因一是东北亚国际政治结构，二是核武器本身的威慑力，三是朝鲜自身的意志，四是缺乏解决问题的国际保障机制。中国对朝核问题的基本政策是主张维护半岛无核化，通过对话和平解决朝鲜半岛核问题，维护半岛和平稳定。然而，韩国对中国的朝核政策存在认知误区：未明确"核"的概念和范围，多数人不了解事实真相，对"力"、"利益"有一种偏颇理解，过分夸大了中国崛起的实力。方秀玉副教授认为未来中国对半岛政策虽会有适时调整，但总的方向和原则不会有太大变化，希望朝鲜能够通过参与中国的"一带一路"和韩国的"欧亚倡议"来逐渐融入国际社会。

会议结束时，复旦大学中国与周边国家关系研究中心主任石源华教授做了总结发言。他将这次会议涉及的观点总结为六点：第一是 2015 年的周边形势，亮点、热点、闹点都有，但总体上说形势还是稳定的；第二是中国经济出现了"新常态"，但在世界经济中间，特别是周边地区，依然是独占鳌头；第三是周边外交作为中国外交大战略的重中之重得以全方位展开；第四是中美两国的兼容共存成为中国周边的核心政治结构；第五是"一带一路"与周边合作全覆盖在不断发展；第六是周边区域合作呈现"多元化"、"交叉化"的格局。石源华指出，周边外交能不能取得成就，相当程度在于中国能不能避开战略陷阱，能不能化解冲突的焦点，而在这一问题上，"搁置"的思路仍然具有借鉴意义并值得进一步深入思考。

2015 年是新时期中国周边外交战略进入实施阶段的开局之年，战略实施早期阶段的评估对于未来周边外交能否顺利开展意义重大。从这一点上来说，本次会议的召开既是恰逢其时的，也是切中关键的。会议对 2015 年中国周边外交的评估，必将为 2016 年周边外交的开展提供重要的借鉴；对未来形势与发展方向的研判，也必将有助于外交工作在把握国内外动向的情况下，取得更丰硕的成果。

（作者系复旦大学国际关系与公共事务学院博士研究生）

"全球公域秩序与中国应对战略研究"
研讨会综述

南振声

2015 年 6 月 23 日，复旦大学中国与周边国家关系研究中心在中国国家领土主权与海洋权益协同创新中心支持下，举办了"全球公域秩序与中国应对战略研究"学术研讨会。来自国家海洋局、中国极地研究中心、中国社会科学院、上海国际问题研究院、武汉大学、复旦大学、同济大学、上海外国语大学、南京政治学院等高校及研究机构的 20 余位专家学者与会，就"全球公域概念"、"美国的全球公域防务战略"、"中国的全球公域战略与未来战略新边疆"、"极地、太空、海洋、网络安全与治理"等专题展开了热烈的讨论。现将会议主要观点综述如下。

一 关于"'全球公域'与'新边疆'概念之辩"

论坛由复旦大学中国与周边国家关系研究中心石源华主任主持，会议首先对两个重要概念进行了探讨。一是"全球公域"。与会者普遍认同当前政界和学界对"全球公域"的概念界定不尽一致。会议梳理了不同视域下"全球公域"的内涵，主要包括以下几种：一是在联合国框架下，"全球公域"主要指那些国家管辖范围之外的自然资产，包括海洋、外层空间和南极洲。二是从法律的角度考察，"全球公域"则是指"所有国家均可以合法进入的资源领域"，是南（北）极洲、公海、国际海底区域、大气层和太空等区域的集体称谓。三是从军事角度看，"全球公域"特指"不为任何国家控制，但又为所有国家所依赖的领域或区域"。四是从本质内涵看，"全球公域"是从物理空间向虚拟空间的延伸，具有四大特征：一是不为任何单一实体所拥有或控制；二是作为整体的功用大于作为部分的功用；三是对掌握必要技术和能力的国家而言，能为政治、经济等目的出入其中并加以利用；四是能够作为军事移动的通道和军事冲突的场所。

正是由于对"全球公域"概念的界定存在分歧，与会人员对于"全球公域"所包含的具体领域也有争论。2010 年，美国国防部发布的《四年防务评估报告》指出，"全球公域"包括海洋、极地、太空和网络空间四大领域。复旦大学美国研究中心蔡翠红副教授认为网络不应属于"全球公域"的范畴。中国政府主张互联网是存在主权的，这就与全球公域的内涵相悖。建议不要把网络放在"全球公域"范围进行研究。复旦大学文科科研处处长陈玉刚教授认为当前的网络公域化倾向主要与克林顿执政时的"参与和扩展战略"有关，网络已成为美国重整全球领导地位的一个重要抓手和领域。但是，网络不过是信息联络的设施，从本质上讲与铁路、公路这些基础设施都很相似，如果要把网络公域化的话，许多基础设施也要公域化，所以他也主张网络不应是"全球公域"的一部分。

在讨论中，石源华教授提出是否可以把"全球公域"称为中国的"未来战略新边疆"。如果可以的话，这一提法是否会在其他国家造成歧义和误解以及给我们外交工作带来影响。针对这个问题，与会人员各抒己见，发表了不同看法。上海政法学院何奇松教授认为随着科学技术的发展，人类的"新边疆"层出不穷，我们不能因为怕被人指责就抛弃这个说法不用。实际上，即使你不使用，国外也会自行创造出一个针对"中国威胁"的新名词来指责中国。如果仅仅因为担心其他国家的误解而不用的话实属可惜。中国社会科学院任琳副研究员也力主使用"新边疆"这一概念。她认为"亚投行"是中国在国家利益受到损害时改变世界经济秩序的一种实践。既然在经济领域中国已先行一步，那么在国际政治、安全领域，中国的步子可以迈得更大一些。中国有技术能力、制度能力、话语权能力来改变不公平的世界秩序，提出我们的合理要求。因此，我们把"全球公域"视作保护国家利益的"新边疆"是完全合乎情理的。蔡翠红也提出了相似的看法。

当然，也有部分与会者提出了完全相反的观点。如陈玉刚教授认为边疆是与主权概念紧密联系在一起的，如果在公域问题上牵扯边疆的话，则与主权、安全相关联起来了，全球的公域就可以变成自己的私域，这与中国想要树立的"不对外扩张"的国际形象是格格不入的。

部分学者也提出了一些折中的想法。蔡翠红认为在使用新边疆的时候可以加个定语，可以表述为某种领域的新边疆。例如在涉及网络空间的时候，可以认定网络空间是一个创新的、竞争的、生产力的新边疆，这样的话就不会引起歧义了。国家海洋局极地考察办徐世杰认为提出"新边疆"这个概念，最关键的是要把它的内涵与外延界定清楚。如果站在中国的角度来谈论新边疆的话，则具有一定的进攻性。因为这意味着中国对全球公共领域的主权诉求。但如果站在全人类角度谈论的话，新边疆就意味着对公共领域的治理问题。中国极地研究中心张侠则认为可以用"新疆域"来替代"新边疆"。党的十八大会议中已提出"新疆域"这一概念，与"边疆"一词相比较，"疆域"的主权意味淡了不少。

二 关于"美国全球公域防务战略及其影响"

美国是"全球公域"防务探索的发起者和领跑者。自 2003 年巴里·波森在《国际安全》杂志上发表题为"主导公域：美国霸权的军事基础"一文后，关于"全球公域"防务的研究迅速升温并蔓延到美国的决策层乃至行动层面。美国的"全球公域"防务政策引致世界各国的关注。

同济大学国际与公共事务研究院夏立平教授回顾了美国太空战略的演变历程，认为美国的太空战略可分成三个阶段。第一阶段是从 20 世纪 50 年代中期到 1980 年，这是美国太空战略的形成时期。美国力争在以月球探索为中心的太空竞赛中获得优势；同时全力发展侦察卫星，提升美国的太空军事能力。第二阶段是 1981～2008 年，这是美国太空战略的全面发展阶段。美国在太空取得了绝对优势主导地位。其太空战略特点表现在以下几个方面：一是形成了较为完整的美国太空战略体系。二是在发展反卫星武器基础上侧重发展美国的战略防御和导弹防御系统。三是在太空探索战略方面重点发展空间站和航天飞机。四是人造卫星在太空安全领域和商业领域全面发挥作用。第三阶段是奥巴马上任后，美国的太空战略进行了大调整。2010 年和 2011 年，美国分别发布了《美国国家太空政策》和《美国国家安全太空战略》，详细规定了美国太空安全的三个战略性目标：一是强化太空的安全与稳定。二是维持并增强太空系统给美国国家安全所提供的战略优势。三是加强为美国提供国家安全保障的航天产业发展。奥巴马政府还提出了实现上述战略目标的五个战略途经，即确保各个行为体和平安全使用太空、提高美国的太空能力、与负责任的国家、国际组织和企业结成伙伴关系、预防和威慑对支持美国国家安全的太空资产与基础设施的侵犯、准备挫败对美国太空设施的攻击。根据这些战略途经，可以发现美国的太空战略的主要特点如下：一是重视多边主义，同时致力于维持美国在太空的领导地位和在太空科技发展中的优势；二是接受为和平目的使用太空的提法，但是继续发展太空军事能力；三是积极促进商业化太空利用的发展；四是计划登陆火星，并在月球上建立以机器人为主的基地。

复旦大学国际关系与公共事务学院博士研究生韩常顺介绍了美国新安全研究中心的《决战公域》报告。新安全研究中心是"全球公域"防务与安全的积极倡导者，他们的研究成果对美国军方、政界的影响甚大。《决战公域》是其最新的研究成果，该报告以巴里·波森提出的"全球公域控制权是美国控制全球的军事基础"这一理论假定为基础，从多个方面推动了"全球公域"安全战略问题的研究。该报告的研究成果主要体现在以下几个方面。一是扩大了全球公域的范畴。2003年，波森在《国际安全》上发文，首次把"全球公域"一词赋予公海、太空等处于国家直接控制之外，但因其提供了与其余世界的通道和联系，而对国家和其他全球性行为者至关重要的区域。在《决战公域》报告中，全球公域的领域扩大为公海、太空、国际空域和网络空间。二是强调"全球公域"的四种区域是相互依存的整体。三是全面评估全球公域的军事价值和经济价值。四是详细分析了美国在获取"全球公域"控制权中面临的挑战。五是针对美国在不同的公域如何取得控制权，提出了具体而又明确的对策建议。

三 关于"全球公域秩序及其治理"

对于"全球公域"秩序，与会学者认识到全球公域在政治、经济、安全方面对一个国家的战略意义，全球公共领域将为国家的生存发展提供巨大潜力和资源的供给。从这一基点出发，与会学者对"全球公域"的秩序安排及中国如何在秩序安排中获得更有利的地位提出了自己的观点。

上海国际问题研究院郑英琴认为要构建一个合理的"全球公域"秩序，必须从以下四个方面着手。一是国家在公域事务的处理中不能把国家利益最大化作为自身行为的出发点，必须对主权国家的行为做出一定的限制。二是秩序的行为构建者必须从国家扩展到非国家行为体。特别是随着科学技术的发展，公域的参与门槛降低，使大量的公司、非政府组织参与进来，这将带来公域治理议题的多元化问题。三是"全球公域"秩序的构建必须坚持开放性的原则，这种秩序必须符合世界上绝大多数国家的利益诉求。四是在构建公域秩序的过程中，必须对滞后的规则、机制进行及时的更新。

任琳从定量的角度分析了"全球公域"中的权力问题。一个国家在"全球公域"中的权力主要体现在以下三个方面。一是在"全球公域"事务中争夺制度的先行权，或者说是避免非中性制度对于我们利益的损害。国家一旦丧失了参与顶层制度设计的机会，就会非常容易受到歧视性制度的影响，进而蒙受损失。二是从技术层面看，需要国际关系、太空、海洋、网络等方面的专家把中国的理念渗透到规范、机制、条约的制定中。三是从规范层面看，权力来自政界、学者和媒体方面的配合。陈玉刚认为扩大中国在公域中的利益必须关注以下几个方面。一是从技术的层面扩大中国在公域中的活动范围。二是积极参与相关公域规则的制定，参加制定国际上正在谈判的涉及公域的规则；对于国际上缺乏的公域机制、规则可以通过国内相关立法来进行补充。三是大力培养全球公域问题专家，通过培育公域问题专家群来增强我们的发言权。四是扩大中国在公域问题上的公信能力，主要是在公域中的某些领域提供公共产品，进而扩大影响力。

四　关于"南极安全与国家治理"

南极是一块神秘的大陆，随着全球资源的匮乏、环境的恶化而渐渐被人类所关注。国家海洋局徐世杰详细介绍了世界主要国家在南极的活动情况。

一是对南极地区的主权争议。阿根廷、智利、新西兰、澳大利亚和南非都扼守南极门户，这些国家对南极地区都提出了主权要求。武汉大学中国边界与海洋研究院何柳从历史的角度回顾了南极周边国家对南极的领土争端情况。从 18 世纪开始人类认识到南极所拥有的丰富资源和具备的战略价值，在这种背景下，主权的问题慢慢开始呈现。1908 年英国最先提出了对南极的主权要求，1941 年，已有 7 个国家先后根据"先占"的原则，对83% 的南极大陆领土明确提出了主权要求。1959 年，美、苏外加 7 个对南极领土提出主权要求的国家齐聚华盛顿，经过谈判最终签订了《南极条约》。《南极条约》核心条款第四条明确提出，对于领土主权做出冻结的安排。正因为第四条的"冻结原则"使南极大陆成为地球上唯一的没有主权归属的大陆。

二是世界主要国家在南极的科考活动情况。美国在南极的主要地区都设立了科考站。而且美国人的投送能力非常强，通过新西兰基地，飞机可以直接到达南极的任何区域。俄罗斯在南极的周边设立了站点。因此，美国和俄罗斯已经完成了南极地区的战略布局。

三是南极与人类的安全密切关联，这种关联性主要体现在政治、生态环境、人类活动、军事等四个领域。对于南极的政治安全，徐世杰认为《南极条约》第四条是避免南极发生争端的基本保障。当前许多国家在国内立法时都会涉及南极地区。但是这些国家的国内立法往往与《南极条约》的精神相违背，这就产生了国内法与国际条约之间的冲突。生态环境安全是与会学者关注最多的方面。徐世杰和张侠两人都从南极冰盖的融化、臭氧洞的破坏、南极海、冰、气与全球气候的变化、南极生态的破坏与全球生态的关联性等方面论述了人类面临的非传统安全威胁。人类在南极的活动面临严酷的环境带来的威胁。徐世杰认为人类在南极的活动受到四个方面的影响：一是对南极缺乏认知，特别是天气变化多端，对南极的活动带来了不可预测的影响；二是南极的活动缺乏法律保障；三是南极的后勤保障能力有限；四是应急救援能力缺乏；五是几乎没有防恐能力。这些是世界各国在南极活动面临的共同问题。由于极地的特殊地理位置，在极地部署武器具有明确的战略威慑能力，会对世界上主要国家的安全造成事实上的威胁。

南极地区的极端重要性使世界上的主要大国都积极参与到南极的开发与治理中来。在这一进程中，中国的国家利益有哪些呢？复旦大学王浣潞博士将中国在南极的利益分为四种：政治利益、安全利益、科研利益和经济利益。政治利益体现在维护南极地区的和平与稳定，获得南极事务的话语权，承担相应的国家责任，并且积极推进南极治理，提供相应的国际公共产品。安全利益体现在南极地区是中国军事力量的倍增器。科研利益体现在南极科学集中了地球科学、生命科学、极端环境技术等大量前沿研究，并且由于南极研究具有独特性，各个学科之间的边界模糊化催生了一系列新的学科，所以它也能促进基础科学的发展。经济利益体现在中国可以利用南极地区极其丰富的自然资源，促进国内的经济转型，发展企业以及促进经济社会的可持续发展。

南极地区的极端重要性促使中国的政界、学界都要未雨绸缪，及早构建中国的南极战略。对于如何构建中国的南极战略，何柳和徐世杰从不同的角度进行了阐述，总结起来可以概括为以下五个方面：一是维护南极条约体系稳定，加强中国在南极地区的有效存在；二是做好顶层设计，推进南极立法，加强南极活动的协调与管理；三是提升南极科学考察与研究水平，加强对南极的认知；四是进一步提升南极活动的后勤指挥和保障能力建设，保障各项南极活动的安全和应急救援；五是加强国际合作并积极参与南极的国际治理。

五　关于"太空、海洋、网络安全与治理"

该专题主要从太空、海洋、网络等具体领域阐述了"全球公域"的防务与治理模式。

复旦大学美国研究中心蔡翠红副教授长期从事网络政治的研究。她重点阐述了当前国际社会在网络空间治理中存在的分歧，主要包含以下四个方面。一是维持还是改革当前网络空间全球治理的权力布局现状。美国等既得利益者主张维持现状。而崛起的新兴大国则强烈要求进行网络治理的改革。二是从制度行动者的角度看，是采用"多利益攸关方模式"，还是采取联合国主导下的治理方式。三是从制度形式角度看，对于全球网络空间的治理到底是采用契约还是法规的形式。四是从制度延伸性的角度看，网络空间的治理是另起炉灶，采用全新的制度，还是把业已存在的制度（如国际电信联盟的《电信条例》）延展到网络空间。网络空间的治理存在诸多此类问题，作为一个崛起的大国，中国在网络空间的治理中承担着怎样的责任呢？蔡翠红认为中国应当承担基础责任、有限责任和领导责任；基础责任就是中国要进行一些自身的建设，有限责任就是维护目前在网络空间中业已存在的秩序；领导责任是中国面临的最重要责任，即创建和发展网络空间的规则与机制。

太空领域是与会学者关注的焦点。上海政法学院何奇松教授详细介绍了中国太空安全面临的威胁和太空防务的短板。中国在太空防务上面临的短板主要集中于技术和制度两个方面。技术方面表现在太空态势的感知能力不强；制度方面表现为对太空设备和人员的管理政出多头，没有形成高效的管理体系。南京政治学院蒋建忠博士对如何构建中国的外空安全战略提出了框架性建议：一是要拥有确保外空安全非对称的威慑力量；二是做好顶层设计，统筹好军、民、商各方利益的战略规划能力；三是协调配合一致对外的舆论调控能力；四是要加快军队的编制体制调整，建成一支独立有效的空天作战力量；五是加强法律制度建设，特别是进一步吸引私人资本、商业资本进入太空投资领域，通过社会资本和民间资本推动中国的太空力量的发展。

目前世界主要大国都在力求将公域"私域化"，即取得对公域的控制权，但在诸多私域或"准私域"问题上存在公域化的倾向。上海外国语大学忻华副教授重点阐述了东海、南海等"准私域"公域化的现象、原因及中国的应对策略。为什么这些地区会公域化，关键在于以下几点。一是准私域不是由一个国家完全控制的，所以实际上存在有争端的利益相关多方。这些利益相关的国家希望把这个问题国际化。二是世界的主要大国和地区都有意地把与"全球公域"问题相关的国际治理机制，特别是国际法的规则应用到或适用到中国东南沿海的一些海洋领域当中来。三是世界主要大国都在重新规划涉及中国东南沿海的准私域领域的战略和政策。针对中国周边"准私域"公域化的严重情况，如何维护中国的国家利益呢？一是加强国际法的专家队伍建设。国际规则、机制、法律的制定是各方力量博弈的过程，中国应加强对规则制定过程中背后政治力量博弈机制的研究。二是及早进行"准私域"公域化多边应对机制的研究。中国应该思考如何采取一些积极的措施，使我们在这种多边的会晤与谈判机制当中，或者说更深层次的多边治理机制当中能够发挥一个积极主动的作用，并且能够制定一个全盘主动的方案。三是密切关注准私域问题与国际经济治理机制的关联性，通过其他领域的治理来推进准私域问题的解决。

"全球公域"防务与治理问题已成为世界主要大国关注的焦点，目前中国理论界和决策界对该问题的关注还是比较欠缺。未来的中国将如何应对"全球公域"防务挑战？如何在公域的规则、制度的设计等方面尽可能争得一席之地？将如何秉承合作共赢的原则，加强与世界主要国家的合作，共建"全球公域"的合理秩序？这些成为"全球公域"秩序研究的重要课题。2015年7月1日，即在本次会议结束一周后，全国人大通过的新国家安全法已经明确将海洋、太空、极地和网络等全球公域列为中国国家安全的重要内容，这是对中国公域防卫战略和安全战略的重大突破，也为"全球公域"秩序及中国的应对战略研究及时地指明了方向。（《全局性视野构建国家安全法体系——全国人大决议通过国家安全法，习近平签署主席令予以公布》，《解放日报》2015 年 7 月 2 日。）

（作者系南京政治学院博士、中校）

"文化交往与身份认同：东北亚地区民族
关系走向"研讨会综述

毛颖辉

　　鉴于东北亚地区是目前活跃在国际舞台上的最具经济发展活力、政治
敏感度和文化多样性的重要区域之一，为及时掌握东北亚地区民族关系的
现状及其发展走向，了解东北亚地区民族文化交往的历史与现实，分析东
北亚跨界民族身份认同现状及其影响，复旦大学民族研究中心、复旦大学
中国与周边国家关系研究中心、中国统一战线理论研究会统战基础理论上
海研究基地于 2015 年 12 月 12 日联合召开"文化交往与身份认同：东北亚
地区民族关系走向"学术研讨会。会议议题分为"中国与周边国家关系中
的历史文化因素"、"民族宗教政策与民族地区社会变迁"、"民族身份认同
与民族关系瞻望"、"中国地缘政治与民族文化传播"4 个板块。复旦大学
民族研究中心主任纳日碧力戈教授在致辞中强调，民族作为生态系统，应
注意与其他地区、其他民族文化的、宗教的、地缘的、区域的，或者认同
的、心理的关联性，以开阔的视角、更具包容性的理念来关注与东北亚地
区民族的关系问题。

一　中国与周边国家关系中的历史文化因素

　　上海大学丝绸之路与边疆战略研究中心于逢春教授在题为"明清鼎革
以降中日韩（朝）三国'华夷观'衍变与'华夷秩序'再构筑"的发言
中，对明清鼎革以降朝鲜王国形成的"小中华主义"、日本形成的"日本
中心主义"、清朝士大夫和儒士再诠释"华夷之辨"及"天下与国家关

系"问题进行了分析，考察近代以来中、日、韩（朝）三国的"华夷秩序"再构筑路径，并梳理东亚式民族主义生成的思想源头。他认为中、日、韩（朝）三国的民族主义都渊源于 19 世纪中期以降的反西方运动，但它们的发展路径有所不同。中国的民族主义旨在通过自立、自强来维护自身生存，具有典型的"反应—自卫"特征；日本的民族主义从早期的"尊王攘夷"转向宣扬日本民族至尊、国家至上的神国意识，继而演变为"防守—进攻"型的民族扩张主义。朝鲜的民族主义意识刚刚生成之时，其国家便被日本吞并，民族主义失去了国家的庇佑，最后转为"防守—追求独立—怨恨"特征。

贵州师范大学瑞士研究中心郭锐教授在题为"历史与文化——正确认识中缅关系的客观视角"的发言中，基于针对性调查与研究，提出历史与文化两大因素是构成正确认识中缅关系的客观视角。他认为现代中国的崛起与强大，意味着中国应该在现代国际社会中承担与其身份相符的责任和义务，当经济外交出现困境时，有必要在理论的政策层面和实践的实施层面进行有计划的调整、充实、巩固和提高，可以遵循与邻为伴、与邻为善；相互尊重、彼此欣赏；正视历史、勇于担当；合作共赢、利益均沾的基本原则。

内蒙古社会科学院俄蒙研究所斯林格研究员在题为"中蒙关系中的历史文化影响"的发言中，分享了他对中蒙关系的思考，他认为两国关系虽历经曲折，但目前在经济文化交流上的基本势头是良好的，然而还是掩盖了一些深层次的问题。斯林格研究员主要分析了中蒙在历史文化方面的一些分歧，以及应该注意的问题。

新疆社科院社会学研究所副研究员吐尔文江·吐尔逊在题为"中国与中亚国家外交关系中的文化因素"的发言中，分享了他对于中国和中亚国家在经济文化交流方面的观察，认为国家应当高度重视中国与中亚国家外交关系中的文化因素，充分发挥新疆各少数民族在国家对中亚民间外交的积极作用，发挥新疆少数民族精英人士在与中亚各国政治、文化交往中的重要作用，从而促进"丝绸之路经济带"战略下中国与中亚国家的外交关系。

二 民族宗教政策与民族地区社会变迁

上海海洋大学人文学院张雯博士在题为"论乌兰夫的牧区政策在内蒙

古的起落（1947～1970）——兼对'民族问题反思潮'的再反思"的发言中，分析自1947年内蒙古自治区建立之后，乌兰夫的牧区政策在内蒙古的起落及其影响。她认为，从民主革命时期的"三不两利"政策，到"大跃进"时期的"稳宽长"政策，再到"文革"开始后很快夭折的"三个基础"，"阶级斗争"与"民族特殊"之间的转换透射出令人深思的国家、社会与自然三者的关系。同时以汉族移民、草原开荒和政治运动作为三个切入点，分析了极左时期"国家—社会—体化建构"及其带来的严重后果。

青海大学青海省情研究中心李臣玲教授在题为"青海藏区村规民约与基层社会治理问题研究"的发言中，分享了在海南藏族自治州针对村规民约与基层社会治理的调研发现，认为青海是一个多民族地区，民族地区基层社会占据重要位置，不容忽视。村规民约在基层社会治理中有着巨大的作用，尽管村规民约的实施无国家强制力保证，也不具有法律效力，但它能通过村民的相互督促和自我管理得以有效实施，进而实现基层社会治理。同时探讨了村规民约在基层社会治理中应用的可能性。

新疆社会科学院社会学所李晓霞研究员在题为"新疆构建各民族相互嵌入式的社会结构和社区环境的思考"的发言中，提出构建多民族嵌入式社会结构和社区环境是促进各民族交往交流的重要条件。其构建的方式是在现有社会环境的基础上，通过政策引导、政府操作、社会参与、公众认可，调整各民族人口的空间布局，改善公共服务机构布局，强化社区的向心力和凝聚力。但在新疆的特殊人口结构下，如果片面地强调嵌入，可能会产生对汉族的优惠，如果少数民族不能享受到同样的政策优惠，在调整居住结构的时候，会导致新一轮的差异。

复旦大学民族研究中心博士后卢芳芳在题为"重新认识帕米尔"的发言中分享了她在帕米尔高原的调研观察，她认为帕米尔并非"生命禁区"，并用塔吉克族丰富的民间传说描述了在当地人眼中作为"世界屋脊"、丝路要塞；万水之源、万山之祖；人类摇篮、文化凝聚的帕米尔。最后她提到，这些故事传说的流传和吟唱不只是因为与祖国息息相关的感情，还在于对于爱和生命的美好珍视。人们向善、求真、爱美之心是相通的，美就是多样性，就是文化生态平衡，真就是诚信，善就是公平。

复旦大学民族研究中心博士生特日乐在发言中，基于格雷戈里·贝特森的"控制论"，阐释了内蒙古自治区境内的鄂温克人和俄罗斯境内的埃文基人在生计变迁中的生存智慧。认为两者从游猎到定居，均经历了双重阻隔的生存困境，并相应采取了调适性策略。

三 民族身份认同与民族关系瞻望

上海中华文化学院蒋连华教授在题为"试论当代中国城镇化进程中影响朝鲜族身份认同的因素研究——以来沪朝鲜族'回甲节'仪式变迁为例"的发言中，以来沪朝鲜族"回甲节"仪式变迁为例，阐述该传统仪式在社会转型过程中发生的变迁，探索影响朝鲜族身份认同的因素以及构建中华民族共同体的意识构建的方式和路径。她认为"回甲节"的变迁可以看作朝鲜族身份认同通过文化调试实现个体生命社会化的过程。也是一种从朝鲜族的个体化的群体身份认同向一个社会或者集体身份认同转变的过程。

复旦大学民族研究中心博士后丁玫在题为"从'外国人'到土著少数民族：新疆俄罗斯族的多重含义"的发言中，基于对新疆俄罗斯族的历史与人类学考察，提出在俄罗斯族由"外国人"变成"中国人"的过程中，受新疆当地的维吾尔族文化影响很大，与维吾尔族的商业往来、对维吾尔族饮食与语言文化的认同促进了俄罗斯族对于新疆乃至整个中国的认同。这一点在今天澳大利亚的俄罗斯族移民身上也很明显。换言之，在俄罗斯族逐渐成为中国少数民族的过程中，当地的主体少数民族（包括新疆的维吾尔族和内蒙古的蒙古族）起到了非常重要的作用。

上海社会科学院宗教研究所邱文平研究员在题为"'美美与共'——融而不同的多元一体民族关系"的发言中，认为对于中国当下的民族宗教政策，有必要重新做出梳理调整。应该对宗教在社会中的地位和作用做的一个清晰的定义和规划，将政教分离的原则彻底贯彻下去，让宗教回归宗教场所，淡出公共领域和政治领域。美国犹太人以文化同化的方式顺利融入社会，以拒绝结构同化的方式保存了自己的文化传统，以主流社会接纳的方式建构了美式"多元一体"的共存模式。这种"各美其美，美美与共"的模式值得我们多加思考。

新疆石河子大学郑亮教授在题为"节日中的文化认同与民族认同——新疆塔城俄罗斯族帕斯喀节日个案研究"的发言中，分享了他对居住在新疆塔城俄罗斯族的帕斯喀节（东正教复活节）的调研发现，认为新疆塔城俄罗斯族人在与其他民族长期的互动交往中，帕斯喀节吸收、借鉴了其他民族的文化因素，改变了一部分，同时保留了一部分民族特色。在塔城区域内，由于缺少宗教场所，帕斯喀节正在发生着本质性的变化——由一个宗教节日逐渐转变为一个民俗节日。在这一变化过程中，俄罗斯族的文化认同和民族认同呈现出地域性的流动与趋稳。

复旦大学民族研究中心博士后于春洋在题为"从普遍到特殊：全球化时代的跨界民族身份认同"的发言中，提出在多民族国家的分析单位之下，政治身份是所有国内民族个体都具有的共性身份，文化身份则是其个性身份。跨界民族的特殊性在于：文化身份是所有跨界民族个体都具有的共性身份，而政治身份则变成了个性身份。族裔民族主义在跨界民族那里表现出的特殊性在于：族裔民族主义思潮妄图从多民族国家的外部，通过"局部突围"的方式撕裂现存地缘政治格局，对地缘政治格局构成潜在威胁。对多民族国家而言，民族个体政治身份的重要性要胜过其文化身份，协调跨界民族个体双重身份之间的关系，并确保政治身份成为主导性身份就显得十分必要。赋予差异公民以差别权利，保持良好的邻国外交关系和不断增强本国实力，是协调民族个体双重身份的有效方式。促进跨界民族的"和平跨居"是抵御族裔民族主义思潮影响的重要途径。

四　中国地缘政治与民族文化传播

复旦大学民族研究中心博士后元旦在题为"移动的边界：藏传佛教在美国的传播"的发言中，对藏传佛教在美国的发展历史及现状进行了梳理，运用人类学等相关理论对西藏人在美国传播和发展藏传佛教进行分析，阐释了藏传佛教在美国流行的原因，并推断藏人传播藏传佛教来维持和建构多元社会中藏人族群的边界和身份认同。

南京大学新闻传播学院周雷研究员在题为"南海北望：争端语境中如何看待极地的意义"的发言中，通过比较挪威奥斯陆、北海道小樽、南海周边国家（越南）的海洋治理情境和知识生产，比较不同海域的地缘政治和海缘政治模式，对现有政治解决模式的文化细节和社会组织细节，关涉族群政治生成史的现状，通过文化、传播、民族志的进路，对南海的争端提出跨区域矛盾弥合的新机制。

中南民族大学民族学与社会学学院博士生古春霞在题为"民间艺术中'灵韵'的消失与'震惊'的光环——试论本雅明理论对当下艺术人类学

的审美意义"的发言中，认为，由机械复制创造出来的电影艺术所塑造的记忆和解析历史模式充斥着人生百态，审美的内涵得到新的延续，在艺术人类学领域本雅明理论提供了一种能体现时代辩证精神的审美追求。

复旦大学民族研究中心博士后赵颖以犍陀罗文化在古代鄯善的传播为例，分析了异质文化间的传播带来的交流与融合，认为这种交流与融合在一定程度上丰富和发展了当地的文化。

最后，纳日碧力戈教授对本次会议做了总结，他提到本场会议作为一场精彩的对话，给了我们一个重要的启示，就是应继续对话，基于个案，寻求共识。如果没有田野，没有具体的个案研究，没有老老实实的实事求是的个案，那就是"逃跑"，所以我们一定要在各种各样的视觉、凝视以及各种景观之外，老老实实地做研究，做个案，中国的传统是做人在先，要有真善美。

（作者系复旦大学民族研究中心博士后研究员）

附　录

国家领土主权与海洋权益协同创新中心简介

　　国家领土主权与海洋权益协同创新中心（以下简称"中心"，Collaborative Innovation Center for Territorial Sovereignty and Maritime Rights, CICTSMR），成立于2012年9月，由武汉大学牵头，联合复旦大学、中国政法大学、外交学院、郑州大学、中国社科院中国边疆研究所、水利部国际经济技术合作交流中心、国家海洋局海洋发展战略研究所等协同单位共同组建，并得到了中央外办、外交部、水利部、国家海洋局、国家测绘地理信息局等中央和国家部委的大力支持。

　　中心以服务国家战略为宗旨，按照"国家急需、世界一流、制度先进、贡献突出"的要求，瞄准国家领土海洋维权重大问题，开展战略研究、政策建言、人才培养、舆论引导、公共外交等工作，建设人才、学科、科研三位一体的国家战略平台、世界一流智库。

　　中心具有较为完善的组织构架，设理事会、主任联席会议、学术委员会，实行理事会领导下的主任负责制。韩进、胡德坤、高之国分别任理事长、中心主任和学术委员会主任。

　　中心以问题为导向，组建了国家海洋战略与边海外交研究创新团队等十个创新团队，在各领域专家学者的努力下，致力于支撑国家领土海洋战略与政策，提供领土海洋维权技术支持，服务国家领土海洋维权斗争。

　　目前，中心以国际法和历史研究为重点，以国际关系、外交学、世界经济、测绘遥感、水利水电等学科为支撑，主要从事以下几个领域的研究：一是国家领土海洋维权研究。主要包括中国与周边国家的陆地、海洋划界争端与合作，海洋与极地权益的保护与开展等研究。二是国家领土海洋战略与政策研究。主要涵盖国家海洋战略与边海外交、中国与周边国家关系及疆域历史现状研究。三是领土海洋维权技术支撑。主要提供边海问题相关的测绘、遥感、地理信息系统等勘界划界技术，跨界水问题相关的水利水电、水文水资源技术支撑及人文数字边海平台建设等。

复旦大学中国与周边国家关系研究中心简介

复旦大学中国与周边国家关系研究中心（以下简称"中心"，Center for China's Relations with Neighboring Countries，CCRNC），隶属于复旦大学国际问题研究院，同时亦是中国国家主权海洋权益协同创新中心复旦大学分中心，成立于 2013 年 10 月。

中心以复旦大学优势学科政治学和国际关系为依托，着力于中国与周边国家之间的政治、安全、经济、外交、民族、宗教与文化关系研究，积极参与国家领土主权与海洋权益协同创新中心国家级智库建设，致力于充当在"中国与周边国家关系研究"以及中国边海领域有影响力的问题研究者、政策建言者、思想提供者和舆论塑造者，为在中国外交学术界形成复旦特色的中国周边外交研究学派而努力。

中心现有研究人员 11 人，其中教授（研究员）6 人、副教授（副研究员）5 人。

目前，中心积极与校内外学术力量展开合作，主要在以下几方面进行工作。一是学术研究。中心定期出版"复旦大学中国周边外交研究丛书"及《中国周边外交学刊》，聚焦"中国与周边国家关系研究"领域中多方面、多角度的研究；中心编制的"中国周边国家概况及其对华关系数据库"，将为该领域的进一步研究做出贡献。二是政策咨询。中心充分发挥自身的研究优势，在中国面临的周边安全挑战以及中国与周边国家关系等问题上为政府部门提供政策咨询报告，相关报告已得到党和国家领导人以及相关政府部门重视。三是教书育人。中心研究人员为复旦大学本科生、硕士生和博士生开设有关中国与周边国家关系历史、现状等课程，加深学生对周边国家政治、经济、文化、安全等领域的了解与研究。四是交流研讨。中心积极开展有关中国与周边国家关系以及边海问题研究的多样学术交流活动，主办国内外相关学术会议及"中国周边外交研究论坛"。

近年来，中心研究人员主持多个国家社会科学基金项目和省部级项目，招收政治学博士后研究人员，招收国际关系、国际政治、外交学专业的博士生和硕士生。中心欢迎国内外从事中国与周边国家关系以及中国边海研究的学者和官员前来访学交流。

《中国周边外交学刊》征稿启事

《中国周边外交学刊》是由复旦大学中国与周边国家关系研究中心、国家领土主权与海洋权益协同创新中心复旦大学分中心主办的中国周边外交研究专业性学术书刊。宗旨是：瞄准中国领土主权与海洋权益重大问题，努力推进对中国与周边国家之间的政治、安全、经济、外交、文化关系的理论研究、战略研究、个案研究和综合研究。

《中国周边外交学刊》设有"特稿"、"习式周边外交"、"'一带一路'战略"、"亚洲新安全观"、"亚洲命运共同体"、"中国边海事务"、"周边看中国"、"周边国情研究"、"周边文化交流"、"青年论坛"、"学术动态"、"书评"等栏目。

欢迎国内外从事中国与周边国家关系研究、中国领土主权与海洋权益重大问题研究的学者和朋友们赐稿。

《中国周边外交学刊》每年出版 2 期，定于每年 6 月和 12 月正式出版。每年年度第 1 期于 3 月 1 日截止收稿，第 2 期于 9 月 1 日截止收稿。

投稿者务请注意以下事项：

一、来稿请提供电子版。严格遵守学术规范，引用的文献、观点和主要事实要注明来源。网上资料的引用应做到可核查。具体注释体例请参见"《中国周边外交学刊》注释体例"。

二、学术论文每篇字数一般为 1 万~2 万字；书评及学术动态一般在 5000 字以内。

三、来稿请提供中英文的题名、作者姓名、工作单位、内容提要（250~300 字）、关键词（3~5 个）。同时请提供作者简介、详细通信地址、邮编、电话号码、电子邮件地址，以便联系。

四、请勿一稿多投。来稿一经刊用，即付稿酬（含信息网络传播和数字发行稿酬），并赠送当期本刊两册。

五、本刊对采用的稿件有修改权，不同意修改者，请在来稿中申明。

六、本刊实行匿名评审制度，确保论文质量。

七、《中国周边外交学刊》编辑部联系方式：电邮：ccrnc@ fudan. edu. cn；联系人：陈妙玲；电话：021 – 65642939；传真：021 – 65642939；地址：上海市国年路 300 号复旦大学国际问题研究院中国与周边国家关系研究中心；邮编：200433。

复旦大学中国与周边国家关系研究中心

2015 年 12 月 31 日

图书在版编目（CIP）数据

中国周边外交学刊. 2016 年. 第一辑：总第三辑 /
复旦大学中国与周边国家关系研究中心编. -- 北京：社
会科学文献出版社，2016.6
ISBN 978 - 7 - 5097 - 9346 - 6

Ⅰ.①中… Ⅱ.①复… Ⅲ.①中外关系 - 研究 Ⅳ.
①D822

中国版本图书馆 CIP 数据核字（2016）第 127283 号

中国周边外交学刊 2016 年第一辑（总第三辑）

编　　者 / 复旦大学中国与周边国家关系研究中心

出　版　人 / 谢寿光
项目统筹 / 高明秀
责任编辑 / 杨　慧　仇　扬

出　　版 / 社会科学文献出版社·当代世界出版分社（010）59367004
　　　　　　地址：北京市北三环中路甲 29 号院华龙大厦　邮编：100029
　　　　　　网址：www. ssap. com. cn
发　　行 / 市场营销中心（010）59367081　59367018
印　　装 / 三河市尚艺印装有限公司

规　　格 / 开　本：787mm × 1092mm　1/16
　　　　　　印　张：21.5　字　数：347 千字
版　　次 / 2016 年 6 月第 1 版　2016 年 6 月第 1 次印刷
书　　号 / ISBN 978 - 7 - 5097 - 9346 - 6
定　　价 / 89.00 元

本书如有印装质量问题，请与读者服务中心（010 - 59367028）联系

🅐 版权所有 翻印必究